Écrire un scénario

Michel Chion

Écrire un scénario

Édition définitive

CAHIERS DU
CINEMA

Avant-propos

En 1983, Bénédicte Puppinck, de l'I.N.A, me proposait de contribuer à sa recherche en vue de créer un enseignement du scénario. De mon apport personnel est sorti le présent livre, dont la première édition est sortie en 1985, qui a été réimprimé régulièrement (malgré les très nombreuses parutions en France d'ouvrages sur le scénario depuis cette date), et dont voici pour la première fois, en 2007, une édition largement revue et complétée.

Un tel enseignement était en France, il y a plus de vingt ans, une relative nouveauté. Beaucoup disaient que le scénario ne peut pas s'enseigner, et ils avaient raison... dans le principe. Car *les bons scénarios ne surgissent pas par génération spontanée*, ils naissent en général d'un certain métier, ou de l'intuition de certaines lois, que l'on choisit de respecter ou d'ignorer. Ce métier, cette intuition même, s'acquièrent beaucoup par l'expérience et un peu par l'étude. Une étude à laquelle le présent ouvrage voudrait contribuer.

Au départ, il s'agissait simplement de dépouiller quelques manuels anglo-saxons, de ces manuels dont l'ambition toute pratique (« comment écrire votre scénario en vingt leçons ») suscite chez nos compatriotes ce mélange de fascination et d'ironie qui est bien caractéristique de leur relation à la culture américaine. Bien entendu, je leur dois beaucoup – même si ce travail s'est ensuite élargi, en y ajoutant des remarques plus personnelles, des recherches plus larges, et en l'enrichissant de l'étude de plusieurs scénarios de films classiques et modernes, pris comme modèles vivants et réservoirs d'exemples.

J'avais sur le sujet, dès le départ, un parti pris, conservé jusqu'au bout. Pourquoi pas ? Il suffit de le dire. Ce parti pris c'est que *les histoires, décidément, sont toujours les mêmes*. Il en est que cela désole, mais nous, cela nous réjouirait plutôt, comme le signe d'une solidarité de l'expérience humaine à travers l'espace et le temps. Nous aimons les histoires comme les enfants les aiment, dans la répétition, et pour un peu j'irais jusqu'à nier la possibilité de « nouvelles histoires », fut-ce avec les techniques les plus nouvelles (car si cela était, le dessin animé nous les aurait, ces nouvelles histoires, depuis longtemps apportées). Ce qui est, en revanche, indéfiniment ouvert et renouvelable, c'est l'art de la *narration*, l'art du conte, dont l'art du scénariste n'est qu'une application particulière, pensée pour le cinéma.

En même temps, *il y a une histoire du scénario au cinéma*, aussi bien pour les contenus que pour les formes. Voilà pourquoi je n'ai pas hésité à proposer à des aspirants ou des apprentis-scénaristes d'aujourd'hui un choix de films pris à des époques différentes du cinéma. Je pense en effet qu'ils sont des exemples actuels et vivants, dans leurs fautes mêmes, leurs irrégularités et les aléas de leur genèse. Ils sont étudiés en grand et en petit, dans leurs grands thèmes, mais aussi dans leurs petits procédés.

Toute narration repose en effet, non sur des idées, mais sur des trucs, des procédés pratiques, d'où le caractère de bric-à-brac que ne peut manquer d'avoir un manuel comme celui-ci (mais un traité de composition musicale, est-ce autre chose qu'une boutique d'usages et de procédés ?). Et c'est seulement quand un scénario fonctionne dans un film, où il vit et respire, que le procédé devient expression, poésie. Qu'importe alors si au départ il n'était que cheville dramatique, ou ruse inavouable de narration. Les plus belles trouvailles des poètes ont, de même, pu naître au contact d'une nécessité de trouver la rime, ou de rassembler le bon nombre de pieds. Voilà pourquoi ce livre n'est pas hiérarchique, refusant de faire le tri entre les trucs modestes et les idées générales.

De la même façon, il se défend d'être *normatif*, et veut rappeler, à côté de la force des bons modèles, la séduction du mauvais exemple, nonchalance détendue du *Port de l'angoisse*, ou frénésie narrative déchaînée du *Testament du Docteur Mabuse*. Il n'y a pas de miracle cependant : ces deux films ont mis, au service de leurs « irrégularités » et de leurs « défauts », l'atout d'un professionnalisme irréprochable, pour ne pas dire plus, dans leur exécution : acteurs, réalisation, etc. J'ai tout de même voulu mettre une certaine malice dans le choix des films : l'exemple de mélodrame universel est emprunté à Mizoguchi (alors qu'une certaine idée actuelle de l'« imperméabilité » des cultures les unes aux autres voudrait nous faire croire que tout ce qui est japonais n'est que japonais), tandis que le film hollywoodien cité, celui de Hawks, se caractérise par une certaine insouciance vis-à-vis des règles dramatiques du « bon scénario ».

Il me reste à donner le *mode d'emploi* de cet ouvrage, divisé en deux grandes parties.

D'abord, un choix international de quatorze films de différents genres (sachant que beaucoup d'autres sont également cités en deuxième partie). Pour chacun de ces films est donné d'abord un *résumé* rapide de l'histoire (synopsis), puis une *étude* à la fois *historique* et *analytique*, qui met en valeur son intérêt pour l'apprentissage du scénario tout en racontant parfois sa genèse (également intéressante, car la plupart des scénarios sont soumis à des remaniements, doivent se soumettre à des contraintes spécifiques). Précisons que les textes des synopsis sont de notre plume et sous notre responsabilité, et ne sont pas recopiés de textes préexistants. Leur rédaction nous a confrontés avec ce très délicat problème de *résumer* un film. Exercice tellement difficile, et intéressant, que nous le proposons à toute personne désireuse de se perfectionner dans la technique du scénario : qu'elle essaie de résumer un film qu'elle a vu, sur plusieurs pages et qu'elle confronte son travail avec celui d'autres personnes sur le même objet. L'expérience est très enrichissante.

La deuxième partie, *Le scénariste aussi a ses techniques*, correspond à la forme plus classique du manuel à l'américaine, avec les grandes lois, les procédés, les conseils, les exemples, puisés principalement dans les quatorze films de référence, mais aussi dans un grand nombre d'autres. Je ne cesse de rappeler le caractère relatif et indicatif de ces procédés, de ces lois. Il s'agit d'une sorte de « check up » permettant de passer en revue les différentes composantes, tendances, faiblesses et qualités, lacunes et richesses, d'un scénario que l'on est en train d'étudier ou d'écrire.

Michel Chion
18 décembre 2006

Première partie

Quatorze façons de raconter au cinéma

I. Le Testament
du Docteur Mabuse, 1933

de Fritz Lang
Scénario original de Thea von Harbou,
sur un personnage inspiré d'un roman de Norbert Jacques
Titre allemand original : « Das Testament des Dr Mabuse »

1. Synopsis

Nous sommes en Allemagne, à Berlin, au début des années 30.
HOFMEISTER (Karl Meixner), un ancien policier du commissaire LOHMANN (Otto Wernicke), téléphone au Commissaire pour lui dire que, lancé sur les traces d'une affaire de faux-monnayeurs, il a découvert un terrible secret. Mais, au moment de le révéler, il est rattrapé par les bandits et, à la suite d'un mystérieux « traumatisme », il devient fou.

Nous découvrons la bande des faux-monnayeurs, qui obéit aux ordres d'un chef invisible, le « Docteur ». Celui-ci leur parle par téléphone ou en se cachant derrière un rideau, dans une pièce secrète. Sur ses ordres, le gang commet une série d'actes illégaux (chantages, hold-up, fausse monnaie, attentats) qui obéissent à une logique mystérieuse et inconnue, puisque l'argent n'en est pas le principal mobile. Parmi ses membres un homme jeune, Tom KENT (Gustav Diessl), qui y est entré par manque de travail, n'approuve pas les actions violentes.

Nous faisons aussi connaissance avec un éminent psychiatre, le professeur BAUM (Oskar Beregi), directeur de l'asile où est enfermé le fameux docteur MABUSE (Rudolf Klein-Rogge). Mabuse, nous apprend une conférence de Baum, est devenu muet, et ne fait qu'écrire à longueur de journée un texte délirant, titré « L'Empire du crime », recueilli soigneusement comme document scientifique sur un fou.

Mais un ami de Baum, KRAMM (Theodor Loos), tombant sur cet écrit et y découvrant des correspondances troublantes avec un fait divers récent (un hold-up de bijouterie), émet devant Baum la théorie que Mabuse pourrait simuler sa folie, et télécommander ses méfaits depuis sa cellule, par « hypnose à distance ». Avant que Kramm ait pu prévenir la police de sa découverte, il est abattu par des hommes du gang.

Lohmann se voit confier l'affaire Kramm. Parallèlement, Hofmeister a été retrouvé, mais il ne reconnaît plus le Commissaire, et ne peut rien lui dire, réfugié dans sa folie. Lohmann fait déchiffrer, par ses experts, un graffiti tracé par Hofmeister sur une vitre avant son traumatisme. Ce graffiti se révèle être un nom propre, Mabuse. Lohmann fait alors ressortir le dossier Mabuse. Téléphonant à l'asile où est enfermé le Docteur fou, il apprend que celui-ci vient juste de mourir!

Devant son cadavre, à l'asile, il a un entretien avec Baum, qui lui fait un éloge enflammé du défunt. Lohmann a des soupçons.

Nous assistons à une scène où Baum, lisant le texte de Mabuse, voit apparaître le fantôme de celui-ci, qui l'hypnotise, et prend possession de lui.

Kent reçoit un blâme pour sa mauvaise volonté, dernier avertissement s'il tient à sa vie! Il se résout pourtant à quitter la bande, et il est assisté dans sa décision par LILY (Wera Liessem), sa fidèle amie, celle-là même qui, un an plus tôt, quand il était démuni et sans travail, l'avait aidé en lui prêtant de l'argent. Mise au courant par lui de ses activités illégales, qu'elle ignorait, Lily ne lui fait aucun reproche, mais lui conseille de se livrer à Lohmann. Mais Kent et Lily sont enlevés par la bande…

Lohmann retrouve la trace de l'affaire de la bijouterie: un des bijoux volés a été vu sur une cocotte, connue de la police, ANNA (Camilla Spira). Les policiers se rendent chez elle, et font le siège de son appartement, où s'est réunie une bonne partie de la bande.

Parallèlement, Kent et Lily ont été enfermés dans la pièce secrète, où la voix leur a signifié leur arrêt de mort dans les trois heures, avant le déclenchement d'une machine infernale. Déchirant le rideau interdit, ils ne trouvent personne derrière, seulement un pavillon de haut-parleur et un micro. Ils cherchent désespérément à sortir de la pièce hermétiquement close et ils y parviennent finalement en provoquant une inondation, qui étouffe l'explosion de la bombe.

De son côté, Lohmann a obligé le gang à se rendre. Il cherche, en les interrogeant, à savoir qui est leur chef, mais ceux-ci disent l'ignorer. Confrontés avec Baum, ils nient également le connaître. Pourtant, Lohmann a commencé à faire le lien entre le meurtre de Kramm (qu'ils ont avoué) et l'asile de Baum, près duquel ce meurtre s'est déroulé.

Kent arrive au commissariat avec Lily. Il révèle à Lohmann le nom du chef de la bande, c'est Mabuse. « Il est mort! », explose Lohmann, mais aussitôt, il devine qu'un autre a pu prendre la place et le nom de Mabuse.

Kent et Lohmann foncent à l'asile, lieu vers lequel convergent toutes les pistes. Ils ne trouvent pas Baum (qui faisait croire à sa présence dans son bureau par sa voix enregistrée sur un gramophone), mais ils trouvent sur sa table un plan d'attaque d'une usine. En même temps, Kent a reconnu irréfutablement, dans la voix du disque, la voix du chef derrière le rideau.

Sur les lieux de l'usine, où fait rage l'incendie provoqué par Baum, Kent et Lohmann retrouvent le professeur, qui s'enfuit et ils se lancent en voiture à sa poursuite, dans la nuit.

Baum est guidé, dans sa course folle, par le fantôme de Mabuse, qui lui répète à l'oreille le titre du « Testament » : Empire du Crime. Ce texte était en effet un traité de prise du pouvoir par la terreur née d'attentats incohérents et incompréhensibles, sans mobiles apparents.

Baum revient à l'asile. Tel un zombie obéissant, il va à son bureau, récupère son manuscrit, et entre dans la cellule d'Hofmeister, qui avait été auparavant la cellule de Mabuse. « Je me présente, dit Baum à Hofmeister, je suis le docteur Mabuse. »

Ce nom déclenche chez Hofmeister une crise hurlante. Guéri, il reconnaît maintenant le commissaire Lohmann, et peut lui dire son « secret » : « Le nom de l'homme est Mabuse. »

Et celui qui se prend maintenant pour Mabuse, Baum, s'est de lui-même installé dans la cellule de son maître, et là, muet, prostré, il lacère silencieusement le manuscrit du Testament...

2. L'éternel feuilleton

On oublie souvent que la série télévisée a eu des ancêtres dans le cinéma muet des années 10 et 20, sous la forme de ce que l'on appelait les « serials ». Il s'agissait d'histoires à épisodes tournées rapidement et programmées de semaine en semaine pour le public passionné des salles. Chaque épisode se concluait sur le héros ou l'héroïne plongés en plein péril, près d'être dévorés par un lion, ou ligotés aux rails d'une voie ferrée, en attendant que le début de l'épisode suivant ne les tire d'affaire.

Il fallait donc, pour faire un « serial », inventer une trame générale, d'une morale sommaire et sans ambiguïté (par exemple, la lutte contre un génie du Mal à la puissante organisation) et à chaque épisode multiplier les péripéties et les rebondissements, sur la vraisemblance et la cohérence desquels on n'était pas très regardant.

C'est dans cet esprit qu'a été conçu *Le Testament du Docteur Mabuse*, bien qu'il ne s'agisse pas d'un « serial » au sens strict. Et cependant, il est déjà la suite d'un film muet en deux épisodes, également écrit par Thea von Harbou et Fritz Lang en 1922, *Mabuse le Joueur*. La multiplication des péripéties, des mystères et des pièces closes, le thème de l'organisation occulte qui vise à régner sur le monde, la prolifération des gadgets techniques – tous ces traits font relever le *Testament* d'une tradition feuilletonesque vivace, dont les films de James Bond ont plus tard repris le flambeau.

Trente ans plus tard, en 1961, Fritz Lang réalisait un dernier film de Mabuse, *Le diabolique Dr Mabuse* (en Allemand, *Die Tausend Augen des Doktors Mabuse*) qui devait être aussi son dernier film. Il y avait eu, dans l'intervalle, un certain nombre d'autres Mabuse tournés par divers réalisateurs allemands.

Pourquoi, pour un manuel d'écriture du scénario, avoir choisi un tel film, que certains tiennent, dans l'œuvre de Lang, pour un divertissement feuilletonesque? C'est que son scénario trépidant permet d'observer une invention dramatique à l'état pur, qui semble avancer toujours en ne se censurant jamais, qui n'hésite pas à semer sur son passage les trous et les invraisemblances... ceci derrière une « logique » apparente. Le procédé de relais, d'écho, systématiquement employé pour relier chaque scène à la suivante (par exemple Lohmann prononce à la fin d'une scène le nom de Mabuse, et c'est Mabuse que l'on voit au début de celle qui suit) – ce procédé simule, mais simule seulement, une mécanique scénaristique implacable; le lien créé entre les scènes est en fait plus magique que rationnel, et d'autant plus efficace.

Entre différentes versions

Le cinéphile actuel est désormais habitué à l'édition multiple d'un même film, destinée généralement à l'exploiter au maximum: sorties alternées de « versions originales », et de « versions intégrales » augmentées; existence de « *Director's cuts* » qui diffèrent du film exploité en salle; bonus de DVD présentant des scènes coupées, etc. Des cinéastes-producteurs, comme Luc Besson et George Lucas, ne se sont pas privés de remonter certaines de leurs œuvres anciennes, d'y ajouter des scènes et des personnages. Mais déjà, dans les années 60, Jacques Tati remixait ou remontait, dès que cela lui était possible, ses films anciens – pour ne pas parler de Charles Chaplin, qui sonorisa plusieurs de ses chefs-d'œuvre muets.

La différence est aujourd'hui l'accès facile du public à ces multiples versions, alors qu'autrefois on les rencontrait un peu au hasard des projections et des visionnages.

La version utilisée ici, racontée d'après des visionnages nombreux du film, et non d'après un texte que nous aurions eu entre les mains, a été longtemps la plus diffusée en France, dans les salles et à la télévision. Elle n'est pas la plus ancienne, et par rapport à une autre mouture certainement antérieure, elle comporte un certain nombre d'aménagements et de coupures. Elle demeure cependant notre version de référence, celle par laquelle nous avons connu ce film, sur laquelle nous l'avons analysé, si bien que ses lacunes mêmes, ses trous, ses énigmes nous sont – phénomène courant – devenus chers.

Ainsi, la version A (disponible en édition DVD) comporte, par rapport à la version sur laquelle nous avons travaillé, un certain nombre de détails, de plans et de répliques en plus, concernant le passé de Mabuse et celui de Kent (entre autres ses relations antérieures avec Lohmann), ainsi que le rôle de Lily.

La scène où Lily rend visite à Kent chez lui est beaucoup plus longue et développée. Lorsque Kent avoue à Lily avoir commis autrefois un crime passionnel, qui l'a envoyé en prison (sa femme le trompait avec son meilleur ami, il les a tués tous les deux) Lily réagit comme un ange de pardon, rassurant et maternant. Elle fait allusion à Lohmann comme connu de Kent et le connaissant (ce qui supprime le « trou » à ce sujet de la version B).

On voit donc qu'entre A et B, les coupures apportées par de mystérieuses mains n'ont pas été faites au hasard, et qu'elles portent sur deux points principaux:

– D'abord, elles gomment dans le passé de Kent l'histoire du crime passionnel. Le spectateur le voit comme un chômeur, et non comme un homme sortant de prison auquel la société refuse sa réhabilitation. Kent devient un personnage plus simple et plus facilement sympathique aux yeux du public.

– Ensuite, elles réduisent beaucoup le rôle de son amie, surtout dans les scènes où celle-ci se comporte en sœur de charité.

Nous avons pu d'autre part visionner une copie du *Testament* doublée en anglais, précédée d'un prologue tourné ultérieurement qui montre l'Allemagne en ruines après la chute du IIIe Reich, et présente rétrospectivement le film comme une dénonciation du nazisme montant. Cette version C comporte de nouvelles modifications, qui rendent le film plus rationnel et explicite, plus facile à suivre, mais aussi plus banal, en transformant notamment, à la faveur du doublage, le contenu même de certaines répliques.

Il existe enfin une version française du film, supervisée par René Stil, sous la forme fugitive que prirent à l'époque ces « versions françaises » : il s'agissait réellement d'une autre version, avec des acteurs différents (sauf pour certains rôles, dont celui de Hofmeister), dans le même décor et avec en gros le même découpage.

Le scénario, dans ses multiples versions, doit certainement beaucoup de sa force à la romancière Thea von Harbou, alors épouse du réalisateur, qui fut l'auteur ou le co-auteur des scénarios de nombreux films de Lang (dont *Les Trois Lumières*, 1921, *Les Nibelungen*, 1923-1924, *Metropolis*, 1927, *Les Espions*, 1928, *M. le Maudit*, 1931). Lang la quitta en 1932, donc peu après notre film, en même temps qu'il fuyait l'Allemagne et le nazisme que celle-ci au contraire embrassait (tout en se remariant avec l'interprète du rôle de Mabuse, Rudolf Klein-Rogge); mais il ne méprisa certainement jamais l'inspiration de son ex-femme: n'a-t-il pas tenu, vers la fin de sa carrière, à réaliser une nouvelle version du *Tombeau hindou*, d'après une histoire originale de lui et de Thea, déjà filmée plusieurs fois par d'autres?

On a pu reprocher aux scénarios de Thea von Harbou un déferlement de sentimentalité, et il est probable que la partie la plus faible du *Testament*, celle concernant le rôle salvateur et rédempteur du personnage féminin, lui est attribuable. Reste que cette romancière et cette scénariste possédait au plus haut point le don de donner à toutes ses histoires une dimension immédiatement mythique, grandiose, archaïque. Le titre d'un autre film qu'elle a écrit pour Lang, *La femme sur la Lune/Die Frau im Mond*, 1929, est déjà tout un programme...

II. Le Port de l'angoisse, 1944

de Howard Hawks
Scénario de Jules Furthman et William Faulkner
d'après le roman d'Ernest Hemingway
Titre américain original: « To Have and Have Not »

1. Synopsis

Nous sommes à Fort-de-France en Martinique, en 1940, sous l'administration vichyssoise.

HARRY MORGAN (Humphrey Bogart), un Américain, travaille là en louant son bateau, le « Queen Conch », à des estivants venus du continent américain faire de la pêche en mer. Son second, EDDY (Walter Brennan) est un vieil ivrogne auquel il voue une grande affection. Il loge au Café-Hôtel Marquis, tenu par son ami le Français GÉRARD (Marcel Dalio) qui soutient clandestinement les activités résistantes en Martinique.

Le client du jour est un gros businessman américain, nommé JOHNSON (Walter Sande), aussi mauvais pêcheur que douteux individu, puisqu'il met beaucoup de mauvaise volonté à payer Harry, auquel il doit déjà quinze jours de salaire.

À l'hôtel Marquis, Gérard vient demander à Harry Morgan un service, contre argent: faire passer clandestinement des résistants en Martinique, avec son bateau. Harry refuse, car il ne veut pas se mêler de politique.

Harry fait à l'hôtel la connaissance de MARIE (Lauren Bacall), une jeune Américaine très délurée, arrivée en Martinique le jour même. En l'observant dans le café de l'hôtel, il la voit détrousser Johnson. Il la suit, l'interpelle, et lui reprend le portefeuille de son « client ». Mais en vérifiant le contenu, il découvre que Johnson voulait l'escroquer et quitter l'île avant de le payer.

Harry va retrouver Johnson, lui fait rendre le portefeuille par Marie et, bon prince, l'oblige simplement à payer sur-le-champ toute sa dette en traveller's cheques. Mais Johnson n'a pas le temps de les signer, car une escarmouche éclate soudain dans l'hôtel entre des résistants amis de Gérard et la police, et l'Américain tombe frappé d'une balle perdue.

Harry récupère vite le portefeuille de Johnson sur le corps de son client, mais arrive alors le commissaire vichyssois RENARD (Dan Seymour). Renard fait arrêter Harry, Marie, et Gérard, pour les interroger.

Aucun des trois, bien sûr, n'avoue l'existence et la cachette des résistants blessés. Avant de les relâcher tous les trois, à contre-cœur, Renard confisque à Harry, comme moyen de pression, ses papiers et son argent.

Libérés, Harry et Marie partent le soir ensemble, quand Harry s'aperçoit, en voulant prendre un verre, qu'il n'a plus un sou. Il préfère rentrer, et laisser Marie se débrouiller pour « lever » un homme dans un café.

Marie le retrouve plus tard dans la soirée à son hôtel, et c'est alors un long marivaudage qui commence entre eux deux... Ils sont attirés l'un par l'autre, mais Harry se méfie de celle qu'il prend pour une aventurière. Finalement, elle prend l'initiative du baiser qui les rassemble...

Le lendemain, un des résistants blessés la veille redemande à Harry le même service que lui avait demandé Gérard, et cette fois Harry accepte, en alléguant la perte de son travail. Mais il veut être payé tout de suite, avant le passage (on verra plus tard qu'il a dépensé l'argent pour acheter à Marie, trop pauvre, son billet de retour en Amérique).

Harry, au soir tombant, part en mer clandestinement avec Eddy. À la faveur de la nuit, il prend dans son bateau, pour les ramener à Fort-de-France, les deux résistants dont on lui avait parlé. L'un s'appelle PAUL DE BURSAC (Walter Molnar), et l'autre, à sa surprise, est une femme, l'épouse de Paul, HÉLÈNE (Dolorès Moran). Hélène est une Américaine arrogante et distinguée, qui lui est hostile.

Le bateau est repéré par un patrouilleur vichyssois. Harry tire pour aveugler leur projecteur. Dans les coups de feu qui suivent, Paul est blessé au bras.

Harry regagne le port et, avec l'aide de Gérard, il cache Paul et Hélène à l'hôtel Marquis. Là, il utilise ses connaissances médicales pour opérer lui-même De Bursac, avec l'aide de Marie (celle-ci n'a pas voulu retourner en Amérique), et malgré l'hostilité d'Hélène, qui voudrait un vrai médecin. Celle-ci, plus tard, s'excusera de sa « bêtise ».

L'opération a réussi, mais Harry doit déjouer une tentative de Renard pour faire parler Eddy sur la cachette des résistants. Puis, Paul de Bursac, reconnaissant, propose à Harry de se joindre à sa cause, en allant avec lui à l'île du Diable, pour aller délivrer un grand chef de la résistance.

Plus tard, Renard revient à l'hôtel Marquis, et il entre chez Harry, qui a juste le temps de cacher Hélène, avec laquelle il parlait. Marie est là, aussi.

Renard a maintenant un moyen de pression décisif: il a fait arrêter Eddy, et menace de le faire parler en le privant d'alcool. Harry parvient, aidé par Marie, à récupérer son revolver dans un tiroir. Il abat un des hommes de Renard, et oblige ce dernier à faire libérer Eddy.

Eddy libéré, Harry décide de se joindre à la cause résistante et de partir pour l'île du Diable. Le cœur confiant, Harry, Marie (rassurée, et heureuse après avoir cru trouver en Hélène une rivale), et enfin Eddy, qui adopte pleinement dans le « clan » la jeune femme compétente et hardie, partent tous trois pour la dangereuse mission, tandis que Gérard s'arrangera avec les deux prisonniers vichyssois, et avec les représailles qui ne vont pas manquer!

2. Les sinuosités d'une adaptation

La genèse du *Port de l'angoisse* et de son scénario est assez connue, car elle associe, en un somptueux générique, un des plus grands réalisateurs américains, deux acteurs légendaires d'Hollywood, Bogart et Bacall (celle-ci dans son premier rôle à l'écran), un scénariste réputé, Jules Furthman, et enfin deux des plus grands écrivains américains, respectivement comme auteur du livre ayant servi de base au film, et comme cosignataire de la version finale du scénario.

Du livre à l'écran
Tout serait venu d'une partie de pêche en 1939, au cours de laquelle deux amis, Howard Hawks et Ernest Hemingway, auraient eu une discussion. Hawks voulait engager l'écrivain à travailler à Hollywood, et pour le convaincre, il lui dit: « *Je peux prendre ton pire roman, et en faire un film.* » « *Quel est mon pire roman?* » « *Cette chose informe qui s'appelle "En avoir ou pas".* » « *Tu ne peux rien faire de ça* », dit Hemingway, qui aurait ajouté, selon certains: « *Je l'ai écrit très vite pour me faire du fric.* » « *Si*, répondit Hawks, *je peux. Tu as créé le personnage d'Harry Morgan, et moi, je peux te donner celui de la fille ; tu n'as qu'à inventer l'histoire de leur rencontre.* »

Harry Morgan, à l'écran, devait être Humphrey Bogart, que John Huston et Michael Curtiz, l'un avec *Le Faucon maltais*, 1941, et l'autre avec *Casablanca*, 1943, avaient sorti de ses rôles de mauvais garçon. Il lui fallait, après Ingrid Bergman, une partenaire, et ce fut la toute jeune Lauren Bacall, découverte par la femme de Hawks, qui lui donna la réplique. La réussite de leur couple, à l'écran et à la ville (ils feront trois autres films ensemble), amena alors à développer dans *Le Port de l'angoisse* tout ce qui concerne les relations entre Harry et Marie, qui n'ont plus guère de rapport avec l'œuvre littéraire adaptée.

Le roman d'Hemingway, paru en 1937, étant facilement accessible sous le titre français d'« En avoir ou pas », nous n'en donnerons pas d'analyse, nous contentant de signaler les différences essentielles entre le livre et le film tel qu'il a été finalement tourné et monté.

Dans le livre, l'action se déroule sur plusieurs années, mais dans le film, elle tient en trois jours, ni plus ni moins. Chez Hemingway, Harry Morgan, le héros, est un être plutôt trouillard et fruste, décrit comme une brute sympathique. Ce n'est pas un ange : il escroque et étrangle un Chinois et il n'hésite pas à faire de la contrebande. Dans le film, Harry est un personnage plutôt « classe » et intelligent, moralement sans défauts, et même très chevaleresque.

Chez Hemingway, les rapports d'Harry avec son second Eddy sont frais, tandis que dans le film, c'est une amitié à la vie à la mort. Chez Hemingway, Johnson possède quelques traits sympathiques, mais il n'en a plus aucun dans le film.

Entre le livre et le film, la scène dans laquelle Harry gifle son ami Eddy est conservée, mais avec un sens qui n'est plus du tout le même. Chez Hemingway, c'est pour ne pas prendre de risques qu'Harry frappe son second ; dans le film, c'est pour ne pas le mettre en danger.

Dans le roman, Harry Morgan est marié depuis trente ans avec une femme robuste et sans grâce, avec laquelle il forme un couple admirablement uni, dans le malheur et dans la pauvreté. Il s'agissait donc, au départ de ce projet de film, de revenir dans le passé de Morgan, mais en transportant dans ce passé des péripéties que le roman situe plus tard.

Hemingway accepta de vendre les droits du livre, sans pour autant se décider à en écrire lui-même l'adaptation. Finalement, Hawks mit sur le coup le scénariste Jules Furthman, son ami (à qui l'on doit *Shangaï Express*, 1932, et *Shangaï Gesture*, 1941, de Josef von Sternberg, *Le grand sommeil* de Hawks, etc.), auquel il demanda de concevoir le personnage de Marie comme une femme un peu virile, à la Marlène Dietrich, non sans prévoir une autre version, qui réduirait l'importance du rôle de Marie au cas où Bacall se serait révélée décevante aux essais et au tournage.

En 1943, Furthman livra une première version, très copieuse, du scénario, à l'occasion de laquelle se situe l'anecdote célèbre rapportée par Hawks : « *Dans le premier script, Lauren Bacall était détroussée de son sac à main. Furthman en fit une bonne scène et il avait l'air content de son idée. "Ouais, lui dis-je, une petite fille qui se fait voler son sac, qu'est-ce que c'est excitant." "Espèce de salopard", me dit Furthman. Le lendemain, il avait réécrit la scène: c'était elle qui volait le portefeuille, et c'était dix fois meilleur. »*

De Cuba à la Martinique

Il est intéressant de suivre l'évolution du scénario, à partir de la source initiale, évolution qui dut tenir compte du contexte politique mondial, en l'occurrence la Deuxième Guerre Mondiale. Cela nous permet de voir comment un projet peut dériver et s'éloigner beaucoup d'une intention de départ, tout en acquérant une nouvelle jeunesse.

La première version du scénario se déroulait, tout comme le roman d'Hemingway, sur l'île de Cuba, à La Havane, avec la même scène de pêche initiale.

Eddy s'appelle, dans cette version, Rummy. Sur le port de La Havane, Johnson est contraint de payer sa dette à Harry par Decimo et Benicia, un couple qui tient le café *La Perle de San Francisco*.

A l'intérieur du café, une jeune femme nommée Corinne « fait boire » Johnson et quand celui-ci est fin saoul, elle le soulage de son portefeuille. Morgan épingle Corinne, et il la gifle pour lui faire rendre le portefeuille (cette gifle, on le voit, a changé par la suite d'« auteur »).

Trois étudiants cubains révolutionnaires viennent offrir 5 000 dollars à Harry pour que celui-ci les prenne dans son bateau, et les aide dans un hold-up. Morgan leur répond qu'il ne s'occupe que de ses affaires. Corinne dissimule le portefeuille de Johnson dans les vêtements de Morgan. Johnson veut aller porter plainte à la police, mais au moment où il sort du café, un des trois étudiants cubains, le prenant pour Morgan, l'abat. C'est un ami de Morgan, le lieutenant Caesar, qui s'occupe de l'enquête. Rummy est kidnappé par les étudiants, qui veulent Corinne, que Morgan est prêt à leur livrer. Mais Morgan réussit, en tirant à travers un tiroir, à abattre un des étudiants, avant de laisser partir les deux autres, et de récupérer Rummy.

Plus tard, il fait la connaissance d'un Américain qui veut utiliser son bateau, et le lendemain, il retrouve dans le café Sylvia, une femme qu'il a aimée autrefois et qui l'a quitté pour un autre. Elle est maintenant la femme de l'Américain. Jalousie de Corinne.

Morgan accepte de convoyer les révolutionnaires sur son bateau, et les Cubains font leur hold-up. Rummy est tué par l'un des révolutionnaires. Morgan monte un plan pour abattre ceux-ci. Quand il commence à tirer sur eux, il y a un fondu au noir… À la fin, Morgan rentre chez lui sain et sauf, et épouse Corinne.

Cette première adaptation, comme le livre original, montre toujours la dégradation de l'idéal révolutionnaire en banditisme fanatique. Mais déjà, le mouvement est inversé : Harry Morgan est encore légèrement blessé au bras, mais au lieu de sombrer dans la mort et dans la déchéance, sa vie se trouve embellie et renouvelée.

Cependant, l'Office des affaires interaméricaines s'opposa au projet et à ce scénario, en représentant que le gouvernement de Batista pourrait mal prendre cette évocation de Cuba et de son régime, et que le film risquerait d'être inexportable ; de surcroît, les USA étaient alliés à Cuba dans l'effort de guerre. Le film avait déjà été engagé, et même une partie des décors construits… Jack Warner annonça alors à Howard Hawks que le film ne pouvait être fait, à moins de lui donner un autre cadre. On trouva finalement Fort-de-France, en Martinique, sous le gouvernement vichyssois. Le grand écrivain William Faulkner, ami de Hawks, et qui était déjà l'auteur d'un scénario pro-gaulliste, intervint, et jusqu'à la fin, apporta au script de Furthman un certain nombre de modifications. Les bandits révolutionnaires cubains devinrent de distingués résistants gaullistes. Morgan cessa d'être blessé (comme dans le roman et les versions précédentes) pour être celui qui soigne les autres – le résistant Paul de Bursac étant blessé à sa place. Faulkner accentua la misogynie de Morgan, et décida que Marie et lui logeraient dans le même hôtel, ce qui simplifiait considérablement la question de leurs rencontres et de leurs déplacements !

Quant à Hawks, il apporta de son côté des changements sur le tournage.

Du scénario au film
D'abord, le début du scénario écrit comportait plus de détails et de scènes posant le contexte politique : on devait voir un portrait de Pétain, et un graffiti résistant.

Le triangle amoureux était plus explicite dans le scénario, qui comportait même une scène où Harry embrassait Hélène. Baiser supprimé au tournage, car le couple Bogart/Bacall devenait trop convaincant, si bien que les scènes du film dans lesquelles Marie, par deux fois, surprend Harry avec Hélène ne sont plus que de fausses alertes.

Enfin, dans le scénario écrit, le sort de Renard et de ses acolytes n'était pas réglé de la même façon : Morgan suggérait à Gérard de les exécuter (car ils en savaient trop), en faisant jouer fort l'orchestre de l'hôtel pour masquer le bruit du coup de feu. Dans le film, Gérard suggère simplement qu'il va les relâcher et s'en remettre au sort. « *Ils vont brûler ton établissement* », prévient Harry, mais Gérard répond avec philosophie que « *ça ne fera pas un grand feu* » ! La fin du film, qui n'est donc pas « alourdie » par l'exécution des deux Vichyssois, apparaît moins grave, plus enjouée, mais en même temps, comme le sort des deux prisonniers n'est pas réglé, le dénouement en devient plus vague et comme escamoté.

Il faut ajouter à cela un très grand nombre de modifications apportées par Hawks au moment du tournage, dans le détail des scènes, pour leur donner plus de dynamique et de nervosité : les situations, les répliques se coupent et s'interrompent souvent les unes les autres, le dialogue est moins statique, et on a droit à deux chansons en plus, chantées par Lauren Bacall, qu'accompagne au piano Hoagy Carmichael. Une chanson de plus, et le film devenait une comédie musicale !

Tout se passe donc comme si Hawks avait voulu alléger les situations, aussi bien amoureuses que policières, pour donner au film un ton léger et presque féerique, avec le risque – encouru lucidement, nous en sommes convaincus – de ne pas pousser à fond toutes les situations, comme le demande en principe la dramaturgie traditionnelle.

Montré au public américain en 1944, *To Have and Have Not* obtint un grand succès commercial, mais un accueil critique réticent, notamment sur le côté lâche, voire confus de l'intrigue.

N'oublions pas que le scénario, le cadre tropical, le contexte de l'histoire (la Résistance, la France) et la présence au générique d'Humphrey Bogart – tout, enfin, incitait le spectateur à comparer *To Have and Have Not*, avec un film sorti deux ans plus tôt, déjà mythique et dont on pouvait croire qu'il était la reprise : *Casablanca*. Ce film mettait déjà en scène un pianiste-chanteur de bar, joué par Dooley Wilson, l'immortel Sam, lequel ponctuait le film de ses chansons.

III. L'Intendant Sansho, 1955

de Kenji Mizoguchi
Scénario de Yoshikata Yoda et Yahiro Fuji
d'après le roman d'Ogai Mori
Titre japonais original: « Sansho Dayu »

1. Synopsis

Nous sommes au Japon, au XIe siècle, « quand l'homme igno-
rait encore sa valeur propre ».

Des voyageurs marchent dans la campagne. Il y a une noble
dame, TAMAKI (Kinuyo Tanaka), ses deux enfants, le petit
ZUSHIO, et sa jeune sœur ANJU, ainsi qu'une servante.

Ils sont partis rejoindre leur époux et père, MASAUJI (Masao
Shimizu), exilé voici plusieurs années, pour avoir défié l'auto-
rité en faveur des paysans pauvres. Cet homme bon avait laissé
au tout jeune Zushio une statuette sacrée, symbole de miséri-
corde, en l'accompagnant d'un message de justice.

Les voyageurs, campant la nuit en pleine nature, sont abor-
dés par une vieille femme, qui dit vouloir les aider et les recueil-
lir. Mais celle-ci les livre à des brigands, qui séparent Tamaki
de ses enfants pour faire vendre la première comme courtisane,
et les enfants comme esclaves. La mère est vendue dans l'île de
Sado, et les enfants très loin de là, au riche et cruel intendant
SANSHO (Eitaro Shindo).

Là, leur sort est dur, et toute tentative pour s'évader est punie
de mutilation. Le fils de Sansho, TARO (Akitake Kono), prend
les enfants en pitié et les rebaptise Mutsu-Waka (pour Zushio)
et Shinobu (pour Anju), avant de quitter le domaine de son père,
qui lui fait honte...

Dix ans plus tard, Zushio (Yoshiaki Hanayagi) et Anju (Kyoko
Kagawa) sont toujours esclaves. Zushio s'est endurci et ne songe
qu'à obéir aux ordres, même cruels, du Maître. Anju reste douce
et compatissante, et espère toujours.

Un jour, une jeune esclave, nouvelle arrivée, chante une chan-
son qui parle de Zushio et d'Anju, et qu'elle entendait sur l'île
de Sado. Anju, bouleversée, comprend que cette chanson vient de
sa propre mère.

Celle-ci, pendant ce temps-là, gémit sur la grève, à Sado, en appelant ses enfants comme quand ils étaient petits: « Zushio... Anju... » Elle veut s'enfuir, mais elle est rattrapée et punie par la mutilation d'un tendon du pied.

Chez Sansho, un jour, la possibilité de s'enfuir s'offre enfin à Zushio et Anju. Zushio, troublé, convaincu par sa sœur (et entendant magiquement la voix de sa mère, qui les appelle) décide subitement d'en profiter; il s'enfuit, avec une vieille esclave malade sur son dos. Restée pour couvrir sa fuite, Anju se suicide en se noyant, attirée par la chanson de sa mère, qui retentit dans l'air, irréellement.

Recueilli et caché par Taro devenu moine, Zushio va trouver le Premier ministre qui, après l'avoir reconnu (à l'aide de la statuette sacrée), lui annonce la mort de son père et le nomme gouverneur d'une Province, celle précisément où se trouve le domaine de Sansho.

Zushio s'investit d'une mission: libérer les esclaves, et dans ce but, il promulgue un édit anti-esclavagiste. Sansho, prévenu, essaie de faire échec à cet édit. Zushio envahit alors, avec sa troupe, le domaine de l'Intendant, et le fait arrêter, mais en délivrant les esclaves, il y apprend la mort de sa sœur.

Puis Zushio qui avait, en destituant Sansho, outrepassé ses pouvoirs, démissionne. Redevenu un homme comme les autres, il se met en quête de sa mère.

Sur l'île déserte et triste de Sado ravagée par un raz de marée, Zushio désespère de retrouver sa mère... quand enfin il la reconnaît dans une vieille femme aveugle et sale. Celle-ci, après un temps, le reconnaît aussi, en palpant la vieille statuette. Ils sont seuls tous les deux, survivants de la famille, et en se rappelant les paroles du père, « Sois bon pour les autres », ils tombent en pleurant dans les bras l'un de l'autre...

2. La quintessence du mélodrame

L'Intendant Sansho est un des nombreux films de Mizoguchi auxquels a collaboré son scénariste attitré, Yoshikata Yoda. On sait que l'auteur des *Contes de la lune vague* suivait très attentivement, d'une manière très critique et sévère, l'élaboration des scénarios qu'il tournait; si bien que l'on peut sans exagérer l'en présenter comme le co-auteur, ou tout du moins, le co-responsable.

Nous n'avons pas lu la nouvelle originale d'Ogai Mori, adaptée par Yoda, mais nous savons par ce dernier que la nouvelle en question racontait une histoire d'enfants malheureux, et que Mizoguchi a commencé par demander à son scénariste de modifier la première adaptation de Yahiro Fuji. « *Contrairement à la nouvelle d'Ogai Mori, dit Yoda, je fis d'Anju la petite sœur de Zushio* » (ceci en fonction des acteurs choisis), et il poursuit: « *Le prologue de* Sansho Dayu *est fidèle à la nouvelle mais la suite, dans laquelle Anju et Zushio sont adultes – ce qui constitue la majeure partie du film – est presque entièrement de ma plume.* » Les deux jeunes héros étant vendus comme esclaves, Mizoguchi demanda à Yoda d'étudier l'histoire de l'esclavage et sa fonction économique.

« *Nous avons essayé, dit Yoda, de hausser cette fable populaire au niveau d'un drame social, en étudiant le préféodalisme et le bouddhisme de l'époque.* » Yoda rapporte enfin que, dans la nouvelle, la mère devenue aveugle voit ses yeux se rouvrir grâce au pouvoir miraculeux de la statuette, mais que Mizoguchi hésita longtemps à conserver ce demi-happy-end, pour finalement se résoudre à laisser la mère aveugle.

L'Intendant Sansho est indubitablement un mélodrame – ce mot qui fait aujourd'hui sourire, et qui pourtant désigne un genre noble, un genre qui a inspiré à la littérature, à l'opéra, et au cinéma des œuvres majeures: Balzac, Dickens, Hugo, dans le roman, Verdi, Wagner, Puccini dans l'opéra, Griffith, Chaplin, Sirk, McCarey, Lang, Mizoguchi, Ophuls, Fassbinder, au cinéma, ont fait de grands mélodrames.

On ne compte plus, dans *L'Intendant Sansho*, les traits de mélodrame:

– L'objet confié dans l'enfance (la statuette) qui permettra, des années plus tard, de reconnaître l'enfant enlevé.

– La confrontation violente entre les classes sociales extrêmes, les plus basses et les plus élevées, entre les ministres et les plus misérables esclaves.

– Le changement brutal de condition: le héros, jeune noble et fils de ministre, se voit plongé d'un jour à l'autre dans l'esclavage, puis, dix ans plus tard, alors qu'il n'était plus qu'un esclave en fuite, est nommé gouverneur d'une province.

– Associé à ce changement de condition et provoquant des mystères, un changement de nom. Lorsque l'intendant Sansho entend parler de Zushio, qu'il ne connaît que sous le nom de Mutsu-Waka, il ne comprend pas qu'il s'agit de son esclave évadé.

27

– La noirceur ou la bonté absolue de la plupart des personnages, avec entre les deux – c'est également un trait de mélodrame – un personnage qui tourne mal puis se réhabilite (ici Zushio).

– Le sacrifice d'un des personnages, souvent féminin, qui donne sa vie pour l'être aimé.

– Une scène finale de reconnaissance (d'« *anagnorisis* », comme dit Aristote). C'est la mère, Tamaki, devenue aveugle et vieille, qui reconnaît, en palpant une statuette puis son visage, son fils Zushio éloigné d'elle depuis dix ans. Cette scène est précédée d'une autre scène classique de mélodrame : le quiproquo sur l'identité des parents, lorsqu'on présente à Zushio, par suite d'une confusion de noms, une prostituée âgée comme étant sa mère qu'il recherche.

– Enfin, la prédominance des liens familiaux, sur les relations amoureuses. Il n'y a pas d'histoire d'amour dans *Sansho*, tout se passe « en famille ».

Parions que le lecteur, en suivant cette liste, aura déjà éveillé dans son souvenir, pour chacune de ces situations-types, vingt autres exemples de récit, depuis Homère et la tragédie grecque, jusqu'au roman feuilleton moderne, des genres les plus « nobles » aux plus populaires.

La structure scénaristique de *L'Intendant Sansho* (que nous laissons de côté ici en tant que réalisation sublime d'un des plus grands cinéastes) est aussi simple qu'efficace. Dans une première vision, elle paraît couler de source, et on ne pense pas avoir affaire à un scénario particulièrement habile, mais plus on l'étudie, plus on se rend compte de la merveilleuse densité de sa construction, où tout porte, tout a un poids.

IV. L'Invasion des profanateurs de sépulture, 1956

de Don Siegel

Sur un scénario de Daniel Mainwaring
d'après le récit de Jack Finney
comparé aux remakes de Phil Kaufman, 1978,
et d'Abel Ferrara, 1992

Titre original américain de la version de Siegel:
« Invasion of the Body Snatchers »

1. Synopsis

Nous sommes en Californie, dans l'Amérique des années 50, après l'arrivée du juke-boxe.

Un hôpital, la nuit, où arrive une voiture de police sirène hurlante. On amène et on interroge un homme, Miles BENNELL (Kevin Mc Carthy), découvert hurlant comme un fou sur l'autoroute, où il tentait d'arrêter la circulation, et qui veut alerter l'humanité sur un péril mortel. « Je ne suis pas fou », dit-il, avant de reprendre son message d'avertissement. Le Dr Hill, psychiatre, consent à l'écouter, et voici ce qu'il raconte.

Médecin de famille, Miles Bennell est rentré voici une semaine d'un congrès, dans la petite ville californienne tranquille où il exerce, Santa Mira, parce qu'on lui a signalé d'étranges phénomènes: des femmes, des enfants sont persuadés que leur mari, leur oncle, leur mère, n'est plus leur mari, leur oncle ou leur mère, même s'ils en ont l'aspect. D'abord incrédule, le docteur Bennell se convainc de la réalité du phénomène: cette aventure le rapproche d'une femme comme lui récemment divorcée, et qui a été son amour de jeunesse, Becky DRISCOLL (Dana Wynter).

Miles et Becky rejoignent dans leur maison leur ami l'écrivain Jack BELICEK (King Donovan), et la femme de ce dernier, Teddy. Avec ceux-ci, ils découvrent le processus de transformation: dans une serre attenante à la maison de Belicek, des êtres à la ressemblance de leurs modèles humains adultes se développent dans de gigantesques cosses (« pods »), avant de se substituer à eux quand ils dorment. Santa Mira est gagnée par le phénomène, et ses habitants deviennent tous les exécutants apathiques et disciplinés d'une société nouvelle, créée par les envahisseurs. À partir de Santa Mira, ceux-ci veulent propager l'épidémie dans tout le pays. Les Belicek, ayant été à leur tour « clonés », Bennell et Becky sont capturés par les extra-terrestres, dirigés par le psychiatre KAUFMAN (Larry GATES), qui était depuis longtemps un « clone », et semble jouer le rôle d'un meneur et d'un porte-parole des ET. Il leur annonce qu'on va les faire dormir, qu'ils ne sentiront rien, et que le lendemain ils n'auront plus ni passions, ni souffrances... Bennell parvient, luttant contre le sommeil, à s'enfuir avec Becky, et les extra-terrestres à l'aspect humain les poursuivent. Ils re réfugient dans une mine abandonnée, où Becky demande à se reposer. Bennell la quitte un moment pour aller dans la direction – trompeuse – d'une voix de femme qui vient en fait d'une radio, et quand il revient, Becky a été elle aussi transformée en une femme lascive et exigeante, une sorte de démon, qui veut le faire dormir pour qu'il soit transformé. Il a vu que des camions sortent de la ville avec comme chargement des « cosses » géantes, qui sont les propagateurs du phénomène. Heureusement, il peut s'échapper de la ville et alerter les autorités sur le danger.

Nous revenons au commissariat du début. Les auditeurs de ce récit trouvent l'histoire incroyable, et croient Bennell fou, mais voici qu'on amène les blessés d'un accident. Un infirmier raconte une affaire étrange: on a trouvé à bord d'un camion accidenté des cosses géantes. Des cosses? La police, maintenant convaincue que l'histoire incroyable de Bennell est vraie, lance un avis d'alerte. Bennell peut enfin respirer.

2 Synopsis d'*Invasion of the Body Snatchers*/*L'Invasion des Profanateurs*, 1978, de Philip Kaufman, sur un scénario de W.D. Richter

Nous sommes dans la grande cité cosmopolite et multiraciale de San Francisco, au temps de la culture alternative, libérale, non violente et sexuellement affranchie de la côte Ouest dans les années 70.

Matthew BENNELL (Donald Sutherland) est célibataire, inspecteur de l'hygiène alimentaire, et secrètement épris d'une jeune laborantine, qui vit en « union libre » avec un dentiste,

Elisabeth DRISCOLL (Brooke Adams). Celle-ci a le sentiment que son compagnon, Geoffrey, a changé. D'autres humains, notamment des femmes, feront la même observation.

Lors d'une signature dans une librairie, Bennell et Driscoll rencontrent le fameux thérapeute KIBNER (Leonard Nimoy), sorte de gourou en vogue, qui leur suggère qu'il s'agit peut-être d'une hallucination collective, ou de la traduction du désir des hommes et des femmes de se désengager les uns des autres, en s'accusant réciproquement. Dans la même soirée, Bennell rencontre son ami, le jeune écrivain raté Jack BELICEK (Jeff Goldblum), garçon immature qui vit aux crochets de sa femme NANCY (Veronica Cartright), une femme « new age » qui lit de la science-fiction, croit aux pouvoirs de la musique sur la croissance des plantes, et tient un établissement de bains de boue. C'est dans cet établissement que Belicek et sa femme constatent la présence d'un corps adulte inachevé qui est à la ressemblance de Jack. Nous comprendrons que la substitution aux humains de leurs clones dépourvus d'affect est en route, et que Kibner est en fait déjà passé du côté des envahisseurs. Des événements surprenants se produisent, tels qu'un double du corps d'Elizabeth, que Mathew sauve de la « clonisation ». La population de la ville est ainsi graduellement « remplacée ». Un quatuor d'humains, Matthew, Elisabeth, et les époux Belicek résiste plus longtemps à l'invasion, mais peu à peu, il ne reste apparemment plus que Matthew.

Jusqu'à une surprise finale...

3. Synopsis de *Body Snatchers*, 1992, d'Abel Ferrara, sur un scénario de Raymond Cistheri, Larry Cohen, Stuart Gordon, Dennis Paoli et Nicholas St. John

Nous sommes en Alabama, au début des années 90 (comme l'établit une allusion à la première guerre du Golfe).

La famille Malone, composée d'un ingénieur spécialiste en produits chimiques, Steve MALONE (Terry Kinney), de sa femme épousée en secondes noces, CAROL (Meg Tilly), d'un petit garçon et d'une très jeune fille au seuil de l'adolescence, née de la première épouse, MARTI (Gabrielle Anvar), arrive pour résider quelques jours dans une base militaire isolée de l'armée, en Alabama. La jeune Marti, dans les toilettes d'une station-service, a fait une inquiétante rencontre: celle d'un soldat qui lui

31

fait peur, comme s'il allait la violer, pour ensuite lui dire qu'il faut avoir peur, qu'ils « vous prennent pendant leur sommeil », et qu'il faut partir.

Dans la base militaire, Steve Malone s'aperçoit que des événements bizarres se déroulent: le médecin militaire (Forrest Whitaker) lui demande son avis sur d'étranges phénomènes psychologiques. De son côté Marti se fait deux amis dans la base: une jeune fille délurée, JENN (Christine Elise), la propre fille du général qui dirige la base, et TIM (Billy Wirth), un jeune militaire pilote d'hélicoptère. Quant au petit garçon, il s'aperçoit avec effroi que tous les autres enfants de l'école située dans la base appartiennent à une sorte de secte et que lui est différent.

La belle-mère de Marti se révèle avoir été transformée, et Steve Malone doit partir avec sa fille et son fils. Marti a été assaillie par un corps nu tombé du plafond de sa salle de bains, et qui lui ressemble trait pour trait.

Au cours d'une nuit agitée, les différents personnages, dont Steve Malone, le petit garçon et Jenn, sont clonés et le médecin du camp s'est suicidé. Ne restent plus d'humains que Tim et Marti qui s'enfuient en hélicoptère. « Laissons-les partir, personne ne les croira », dit le général. Le film s'achève alors que l'hélicoptère atterrit près d'une ville dont nous ne savons pas si elle n'est pas déjà aux mains des envahisseurs.

4. Un sujet tout indiqué pour le remake...

Les remakes (de comédies, de films de terreur, de films policiers) ont pris, notamment dans le cinéma américain, une place grandissante, mais le principe lui-même du remake cinématographique, on sait, n'est pas nouveau. D'ailleurs, l'opéra, le théâtre, ont longtemps fonctionné sur le principe de puiser dans les mêmes sources, et bien sûr dans des œuvres antérieures. Mais ce qui serait nouveau, ce serait peut-être que le remake cinématographique se revendiquerait depuis les années 70 – où il s'est multiplié – enfant direct de la version précédente, et thématiserait la notion même de filiation.

Adapté d'un récit de l'auteur américain de science-fiction Jack Finney dont la première version date de 1954, *Invasion of the Body Snatchers*, alias *L'invasion des profanateurs de sépulture*, est, sous ses différents titres anglais et français aux variations pittoresques (on n'y trouve en effet ni profanations ni sépultures), un des plus célèbres cycles de remakes de l'écran. Cette histoire de gens remplacés par des sosies extra-terrestres – sujet qu'on trouve aussi chez Philip K. Dick en 1954, dans la nouvelle *The Father-Thing* –, hante littéralement le cinéma et la télévision.

Le retour de ce motif à l'écran, depuis tous les films de zombies jusqu'au formidable *Possession*, 1980, de Zulawski, s'explique sans doute par son caractère immédiatement cinématographique. Tout personnage de cinéma est en effet « body snatché » par son interprète, puisque son corps, surtout filmé de près, est le lieu d'un dédoublement entre l'acteur et le rôle.

Mais officiellement, le récit original de Finney a été porté trois fois à l'écran: en 1955, Don Siegel la met en scène sur un scénario de Daniel Mainwaring (auquel aurait collaboré Peckinpah), et signe un film devenu classique, remarquable d'élégance et d'efficacité. En 1978 Philip Kaufman réalise, écrit par W.D.Richter, un remake au scénario particulièrement riche. Ce second film reste un des meilleurs des années 70. Enfin en 1994, Abel Ferrara dirige un *Body Snatchers* tout court, à notre avis malheureusement le moins bon de la série, à cause d'un script velléitaire et rafistolé dû aux interventions successives ou combinées de ses cinq scénaristes (pour ne parler que des crédits officiels), lesquels apparemment n'ont pas su accorder leurs violons.

Points communs entre les deux premières versions

Analysons à grands traits l'intrigue commune que les deux premières versions tirent du récit de Finney, et donc le postulat commun, le concept des deux films de Siegel et Kaufman:

– *même substitution d'un sosie à l'original humain*: aux êtres humains se substituent individu par individu des clones apathiques et grégaires, obéissants à des ordres.

– *même origine et même technique de reproduction des extra-terrestres*: ces créatures sont issues d'une espèce tombée sur la terre, et capable de reproduire toute forme d'existence. Elles croissent dans des « cosses » (*pods*) géantes, puis prennent la place de l'humain original durant le sommeil de celui-ci.

– *ce sont les femmes et les enfants qui s'aperçoivent d'abord, intuitivement, de la substitution*: mon oncle n'est plus mon oncle, ma mère n'est plus ma mère, etc. Cette idée est conservée dans le troisième film.

– *c'est un couple humain qui affronte le fléau*. Sceptique au début, le docteur Miles Bennell (devenu dans le film de Kaufman l'inspecteur de l'hygiène Matthew Bennel), découvre la vérité en compagnie de la belle Becky Driscoll (Elisabeth Driscoll chez Kaufman), dont il était déjà épris, et dont cette aventure le rapproche. Aidé au début de l'écrivain Jack Belicek et de l'épouse de celui-ci, il tente d'alerter les autorités (gagnées par le fléau) et d'échapper aux créatures.

– *l'intellectuel pactise avec le mal, et le collectivisme.* Dans les deux films, on trouve la figure de l'intellectuel qui pactise rapidement avec l'espèce ennemie (notamment le psychiatre ami du héros, nommé Kaufman chez Siegel et Kibner chez Kaufman), en contraste avec l'être humain « ordinaire » qui tient le plus longtemps possible.

– *La femme se transforme, avec la « mutation » de l'humanité, en une tentatrice dangereuse et impudique.* Et chez les deux, le clou dramatique se produit lorsque le héros découvre que la femme qu'il aime a elle aussi été modifiée, et est devenue une créature tentatrice, luxurieuse, possédée par le sexe, utilisant celui-ci pour inviter l'homme à renoncer à sa conscience. L'impact de cette révélation dans les deux films est renforcé par le fait que jusque-là, le film a presque banni toute sexualité.

On voit qu'une même histoire peut combiner des ressorts différents: la terreur d'un matriarcat tyrannique avec celle d'un empire collectiviste et dictatorial.

Différences entre les deux premières versions, et innovations dans la troisième

Les dénouements sont en revanche opposés. Le premier film se termine sur une note d'espoir: Bennell alerte la police extérieure à la ville, et il est peut-être encore temps de freiner la propagation. Le second film, celui de Kaufman, ne laisse guère de chance à l'ultime vestige d'humanité…

On peut, en même temps, souligner, entre la première et la seconde version, un principe d'opposition et de variation:

– *choix du cadre:* dans le premier, comme dans le récit de Jack Finney qui en constitue la source, une petite ville californienne imaginaire est le théâtre de l'histoire; chez le second, c'est une grande ville ouverte sur le monde, le San Francisco « alternatif » des années 70, où cohabitent émigrants chinois et européens.

– *définition des personnages féminins.* Les rôles féminins, de conventionnels qu'ils sont dans la première version (où nous avons des secrétaires, des épouses, des fiancées, des mères, etc.), deviennent dans la seconde actifs, professionnels et offensifs. En d'autres termes, les femmes ne sont plus définies uniquement par leur rapport à l'homme et à la famille. Chez Kaufman, aucun des deux personnages féminins principaux, Elisabeth et Mme Belicek, n'a d'enfant.

Quant au troisième film, celui de Ferrara, il tente d'intéressants retournements par rapport aux deux premiers:

– *changement générationnel*: là où les deux premiers sont racontés du point de vue d'adultes déjà bien mûrs, le second l'est de celui d'une pré-adolescente mal dans sa peau. Ce changement est en rapport avec l'évolution du public, majoritairement jeune, qui va voir les films d'horreur.

– *renaissance du couple*: là où chez Siegel et Kaufman le couple-vedette, après s'être constitué dans la première partie de l'histoire, est détruit et séparé dans les scènes finales par l'élimination de la « femme aimée », chez Ferrara il reste à la fin, sous la forme de deux jeunes gens, le seul élément survivant et porteur d'espoir (type « nouveaux Adam et Eve » s'envolant en hélicoptère, vers Atlanta, dans l'espoir de trouver des humains non transformés). En même temps, ce dernier film, le plus récent, renoue avec le huis clos intimiste du film de Siegel (un casernement perdu en pleine nature se substituant à la petite bourgade), mais il rajeunit l'ensemble du casting.

– *utilisation de la nudité féminine et de la sexualité*: du premier *Body Snatchers* au troisième, la rencontre de l'être humain avec son double cloné (effleurée chez Siegel, un peu moins courte chez Kaufman, lorsque Donald Sutherland extermine son sosie extra-terrestre), prend une importance croissante. C'est ainsi la très jeune Marti qui chez Ferrara, est confrontée deux fois à son double nu, qui se fabrique quand elle dort: elle ne peut vivre qu'en tuant ou en laissant tuer son alter ego féminin.

– *retour (partiel) à la voix-off*: du côté de la technique narrative employée, enfin les trois versions diffèrent. Une voix-off insistante, celle de Bennell (imposée paraît-il au réalisateur), conduit presque entièrement le film de Siegel; cette voix disparaît du second – sauf pour un bref récit d'Elisabeth Driscoll, et enfin elle réapparaît insistante au début du troisième, où c'est celle de la jeune héroïne. Cette réapparition, même si elle est ponctuelle (la suite du film de Ferrara « oublie » complètement la voix-off, et ne la fait revenir que brièvement à la fin) s'inscrit dans une série de « retours à la voix-off » qui, pour nous est un des traits marquants de l'évolution narration cinématographique dans les années 90 (l'autre étant la multiplication des films à division marquée: cartons, têtes de chapitre).

Un nouveau cosmos, qui existe sans les hommes

Dans le film des années 50, l'existence des extra-terrestres est lentement établie, sous les yeux des humains et par rapport à eux. Dans celui des années 70, la vie non-humaine est montrée existant par elle-même, hors du regard et de la présence de l'homme. C'est aussi bien la vie des plantes les plus communes que celle d'une espèce extra-terrestre. On commence par nous rappeler que l'homme n'est pas la seule réalité en ce monde. Le cosmos a ses rythmes, sa vie, existant sans la présence humaine.

Là où le film de Siegel/Mainwaring nous laisse d'abord croire que l'existence des extra-terrestres pourrait être inventée par une psychose collective (hypothèse formulée par le personnage du psychanalyste), chez Kaufman/Richter elle est d'emblée posée comme une réalité. Pour commencer, la première scène nous montre, depuis un système solaire différent du nôtre, la migration d'une sorte d'espèce végétale translucide. Cette espèce traverse les espaces, et nous la voyons approcher le globe de la terre, telle que les images prises de véhicules spatiaux ou de satellites[1] nous ont habitués à nous la représenter. La caméra traverse les nuages; on voit quelques plans des emblèmes de San Francisco : le building en forme d'aiguille nommé The Needle, le pont du Golden Gate, et nous y sommes...

À partir de là, le scénario doit faire se rejoindre ce monde improbable et démesuré des espaces intersidéraux, et le monde quotidien et banal d'une mégalopole moderne. Il y parvient en passant par ce qui au cinéma est à la fois l'inverse et l'équivalent exact de l'infiniment grand: par l'infiniment petit (le cinéma est aussi l'art de jouer sur les renversements d'échelles).

En effet, juste après les plans spatiaux et une vision globale de notre planète, on voit sur des feuilles anodines d'un arbre situé en pleine ville se développer une espèce végétale parasite, que personne ne remarque. On voit la pluie convoyer dans les caniveaux ces spores minuscules venus de l'espace, et personne non plus ne les remarque. Très vite, passe un camion à ordures – symbole de la circulation de l'organique et du déchet dans la ville, etc.

---

1. Rappelons que le premier satellite envoyé dans l'espace par l'homme, le fameux Spoutnik, a été lancé en 1957. L'homme a foulé le sol de la Lune en 1969.

En quelques plans (auxquels il faut rajouter l'évocation plus loin de l'espèce des rats, c'est-à-dire d'un animal grégaire dont la population suit celle de l'homme et la redouble sur Terre, et qui est le rat), est posée admirablement la métaphore de la ville comme organisme véhiculant une flore et produisant des déchets. Il nous est rappelé en quoi la nature et les animaux continuent de vivre et de proliférer dans le corps de cette ville, corps qui boit, s'assimile, ou rejette (les ordures). Ces plans font donc partie du scénario littéral, ils ne sont pas seulement un décor.

Métaphores dans le *Body Snatchers* de Siegel/Maiwaring
Il est passionnant de suivre dans les trois versions le jeu des métaphores. Commençons par celle de Siegel.

a) Métaphore du péril communiste
Avec ses braves fermiers américains devenant une troupe embrigadée et docile sous la conduite d'un mégaphone (la fameuse scène sur la place triangulaire de Santa Mira), et avec le plaidoyer du psychiatre pour une société grégaire de fourmis, il est courant de voir dans le film de Don Siegel une représentation cauchemardesque du communisme (ou, inversement, de la paranoïa maccarthyste) à laquelle le film opposerait l'individu libre de la société démocratique. C'est vrai, mais ce n'est pas la seule piste.

b) Métaphore du progrès robotisant
Elle est donnée par les deux scènes qui font intervenir la musique dans l'action: vers le début du film, Bennell entre avec Becky dans une salle de restaurant-dancing et s'étonne de l'absence des musiciens qui jouent habituellement le soir (nous sommes en 1956); le serveur lui répond que désormais le juke-boxe les remplace. Vers la fin, alors que Miles et Becky, fuyant les extra-terrestres, sont réfugiés dans une galerie de mine, ils entendent un chant vocalisé par une voix féminine. Attiré par la source de ce chant de sirène, Bennell commet l'erreur de s'éloigner de Becky: mais ce n'était qu'une émission de radio. Or, le remplacement de la source musicale humaine par un enregistrement ou une radio-diffusion est, depuis *À nous la liberté*, 1932, de René Clair, une vieille métaphore cinématographique du futur et de la mécanisation. La société rationalisée et désaffectivée que dépeint le film de Siegel, c'est aussi le monde futur robotisé tel qu'on le crai-

37

gnait dans les années 50, quand on imaginait l'an 2000 comme un univers d'« automation »[2].

c) *Métaphore matriarcale*

Le climax du film de Siegel est la transformation finale de la femme gentille et réservée qu'était Becky Driscoll en une créature alanguie, allongée sur la terre, et qui invite l'homme tout à la fois au sommeil et au sexe avant de devenir, éconduite, une mégère autoritaire.

d) *Métaphore de l'Orient*

Écoutons aussi, chez Siegel, la profession de foi du psychiatre, le Dr Kaufman, porte-parole des extra-terrestres dont il a rejoint les rangs : celui-ci parle de la disparition des sentiments tels que « *Love, desire, ambition, faith* », « *Amour, désir, ambition, foi* » sans lesquels la vie, dit-il, serait si simple... Dans cette scène, autant qu'une évocation de l'utopie communiste, on peut entendre un écho lointain du traumatisme culturel créé en Occident, au cours du XIXe siècle, par la découverte du Bouddhisme. Un Bouddhisme non pas bien sûr puisé aux sources, mais à travers la version qu'en ont élaborée, entre autres, le philosophe allemand Arthur Schopenhauer et le plus influent idéologue du XIXe siècle, Richard Wagner. Une découverte « bouleversante » à la lettre, celle d'un point de vue sur la vie dans lequel la perspective chrétienne volontariste, basée sur les œuvres et l'engagement individuel, n'est rien. La société du futur incarnée par les « cosses » est une société où la réalisation individuelle, qui utiliserait comme moteur le désir de vivre, de s'épanouir et de s'affirmer, n'a pas de sens.

e) *Métaphore de la contamination idéologique collective, de la folie*

Le docteur Kaufman, pour expliquer à Bennell les phénomènes auxquels il assiste et endormir ses soupçons, émet l'hypothèse d'une épidémie de paranoïa collective. On sait que la psychanalyse, individuelle ou collective, joue un grand rôle dans le cinéma américain des années 50 et 60.

---

2. Ce mot d'« automation », exporté de l'anglais, a connu une brève vogue dans les années 50-60 avant de tomber dans l'oubli ; il désignait le processus d'automatisation de beaucoup de tâches (robots, machines, etc.).

Métaphores dans *Invasion of the Body Snatchers*, de Kaufman/Richter

La deuxième version écrite par Richter pour Kaufman comporte un « sous-texte » bien différent, synchrone avec la période où le film a été réalisé (1978). Avec une habileté qui en fait un des meilleurs scénarios de science-fiction jamais écrits, elle noue, ou tresse tous ses fils métaphoriques:

a) Métaphore de la pollution et du déchet

Aliments malsains, terre transformée en poubelle, apparition de mutations, sont très présents dans le film. L'homme, qui fabrique des déchets, devient lui-même un déchet. C'est ce qu'exprime le thème récurrent de la voirie publique: le camion-poubelle est montré dès le début du film et jusqu'à la fin, d'abord comme un élément banal du décor urbain, puis comme un agent de la transformation de l'humanité. Les êtres transformés se débarrassent très simplement de leurs modèles humains vidés, et transformés en une sorte de ballon dégonflé, en les jetant à la poubelle, dans des sacs qu'ils mettent aux ordures. Cette métaphore est rappelée sans cesse dans le film par toutes sortes de détails: des allusions à la nourriture (scène du restaurant, manies macrobiotiques de Mme Belicek, hobby culinaire de Bennell, vieux célibataire aimant les « bonnes bouffes »), par les thèmes des bennes à ordure, des laveries automatiques (les fameuses « chinese laundries », blanchisseries chinoises de la côte Ouest, où se déroulent deux scènes du film, etc.)

Au début du film, un restaurant français chic de San Francisco est inspecté par Bennell, lequel découvre que le restaurant sert de la nourriture avariée, contenant des excréments de rats. La femme de Belicek mange macrobiotique, et les Body Snatchers, espèce végétale, qui naît dans des fleurs géantes, sont montrés comme florissant sur cette pollution (le thème écologique était déjà central dans le remake de *King-Kong* par John Guillermin en 1976, à travers le personnage de Jeff Bridges).

b) Métaphore d'une société sans emblèmes, aux repères sociaux brouillés

Le *Body Snatchers* de 1956 montrait, dans la petite ville de Santa Mira, une société rassurante: chacun a l'uniforme de son rôle, les agents de police ont une casquette et une moto, l'écrivain fume la pipe, la femme à marier s'offre dans un décolleté seyant, et enfin c'est tout juste si, comme le docteur joué par

Leslie Nielsen dans la parodie de film-catastrophe *Airplane*, Miles Bennell ne se promène pas partout avec son stéthoscope accroché au cou. Inversement, il n'y a chez Kaufman, plus d'uniformes ou presque (seulement quelques blouses blanches), et plus d'emblèmes.

c) Métaphore du délitement du pouvoir centralisé, morcelé en spécialisations, sans efficacité contre une force collective basée sur une « empathie » primitive

Il n'y a plus d'idéologie, parce que plus d'ennemi idéologique contre lequel se définir. En témoignent les scènes où Bennell téléphone de différents lieux, et où il n'arrive jamais à joindre une personne importante et responsable.

À l'époque du film, on était encore dans la résonance de l'affaire du Watergate, et les années 70 avaient vu fleurir les films paranoïaques comme *À cause d'un assassinat/The Parallax View*, 1974, d'Alan J. Pakula, ou *Les trois jours du condor/Three Days of the Condor*, 1975, de Sydney Pollack.

d) Métaphore d'une paranoïa inversée

Même renversement dans le traitement de la paranoïa: dans le film de Siegel, l'inquiétant c'était que tout le monde vous observe (d'où l'intérêt de situer l'action dans un cadre de petite ville, où les gens se connaissent). Au contraire chez Kaufman, l'inquiétant c'est que personne ne regarde, de sorte qu'on ne voit rien venir. Quelques détails dans le début du film en témoignent. Un curé en soutane dans un parc s'amuse avec une balançoire, sur une aire de jeu réservée aux enfants (l'acteur Robert Duvall dans un « caméo ») et personne ne remarque son comportement bizarre. Un vieil homme à barbe blanche court dans une rue populeuse avec une vigueur inattendue – évidemment poursuivi par les créatures – et personne n'y prête attention. Le film de Kaufman/Richter se présente ainsi comme un renversement de celui de Siegel/Mainwaring, dans lequel l'inquiétant, c'était au contraire que tout se remarque…

Le fait d'avoir situé ce remake dans une très grande ville permet évidemment de représenter visuellement, dans des plans de rue, une société atomisée et diluée. Ce qui est un challenge scénaristique et cinématographique audacieux, car il est plus facile de faire croire que l'invasion du monde débute dans un petit coin de la planète, dans le Bodega Bay des *Oiseaux*, de Hitchcock, ou la Santa Mira du film de Siegel. Mais comment donner à imaginer que San Francisco est le siège d'une substitution graduelle dont personne ne s'apercevrait? Et comment créer la peur en puisant dans des craintes ancestrales, organiques, archaïques – alors que la grande ville est en principe considérée comme un lieu anti-naturel et préservé? Le film y parvient en rappelant visuellement d'autres échelles de vie et de temps.

e) Métaphore d'une société urbaine et déracinée, refusant la solidarité et la procréation

Cela commence par le fait de montrer au début du film des personnages dont aucun ne correspond à la cellule familiale classique.

Elisabeth Driscoll forme avec son compagnon, le dentiste Geoffrey, un couple dont nous apprenons un peu plus tard qu'il est en union libre. Matthew Bennell est un célibataire avec des petites manies. Jack Belicek, l'écrivain, est marié, mais il n'a pas d'enfant, et c'est sa femme Nancy qui fait bouillir la marmite en tenant un salon de bains de boue. Belicek, lui, est un raté non publié, une sorte de gauchiste impuissant à créer ou à changer le monde contre lequel il déblatère (scène dans la librairie, de la « signature » du nouveau livre de Kibner). En même temps, il est avec sa femme comme un enfant immature qu'elle materne et rassure (la scène où il met la tête sur les genoux de sa femme), et ils n'ont ni enfant ni projet d'en avoir.

Cette métaphore d'une société urbaine individualiste refermée sur son égoïsme est exprimée dans deux ou trois scènes particulières qui profitent du cadre urbain pour montrer l'humanité – aussi bien l'originale, l'humanité d'avant la transformation, que la « body snatché » – sous la forme d'une masse bigarrée, hétéroclite et inerte, plutôt que dans une belle ordonnance militaire: le cadre de la ville permet de faire de l'individu un passant anonyme.

La métaphore se reflète aussi dans la structure volontairement morcelée du scénario de Richter pour Kaufman: il faut bien en effet cinquante minutes pour que les principaux personnages présentés séparément soient tous introduits et réunis, et une fois leur troupe constituée, elle est rapidement dispersée. Comme dans *Alien* (1979), à la même époque, nul n'est capable d'assumer face au péril un rôle de coordinateur ou de meneur. Et comme dans *Alien*, seule une femme isolée maintiendra le plus longtemps possible le flambeau de l'humanité, là où l'homme (au sens d'individu de genre masculin) trahit ou faiblit plus vite.

41

Le retour des enfants qu'on ne veut pas avoir

Le film de Kaufman est donc la métaphore des enfants que les protagonistes ne veulent pas avoir, sans être conscients qu'ils n'en veulent pas.

Les Body Snatchers, ces créatures qui vous ressemblent, vous vampirisent, et signifient votre disparition, qu'est-ce, en effet, sinon les enfants ? L'espèce humaine, ou plutôt son inconscient, sait en effet que la reproduction sexuée est articulée à la mortalité.

Pour mettre en place cette métaphore, le scénario de Richter nous montre tout au début une troupe d'enfants sous la conduite d'une maîtresse, qui les promène dans un parc de la ville, en leur disant de cueillir des fleurs (que l'on saura plus tard être propagatrices de la mutation). Puis, durant deux heures, aucun enfant n'apparaît non seulement dans l'image (bien que nous soyions dans une très grande ville), mais aussi dans les propos et les projets des personnages, dont la plupart – à commencer par les héros – sont des adultes bien mûrs. Parfois, comme le couple des Belicek, ils se servent d'enfant l'un pour l'autre. Personne non plus n'évoque ses propres parents ni ne leur téléphone…

Rien d'étonnant à ce que dans une telle société déracinée et désemparée, le docteur Kibner, psychiatre médiatique, gourou ambigu alternant le bon sens paternel et la manipulation mentale – et dont on apprend que même le maire de la ville est un de ses patients – devienne une figure de père ! Justement, c'est ce personnage très réussi, campé par Leonard Nimoy (l'interprète du docteur Spock, l'extra-terrestre aux oreilles pointues du feuilleton *Star Trek*), qui tire la leçon du film : « *de nos jours, les gens ne veulent plus se lier* ».

Dans la scène célèbre, où, durant le sommeil de Bennell, nous assistons à la sortie des doubles de leur chrysalide, tout est fait pour assimiler ces créatures émergeant d'un utérus végétal à des nouveaux-nés souffrants et glaireux, agitant leurs petits bras et gémissant, bref, sollicitant, sous cette forme monstrueuse de corps adultes, l'attendrissement que suscitent des nouveaux-nés.

Et quand à la fin, dans l'avant-dernière scène, à peu près toute l'humanité est clonée, ce que voyons, c'est une troupe d'enfants des deux sexes, qui descendent d'un bus et qu'on va envoyer au sommeil…

Ce qui est important, cinématographiquement parlant, c'est que dans l'intervalle, non seulement on n'a pas vu d'enfants, mais qu'aussi on n'en a pas parlé. Ainsi, le cinéma est-il tout à fait apte à représenter ce que Lacan appelait « forclusion », la « *Verwerfung* » freudienne, définissant la psychose comme un état où ce qui est forclos (non symbolisé) réapparaît de manière hallucinatoire dans le réel.

V. À travers le miroir, 1961

d'Ingmar Bergman (scénario et réalisation)
Titre suédois original: « Sasom in en Spegel »

1. Synopsis

Nous sommes en Suède, sur une île peu peuplée, dans la deuxième moitié du vingtième siècle, en été.

Quatre personnages se baignent dans la mer en s'aspergeant joyeusement, KARIN une jeune femme (Harriett Andersson), DAVID son père (Gunnar Björnstrand), MARTIN son mari (Max von Sydow), MINUS son jeune frère (Lars Passgard).

Par des conversations séparées entre les personnages, nous apprenons que David est un écrivain qui est en train de terminer un roman, et qui rentre d'un voyage à l'étranger; que Karin de son côté sort d'un séjour en hôpital psychiatrique, et qu'elle risque une rechute (ce qu'elle ne sait pas). Nous avons vu également que Minus est un jeune homme mal dans sa peau, qui n'arrive pas à parler avec son père, et que Martin est affecté par la maladie de sa femme, mais aussi par l'absence de tout désir sexuel chez celle-ci. Un dîner qui réunit les quatre personnages démontre le malaise et la réprobation qui entoure le père, trop souvent absent pour ses enfants (réprobation dont il est conscient, et dont il souffre lui-même).

Le soir, Minus, Karin et Martin offrent à David le spectacle d'une pièce de théâtre écrite par Minus. Une pièce qui met en scène un « artiste » veule, incapable de vivre les grands sentiments qu'il dépeint. Nous apprendrons que David a pris cette pièce comme une critique indirecte à son encontre.

La nuit, Karin, qui ne dort pas, quitte la chambre conjugale et se rend dans une pièce vide où elle semble avoir des hallucinations. Elle tente vainement de parler avec son père, qui veille pour terminer son livre. Son père sorti pour aller avec Minus, elle fouille dans son bureau et tombe sur son journal intime, où elle apprend qu'elle est incurable, et que son père l'observe avec une curiosité malsaine.

Le lendemain matin, Martin et David partent à la ville en canot à moteur. Laissés seul, Karin et Minus essaient de travailler sur les devoirs de vacances du jeune garçon, puis renoncent et bavardent. Karin emmène son frère dans la pièce vide, et lui révèle que là, elle est avec des gens qui attendent la venue de Dieu. Le jeune homme est catastrophé par le délire de sa sœur aînée.

Parallèlement, Martin – à qui sa femme a dit qu'elle a lu le journal de son père – accuse celui-ci, sur le bateau qu'ils ont pris pour aller à la ville, d'observer froidement et égoïstement sa fille, à la recherche de faits à exploiter dans ses romans. David avoue, mais aussi il raconte sa tentative de suicide avortée, lors d'un de ses voyages, à l'issue de laquelle il a ressenti un sentiment d'amour pour sa famille et de rédemption.

Karin emmène Minus dans la coque d'un bateau échoué, et là, succombant à une crise de folie alors qu'un orage gronde, elle attire son frère vers elle et probablement commet l'inceste.

Les deux adultes rentrés, David parle en privé avec sa fille: ils s'avouent l'un à l'autre leurs « crimes » (inceste pour Karin, fuite et égoïsme pour David), et se pardonnent réciproquement. Karin demande d'elle-même à réintégrer l'hôpital psychiatrique, elle ne peut plus vivre entre deux mondes. Elle a dans la pièce vide, devant Martin et David, une crise de folie et de terreur et elle prend l'hélicoptère qui vient la chercher pour un monstre, pour un Dieu monstrueux.

Karin calmée par une piqûre et partie avec son mari, restent le père et le fils, qui ont pour la première fois l'un avec l'autre une conversation apaisée, où David se montre solide et rassurant, évoquant un amour qui les rassemble tous. « Papa m'a parlé », dit Minus quand il est seul.

2. Un quatuor pour l'écran

Si nous avons choisi un film auquel son auteur même trouve des défauts (d'écriture et d'interprétation), ce n'est pas pour le plaisir de rabaisser un immense cinéaste. C'est parce que ce film reste magistral, et passionnant jusque dans ses points faibles.

À travers le miroir fait partie de trois « films de chambre » que Bergman a écrits et tournés à partir des années 60 sur la même idée d'un nombre limité de personnages et de décors, les autres étant *Le silence* et *Les Communiants*.

Sur l'écran, seulement quatre personnages. une jeune femme et les trois hommes de sa vie. Bergman a souvent raconté que sa femme de l'époque, la pianiste Kabi Läretei – à qui le film est dédié – lui a beaucoup apporté par sa connaissance de la musique. Le scénario est clairement inspiré, dans sa forme, du quatuor à cordes: quatre instruments du plus grave au plus aigu. David, le père, lent, est un violoncelle, Martin, le mari, un alto, Minus, si vif, le second violon, et naturellement, Karin, la seule femme de ce quatuor, est le premier violon.

Alain Resnais et son scénariste David Mercer allaient s'inspirer de cette structure dans le beau *Providence*, 1976, avec sa construction à quatre voix, où l'on trouve également un patriarche écrivain célèbre, et une femme pour trois hommes. Plusieurs romans et plusieurs films portent dans leur titre « Quartet » ou « Quatuor », et s'inspirent pareillement de la formule musicale du Quatuor à cordes.

Ce qui est remarquable est la construction du film, par combinaison et création de sous-groupes.

Si l'on affecte une lettre de l'alphabet aux quatre personnages, A pour Karine, B pour son frère, C pour son père, D pour son mari, par exemple, nous avons dans un premier temps les configurations suivantes:

– ABCD (scène 1), tous les quatre ensemble;

– puis, alternativement, AB (Karin et Minus, le frère et la sœur) et CD (Martin et David, le père et son gendre) en montage parallèle (scènes 2 à 7);

– puis nous retrouvons la réunion du début, ABCD, pour les scènes du dîner en plein air et de la représentation de théâtre (scènes 8 à 12), avec un bref solo de C lorsque le père s'isole pour pleurer.

Une deuxième série de scènes, se déroulant la nuit (une nuit d'été en Suède, donc claire) nous montre trois combinaisons deux à deux que nous n'avons pas encore vues:

– AD, Karin et Martin, la femme et son mari (scène 13); suivent trois scènes avec un « solo », deux A avec Karin (14 et 15), une C avec David seul (scène 16), puis:

– AC, Karin et David, la fille et son père (scène 17);

– BC, David et Minus, le père et son fils (scène 18).

Il est caractéristique que nous devions attendre plus de vingt minutes pour voir le couple Karin/Martin dans son intimité, avec la scène 13; cela prouve le malaise au sein de ce couple.

Dans cette seconde série la nuit, trois nouvelles combinaisons deux à deux, dont on pouvait attendre des issues, sont essayées, et elles débouchent toutes sur de nouvelles impasses:

– AD (scène 17): le mari et l'épouse ne peuvent pas s'aider. Martin veut être un pilier, un soutien pour sa femme, mais il ne peut pas cacher l'envie qu'il a d'elle, et sa souffrance qu'elle n'ait pas de désir réciproque; Karin souffre de son côté de ne pouvoir être pour son mari une bonne épouse sans problèmes. Elle voudrait le materner (ce que symbolise le jeu de scène où elle s'occupe de la coupure qu'il s'est faite aux doigts), il voudrait la protéger (la façon dont il l'appelle « petite Karin »). Chacun se projette vis-à-vis de l'autre dans un rôle de parent.

Le détail de la petite blessure à la main que David s'est fait lors du dîner (lui qui est médecin!) est d'ailleurs une jolie trouvaille, relevant de ce que nous appelons le « scénario concret »: cette blessure suffit à montrer qu'il ne se sent pas à la hauteur de son rôle de protecteur. Karin, qui n'allait pas vers son mari en tant que mari, se précipite vers celui-ci quand il a un bobo à soigner.

– AC: après deux scènes en solo avec Karin, et une en solo avec David, la fille entre dans la chambre de son père, pour parler avec lui, mais il ne saisit pas la perche tendue, et la traite comme une petite fille, la fait dormir, etc. (scène 17).

– BC: le père et le fils. Là, la conversation s'engage rapidement au contraire, mais elle tourne court parce que le père n'est pas sincère avec son fils (il prétend aimer sa pièce de théâtre), que celui-ci s'en rend compte et qu'il le prend mal (scène 18).

Remarquons qu'il reste une combinaison que le film n'utilise pas pour en tirer une scène, c'est le duo Martin-Minus, le jeune homme et son beau-frère, bien plus âgé que lui.

Occasion ratée et seconde chance

Les trois scènes de nuit AD, AC, BC, que nous venons de décrire, ont de forts points communs: nous y assistons à de nouvelles confrontations deux à deux, et dans les trois cas nous pouvons espérer au début un moment de paix et/ou de vérité entre les personnages. À chaque fois nous aboutissons à une impasse et une souffrance supplémentaires, et à un dialogue qui tourne court.

Résultat: après les confrontations nous ne voyons pas ce qui peut sortir les personnages de leurs impasses.

La suite et la fin du film vont donner à chacun de ces duos une seconde chance: nous retrouverons les mêmes regroupements deux à deux du deuxième acte AD, AC, et BC, et cette fois-ci ce sera pour un moment de vérité.

– AD (scène 20): quand Karin réveille Martin, s'ensuit un moment de vérité dans la chambre conjugale entre femme et mari: chacun dit à l'autre son fait. « *Ce que tu fais et dis sonne faux* », dit Karin. à Martin. « *Tu ne m'aimes pas* », dit Martin à Karin. Ils se seront au moins dit leur vérité. Il est caractéristique que leur dernière confrontation, par la suite, porte exclusivement sur des questions concrètes. Cela signifie qu'ils se seront tout dit. Il est également intéressant, comme effet de structure, de voir que leur premier entretien arrive si tard dans le film, et leur deuxième et décisif, si tôt!

– AC (scène 34): c'est le moment de vérité entre fille et père dans le bateau après la faute. Nous comprenons qu'ils ne se jugent pas: chacun fait l'un vis-à-vis de l'autre un aveu, et un acte de contrition: Karin révèle à son père d'elle-même qu'elle a lu son journal intime, et même qu'elle a « fait bien pire » (allusion à l'inceste); le père avoue qu'il a délaissé égoïstement ses proches au profit de sa tranquillité et de son œuvre. Ils se demandent pardon réciproquement.

– BC (scène 38): c'est la scène ultime du film. Le père cette fois-ci parle à son fils avec ouverture et sincérité.

Il est intéressant par ailleurs de noter que dans le film, nous voyons souvent Karin seule avec elle-même, mais aussi, dans des scènes plus courtes, Minus seul, et David seul. Martin n'a aucune scène en solo, ce qui renforce sa position de personnage extérieur à la famille, greffé sur elle.

Changements d'humeur

Bergman est un maître dans la peinture des rapports humains. Son cinéma est passionnant à étudier pour la vérité avec laquelle il montre la mobilité des passions. Aucune scène ne commence et ne finit dans la même disposition d'esprit des personnages. En voici trois exemples:

a) *Le début*: les quatre personnages sont exubérants tous ensemble, puis, dès qu'ils se séparent, sombres et crispés. On les retrouve ensuite tous les quatre autour de la table en plein air, dans une ambiance chaleureuse. Mais dès que David a annoncé qu'il repart bientôt, le silence tombe, et David prétexte du tabac à aller chercher à la cuisine pour s'isoler un moment.

b) *Les rapports entre père et fils:* la première scène seul à seul entre David et Minus est fulgurante, passant en quelques secondes de la cordialité à l'agressivité. Minus parle à David, avec l'arrogance d'un jeune adolescent et lui demande s'il a aimé sa pièce. David hypocrite dit qu'elle est très bien. Minus répond, aussitôt, que c'est « de la merde », et, faisant étalage de son énergie adolescente par rapport à son père lent et précautionneux, s'échappe en courant, laissant le père en arrière.

c) *Karin:* Il n'y a pas une scène où elle soit dans la même humeur d'un bout à l'autre, tour à tour gaie et animée, puis en larmes, gentille avec son frère puis dure et accusatrice, etc. Elle est, comme on dit, cyclothymique.

VI. Taxi Driver, 1975

de Martin Scorsese
Sur un scénario de Paul Schrader

1. Synopsis

Nous sommes à Manhattan, pendant la Guerre du Vietnam, au printemps et en été.

Un homme de vingt-six ans, Travis BICKLE (Robert de Niro), se fait engager comme chauffeur de taxi. Nous apprenons qu'il a été Marine au Vietnam (il porte d'ailleurs une veste militaire), et qu'il est insomniaque. Il travaille jour et nuit sans dormir, vivant seul, et, comme en témoigne son journal intime, il rêverait de débarrasser le pavé de Manhattan de tout le mal, drogue, violence, prostitution.

Il tombe amoureux d'une belle blonde bon genre, BETSY (Cibyll Sheperd), qui travaille avec un collègue épris d'elle, TOM (Albert Brooks), dans la permanence d'un candidat à l'investiture de son parti, Charles PALANTINE (Leonard Harris). Il aborde Betsy, qu'il intrigue et intéresse au début par son étrangeté, mais elle rompt totalement avec lui un soir où il commet la gaffe de l'emmener voir un film pornographique.

Il replonge dans sa solitude, ne trouve aucun secours auprès de ses collègues, dont un faux « sage » surnommé WIZARD (Peter Boyle) et décide de changer de vie: plus de médicaments, mais du sport, des muscles... Il achète clandestinement toutes sortes d'armes, et semble former le projet de tuer (pourquoi?) Palantine, le politicien démagogue, mais son projet échouera, notamment parce que Travis a tout fait pour se faire remarquer des agents de sécurité par son look extravagant.

Il a jeté son dévolu sur une autre femme, une très jeune prostituée, IRIS (Jodie Foster), qui est manipulée par un abject proxénète nommé SPORT (Harvey Keitel). Il ne la convainc pas de quitter le métier et de rejoindre sa famille à Pittsburgh. Un soir, après son attentat « raté » contre Palantine, il se rend à l'hôtel de passe où Iris travaille, et fait un carnage de plusieurs truands, dont Sport. Lui-même est

sévèrement blessé et semble vouloir se suicider mais son char-
geur est vide.

Le récit reprend plusieurs semaines après: Travis, sorti d'hô-
pital est devenu une sorte de héros national pour les journaux
mais il continue son travail, Iris est retournée chez des parents
reconnaissants envers le chauffeur de taxi, et Betsy, que Travis
charge un soir comme cliente, est toujours seule...

2. Un film à l'influence immense

Histoire d'un homme qui projette sur le monde extérieur son désordre intérieur, *Taxi Driver* (Martin Scorsese, 1976) est un film qui a eu un grand impact et a provoqué des réactions d'iden-tification, d'adhésion immédiate et littérale à son héros jusque dans sa folie sanglante, réactions que ses auteurs n'avaient pas prévues aussi fortes.

L'influence cinématographique est évidente: on ne compte plus les films où est pastiché, imité, plus ou moins bien, le discours de Travis à lui-même (« *C'est à moi que tu parles?* », cité par Vince dans *La Haine*, 1995, de Mathieu Kassovitz), ou bien dans lesquels un acteur copie les expressions de Robert de Niro (Romain Duris dans *De battre mon cœur s'est arrêté*, 2003, de Jacques Audiard). Mais il y a aussi l'influence sur les spectateurs. Il nous arrive parfois de rencontrer en France, dans nos cours de cinéma, quelqu'un qui s'est fait un des différents « looks » de Travis. On connaît aussi le fait-divers selon lequel, quelques années plus tard, un pauvre fou marqué par le film et amoureux du personnage de petite prostituée jouée par l'actrice Jodie Foster a réalisé ce que ne fait pas Travis Bickle dans le scéna-rio, tenté de tuer un homme politique: ce fut l'attentat contre le président américain Robert Reagan. Mais il y a aussi le récit que fait le réalisateur des premières réactions dans la salle:

« J'ai assisté à la première de Taxi Driver *en salle; tout le monde hurlait pendant la scène du règlement de compte. Au tour-nage, je n'avais pas du tout l'intention de faire réagir le public comme ça: "Tue-les". Mon idée, c'était de créer une catharsis vio-lente afin de leur faire crier: "Tue-les", et qu'ensuite ils se disent "Mon Dieu! Non!" » – comme une espèce de séance de thérapie à la californienne. J'ai suivi mon instinct, mais ça fait peur quand on voit ce qui se passe dans le public. Et on m'a dit que ça s'est passé comme ça dans le monde entier, même en Chine. »*

Il y a donc un décalage entre le projet des auteurs, Paul Schrader le scénariste et Scorsese le metteur en scène, qui était de faire réfléchir avec ce film, d'inquiéter, de révéler, et la perception complètement fascinée qu'on en a, et qui fait tout son charme morbide.

Taxi Driver est le « mauvais exemple » typique, dont le succès à la fois critique et public, et le brio font oublier qu'il repose sur un scénario plein de trous, de prétention, d'arbitraire. Parfois, cela marche (comme ici, où tous les trous du scénarios semblent participer d'une logique onirique cohérente avec le statut d'insomniaque et de drogué aux amphétamines et aux somnifères, du héros), parfois cela donne des imitations assez tristes, comme des films que nous ne citerons pas et où l'arbitraire des conduites, le caractère erratique des situations, esquissé des scènes, invraisemblable de certaines données, se donne comme l'indice d'une œuvre supérieure.

Peut-on critiquer, par l'image et le scénario, la logique d'un paranoïaque?

Le personnage de Travis tient un journal, que nous le voyons écrire à deux reprises, et qui à d'autres moments est prolongé par sa voix intérieure: ce journal, plein de considérations plus ou moins délirantes ou infantiles, est en principe destiné à être entendu objectivement par nous et comparé objectivement à ce que fait Travis, à ce qu'il est, pour voir combien il projette sur le monde extérieur son propre problème, à partir d'éléments réels auxquels il donne un sens paranoïaque. Nous savons par ailleurs que Schrader s'est ostensiblement inspiré de la voix-off dans des films qu'il admire (notamment *Pickpocket*, 1959, de Robert Bresson), et sur lesquels il a écrit en tant que critique, dans un essai non traduit en français sur le « cinéma transcendantal ».

C'est montré très explicitement dans le début: nous entendons Travis – la voix intérieure de son journal – accuser le désordre, le vice et la saleté qui règnent dans la ville, dans ses quartiers de drogue et de prostitution, et appeler de ses vœux celui qui saura nettoyer toute cette fange. Pendant ce temps, la caméra parcourt le logement de Travis et montre le désordre complet qui y règne, la vaisselle pas faite, les vêtements qui traînent, le lit de camp provisoire, la crasse et la négligence. Le spectateur doit pouvoir se dire: avant de vouloir nettoyer la rue, ce type devrait déjà faire le ménage chez lui.

Mais en tant que public ce n'est pas comme cela qu'on réagit. On devrait voir ce qui se passe sur le plan du réel, et mettre à distance la voix de Travis Bickle par la vision objective de l'état de sa chambre. Le problème est que le cinéma se tient du côté de l'imaginaire, et que dans l'imaginaire il n'y a pas de contradiction. En tant que spectateurs, nous réagissons de façon primaire : nous entendons quelqu'un parler de faire du nettoyage dans la rue, nous voyons que dans son propre logement il n'a pas fait le ménage, et au lieu de mettre en regard son discours et son comportement, nous recevons les images de sa chambre en désordre comme quelque chose qui vient s'accumuler au désordre extérieur, et alimente notre propre envie de nettoyage et de purification.

Comment donc pourrions-nous prendre notre distance avec ce personnage pitoyable et immature, surtout lorsqu'un acteur de génie le rend aussi vrai?

Une galerie de personnages inconsistants ou creux

D'ailleurs, le problème est que ce ne sont pas des *images* au cinéma qui peuvent relativiser et remettre en perspective le délire d'un personnage; ce ne peut être qu'un autre personnage, son discours et ses actes. Or, il n'y a pas dans le film de Schrader et Scorsese un seul qui se montre capable de faire ce « ménage » des idées de Travis. À commencer par ceux qui devraient ou pourraient jouer le rôle de père vis-à-vis de ce pauvre immature : tous sont ou des pantins, ou des menteurs, ou de braves hommes inconsistants. Le chauffeur de taxi respecté par ses collègues et surnommé par eux Wizard, dans la scène drôle et pathétique à la fois où Travis désemparé lui demande conseil, montre clairement qu'il n'a à transmettre qu'une sagesse dérisoire : « fais ton métier, tu es un chauffeur de taxi... » Palantine, le candidat politique qui fonctionne comme figure du père, appartenant probablement au camp démocrate, est montré quant à lui comme un véritable robot, qui parle par phrases creuses et slogans vides. Tout son discours tient dans une assimilation démagogique à sa clientèle électorale. « *We are the people* », cette formule qui est comme son slogan, joue sur l'identification, la tautologie, elle est le symbole de ce que sur le plan de la loi et de la morale cet homme n'a rien à dire.

Le père d'Iris, dont nous entendons la voix dans une lettre, est un brave homme sans épaisseur. Et enfin, Sport (Harvey Keitel), qui pour Iris est à la fois un proxénète, un amant et un père, est un menteur total, et un abject manipulateur.

Quant aux femmes du film, elles sont niaises ou désemparées, aucune n'est capable de dire à Travis quelque chose qui à nos yeux le remette à sa place: Iris (Jodie Foster) est une gamine à la fois délurée et romantique, il suffit qu'on la prenne dans ses bras et qu'on lui dise des mots tendres pour qu'elle craque, et quand à Betsy (Cibyll Sheperd), c'est une femme plutôt passive, attirée par la proximité du pouvoir, et perdue. Elle se laisse draguer un temps par Travis, flirte vaguement avec Tom, et ne semble en rien maîtresse de sa vie.

Alors, faute d'autres voix, d'autres discours dans le film, la voix de Travis est notre seul repère du réel. On pourrait dire que dans tous les films où l'on veut confronter la voix de quelqu'un, même délirante, à une réalité qui montre autre chose que ce qu'il dit, c'est forcément la voix qui gagne. Le monde extérieur entre dans le discours, dans la tête du personnage. Il n'y a pas de réalité dans les films qui s'oppose au discours, et qui mette celui-ci en perspective.

Au cinéma, en effet, on est souvent amené à confronter l'univers mental de quelqu'un à une réalité objective et concrète, aux corps, aux rues, aux maisons – et il semble qu'il soit impossible de faire jouer dialectiquement l'un par rapport à l'autre: *il n'y a pas de monde extérieur, dans les films de fiction*; le monde réel, sons et images, semble toujours être dans la tête des personnages. Même si son apparence contredit ce qu'ils disent, ça ne fait rien, car nous sommes sur le plan de l'inconscient, où il n'y a pas de contradictions.

Un rêve éveillé

En même temps, le pervers de l'affaire, c'est-à-dire du cinéma, c'est que le réalité vraie utilisée comme cadre du récit, les taxis, les vraies rues de New York et les vrais passants saisis au vol par la caméra, ne font qu'authentifier le délire de Travis; au lieu de le relativiser, ils lui donnent un poids supplémentaire de réalité. Toute réalité filmée semble enrôlable dans un discours qui, avant d'être celui du film, est tout bêtement le discours de ses personnages.

Ce n'est pas comme dans un roman, où c'est par les mots que passe le récit d'un romancier, et qu'existe le cadre qu'il donne à ce récit. Les mots dans un livre et la réalité qu'il décrit peuvent toujours être relativisés. Il suffit de leur mettre des guillemets. Dans un film il y a des mots et du réel: les objets, le décor, les corps des personnages sont réels, et peuvent être à la fois dans le rêve de quelqu'un, dans son délire, et lui donner plus de réalité.

Taxi Driver a été conçu par celui qui l'a écrit, Schrader, comme un film de rêve éveillé[3], où la réalité est presque cohérente, avec de petites touches d'irréalité et d'invraisemblance. Là encore, se referme le piège. Si beaucoup de « réalisme » visuel et physique (vérité du décor, intensité et richesse du jeu des acteurs) est susceptible au cinéma de cautionner et d'authentifier la vision du monde la plus lamentablement obtuse – un zeste d'irréalisme psychologique et physique dans le tout lui donnera le sceau définitif du Réel.

Si *Taxi Driver* est frappant, en effet, c'est parce qu'il est à la fois plus vrai que vrai, et en même temps incrédible. N'oublions pas qu'il s'agit de l'histoire d'un insomniaque. La force du film est que le spectateur lui-même est touché par cette idée d'irréalité et quand cette irréalité rejoint ses rêves œdipiens les plus morbides, elle donne au reste plus de réalité.

Il y a par exemple une scène dans le film à laquelle, comme beaucoup de gens, nous avons toujours eu du mal à croire, et à cause de laquelle, pour cela même, le film devient plus troublant. C'est celle où, amoureux de Betsy, Travis l'emmène pour leur première sortie dans un des cinémas pornos qu'il fréquente. On ne peux pas croire Travis Bickle, tel qu'il est défini à ce moment-là, assez inconscient de ce qu'est cette femme convenable qu'il courtise et de ce qui peut la choquer, au point de l'emmener voir un film de sexe dans un mauvais cinéma. Dans un sens, c'est une faute de scénario, car rien de ce qu'on a vu jusqu'ici dans le personnage, si bizarre soit-il, ne prépare à un tel comportement. Robert de Niro joue d'ailleurs à ce moment-là le personnage comme normal, simple, sans perversité. Psychologiquement forcée, presque inadmissible et invraisemblable, la scène en question rentre cependant en plein dans la fantasmatique du film, puisqu'elle fait se rejoindre d'une manière choquante l'image propre et glacée de la belle blonde, et la sexualité animale refoulée par le héros. On y croit donc malgré tout parce que le scénario est fascinant et fantasmatique. A partir de là, on peut dire que le spectateur devient le complice de la folie du film.

---

3. En 1991, Schrader réalisera lui-même une autre version de l'histoire du « dormeur éveillé », avec *Light Sleeper*, où Willem Dafoe interprète le dealer new-yorkais John Latour.

Quand le personnage narrateur semble s'absenter...

Une autre chose à laquelle il est difficile de croire dans le film, mais seulement si l'on y réfléchit, est le fait que cet être fruste tienne un journal, un journal d'ailleurs qui en tant qu'objet matériel finit par être oublié... Bien sûr, c'est une citation du film de Bresson *Pickpocket*, mais déplacée sur un personnage qui lui n'a rien de l'intellectualisme et de la stylisation des acteurs bressoniens, dans un New York qui lui, est très réel.

Ce journal – matériellement parlant un cahier d'écolier sur lequel Travis écrit, et qui existe parfois seulement comme voix intérieure – serait censé définir une certaine règle de récit. En principe, puisque l'action est racontée par le personnage, nous devrions voir les scènes du point de vue de Travis, comme acteur ou observateur, et c'est une règle en effet que le scénario respecte à peu près constamment, mais en y apportant trois entorses trop manifestes pour n'être pas délibérées. Il y a en effet trois scènes caractéristiques auxquelles nous ne devrions pas assister comme nous y assistons, parce que le personnage porteur de la narration n'y est pas présent. Ce sont d'abord les deux scènes de flirt entre Betsy et son collègue Tom joué par Albert Brooks, à l'intérieur de la permanence de Palantine; certes, dans la première de ces deux scènes, Travis Bickle est censé épier de l'extérieur depuis son taxi, mais comment pourrait-il entendre et voir si nettement les deux collègues converser? La caméra et le micro sont à l'intérieur de la permanence, Travis à l'extérieur, mais c'est comme s'il se projetait à l'intérieur à travers nous, et que notre regard et notre écoute étaient délégués par lui, nous mettant dans la complicité de son fantasme.

La troisième scène où Travis est exclu et présent en même temps à travers notre regard, est celle, très troublante, dans laquelle Sport et Iris dansent ensemble dans la chambre, et où Sport susurre à la petite prostituée des paroles tendres qui la rendent amoureuse.

Ces trois scènes où Travis n'est pas présent de près et dont nous sommes témoins, si l'on peut dire, à sa place, ont quelque chose en commun: ce sont trois scènes de couples. Travis réalise le rêve de nous mettre là où nous ne devrions pas être, de nous faire assister à la scène primitive, car tous ces couples renvoient au couple des parents. Le scénario s'arrange d'ailleurs pour que le chauffeur de taxi croise partout des couples: dans la rue, dans les films, à la télévision, sur les sièges arrière de son véhicule. Évidemment, tous ces couples sont montrés en principe pour illustrer sa solitude, mais aussi pour le montrer comme leur voyeur. Ce chauffeur de taxi est un voyeur socialisé. À l'abri de son « *yellow cab* » anonyme, il regarde et voit partout, et la « métaphore » alléguée par l'auteur du script (qui fait, comme on le sait, reposer son système d'écriture et d'enseignement du scénario sur ce concept de situation-métaphore), celle du « taxi-solitude dans la ville », nous semble être un écran devant celle beaucoup plus insidieuse et plus troublante du taxi comme dispositif voyeuriste.

En surface, bien sûr, Travis fait l'innocent, il fait celui qu'on oblige à voir. Alors que c'est lui qui accepte de prendre et de déposer des clients partout, jusque dans les quartiers les plus sordides de la Big Apple. Pensons à la scène où un passager jaloux joué par le réalisateur lui-même l'oblige à être le voyeur d'un couple, celui de sa femme et de l'amant de celle-ci. Même là, Travis n'est pas vraiment « obligé ».

Une parabole sur l'immaturité

À part cette scène, ce que font ces couples observés directement par lui, ou à travers nos propres yeux, est souvent innocent – le flirt de Tom et Betsy est innocent; la scène de tendresse entre Sport et Iris ne comporte pas d'éléments choquants – c'est le regard qui l'est, l'idée d'y assister sans permission.

Pensons aussi au film où Travis emmène malencontreusement Betsy: c'est un film de sexe mais pédagogique, un film scandinave d'éducation sexuelle, prétexte à voyeurisme mais qui donne en même temps une information scientifique sur la fécondation, avec des images en très gros plan de phallus dans un vagin, d'ovules et de spermatozoïdes. Il s'agit donc d'un film qui parle de la sexualité fonctionnelle procréatrice. Et qui n'évoque pas le plaisir mais les parents. Travis est comme un petit garçon qui ouvre un livre de médecine dans la bibliothèque de ses parents, avec des planches médicales, et qui voit ce que peuvent faire ses géniteurs. *Taxi Driver* est à l'image de cette situation: un film qui met mal à l'aise parce que personne n'y est adulte. L'immaturité du personnage apparaît quand il écrit une lettre à ses parents, lettre dont nous apprenons le contenu parce que l'entendons la lire en voix intérieure avant de l'envoyer. Dans cette scène le cahier d'écolier de son journal figure sur la table, ouvert. C'est la dernière fois que nous voyons ce cahier qui disparaît alors du film, comme relayé par la lettre. Une lettre où Travis parle d'une imaginaire mission secrète à cause de laquelle il ne peut pas donner son adresse, et où il raconte qu'il vit avec une blonde nommée Betsy. Ce texte nous montre donc dans quelle mythomanie s'est enfoncé le « *taxi driver* », mais l'important est que c'est à ses parents qu'il l'adresse. Des parents auxquels il s'adresse non pas comme un adulte, mais comme un petit garçon soumis qui se reproche d'avoir oublié leur anniversaire. (De la même façon, il se morfond à un autre moment du film d'avoir oublié le nom de famille de Betsy, un reproche qu'il se fait comme un enfant coupable plutôt que comme un homme amoureux).

L'intéressant aussi, est que la voix-off terminale du film, après le massacre final, constitue une sorte de réponse à cette lettre, réponse qui vient non pas des parents de Travis, mais de ceux d'Iris : lue par le père, un brave homme conventionnel, elle remercie Travis de leur avoir ramené leur fille.

Travis est donc un regard qui est tout le temps à voir ce qu'il ne devrait pas voir, l'intimité d'un couple qui ne le regarde pas. Même si cette intimité ne montre rien que de paisible et de normal, sa culpabilité vient de ce qu'il rôde par la ville en épiant des couples sans savoir ce qu'il est en train de faire, ni autour de quoi il est en train de tourner. Et le taxi est ainsi une représentation de la carapace du moi qui enveloppe l'être humain, à l'intérieur de laquelle il se réfugie pour regarder.

Les films écrits par Paul Schrader travaillent souvent sur des personnages dont la tête littéralement explose, et dont le problème est que la réalité extérieure épouse leur fantasme, brisant la fragile carapace entre le rêve et la réalité qui protège leur équilibre, parce qu'ils n'ont pas trouvé dans la réalité des personnages susceptibles de jouer le rôle de père.

Le film nous montre cela de manière très lucide et intelligente. Nous avons tous les éléments pour ne pas projeter sur le monde représenté dans le film la paranoïa de Travis Bickle, et en même temps le film a été fait pour que nous nous en fassions les relais et les complices.

Le rôle du journal tenu par Travis Bickle est assez ambigu. S'il est une commodité de récit pour le scénariste (l'aidant à nous faire entrer dans le délire intérieur de son personnage), on ne peut pas dire qu'il enrichisse la psychologie du personnage, ni ne l'amène, par l'introspection, à prendre de la distance par rapport à son histoire, à s'analyser. Il est plutôt le témoin passif de son glissement vers la folie. Mais lorsque Travis laisse tomber son cahier d'écolier, et envoie une lettre timide à ses parents, c'est comme s'il avait renoncé à prendre la moindre distance... Le film à ce moment-là pourrait nous montrer la matérialité du journal de Travis, comme une pièce à conviction, un témoignage recueillant son délire, circonscrivant ce délire par rapport à la réalité. Au lieu de cela, la fin du scénario fait exploser dans le réel la folie du personnage.

Taxi Driver est un film éblouissant et qui fait peur ; chaque fois qu'on le revoit, on est plein d'admiration pour l'interprétation de Robert de Niro, le scénario extrêmement intense de Paul Schrader, la réalisation magistrale de Scorsese, la force tragique de la musique de Bernard Herrmann, et enfin pour la réussite exceptionnelle de l'ensemble. En même temps on est effrayé par l'immaturité généralisée que ce film illustre, dont il parle, à laquelle il nous invite à nous joindre, à participer ; et l'on se demande s'il y a déjà eu dans l'histoire un art comme le cinéma capable de combiner aussi impeccablement, aussi admirablement tous les prestiges du métier, du talent, du goût artistique et de la beauté, avec (dans certains cas comme celui-ci, évidemment) un contenu aussi infantile, une vision aussi lamentable de l'incapacité des êtres humains, et dans le cas de ce film d'un pauvre crétin joué par un acteur de génie, à dépasser leur enfance ou leur adolescence.

VII. Pauline à la plage, 1983

d'Éric Rohmer (scénario et réalisation)
Troisième film de la série: « Comédies et proverbes »

1. Synopsis

Nous sommes en Normandie, près de la mer. L'été tire à sa fin. MARION, styliste (Arielle Dombasle), une belle blonde, et sa cousine PAULINE (Amanda Langlet), une petite brunette encore au lycée, arrivent dans leur maison de vacances, où elles s'installent.

Sur la plage, Marion retrouve un « vieil ami », PIERRE (Pascal Greggory), mais elle fait en même temps la connaissance d'HENRI, un « ethnologue » (Fédor Atkine). Pierre propose à Marion et Pauline des cours de planche à voile; Henri les invite tous à dîner chez lui.

Au cours du dîner, les deux garçons et les deux filles parlent tour à tour de leurs conceptions de l'amour: libre et nomade pour Henri, père divorcé, qui a emmené sa petite fille en vacances; soudain et réciproque comme un coup de foudre pour Marion, qui est en instance de divorce et qui parle en termes précieux des « feux » qu'elle veut allumer; profond et durable, fondé sur la familiarité, pour Pierre qui vit seul; enfin réfléchi et circonspect pour Pauline, qui est encore bien jeune.

Le même soir au cours d'un bal, Marion résiste à Pierre, qui depuis longtemps était amoureux d'elle, et elle danse avec Henri, avec lequel elle rentre et passe la nuit. Pierre en concevra une jalousie ombrageuse, d'autant que Marion se déclare éprise d'Henri, dont elle se croit follement aimée.

Pauline fait un peu plus tard la connaissance d'un garçon de son âge, SYLVAIN (Simon de la Brosse), avec lequel elle flirte gentiment. Marion critique le choix de sa cousine.

Un jour, Pauline et Marion étant parties en excursion, Henri en profite pour se baigner avec une marchande de bonbons, LOUISETTE (Rosette), qui lui avait fait des avances. Il l'emmène chez lui, ainsi que Sylvain, qui s'était associé à leur baignade.

La voiture de Marion arrive inopportunément. Sylvain a juste le temps de prévenir Henri et Louisette, qui faisaient l'amour au premier étage; Henri s'arrange alors pour que Marion croie que Louisette faisait l'amour avec Sylvain; ce dernier se prête passivement au jeu, et Louisette aussi.

Mais avant l'arrivée de Marion, Pierre passant devant la maison a entr'aperçu par une fenêtre Louisette batifolant nue avec un homme... qu'il a cru logiquement être Henri.

Quand il le raconte à Marion, celle-ci sourit, et le met au courant de ce qu'elle croit la vérité: ce n'était pas Henri, c'était Sylvain.

Pauline s'inquiète de ne plus voir Sylvain. Pierre, qui ne veut pas qu'elle s'attriste pour un infidèle, lui raconte l'histoire de Sylvain et Louisette (qu'Henri et Marion avaient évité de lui rapporter). Peinée, Pauline se la fait confirmer par Marion et Henri, qui reprochent à Pierre d'avoir parlé.

De son côté, Sylvain, apprenant que Pauline a « su », fait une scène à Henri pour s'être servi de lui. Demain, dit-il, il parlera.

Mais Pierre apprend de Louisette la vérité vraie. Il ne s'était pas trompé, c'était bien Henri qui était avec la marchande de bonbons. Il met alors Pauline au courant.

Marion doit s'absenter pour un jour et les autres, Henri, Pierre, Sylvain, Pauline, en profitent pour une confrontation générale chez Henri. Pauline, même détrompée, reste froide avec Sylvain auquel elle reproche de s'être laissé faire. Sylvain en veut à Pierre d'avoir parlé, et une courte bagarre les dresse même l'un contre l'autre.

Quand ils se séparent, le soir, calmés, Pauline préfère rester dormir chez Henri en attendant le retour de Marion le lendemain.

Henri reçoit une invitation pour une croisière en bateau, et en profite pour quitter Marion sans la revoir. Auparavant, il a tenté sa chance avec Pauline, sans plus, et il lui a révélé ce qu'il pensait de Marion: elle est belle, oui, mais trop parfaite, et elle lui est tombée trop vite dans les bras.

Marion et Pauline se retrouvent toutes les deux seules, et elles décident de rentrer à Paris plus tôt que prévu. Marion a peut-être des doutes sur Henri, car elle propose à Pauline que chacune des deux croie ce qui lui plaît, bien que cela soit contradictoire: Pauline, que la Marchande était avec Henri; elle, Marion, ce qu'elle croit toujours vrai, c'est-à-dire que c'était bien avec Sylvain. « Tout à fait d'accord », répond Pauline, qui n'a *pas détrompé Marion. Et les cousines quittent leur maison de vacances...*

2. Une structure épurée...

Ce film est l'œuvre d'un auteur-réalisateur, Éric Rohmer, qui a signé lui-même les scénarios de presque toutes ses œuvres. Mais Rohmer insiste sur le fait que, la plupart du temps, il les avait préalablement écrits *en tant qu'histoires*, c'est-à-dire utilisables aussi bien pour un roman que pour un film, sans les concevoir d'avance pour l'écran (mais le scénario donné par Éric Rohmer pour être édité par les *Cahiers du Cinéma*, dans les deux volumes de *Comédies et Proverbes*, est une continuité dialoguée de cinéma).

Et cependant, on peut voir que le scénario de *Pauline à la plage* est un travail solide, bien charpenté, se jouant des difficultés spécifiques du scénario de cinéma: la conduite de l'exposition, la présentation des personnages, le jeu des malentendus et des péripéties, la concentration de l'action sur une durée limitée et dans une forme circulaire, la prise en compte de l'impossibilité d'exprimer directement les pensées des personnages... sur tous ces points, Rohmer se révèle un scénariste habile!

Pauline à la plage est, des différents scénarios qui nous servent de référence, un des seuls à reposer exclusivement sur le ressort psychologique et sentimental. Tous les personnages, sauf la « Marchande » (Louisette), sont en vacances; ils ne sont pas en train de travailler, ils sont à peu près de la même classe (sauf encore la Marchande), c'est-à-dire sans grave souci de subsistance, et aucun obstacle extérieur, qu'il soit matériel, météorologique, social ou physique (maladie, accident) ne vient contrarier leurs désirs ou les faire rebondir. C'est de leur propre fond, de leur caractère et de leur personnalité que tous ces gens, jeunes et moins jeunes, tirent la matière et les ressorts de l'histoire qu'ils vivent.

La structure de *Pauline à la plage* est très épurée: il n'y a aucun personnage inutile ou même secondaire. Nous avons trois filles (Marion, Pauline, Louisette la Marchande) et trois garçons (Pierre, Henri, Sylvain), tous les six « libres » sur le plan sentimental, familial et sexuel: soit divorcé (Henri), soit en instance de divorce (Marion), soit enfin célibataires (les quatre autres).

Un autre choix, très précis, est celui des classes d'âge: à part le personnage fugitif de la petite fille d'Henri, dont la présence est destinée surtout à préciser le portrait social et familial de son père, nos héros sont des « teenagers » (Pauline, Sylvain) ou de « jeunes adultes » (Marion, Henri, Louisette, Pierre) plutôt immatures d'ailleurs. Ces deux classes d'âge ont un même langage et des préoccupations très proches, elles peuvent s'associer virtuellement en couples sans paraître incestueux...

L'histoire et la structure de *Pauline* s'inscrivent dans une certaine tradition, dite « théâtrale » (Marivaux, Musset), où la grande question est de décider qui on va aimer ou ne pas aimer. Le parallélisme des couples Henri/Marion et Pauline/Sylvain, le second étant montré comme une « imitation », formée plus tard, du premier, et la présence d'un personnage « populaire », comparable dans sa stylisation et son langage conventionnellement « peuple », à une servante de Molière (Rohmer) viennent renforcer cette référence théâtrale. Mais l'originalité de la technique scénaristique d'Éric Rohmer, pour ne pas parler de sa thématique, réside déjà dans le refus des habituelles « chevilles » cinématographiques et dans le dédain des jeux de scène qui servent, dans les films, à meubler les scènes de conversation.

Au cinéma, souvent les personnages ne parlent qu'en accomplissant des actions plus ou moins utiles. Cela, on le verra, permet aussi de créer un « scénario concret ». Dans *Pauline*, en revanche, lorsque les personnages s'entretiennent, et c'est leur principale activité, ils ne font rien d'autre en même temps – à la rigueur ils se caressent ou ils s'embrassent!

L'autre originalité de scénario est liée à la première: la parole, ici, n'est pas dissimulée, allégée, fuie comme anti-cinématographique, elle est rendue au contraire très présente, voire lourde, les personnages font de véritables professions de foi et des déclarations de principes, mais en même temps on est conduit à se poser la question de cette *validité* de leur discours, à se douter que celui-ci n'est pas forcément à prendre pour argent comptant, qu'ils peuvent se mentir à eux-mêmes et que leur pensée n'est pas toute leur parole, si tant est qu'ils pensent, ce qui n'est pas certain.

Pauline à la plage appartient à une série « ouverte » de films, qu'Éric Rohmer a intitulée globalement « Comédies et Proverbes ». Le proverbe particulier mis en exergue du film a été pris chez Chrétien de Troyes: « *Qui trop parole, il se mesfait.* » Comme Rohmer le précise lui-même, alors que le point de vue du récit, pour la série précédente des six « Contes Moraux », était celui privilégié du héros masculin, dans les « Comédies et Proverbes » (donc dans *Pauline)*, ce point de vue est *éclaté* ou plutôt il n'y a pas de point de vue privilégié du récit. Autrement dit, pas de personnage par les yeux duquel et avec lequel nous suivons la majeure partie de l'histoire.

À ce sujet, l'auteur-réalisateur apporte une précision intéressante, par rapport à la série des « Contes moraux » qui l'avait rendu célèbre :

« *On continuera à parler beaucoup dans ces Comédies, mais non tant pour s'analyser et peser ses mobiles que pour s'interroger sur la réalité ou la possibilité de tel événement. On y essaiera moins de définir une attitude morale que des règles pratiques. On n'y débattra plus guère des fins, mais des moyens. Cela nous vaudra un côté plus terre-à-terre peut-être, mais plus chaleureux. Moins distants de nous et d'eux-mêmes, les héros s'y montreront plus touchants et plus fragiles, même si leur pathétique est souvent tempéré d'ironie.* »[4]

4. Introduction d'Éric Rohmer à ses « Comédies et proverbes », Petite Bibliothèque des Cahiers du Cinéma, volume 1, 1999.

VIII. Thelma et Louise, 1990

de Ridley Scott
Sur un scénario de Callie Khouri
Titre américain original: « Thelma and Louise »

1. Synopsis

Nous sommes dans une petite ville de l'Arkansas, dans les années 80-90, avant l'ère du téléphone portable.

Dans un petite ville de l'Arkansas, vivent deux amies, THELMA (Geena Davis) jeune et un peu écervelée, femme au foyer mariée à un imbécile, DARRYL (Christopher McDonald), et sans enfant; LOUISE (Susanne Sarandon), serveuse de restaurant, femme un peu plus mûre et indépendante, qui a un ami de cœur, JIMMY (Michael Madsen), un musicien, dont elle aimerait bien qu'il se décide à l'épouser. Toutes deux partent en voiture pour un week-end de pêche. Celui-ci tourne mal, à cause de la tentative d'un homme, HARLAN (Timothy Carhart) de violer Thelma lors d'un arrêt dans un restaurant dansant. Louise abat Harlan d'un coup de pistolet et préfère s'enfuir en direction du Mexique, plutôt que de se livrer à la police. Thelma la suit, d'abord passive. Elle aurait préféré qu'elles se rendent. Mais cette équipée l'enhardit. Elle couche avec un séduisant inconnu JD (Brad Pitt) – lequel vole aux deux femmes l'argent que Jimmy leur a prêté –, puis fait un hold-up à main armée dans une épicerie. Louise a refusé l'aide de Jimmy (au-delà de son prêt d'argent), auquel elle refuse de dire ce qui s'est passé, bien qu'il la demande en mariage. Plus tard, Thelma et Louise enferment dans le coffre de sa voiture un policier qui les a identifiées, et détruisent un camion dont le conducteur les a draguées grossièrement. Nous apprenons graduellement que Louise a été violée autrefois au Texas, et qu'elle ne fait plus confiance aux autorités et à la loi. La police retrouve les traces de Thelma et Louise. Considérées comme dangereuses, traquées, les deux femmes savent que si elles sont prises, la prison les attend. Malgré la bonne volonté d'HAL Slocumbe (Harvey Keitel), l'en-

quêteur de la police, qui cherche à les aider et plaide leur cause auprès du *FBI*, elles préfèrent jeter leur voiture dans le Grand Canyon plutôt que de se rendre.

2. Deux femmes

Lorsque *Thelma et Louise* est sorti, le film avait l'air d'un « *buddy movie* » de plus: deux personnages, ici féminins, ailleurs masculins, dont les caractères s'opposent, et qui deviennent les meilleurs amis du monde, se transmettant leurs qualités respectives. C'est avec le temps que le film est devenu un classique, en tout cas aux États-Unis, où il est considéré comme un récit authentiquement féministe. Le film crée de très beaux personnages, admirablement filmés par un réalisateur qui est à notre avis l'un des grands « portraitistes » de femmes – au sens photographique – du cinéma moderne, l'anglais Ridley Scott. Mais il ne faut pas oublier le travail de la scénariste Callie Khouri, qui certes ne construit pas un film impeccable sur le plan de l'intrigue, mais en tout cas a su créer deux portraits attachants.

Notons que le film a pour cadre une Amérique profonde, sans références à la culture urbaine. Tous les personnages, Harlan le violeur, Hal le policier de bonne volonté, Thelma, Louise, la serveuse Lena, l'ami musicien Jimmy et le mari minable Darryl, appartiennent à un monde homogène, celui de l'Amérique modeste, loin des grandes villes.

Les deux femmes sont posées comme complémentaires, et ayant des problèmes opposés.

La symétrie est poussée loin. Comme dans beaucoup de « *buddy movies* », notamment ceux écrits par Francis Veber, Louise est ordonnée et raisonnable, tandis que Thelma est impulsive. Alors que Thelma a un mari possessif, macho conventionnel, qui la maintient à la maison, Louise a un ami nomade qui ne veut pas se fixer. Dans la nuit qu'elles passent dans le même motel, chacune voit son univers basculer: Thelma trouve un garçon qui lui plaît, pour lequel elle accepte de retirer son alliance et qui lui apprend le plaisir sexuel. Au même moment, c'est l'inverse pour Louise: son amant de vieille date lui manifeste qu'il veut l'épouser en lui offrant une bague de fiançailles, qu'elle gardera. Mais dans les deux cas, c'est sans lendemain.

Thelma n'est pas une midinette, et elle est consciente du caractère purement physique de son attirance pour JD, dont elle admire le « *butt* » (mot gentil pour dire le cul). Elle se trouve mariée à un idiot, mais elle est lucide et délurée en propos, sinon en actes. Elle traite son mari de « *asshole* », et s'en moque physiquement: « *You could park a car in the shadow of Darryl's ass* » *(On pourrait garer une voiture à l'ombre de ses fesses).*

Le scénario de *Thelma et Louise* est évidemment conçu pour que ses deux héroïnes inspirent au spectateur la plus grande sympathie. Nous assistons à toute leur histoire, voyons leurs motifs. Nous savons que ni Thelma ni Louise ne sont dangereuses, mais bien sûr, la police ne le sait pas.

Le point faible de ce scénario (moins sensible à l'écran à cause de la qualité de la réalisation et de l'interprétation) est que beaucoup des malheurs des deux héroïnes n'ont pas le caractère d'un enchaînement fatal, mais proviennent de l'étourderie répétitive de Thelma, laquelle devrait pourtant, après le viol qu'elle a subi, être prudente. Il est vrai que c'est Louise qui a commis l'irrémédiable, en tuant Harlan, et il fallait en somme que le scénario « mouille » Thelma, lui fasse à elle aussi franchir la légalité.

Sympathie envers l'auteure d'un meurtre, et celle d'un vol à main armée

Le dilemme du scénario est de faire que les deux femmes soient considérées de plus en plus par la police comme dangereuses, donc exposées de plus en plus à être abattues ou gravement condamnées, sans qu'elles accomplissent à nos yeux des actes de plus en plus répréhensibles. Le « vol à main armée » dont Thelma prend l'initiative doit donc être traité avec humour et distance, sans nous laisser le temps de nous mettre du côté des victimes: le fait de le montrer non au présent, mais à travers l'œil d'une caméra de vidéo-surveillance, comme un enregistrement pris par une machine, donne à cette scène l'allure d'un jeu innocent. On ne nous donne pas la possibilité de nous identifier avec les innocents propriétaires et clients qui ont été détroussés.

Harlan a donc été tué (sur une impulsion de Louise) non pas parce qu'il a commencé à violer Thelma, mais parce qu'il ne s'excuse pas, et même parce que ce qui s'est passé ne lui a rien appris: stoppé dans sa violence par Louise qui le menace de son pistolet mais qui est prête à le laisser aller, il continue à s'adresser aux femmes de manière obscène. (« *I said suck my cock* »). « *You watch your mouth, buddy.* » « *Fais attention à ce que tu dis* », dit Louise au corps de l'homme tué.

Afin de nous faire sinon approuver, du moins accepter sa mort, Harlan n'est pas montré comme une simple brute, mais comme un pervers froid conscient de la violence qu'il exerce. Il dit à Thelma: « *Je ne te ferai pas de mal* », tout en la giflant. Plusieurs remarques de Lena, la serveuse du restaurant, hostile à Harlan bien qu'elle ne soit pas une puritaine (comme est destinée à l'établir la proposition qu'elle fait à Hal), nous permettent de nous faire une idée de sa réputation. Néanmoins, son meurtre produit un choc.

La scène avec le routier, dans laquelle les héroïnes utilisent à nouveau leurs armes sert, paradoxalement, à confirmer qu'elles ne tuent pas inconsidérément. Thelma et Louise semblent prêtes à laisser tranquille l'homme qu'elles tiennent en joue s'il veut bien s'excuser des grossièretés qu'il leur a lancées, mais celui-ci comprend aussi peu que Harlan ce qu'on lui reproche. Le fait que Thelma et Louise ne fassent pas de mal au routier, dont elles se contentent de détruire le camion, montre qu'elles ne sont pas dans la surenchère et qu'elles maîtrisent leur force.

Cette scène a deux effets contraires et simultanés, l'un dans le récit (*scénario littéral*), l'autre dans la façon dont les personnages apparaissent aux yeux du spectateur (*scénario projectif*):
– l'effet est, dans le récit, de les faire apparaître encore plus aux yeux de la police comme des sauvages dangereuses, ce qui aggrave leur cas et les précipite encore plus vers une fin fatale;
– le deuxième effet est au contraire de leur assurer, sinon de leur rendre, la sympathie et l'identification du public, qui lui les a vues faire et peut apprécier leur magnanimité. À ce stade, en effet, alors qu'elles n'ont plus rien à perdre elles épargnent un homme qui est à leur merci.

C'est le genre de « destruction de matériel, sans dommages humains », qui satisfait toujours le spectateur, lequel ne se pose aucune question sur le fait de savoir si, dans la réalité, une telle destruction ne serait pas dangereuse (de même, dans *Chute libre*, Foster tire au bazooka sur un chantier de travaux remplit d'ouvriers et déclenche une énorme explosion sans, miraculeusement, faire un seul blessé).

La scène a aussi pour fonction de sceller la solidarité des femmes, et leur accord. Auparavant, chacune a agi unilatéralement: Louise a tué Harlan sans demander son avis à Thelma; Thelma a braqué une supérette sans demander son avis à Louise. À présent, elles usent de leurs pistolets ensemble, et deviennent les mythiques « Thelma-et-Louise ».

Le scénario tient à ne pas laisser dans le flou la question de savoir si les femmes assument leur acte: d'où la scène où Thelma s'exclame qu'elle ne regrette pas le meurtre de Harlan. « *Je ne regrette pas que ce salopard soit mort. Je regrette seulement que ce soit toi qu'il l'aies tué, pas moi.* »

Un suicide choisi

La scène du suicide choisi et consenti par les femmes est cruciale: il ne faut pas oublier que même si Thelma a commis beaucoup d'imprudences, c'est l'impulsion meurtrière de Louise, la plus âgée, qui fait basculer le destin. Il lui est donc difficile de proposer de mourir à sa jeune amie. Ce sera donc, l'autre, celle qui a le plus d'années de vie devant elle, qui propose à son aînée une mort commune, sans la nommer.

> Thelma: *Let's keep going.* (« *On continue* »)
> Louise: *What do you mean?* (« *Qu'est-ce que tu veux dire?* »)
> Thelma *(avec un mouvement de la tête vers le Canyon)* Go! (« *roule!* »)
> Louise (souriante): *You sure?* (« *Tu es sûre?* »)
> Thelma: *Yeah... yeah.* (« *Oui... oui...* »)

Cette fin est évidemment une référence à la fin faussement ouverte de *Butch Cassidy et le Kid*, 1969, de George Roy Hill, dans laquelle deux sympathiques bandits, coincés dans une maison par une troupe voulant leur peau, choisissent d'en sortir et de s'exposer aux balles qui les attendent – finissant par une mort glorieuse et revendiquée. Comme dans *Thelma et Louise*, le spectateur ne voit pas leur corps abattus, mais un arrêt sur l'image sur Paul Newman et Robert Redford en train de courir, images vivantes et positives, joyeuses.

La différence est que dans le film de 1969, les deux hommes ne peuvent de toute façon pas s'en tirer, tandis que dans le film de Scott, elles pourraient échapper à la mort et faire quelques années de prison.

Le mode de suicide de Thelma et de Louise, mode partiellement dicté par les circonstances de leur poursuite, a une résonance forte:

– il crée une image (celle d'une voiture décapotable volant en l'air) qui éternise leur légende;

– il utilise le paysage américain, le cadre même que les deux femmes découvrent à l'occasion de leur équipée;

– il est un symbole de liberté, de prise de possession de l'espace;

– il permet aussi de ne pas nommer le suicide en tant que tel.

Comme on le verra, l'art du dialogue au cinéma est souvent celui de créer des phrases allusives, dans lesquelles les personnages ne désignent qu'indirectement les actes les plus graves et décisifs qu'ils peuvent commettre.

Différences entre le scénario de tournage de « Thelma et Louise », et le film terminé.

Le scénario de tournage de *Thelma et Louise* comporte quelques scènes explicatives qui soit n'ont pas été tournées, soit ont été coupées au montage pour obtenir un film plus court et plus dynamique. Il est intéressant de noter que presque toutes ces coupures concernent des scènes où n'apparaissent pas Thelma et Louise. Parmi elles :

– une scène où Hal Slocumbe, chez lui, parle à sa femme Sarah dans la chambre conjugale, et lui fait part de son trouble, lui demande si elle serait capable de tirer sur quelqu'un : « *Tu pourrais tuer quelqu'un, toi ?* » « *Seulement si on s'en prenait à nos enfants* », dit celle-ci. Il lui dit qu'aucun des maris faits cocus par Harlan n'était présent ; qu'il a fallu des circonstances spéciales ;

– un interrogatoire de Jimmy par Hal, qui permet de comprendre comment les policiers ont pu trouver la trace de JD, le voleur, et faire le lien entre lui et les deux femmes. Cela fait un « trou » dans le film, que le public comble facilement ;

– une scène de recherches d'empreintes et de traces sur la voiture où l'on a trouvé Harlan ;

– une courte scène où Jimmy et Louise font l'amour dans la chambre du motel ;

– une scène où JD se fait arrêter par la police ;

– une scène où Max, l'agent du FBI, rapporte à Hal qu'on a arrêté un voleur en rupture de « sur parole » qui pourrait avoir rencontré les deux femmes et qui a sur lui une somme correspondant à peu près à l'argent prêté à Louise par Jimmy ;

– quelques conversations entre Thelma et Louise au cours de la fuite, plutôt d'un ton léger. Par exemple, Louise exprime son horreur à l'idée de devenir une vieille avec un petit chien-chien.

La conséquence de ces coupes ou réductions est la concentration sur les deux héroïnes. Mais aussi une quasi-disparition du personnage de Jimmy, à partir du moment où il est reparti d'Oklahoma City, excepté un bref plan où il est abordé par la police.

Le film n'en souffre pas, l'aspect « enquête » n'étant pas intéressant en soi dans cette histoire. Le « *shooting script* » se termine par la suggestion de faire entendre sur les dernières images et le générique de fin une chanson de B.B. King, où l'on entend les paroles suivantes, hautement symboliques :

« *Better not look down, if you wanna keep on flyin'* »
(« *Il vaut mieux ne pas regarder vers le bas, si on veut continuer à voler...* »)
« *Better not look back...* »
(« *Il vaut mieux ne pas regarder en arrière...* »)

La chanson qu'on entendra à la place – reprise d'un titre de Glen Frye déjà entendu sur la première conversation téléphonique entre Louise et Jimmy – amène un sens tout différent, celui d'une possible réconciliation, un jour, entre l'homme et la femme.

IX. Chute libre, 1992

de Joel Schumacher
Sur un scénario d'Ebbe Roe Smith
Titre américain original: « Falling Down »

1. Synopsis

Nous sommes à Los Angeles, au début des années 90[5] par une chaude journée d'été.

Dans Los Angeles écrasé par la canicule, un homme en chemisette blanche et cravate, coiffé en brosse, quitte sa voiture (dont la plaque d'immatriculation personnalisée est « D-Fens ») au beau milieu d'un embouteillage, et entreprend, excédé, de rentrer à pied « chez lui » (en fait, chez son ex-femme, à Venice, au bord de la mer), pour être présent au goûter d'anniversaire de sa petite fille. Il décide d'emprunter la ligne droite, ce qui l'amène à mettre les pieds dans différents endroits où il n'était jamais allé: collines tenues par des gangs, terrain de golf réservé à des blancs fortunés. En chemin, l'homme défie des truands, échappe à une fusillade, s'empare de l'arsenal du gang qui voulait le tuer, convoie des armes dont il ne se sert jamais (sauf pour tuer un marchand de surplus nazi qui a voulu le violer), prend brièvement en otage les clients d'un fast-food, juste pour avoir droit à un petit-déjeuner, détruit au bazooka un chantier parce qu'il comprend que ces travaux sont motivés par une magouille budgétaire, intimide de vieux millionnaires auxquels il fait la leçon sur leur confiscation de l'espace public et dont l'un fait une crise cardiaque, etc.

---

5. Un des personnages, le mendiant, affirme avoir fait la Guerre du Golfe (la première, lancée en 1991 par Bush père à la suite de l'invasion du Koweit par l'Irak).

Au téléphone, sa femme Beth, qu'il appelle plusieurs fois, refuse de le laisser venir à la fête d'anniversaire de leur petite fille. Elle a prévenu la police.

Nous apprenons que cet homme, nostalgique d'une Amérique qui n'existe plus, s'appelle William Foster, qu'il a été licencié depuis plusieurs semaines du Ministère de la Défense, mais ne veut pas faire face à la réalité; qu'il a fait l'objet d'un jugement le considérant comme dangereux et lui enjoignant de ne pas s'approcher de sa femme et de leur enfant.

Parallèlement, Prendergast, un policier vieillissant et ventripotent, qui a décidé de prendre une retraite anticipée pour complaire à son épouse, s'intéresse au cas, et comprend avant tout le monde, en regardant simplement une carte de L.A., que ce mystérieux individu va traverser la ville en ligne droite. Il reconstitue son trajet, suit sa trace avec une jeune collègue, Sandra, et arrivera à temps lorsque Foster a rejoint sa femme et la petite fille (qui le fuient) sur la jetée de Venice. Foster a tiré sur Sandra et l'a blessée, avant de prendre en otages sa femme et leur enfant. Prendergast comprend que Foster risque de les tuer. Il réussit par la ruse, en se faisant passer pour un brave type, à tenir Foster au bout de son pistolet. Foster choisit, en se faisant tirer dessus par Prendergast et en se jetant dans l'eau (nous sommes au bord de la mer), de se suicider, en souhaitant que son assurance sur la vie apporte à sa famille ce qu'il n'a pas su lui donner vivant.

Dans l'intervalle, Prendergast, méprisé par tous ses collègues sauf par Sandra, a reconquis son estime de lui-même. Il a appris notamment à tenir tête à son épouse, une femme acariâtre et tourmentée, marquée comme lui par un drame (un bébé mort en bas âge) qui ne cesse de l'appeler à son bureau. Il décide aussi de rester policier, et de renoncer à sa mise à la retraite. Nous croyons comprendre que sa femme n'attendait que cela, et qu'elle supportait mal que son mari qui l'aime fasse ses quatre volontés.

Cet homme a eu aussi des malheurs, mais contrairement à Foster, qui veut un monde parfait, il ne croit pas que ses problèmes « lui donnent tous les droits. »

La vie reprend...

2 Une compilation de genres et un scénario-concept

Ce film est thématiquement au croisement de plusieurs genres :

a) *Le film de redresseur de tort hors-la-loi et solitaire*, comme John Rambo, héros incarné par Sylvester Stallone, du film de Ted Kotcheff *First Blood/Rambo*, 1982, et de ses suites. Devenu une figure mythique pour beaucoup de peuples du Tiers Monde, Rambo (dont le nom vient... d'Arthur Rimbaud), est par excellence l'homme solitaire trahi par le pouvoir qu'il a servi, la victime de l'injustice.

Bill Foster est l'anti-Rambo, qui finit par se prendre pour Rambo.
– La nature est remplacée par la « jungle urbaine » ;
– Foster ne porte pas le bandana, mais une tenue bien convenable d'homme de bureau ;
– Il ne connaît rien au maniement des armes ;
– Il n'aspire qu'à une vie normale.

b) *Le film de « justice sauvage », ou d'« auto-défense »*, illustré par une série d'œuvres avec Charles Bronson, souvent dirigées par Michael Winner. Dans ces films souvent assez sordides, le héros devient méchant après avoir vu sa femme ou sa fille se faire violer, et/ou assassiner.

c) *Le genre du « fish out the water »*, autrement dit du poisson hors de l'eau, du personnage sorti de son milieu (un homme en chemise blanche dans un quartier dangereux).

d) *Le western sur l'affrontement de la justice individuelle et de la loi* (la référence au western et à son duel final est explicitée par les personnages dans l'avant-dernière scène du film). C'est le thème de *L'Homme qui tua Liberty Valance/The Man who shot Liberty Valance*, 1962, de John Ford.

Du western relèvent également les références au thème de l'espace commun clôturé et confisqué. De nombreux films ont raconté de manière passionnante la conquête de l'Ouest et les premières restrictions mise à la liberté de circuler par l'utilisation des clôtures : c'est le sujet de plusieurs westerns, comme *L'Homme qui n'a pas d'étoile/The Man without a Star*, 1958, de King Vidor.

e) *Chute libre* est aussi un exemple de « *scénario-concept* ».

On peut parler de « scénario-concept » lorsque le scénario repose sur l'application systématique d'une idée, d'une contrainte de temps, de lieu, de forme, dont on donne au spectateur la règle.

Le concept de *Seven*, par exemple, – déjà le titre véhicule une idée d'abstraction – s'affiche dans le titre, qui fait allusion aux sept péchés capitaux, au sept jours de la semaine, etc.

Les parti pris du scénario, dans le film de Fincher, sont les suivants:

– faire découvrir très vite par les enquêteurs, et par le spectateur quelle est la ligne de conduite du criminel: tuer sept personnes pratiquant chacune un des sept péchés capitaux (gourmandise, paresse, avarice, luxure, orgueil, envie, colère);

– surprendre l'attente du public en montrant le criminel qui se livre de lui-même bien avant la fin du film;

– situer la plus grande partie de l'action dans une ville non nommée (qui pourrait être le symbole de la « Babylone » pécheresse des prophètes).

L'idée d'un cadre spatial se double de l'idée d'un cadre temporel, d'une durée limitée à sept jours, chacun des jours de la semaine s'affichant sur l'écran.

Dans *Chute libre*, le concept est donné assez vite:

– le personnage va rentrer chez lui *à pied et en ligne droite*;

– un policier, sur la trace du premier, comprendra assez vite (et signifiera au spectateur, via une scène où il s'adresse à un autre policier) le principe qui commande les déplacements du personnage dans Los Angeles *à pied et en ligne droite*: il pourra tracer sur une carte de la ville le trajet du mystérieux individu, et le prévoir.

Ce concept brillant, comme souvent, articule une contrainte de temps et une contrainte d'espace: le cadre temporel est celui d'une « chaude journée » En décidant de parcourir la ville d'Est en Ouest comme si l'on était encore à l'époque de la fondation des USA, dans un pays libre et ouvert sans palissades ni clôtures, en arguant de la liberté et de la Constitution américaine, le héros est amené à croiser toutes sortes de réalités et de milieux qui s'ignorent, et sont refermés: il donne une vision en coupe de réalités étanches les unes aux autres.

La journée « extraordinaire » de Bill est constamment située dans l'ordinaire de la vie: bien que surarmé, le personnage s'arrête dans un fast-food à midi pour manger. Il veut arriver à temps pour la fête d'anniversaire de sa fille, et achète des jouets.

Le film débute dans la situation la plus banale et triviale du monde, un embouteillage (alors que dans certains films policiers, il n'y a jamais d'embouteillage), et finit dans la foule d'une jetée, où les parents emmènent les enfants acheter des glaces.

Une réflexion sur la société

Sont dénoncés, ou en tout cas évoqués de manière critique, dans le film, à travers les différentes incursions et interventions de Bill:

– la dureté du système capitaliste, qui jette des travailleurs dans le chômage; l'économisme cynique (nous sommes en 1993, et l'industrie américaine a connu de grandes vagues de licenciements).

À cela sert la scène où un Noir habillé comme Foster manifeste pacifiquement avec une pancarte contre son licenciement devant une banque (il l'a été parce qu'« *économiquement non-viable* »).

– le risque de morcellement de la nation américaine en territoires possédant chacun sa propre loi; cette préoccupation était devenue grande après les émeutes dites raciales à Los Angeles. La métaphore géographique permet de le raconter (la colline des Anges est un « *gangland* », que Bill réclame le droit de traverser, comme plus tard, il réclamera celui de traverser un terrain de golf privé, qu'il considère comme de l'espace public confisqué);

– la méfiance grandissante entre hommes et femmes, aboutissant à ce que la loi doive réglementer leurs litiges privés. Beth n'est pas montrée comme une harpie, une revancharde par rapport aux hommes; c'est une femme qui fait ce qu'elle pense être le mieux pour la sécurité de son enfant, tout en doutant, et en ayant parfois des remords vis-à-vis de son ex-mari.

Le scénario fait contraster le caractère modeste et privé du but poursuivi par le personnage principal (« *Go home* », « rentrer à la maison »), et l'énormité de l'importance que prend cette affaire.

Chute libre utilise systématiquement le montage parallèle pour confronter les réactions de ses personnages.

Ceux-ci ont des traits communs: tous les deux sont en rupture par rapport à leur travail; l'un a été licencié, l'autre prend une retraite anticipée. Tous les deux ont été face à un malheur: la rupture de son couple et la séparation d'avec sa petite fille, pour Bill; la perte de sa petite fille, pour Prendergast.

Le scénario accumule ressemblances et contrastes entre les deux personnages, qui ne se rencontrent qu'à la fin: tous deux sont écrasés par la vie, mais l'un, Bill, se rebelle seul et s'enfonce, tandis que l'autre, Prendergast, garde son humanité tout en restaurant sa dignité. Tous deux ont une femme, ou un ex-femme, à domicile. Mais l'un veut « rentrer à la maison », alors que sa femme ne veut pas; tandis que l'autre ne veut pas rentrer à la maison où sa femme le réclame. L'un a perdu son travail et sa femme, et refuse d'en prendre parti. L'autre a un travail, mais choisit de prendre une retraite anticipée. Tous deux commencent le matin une journée qui n'est « pas comme les autres »: l'anniversaire de sa petite fille pour l'un; le départ à la retraite pour l'autre.

Tous deux ont un lien avec l'enfance perdue, par une boite à musique égrenant la même comptine qui est la source du titre anglais original, « *London Bridge is falling down* ».

Cela donne un film plus complexe que celui que certains avaient cru voir à sa sortie.

X. Pulp Fiction, 1993

de Quentin Tarantino
Sur un scénario de Quentin Tarantino et Roger Avary

1. Synopsis (non-chronologique)

*Nous sommes (et nous restons) à Los Angeles ou dans sa ban-
lieue, à la fin du XXᵉ siècle, comme l'indique l'utilisation de télé-
phones portables.*

*Le film raconte de manière non-chronologique trois ou qua-
tre histoires qui se recoupent. Nous avons choisi ici de résumer les quatre histoires, comme elles ont lieu dans le « réel
diégétique », et dans les annexes en fin de volume, de donner
le découpage en séquence tel qu'il se déroule dans la chronologie de la projection, donc dans le « réel cinématographique »
(voir au chapitre XVII, sur cette notion, et sur celle de « réel
diégétique »).*

1. *JULES WINNFIELD (Samuel Jackson) et VINCENT
VEGA (John Travolta), au service du parrain de la drogue
MARSELLUS WALLACE (Ving Rhames), se rendent chez des
dealers qui ont voulu arnaquer Wallace. Ils en abattent trois
(dont un qui les a criblés de balle sans réussir à les toucher),
et récupèrent une mallette au mystérieux contenu. Ils emmènent
le quatrième, MARVIN (Phil LaMarr), un jeune homme que
Vincent abattra par mégarde, dans leur voiture. Ils demande-
ront de l'aide à un certain JIMMIE (Quentin Tarantino).
Marsellus, contacté, met à leur disposition un certain Winston
WOLF, dit « The Wolf » (Harvey Keitel), qui leur dit comment
nettoyer la voiture des traces de sang et de cervelle, et les fait
se changer. Ils se rendent ensuite à un coffee-shop, où ils se
retrouvent mêlés à un hold-up (voir plus loin).*

*Puis ils vont remettre la mallette à Marsellus. Là, ils croisent
un boxeur déchu, payé par Marsellus pour se coucher durant
un match, BUTCH (Bruce Willis).*

*Vincent achète de la drogue à un dealer nommé LANCE (Eric
Stolz).*

2. Un jeune couple – ils se donnent l'un à l'autre les surnoms de PUMPKIN (Tim Roth) et HONEY BUNNY (Amanda Plummer) – discute dans un coffee-shop de la difficulté de commettre des hold-ups. Ils décident d'en commettre un dans le coffee-shop lui-même, et, sous la menace de leurs armes, ils se font remettre l'argent et les objets de valeur par le personnel et les clients de l'endroit. Mais ils tombent sur Jules, qui ne se laisse pas faire. Celui-ci – un truand qui a décidé, après le « miracle » qui l'a fait sortir indemne, lui et Vincent, de plusieurs coups de feu, de revenir dans le droit chemin – convaincra « Pumpkin » de partir pacifiquement avec son butin, et lui remet une grosse somme d'argent. Pumpkin et Honey Bunny, puis Jules et son ami Vincent sortent du coffee-shop sans effusion de sang.

2 bis ou 3. Vincent a été chargé par Marsellus de chaperonner sa femme, MIA (Uma Thurman). Il l'emmène dans un restaurant à thème, le Jack Rabbitt Slim. Là ils discutent de choses et d'autre, et l'on sent qu'il pourrait se passer quelque chose entre eux, mais Vincent résiste. Ils dansent ensemble pour un concours de twist.

Mais Mia, quand elle est rentrée chez elle, se fait une piqûre qui occasionne un overdose. Vincent la trouve inconsciente et en grand danger. Il l'amène chez Lance, qui lui dit qu'il faut faire d'urgence une injection d'adrénaline dans le cœur. Vincent y réussit et Mia revient à la vie. Vincent la raccompagne de nouveau chez elle, et il est convenu que cette histoire restera entre eux.

Vincent sera plus tard chargé par Marsellus de liquider un homme nommé BUTCH (Bruce Willis), car ce dernier a arnaqué Marsellus. Mais Vincent, qui s'introduit chez Butch, se fait bêtement tuer par lui en sortant des toilettes.

3 ou 4. Butch (voir plus haut), après avoir été humilié par Marsellus qui le considère comme un « looser », prend sa revanche en ne se couchant pas durant le match de boxe, comme on l'a payé pour le faire, mais il se bat, si violemment que son adversaire meurt d'un coup reçu. Ayant parié sur lui, donné comme perdant en raison de la rumeur qui savait le match truqué, il ramasse un gros magot.

Butch rejoint, dans un motel où il se cache, sa femme FABIENNE (Maria Medeiros), une petite française pépiante et infantile.

Ils ont pour projet de fuir avec l'argent.

Le lendemain, il s'aperçoit qu'il lui manque un objet que Fabian a oublié d'emporter, sa vieille montre en or léguée par son père, qui la tenait de son grand-père, dans des conditions bizarres. Il décide de retourner à son appartement pour la récupérer. Là, non seulement il récupère la montre, mais aussi, par un coup de chance et une étourderie de Vincent, il tue celui-ci, qui l'attendait chez lui.

Revenant vers le motel, il croise dans la rue Marsellus, lequel se jette sur lui. Les deux hommes se battent jusque dans la boutique d'un prêteur sur gages, MAYNARD (Duane Whitaker), qui se trouve être au service d'un dangereux pervers, ZED (Peter Greene). Maynard capture les deux hommes, les ligote style « bondage » et les offre à Zed, qui tire au sort lequel des deux hommes il va violer d'abord. Le sort tombe sur Marsellus. Butch arrive à se défaire de ses liens, et se dispose à partir, mais finalement, il décide d'aider Marsellus. Celui-ci délivré, il promet à Zed les pires tortures, et accepte de laisser partir Butch, à condition que celui-ci quitte la ville et ne dise rien.

Butch emprunte la moto de Zed, et va chercher au motel Fabian. Les deux vont sans doute s'envoler vers un pays latin...

Principes de décalage

Distingué et primé à Cannes, *Pulp Fiction* est devenu un film-culte. Son truc consiste à traiter à rebours, avec un élément de décalage ou de paradoxe, des situations classiques du film noir:

– le jeune truand ambitieux qui est séduit par la femme du boss. Ici, contrairement au jeune héros de *Lost Highway*, de David Lynch, Vincent résiste victorieusement à son attirance pour Mia.

– l'histoire du boxeur déchu et raté, traitée dans tant de films comme *Le Champion* (*The Champ*, deux versions, l'une de King Vidor avec Wallace Beery, 1931, l'autre, de Franco Zeffirelli avec John Voight, 1979) ou *Plus dure sera la chute/They harder they fall*, 1956, de Mark Robson. Ici, non seulement Butch refuse de se coucher alors qu'il a été payé pour cela, mais en plus il assomme son adversaire sur le ring au point de le tuer, tout en escroquant le truand.

– le film noir qui se termine par des coups de feu et du sang; ici, un hold-up dans un coffee-shop se termine sans morts ni blessés, mais aussi sans conséquences pour les voleurs et heureusement leurs victimes.

Le décalage porte aussi sur une combinaison d'éléments extraordinaires (le monde des truands), et d'éléments triviaux et quotidiens. Les personnages sont des tueurs et des dealers professionnels, ils appartiennent donc pour le spectateur à un monde lointain et sulfureux, mais ils mangent des hamburgers, vont aux toilettes, regardent des vieux films à la télévision le soir, se disputent avec leurs épouses ou au contraire se disent des petits mots doux et des sobriquets bêtifiants (« *mon lapin au sucre* », ou « *petite tarte au citron* »).

Lorsque deux de ces tueurs, Vincent et Jules, nettoient les éclats de cervelle et les éclaboussures de sang dans leurs voitures, c'est avec des détergents domestiques, en ronchonnant comme des enfants qui ont fait des bêtises, et en devant soumettre leur travail à un homme plus âgé qui leur dira s'il est content ou pas.

La nourriture est aussi dans le film le sujet de conversation le plus important. Les personnages parlent du goût et du nom des hamburgers. La femme de Butch, qui se sait en danger mortel, détaille le petit-déjeuner qu'elle va prendre. Marsellus Wallace vit dans un bel appartement très protégé, mais il se nourrit de fast-food et il est « retrouvé » par Butch avec un carton de nourriture à la main.

La femme du dealer, Jody, est couverte de piercings jusque dans son intimité, mais à la maison elle est comme une bobonne qui morigène son mari pour son désordre. Butch, retrouvant son appartement et se sachant poursuivi, prend le temps de se faire griller un toast, etc.

L'angle moral: un faux cynisme

L'invraisemblable des situations est clairement revendiqué. Par exemple les tueurs ne se soucient à aucun moment du bruit qu'ils font, et ils vident des chargeurs entiers dans des appartements habités sans que cela attire l'attention de quiconque, ou que cela n'entraîne un coup de fil aux autorités. Nul voisin ne vient aux nouvelles, nulle police n'intervient.

Le film montre à plusieurs reprises l'arbitraire et la grâce qui frappent « au hasard »: aucun personnage n'est montré comme gagnant son salut grâce à son talent. Vega échappe bêtement à la mort (les balles l'ont inexplicablement manqué), et plus tard, se fait tuer tout aussi bêtement en sortant des toilettes. Il ne faut pas de talent à Jules pour tirer sur les dealers désarmés. Plus tard, Butch et Marsellus se font capturer tout aussi étourdiment. Le destin précipite Butch dans l'antre de pervers sexuels particulièrement dangereux, mais fait aussi que ce n'est pas lui que le tirage au sort par Zed désigne comme le premier à subir ses sévices sexuels.

Un des sujets du film est donc le caractère imprévisible, désordonné, apparemment cynique, de ce qu'on appelle le sort. Un tel vit, un tel meurt en raison d'une accumulation de coïncidences. Personne ne sait pourquoi Marsellus Wallace a défenestré un homme, « *seul Marsellus le sait* », affirme Mia, et cette formule vaut pour le destin qui décide du sort des personnages.

Le film flatte tout de même une certaine idée courante de la justice immanente :

– Vincent, qui est un criminel, est tué, mais il est tué parce qu'il a commis une énorme imprudence, après avoir assassiné le jeune Marvin par pure maladresse ;

– Jules n'est pas tué, mais se « réhabilite » en obtenant que le hold-up de Pumpkin et Honey Bunny se termine sans effusion de sang, démontrant à cette occasion à la fois son sang-froid et son habileté ;

– Butch, boxeur looser humilié par Marsellus, prend sa revanche sur celui-ci, non seulement en l'arnaquant, mais aussi en le voyant la proie de pervers.

Le schéma de la rédemption est parodié dans *Pulp Fiction*, mais il est néanmoins employé. Le scénario de Tarantino et Avary, sous ses dehors cyniques, s'arrange pour que les seules victimes soient elles-mêmes dans le milieu des truands. Le malheureux Marvin tué accidentellement par l'arme de Vincent dans la voiture est présenté comme sachant d'avance les risques qu'il encourt. Il a d'ailleurs caché à Jules et Vincent l'existence, dans la pièce à côté, d'un quatrième homme susceptible de les liquider.

Imaginons ce que serait le film de Tarantino si l'on permettait au spectateur d'imaginer que ces victimes ont des femmes, des frères et sœurs, des enfants. On ne montre aucun dégât collatéral, sinon, très fugitivement, une jeune fille dans la rue qui est atteinte au bras par une balle perdue de Marsellus.

La mort est maintenue dans une certaine irréalité : les cadavres, ceux de Brett et de Roger, puis celui de Marvin, ne sont pas montrés ; celui de Vincent l'est à peine. C'est particulièrement net dans la longue séquence du « nettoyeur » : Jules et Vincent nettoient la voiture souillée d'éclats d'os, de cervelle et de sang, mais on ne montre pas le corps sans tête du pauvre Marvin.

Les personnages sont comme des emblèmes, des êtres un peu fantastiques, nous ne pouvons nous identifier à aucun d'entre eux. Le seul personnage à appartenir à la vie quotidienne (si l'on excepte le manager du café où le film commence et se termine, qui n'a qu'une réplique), est celui de la chauffeuse de taxi, Esmarelda Villa Lobos; encore est-elle à la limite de la légalité, puisqu'elle sait qu'elle a affaire à un fugitif et qu'elle se laisse acheter son silence.

D'un certain point de vue, c'est un vrai conte de fées. Mia se remet par miracle en une seconde de son overdose. Vincent et Jules sont épargnés par les cinq balles d'un tueur qui est à deux mètres d'eux. Butch se remet très vite d'une grave blessure. Cette déréalisation de la mort et du danger n'est pas propre à l'œuvre de Tarantino: un simple film de James Bond sans situations macabres et a fortiori la série des *Taxi* (1, 2, 3), produits par Luc Besson contribue aussi à déréaliser le danger que représente la conduite à très grande vitesse.

Cependant, *Pulp Fiction* frappe par la façon grotesque et dérisoire dont y sont montrés le meurtre et la torture: comme si l'on voulait dire que la mort n'a pas d'importance. Que ce film (dont les qualités sont nombreuses) ait été classé par les lecteurs d'une revue française de cinéma au tirage important, en 2006, comme le meilleur film des trente dernières années, est un peu inquiétant.

Un art de la conversation

Dès la première scène, nous sommes plongés dans une conversation en cours dans un couple.

> Le jeune homme: « *No, forget it, it's too risky. I'm through doin' that shit.* » (« *Non, laisse tomber, c'est trop risqué; j'en ai ras-le-bol de ce genre de truc.* »)
> La jeune femme: « *You always say that, the same thing every time: never again, I'm through, too dangerous.* » (« *Tu dis toujours ça, la même rengaine à chaque fois: plus jamais, ras-le-bol; trop dangereux.* »)
> Le jeune homme: « *I know that's what I always say* », etc.

En trois répliques, on voit que les personnages sont très conscients des mots qu'ils emploient et de ce qu'ils font, c'est-à-dire parler, parler (c'est le « dialogue réflexif »). Comme dans ce fragment de conversation entre Mia et Vincent, au restaurant:

Mia: « *Oooohhhh, this dœsn't sound like mindless, boring, getting-to-know-you-chit-chat. This sounds like you actually have something to say.* » (« *Oh, ça ne ressemble pas à ce bla-bla creux, ennuyeux... ça donne l'impression que tu as vraiment quelque chose à dire.* »)

Vincent: « *Only if you promise not to get offended.* » (« *Seulement si tu promets de ne pas t'offenser.* »)

Mia: « *You can't promise something like that. I have no idea what you're gonna ask. (...) (On ne peut pas faire ce genre de promesses. Je n'ai aucune idée de ce que tu vas demander.* ») (...)

Vincent: « *Then let's just forget it.* » (« *Alors, laissons tomber* »)

Mia: « *That is an impossibility. Trying to forget anything as intriguing as this would be an exercise in futility.* » (« *C'est une impossibilité. Essayer d'oublier quelque chose qui est aussi intriguant serait un exercice futile.* »)

On peut aussi traduire ce dialogue en utilisant le vouvoiement:
« *On dirait en fait que vous avez quelque chose à dire.*
– *Seulement si vous promettez de ne pas vous offenser.* »
« *On ne peut pas promettre ce genre de choses. Je n'ai aucune idée de ce que vous avez à me demander.* »

Le dialogue est ici dense et raffiné, on pourrait croire à du Rohmer. Le film montre une sorte d'art et de plaisir de la conversation.

Un autre gimmick de *Pulp Fiction* consiste à faire poser des questions embarrassantes, dont on ne peut pas deviner le sens avant d'avoir la réponse.

– Lorsque Jules demande à Brett, qu'il tient sur la menace de son arme et qu'il va exécuter peu après: « *À quoi ressemble Marsellus Wallace?* », la réponse à donner étant que Marsellus n'est pas une « gonzesse » (« *bitch* ») et qu'on ne peut pas le baiser.

– Jimmy demandant s'il y a écrit « *dead nigger storage* » - « dépôt de nègres morts » sur sa maison, parce que Vincent et Jules sont venus chez lui avec un cadavre dans leur voiture.

Peut-on encore parler de flash-back?

Pulp Fiction est célèbre aussi pour sa façon de jouer avec la chronologie: par exemple, au début du film se situe, entre le moment où Vincent et Jules assassinent Brett et celui où ils vont rendre compte de leur mission à Marsellus Wallace, une ellipse de temps à laquelle le spectateur n'attache pas d'importance, bien que les personnages aient changé de tenue vestimentaire. Nous verrons plus tard que dans cet intervalle se situe une part importante de l'action et un meurtre supplémentaire, suivi de l'intervention du personnage de Wolf. D'autre part, nous revoyons un personnage qui a été tué dans une scène précédente, Vincent, et enfin (surtout peut-être), le film se termine par une séquence qui, dans la suite chronologique des événements, n'est pas la dernière; si le film suivait l'ordre chronologique, il finirait par la fuite de Butch et Fabian, quittant Los Angeles.

Peut-on pour autant parler de flash-back? Non, car il n'y a pas de distinction claire, créée par la différence de style de photographie, et un « enchâssement » bien affirmé, entre ce qui serait un passé et ce qui serait un présent. On a affaire ici à une structure particulière, déjà présente dans *Il était une fois en Amérique*, de Leone (voir les pages consacrées au flash-back). De plus en plus, on a vu ce genre de structure apparaître dans les films destinés à un grand public: évidemment *Le Parrain 2*, 1974, de Coppola, comme on le verra dans la deuxième partie, avait ouvert la voie.

XI. Un jour sans fin, 1993

d'Harold Ramis

*Sur une histoire de Danny Rubin, un scénario d'Harold Ramis
et Danny Rubin*

Titre américain original: « Groundhog Day »

1. Synopsis

Nous sommes en hiver. PHIL CONNORS (Bill Murray) quin-quagénaire apparemment célibataire, est le présentateur météo d'une chaîne de télévision locale de Pittsburgh, Pennsylvanie; c'est un individu sarcastique et méprisant, qui aimerait travailler sur une chaîne beaucoup plus importante. Aussi, lorsqu'il doit se rendre pour 24 heures dans une petite ville, Punksutawney, pour couvrir un événement folklorique lié à une marmotte, il ne cherche qu'à partir le plus vite possible de ce monde de « ploucs ». Malheureusement, une tempête de neige qu'il n'a pas prévue le bloque, avec les deux professionnels qui l'accompagnent, le cameraman Harry et la jolie productrice RITA (Andie McDowell), dans la ville. Rita est aussi fleur bleue, bien-pensante, écologique, amie des enfants et des animaux, etc., que Phil est cynique et désabusé.

Le lendemain, Phil se réveille toujours le 2 février, et il comprend bientôt qu'il est le seul à qui arrive cet étrange phéno-mène. Pour tous les autres, il n'y a qu'un seul 2 février. Il apprend à évoluer dans cette journée qu'il connaît par cœur, et qui ne change que si lui-même réagit différemment. Après être passé par des phases de désespoir, d'euphorie (il peut faire ce qu'il veut, puisque le « lendemain », tout est oublié), il se donne pour but de séduire Rita, et, en profitant des informations qu'il lui vole jour après jour, il lui fait une journée parfaite, mais celle-ci au dernier moment refuse de lui céder. Lorsqu'il accep-tera de se laisser choisir par elle, après être devenu un homme serviable et désintéressé, le sortilège sera rompu, et il pourra enfin se réveiller un 3 février avec dans ses bras une Rita conquise.

2. Un nouveau rapport au film

Film devenu, au long d'une carrière discrète mais durable sur les écrans et dans les vidéo-clubs, un classique, *Un jour sans fin* est un jeu avec le spectateur, un jeu qui suppose que ce dernier pourra le revoir à volonté.

C'est vers le début des années 80 que s'est produite la grande révolution dans l'accès du spectateur aux films, une révolution dont les aspects techniques et économiques plus récents (enregistrement numérique, DVD, téléchargement) ne sont que la continuation. Cette révolution, ce fut le magnétoscope d'amateur. Si au début, trois formats sont en concurrence sur le marché grand public (Betamax, V2000, VHS), c'est, comme on sait, le VHS qui triomphe et qui devient pendant vingt ans un standard universel. Pour la première fois, un spectateur peut non seulement revoir un film à volonté chez lui – un film qu'il copie le plus souvent à la télévision[6] –, mais aussi « rejouer » comme il le veut une partie de ce film, examiner un détail, savourer un moment. Il peut découper dans le film, et par exemple ne regarder qu'un morceau de bravoure. Il navigue dans le temps du film comme dans un espace, créant une double lecture du film. Par là il retrouve la dualité des jeux vidéo, souvent clivés entre deux dimensions, temporelle et spatiale: l'exploration et la découverte d'un décor, d'un espace (pays, château, ville, etc..); le déroulement linéaire d'un jeu. En témoignent les revues consacrées aux jeux vidéo, où l'on accorde autant de place à l'appréciation du monde, de l'environnement créé pour ces jeux, qu'à la conception des parties.

Pour la première fois, donc, le spectateur lambda d'un film n'est plus dépendant d'une vision imposée en temps linéaire et en continu, que ce soit en salle ou sur un écran cathodique.

« En continu » semble il est vrai inapproprié pour désigner la diffusion de films à la télévision dans des pays comme les USA, ou les coupures publicitaires sont fréquentes. Disons en tout cas que ces coupures sont imposées au spectateur, en dehors de son champ d'action, tandis qu'avec le magnétoscope (et encore plus avec le DVD), elles sont laissées à son choix.

---

6. Dans les débuts du magnétoscope, les cassettes enregistrées vendues dans le commerce étaient très chères, surtout pour les films récents.

À l'image d'un jeu vidéo

Un jour sans fin est aussi une mise en abyme très moderne du principe des jeux vidéo – puisque le héros, coincé à la fois dans une petite ville, Punksutawney, et dans une journée de l'année, le 2 février (que tous les autres vivent, contrairement à lui, comme toujours nouvelle), doit d'abord faire un certain nombre de « parties », c'est-à-dire essayer et explorer un certain nombre de fois les lois de cette maudite journée (qu'il connaît de mieux en mieux) pour la maîtriser.

En même temps, s'il veut en sortir tout en conquérant le lot, c'est-à-dire la femme qu'il désire, il doit prendre son parti de la non-maîtrise. Cette non-maîtrise est représentée en l'espèce par l'inéluctabilité de la mort d'un vieux mendiant, qui échappe aux fantasmes de toute-puissance bienfaitrice de Phil Connors, et par la reconnaissance de la liberté de la femme convoitée.

Ce que le spectateur un peu averti comprend vite (alors qu'une version semblable de ce type d'histoire, dans un film plus ancien, nous aurait caché la règle et en aurait fait la révélation finale), c'est que le cours des événements de cette journée n'est modifiable que par un seul facteur: les actes et les réactions du héros, amené donc à jouer de la journée, qu'il connaît de mieux en mieux, comme un « accro » aux jeux vidéo découvrant plus ou moins vite les pièges du programme. Phil Connors peut faire tout ce qu'il veut et changer le monde autour de lui, comme dans une partie qu'il rejoue sans cesse, à ceci près que ses efforts seront dès le lendemain réduits à néant... Et d'autre part, alors qu'il peut faire ce qu'il veut de cette journée, il ne peut pas empêcher le mendiant de mourir.

À partir de là, les conséquences sur la suite du récit sont tirées avec virtuosité: Phil Connors passe par des phases successives de consternation (je suis enfermé dans l'enfer de ce petit bled et de cette lamentable journée), de jubilation absolue (je peux faire n'importe quelle bêtise, les conséquences en seront effacées dès le lendemain), de recherche de la perfection (il polit jour après jour la « journée parfaite », au soir de laquelle il aura séduit sa belle de mieux en mieux, mais celle-ci se sent manipulée et à chaque fois refuse), de désespoir (il se tue plusieurs fois et ressuscite), puis d'acceptation de la non-maîtrise, acceptation qui le délivre du cercle et permet à la succession des journées de se remettre en marche. Tout un parcours initiatique, basé sur la conscience d'un horizon fictionnel fini, et qui en même temps est comme la célébration et la critique à la fois du volontarisme américain (« *Just do it* »).

Un scénario comme celui d'*Un jour sans fin* est en partie basé sur un concept logique. Le schéma dont il part est celui, classique, du voyage dans le temps, où quelqu'un revient dans son passé ou dans un passé antérieur à son existence, pour influencer ce passé, et par suite son avenir.

Dans la plupart des histoires sur ce thème, les changements apportés au passé ont des effets dans le futur, donc dans le présent dont on est parti. Le trilogie de *Retour vers le futur* (Robert Zemeckis, 1987, 1989, 1990), qui a précédé le film de Ramis, exploite sans cesse cette idée. Dans *Un jour sans fin*, au contraire, Phil peut faire des « ondes » dans le temps, modifier le cours des choses pour lui et pour les autres, mais jamais au-delà de cette journée. Chaque matin, à 6 heures, il est obligé de recommencer à zéro. Il est comme victime d'une « *time machine* » qu'il ne contrôle pas.

Une scène particulière du film – qui provoque toujours une grande euphorie – exprime fort bien ce mélange de toute puissance et d'impuissance, si on peut dire, que peut ressentir l'utilisateur d'un jeu vidéo pris au piège de sa projection dans un « rôle ». C'est la séquence où le héros peaufine jour après jour sa tactique de séduction auprès de Rita, en se renseignant au fur et à mesure sur ses goûts en matière de boisson, de musique et de poésie, jusqu'à pouvoir lui proposer et lui dire tout ce qu'il faut, prendre le même drink qu'elle, réciter de la poésie française[7], porter un toast à la paix dans le monde. Nous revoyons alors, rapidement enchaîné à lui-même, le « même » moment de la « même » journée – l'entrée dans un bar – dix fois de suite, mais avec les variantes successives qu'y introduit Phil, et ce qui fait jubiler le spectateur, ce sont les ellipses du montage qui le font sauter tout de suite au « même » point de la journée suivante (pour le héros), puisque c'est par là que nous réalisons que nous ne sommes pas pris dans sa condition – lui ayant la contrainte, contrairement à nous, de devoir perpétuellement refaire tout le cycle de la journée et de tout revivre constamment en « temps réel ». Nous, nous pouvons sauter immédiatement au moment qui nous intéresse.

Phil paie en effet sa puissance, c'est-à-dire son absence totale de sanction d'un jour à l'autre pour ses provocations et ses erreurs, donc quelque chose qui nous est interdit, du prix de ne

---

7. Devenue italienne dans la version française.

pouvoir précipiter la moindre seconde du temps qu'il vit. Il est donc le contraire de ce qu'il a l'air d'être, à savoir un maître du temps, même si ce temps est clos.

De la même façon, un utilisateur de jeu interactif est dans une situation comparable: à la fois tout puissant sur le jeu (n'ayant pas affaire à un partenaire vivant, et ne risquant aucune sanction, pouvant vivre et renaître à l'infini), et en même temps obligé de se plier à un certain temps imposé de réponse ou d'action de la machine, qui le dépossède de son propre rythme. Il semble que ce temps imposé par la machine (et encore plus imposé si celle-ci est, comme les CD-Roms, audiovisuelle, puisque le son est beaucoup plus dépendant du temps que l'image, et beaucoup moins élastique – d'où les problèmes que pose la consultation d'archives sonores) est effectivement une grande question, et constitue un aspect capital de notre nouveau rapport au temps. Des films comme *Un jour sans fin* nous en délivrent et, en quelque sorte, nous en vengent.

Mais quand on fait ce genre de choses, on comprend tout de suite que le nombre de possibilités narratives est limité, et le « je peux tout faire », d'abord ressenti comme une libération, se révèle une prison – la prison d'un choix obligatoire entre des possibilités fermées.

Phil Connors a toutes ces possibilités, mais il les paie d'un certain prix: l'absence de conséquences de tout ce qu'il fait, et la remise à zéro de ses rapports avec les autres toutes les 24 heures.

En se réjouissant de passer du 2 au 3 février, il accepte de n'être plus immortel. *Un jour sans fin* est, sous la forme d'une comédie, une fable sur l'acceptation, pour pouvoir vivre, de devoir mourir. En « remettant le temps en marche », Phil, comme beaucoup de héros de cinéma qui se rangent ou qui se fondent dans la masse, rejoint la vie ordinaire des hommes.

Le film, cela dit, est aussi un bel exemple de « scénario auto-interactif ».

Le scénario auto-interactif

En 1952, le metteur en scène français Julien Duvivier réalise *La Fête à Henriette*, avec Dany Robin et Louis Seigner. Écrit en collaboration avec Henri Jeanson, ce film (qui a fait en 1963 l'objet d'un remake américain: *Deux têtes folles/Paris when it sizzles*, de Richard Quine, avec Audrey Hepburn et William Holden) montre deux scénaristes pressés par le temps, qui imaginent au fur et à mesure un scénario que le spectateur suit sur l'écran se fabriquant, se réécrivant, se concrétisant et se corrigeant, en sons et en images. Le point de départ des deux scénaristes: l'idée d'une petite femme de Paris qui s'appelle Henriette, dont la fête coïncide avec le 14 juillet...

L'exemple de ce film est intéressant pour rappeler que certaines expérimentations sur le récit cinématographique ne datent pas d'hier. Ici, on a beaucoup de choses à la fois, qui deviendront systématiquement employées dans les années 90: un scénario « auto-interactif » (remodelé par ses propres personnages), un concept basé sur l'unité de lieu (Paris) et de temps (le Quatorze Juillet), un personnage construit à partir d'un simple nom, etc. Par certains aspects, *La Fête à Henriette* est déjà un peu *Un jour sans fin.* ou *Princess Bride*, 1987, de Rob Reiner.

Avec l'évocation de ce film (peu connu, mais qui a marqué Robert Guédiguian, lequel s'en inspire dans *À l'attaque*, 1999), il s'agit donc pour nous de rappeler que les années 80 n'ont pas inventé de toutes pièces certains procédés, mais qu'elles les ont popularisés, et pratiqués de façon plus systématique.

De même pour les nombreux films qu'on peut appeler des « films de disc-jockey », dans lesquels l'histoire est accompagnée par une sélection de chansons, et semble en subir les caprices: *Pulp Fiction, Brooklyn Boogie*, 1995, de Wang et Austen, plusieurs films de Jim Jarmusch sont ainsi conçus, dans leur scénario même, comme une sélection musicale, une compilation, en même temps qu'ils sont basés sur le vieux principe ancestral et romanesque de l'échappée, de la digression à l'intérieur d'une ligne très affirmée.

La vogue des jeux vidéo à support narratif, dans lesquels on ne joue pas avec des pièces ou des jetons, mais avec des personnages (Super Mario, Lara Croft dans *Tomb Raider*), mais aussi celle des « avatars » sur Internet, contribue à « fabriquer » un public de plus en plus conscient de la mécanique d'une histoire, tout comme, en des siècles lointains, la consommation énorme de romans populaires, d'épopées à rallonge (*Roland furieux*, de l'Arioste, qui a donné lieu à beaucoup d'adaptations scéniques et lyriques), d'opéras ou de pièces de théâtre (Carlo Goldoni en Italie, Calderon ou Lope de Vega en Espagne ont écrit chacun plusieurs centaines d'opus) contribuait à créer chez le public un sentiment ludique, combinatoire de ce qu'est une histoire. En ce sens, le *Don Quichotte* de Cervantes (publié en deux parties, en 1605 et 1615), contemporain d'une vogue effrénée des romans de chevalerie, serait « auto-interactif » avant la lettre, puisque c'est l'histoire – à épisodes et pleine de récits dans le récit – d'un homme qui a la tête farcie de lectures, et qui, à un moment – tout comme dans les « jeux de rôles » actuels ou dans les récits qui s'en inspirent – se trouve être influencé par la lecture de ses propres (més)aventures!

D'une manière plus générale, l'importance prise ces dernières années, dans la culture populaire, par les jeux de rôle, les jeux vidéo, les systèmes interactifs, etc. (où, aux figures abstraites du jeu d'échec, se substituent des héros dotés de nom et d'identité, aux destins toujours rejoués) est venue poser un excitant défi au récit cinématographique, lequel est aussi parfois une sorte de jeu de rôle « dont vous pouvez être le héros », mais dont en principe une seule partie est jouée, un seul possible développé sur l'écran, une seule fin menée à bien.

Avec ce que nous appelons le film auto-interactif, le cinéma récupère et reprend à son compte cette plasticité du récit et du temps, montre qu'il ne l'ignore pas, et qu'il peut jouer sur plusieurs possibles et leurs conséquences, et non plus sur une seule.

Par exemple, le scénario du film de Mc Tiernan *The last action hero* explore ingénieusement les conséquences de l'irruption dans un film d'action, grâce à un « ticket magique » d'un jeune spectateur qui en a vu le début, et qui en change le cours par son intrusion; de la même façon, et à la suite de *Qui veut la peau de Roger Rabbitt/Who framed Roger Rabbitt*, 1987, de Robert Zemeckis, il tente un audacieux mélange de logiques narratives, entre l'univers sans conséquences du cartoon (où les personnages détruits peuvent revivre à l'infini), l'univers « avec conséquences », mais conventionnelles, de la fiction en prise de vue réelle, et un troisième univers, celui de la réalité, où les blessures causent de la souffrance et où l'on meurt pour de vrai.

Le film de Tom Dicillo *Ça tourne à Manhattan/Living in Oblivion*, 1994, avec Steve Buscemi, chronique de la réalisation d'un petit film indépendant, exploite avec ingéniosité le principe des « rêves emboîtés »: l'histoire – celle d'une même journée de tournage qui vire à chaque fois à la catastrophe – démarre trois fois, pour se révéler à chaque fois avoir été le cauchemar d'un des participants au film.

Beaucoup des « néo-policiers » américains (*The Usual Suspects*, 1995), sont également le théâtre de ces recherches narratives et structurelles: ce sont fréquemment des films où à un certain niveau l'histoire ne « tient pas debout », mais où elle fonctionne comme matière à structure, augmentant le plaisir procuré par l'histoire et les acteurs d'un plaisir d'ordre formel et structurel – plaisir qui est immédiatement sensible à tout public.

Nous ne partageons donc pas certaines analyses faites sur cette tendance, qui y voient le cinéma se citant lui-même. Le fait que le cadre du cinéma y soit souvent « inscrit » en abyme (films basés sur des tournages comme celui cité plus haut, ou qui montrent des spectateurs entrant dans l'écran ou des personnages en sortant), peut donner des arguments à cette idée d'une « réflexivité » du cinéma, d'une auto-dévoration du cinéma par lui-même. À notre avis, le cinéma ici en tant que tel n'est pas spécialement concerné – il est simplement un des moyens les plus simples dont on dispose dans un film pour inscrire un niveau de réalité ou de discours dans un autre, pour ouvrir des guillemets ou des italiques, ou pour manier un discours indirect. Par exemple, dans le *Adaptation*, 2003, de Spike Jonze, sur un scénario de Charlie Kaufman, et bien avant cela, dans *Le Magnifique*, 1973, de Philippe de Broca, dont le héros est auteur de romans policiers, mais qui joue sur l'imagerie cinématographique.

Le nouveau, avec ces films, réside donc dans le fait qu'on ne donne plus la même place au spectateur, qu'on suppose d'emblée un spectateur différent, auquel il n'est plus besoin de dissimuler l'aspect formaliste de l'expérience, affiché au contraire, et un spectateur auquel on peut, on doit même présenter *tout de suite* implicitement le jeu des possibilités – donc des histoires – comme fermé. Cela contrairement aux films auxquels nous faisions référence plus haut et qui nous laissaient croire à un « tout est possible à partir du moment où l'on se lance dans n'importe quoi », gardant parfois la révélation de la fermeture comme l'objet d'un coup de théâtre final.

Le délire des films à la *Fête à Henriette* se donnait en effet comme virtuellement ouvert à l'infini, limité seulement par la patience du spectateur et l'imagination des auteurs. Tandis qu'aujourd'hui, il est clair pour tout le monde qu'il y a des limites, et que de ces limites qui sont structurelles, il ne faut pas tant de temps pour faire le tour. C'est que les jeux vidéo, les jeux de rôles, et autres machines à voyager dans la fiction, avec ou sans technologie, sont passés par là, donnant à beaucoup, y compris au public jeune, la conscience concrète et claire, et non plus abstraite, qu'il n'y a qu'un nombre limité de trajets dès le départ. Et que surtout le temps est limité pour n'en explorer que quelques-uns.

Scénario à options multiples

Dans *Smoking* et *No smoking*, 1993, d'Alain Resnais, dont le scénario est l'adaptation par Jean-Pierre Bacri et Agnès Jaoui d'une pièce d'Alan Ackbourne, l'histoire se développe en arbre, à partir de moments de choix: si au début la femme du directeur d'école jouée par Sabine Azéma s'attarde ou ne s'attarde pas pour fumer une cigarette, qui rencontrera-t-elle et que se passera-t-il? Et ainsi de suite.

L'arbitraire revendiqué de cette formule est organisé dans le diptyque de Resnais autour de deux contraintes, deux règles du jeu.

Une première contrainte, comme on sait, associée au fait que les différents personnages masculins et féminins sont tous incarnés par deux acteurs, Pierre Arditi et Sabine Azéma, consiste à ne jamais faire figurer sur l'écran plus de deux personnages à la fois, toujours de sexe opposé (avec une légère entorse consistant à permettre à l'acteur de se donner la réplique à lui-même « off », jouant alors par la voix un deuxième personnage). Une deuxième, moins évidente, veut que l'action se déroule entièrement en extérieurs (de studio). On n'entre jamais dans les maisons et les intérieurs, et entre autres dans la fameuse « remise à outils », lieu magique pour cela, où se réfugie un des deux personnages.

À partir de ces données, le public est convié à un jeu dont les règles lui sont affichées à nu, et où la licence qu'on se donne d'inventer n'importe quelle situation est équilibrée par la double contrainte mentionnée plus haut. L'humour et la philosophie de la tentative consistent à nous faire visiter non seulement des solutions d'avenir belles et cohérentes, mais aussi d'autres ineptes et invraisemblables, comme dans un scénario embourbé ou une partie d'échecs ratée.

Appliquant une variante de la même idée, le film de John Hewitt *Pile ou face/Sliding Doors*, 1998, visite deux futurs possibles d'une même femme nommée Helen (Gwyneth Paltrow), en choisissant comme point où ces futurs divergent l'arrivée dans une station de métro londonien, après que l'héroïne se soit fait licencier. Dans la version n° 1 elle attrape son métro, dans la version n° 2, elle le rate. Dans le premier cas, elle arrive assez tôt pour découvrir son compagnon couchant avec une autre femme, mais auparavant elle a rencontré un séduisant inconnu. Dans le deuxième elle poursuit sa vie habituelle.

L'astuce de construction du scénario consiste ici à entrecroiser les deux histoires, dans un montage parallèle parfois rapide[8]. Pour bien différencier les deux Helen, on imagine que dans la version 1, elle se fait agresser par un voleur et récolte un sparadrap sur le front, marque visuelle distinctive pendant un certain temps de l'Helen 1, tandis que dans l'autre elle change de coiffure, etc.

Il y a aussi l'aspect formel et musical du « montage parallèle/alterné »: au début de *Pile ou Face*, l'alternance entre l'Helen n° 1 et l'Helen n° 2 est fréquente et rapide; le rythme ensuite se fait plus lent (deuxième acte), au troisième acte, il se précipite...

Le spectateur de *Sliding Doors* est donc étroitement associé au jeu, et il cherche à prévoir si ces deux scénarios vont finir par se recroiser, quand et comment ils le feront. Sans dévoiler complètement la chute, on peut dire qu'ils le font, et qu'une histoire d'« enfant à naître » est au cœur des deux futurs.

Tant il est vrai que pour un être humain, l'histoire des histoires, c'est le mystère des nombreux hasards, si fragiles, qui ont fait que ses géniteurs se sont rencontrés et l'ont procréé.

---

8. Le montage parallèle où deux temporalités différentes sont confrontées remonte bien sûr à l'*Intolérance* de Griffith, 1917, mais il est fréquemment employé dans des films récents, comme *Déjà vu*, 2006, de Tony Scott.

XII. In the Mood for Love, 2000
de Wong Kar-wai (scénario et réalisation)

1. Synopsis

Nous sommes à Hong-Kong, au début des années 60, dans une petite communauté d'émigrés de la ville de Chine communiste Shanghaï. Deux couples, M. et Mme Chan, M. et Mme Chow, s'installent dans des appartements libres contigus. Nous faisons connaissance de Mme CHAN (Maggie Cheung), une femme élégante qui porte des robes imprimées à col montant, et M. CHOW (Tony Leung), un jeune homme réservé et sérieux. Elle travaille (parfois tard) comme secrétaire dans une compagnie maritime dirigée par un certain M. HO (Lai Chin); il travaille dans un journal, et a comme ami un de ses collègues, AH-PING (Siu Ping-Lam), un bon vivant.

Durant tout le film, nous ne ferons qu'entrevoir par l'œil et l'oreille (silhouette de dos, image floue, voix hors-champ) deux personnages importants, M. Chan et Mme Show, les conjoints des deux précédents.

Nous comprenons peu à peu, avec Mme Chan et M. Chow, que leurs conjoints les trompent depuis un certain temps en formant un couple amant/maîtresse, et qu'ils vont parfois au Japon ensemble, sous prétexte de voyages d'affaires. M. Chow et Mme Chan apprécient visiblement la compagnie l'un de l'autre, mais ils s'interdisent de faire « comme les autres ». Ils marchent ensemble, mangent au restaurant, se rencontrent même dans un hôtel où Chow loue une chambre 2046, pour écrire des romans de chevalerie comme l'envie lui est venue. Mais ils font tout aussi pour éviter les commérages de leurs voisins cordiaux, mais curieux, les Suen et les Kuo.

Le temps passe, un amour s'installe entre la femme et l'homme, mais ceux-ci ne « cèdent » pas. Un jour ils s'éloignent. Chow demande à être muté dans un journal à Singapour.

Nous reverrons les personnages cinq ans plus tard, en 1966. Mme Chan a eu un fils de son mari, M. Chow est toujours seul. Le passé a-t-il disparu? On voit Chow faire un voyage au

Cambodge, et enterrer dans un trou, dans les ruines des temples fameux d'Angkor Vat, un secret, comme il avait dit qu'on le fait.

2. Une genèse particulière

In the Mood for Love (« je suis en humeur d'être amoureux/ reuse ») tient son titre d'un standard américain très souvent adapté au jazz. On n'entend pas cette chanson dans le film, mais plusieurs fois des chansons latino-américaines chantées par le crooner Nat King Cole.

Comme on sait, *In the Mood for love*, sur un scénario original du réalisateur, a fait l'objet d'un tournage très long, où un nombre important de scènes ont été filmées – dont une scène d'amour entre les deux protagonistes – qui n'ont pas été reprises dans le montage final d'1h30. En revanche, Wong Kar-wai lui a donné une suite, sous le titre *2046* (numéro de la chambre d'hôtel dans *In the Mood*). D'où la question: qu'appelons-nous ici le scénario du film? Notre réponse est ici: le film tel qu'il a été monté – le « scénario littéral » de ce que nous voyons à l'écran, ellipses comprises. Il est évident que ce scénario n'aurait pas pu être écrit tel quel dès le départ, sous une forme aussi morcelée. Il ne faut pas donc s'attendre ici à une leçon du genre: comment écrire un scénario tel que celui qui apparaît à l'écran quand on voit *In the Mood for love*. Le film est le résultat d'un processus évolutif complexe.

Le réalisateur raconte qu'il voulait au départ dépeindre un milieu très précis, celui des Chinois originaires de la Chine continentale, de la ville de Shangaï, et que la Révolution Culturelle avait conduits à émigrer à Hong-Kong. Ils ne se mélangeaient pas à la population dominante à Hong-Kong, venue notamment de Canton, au Sud, avaient leur langue, leurs cinémas, leurs restaurants, etc.

Le réalisateur suggère ici une ville immense et moderne où vivent de petites communautés dans lesquelles tout le monde s'observe et se connaît. Le film est fait souvent de scènes courtes, parfois limitées à un plan. L'écoulement du temps n'est pas linéaire, et l'action n'est pas scandée par l'alternance des jours et des nuits. Justement, beaucoup de scènes se déroulent le soir ou la nuit.

Ces scènes sont presque toutes prélevées dans des rencontres qu'on n'a pas vu commencer et qu'on ne voit pas finir. Presque tout est montré en cours, et quitté en cours, autrement dit *in medias res*. Ce qui permet au réalisateur, plusieurs fois, de jouer sur l'information implicite, en nous faisant croire que les personnages se disent l'un à l'autre certaines choses qui ne sont que des répétitions ou des simulations, dans lesquelles ils endossent le rôle de « l'autre homme » ou de « l'autre femme ». Le parti pris de ne pas montrer le visage des deux conjoints, lesquels sont fugitivement vus de dos, et sont également fugitivement entendus, est ici un choix majeur du scénario.

Amour fou et nourriture

Ce qui fait en effet la force du film, c'est que son scénario littéral s'appuie sur une infinité de détails matériels, et de situations bien concrètes. Les deux personnages se croisent dans un escalier qui mène à un restaurant de nouilles. Chow remarque la façon dont Mme Chan mange épicé et met de la sauce sur sa nourriture. Tous deux passent une nuit côte à côte sans se toucher, mais ensemble, parce que les habitants de leur immeuble restent cette nuit à jouer au « mahjong », et qu'ils ne pourraient sortir sans susciter les commérages. Une histoire de similitudes de cravates et de sacs à main permet aux héros de comprendre que leurs époux respectifs ont une liaison ensemble, etc. Tous les objets sont importants : la casquette d'Ah-Ping, les mules de Mme Chan ; un parapluie qui appartient à Chow et que Chan ne peut utiliser seule sans attirer les soupçons de ses logeurs. La nourriture en particulier tient une place considérable dans le film. La première réplique entendue est dite par une femme : « *Allez, mangez ! Servez-vous comme il faut !* » La première scène voit Mme Chan interrompre le repas de Mme Suen, qui semble dans le film manger perpétuellement. Une partie de l'action tourne autour d'un auto-cuiseur, qui va révolutionner la vie des épouses. Le restaurant de nouilles est une occasion pour une épouse de s'habiller et d'avoir une vie de femme. Les attentions amoureuses passent par la nourriture (comme la soupe de sésame que Mme Chang cuisine pour Chow malade).

Le réalisateur habille son héroïne de robes imprimées magnifiques, et la coiffe de chignons splendides (comme faisait Hitchcock avec ses actrices dans les années 50-60), et en même temps, cette femme évolue dans un monde concret, ce que rappelle le personnage de Ping. Dans les scènes dites « coupées », qui figurent dans le DVD, se trouve une scène assez triviale d'aspect, ou Chang et Chow sont côte à côte et se déshabillent – à vrai dire,

Chow retire rapidement pantalon, chemise et T-shirt, mais Chan commence à peine à se dégrafer; puis elle dit: non, ce n'est pas possible, je ne suis pas votre femme et vous n'êtes pas mon mari. Là encore, le caractère concret et presque vaudevillesque de la relation sexuelle est suggéré.

En même temps, le film ne montre pas l'amour comme une force qui détruit, au contraire: cette histoire se terminera, mais chacun y aura trouvé un nouveau sens à sa vie. Mme Chan aura un enfant de son mari, M. Chow a recommencé à écrire des romans de chevalerie, ce qui lui a peut-être permis de sublimer et d'« utiliser » cette histoire. Que l'on compare avec tous ces films, parfois remarquables, dans lesquels l'écriture est montrée, soit comme une pauvre compensation à une vie ratée (*À travers le miroir*), soit comme liée à la mort (*Shining*, 1980, de Kubrick; *Misery*, 1990, de Rob Reiner, également d'après Stephen King; *Harry, un ami qui vous veut du bien*, 1999, de Dominik Moll, dans lequel un mari étouffé par sa famille retrouve en même temps, grâce à un étrange ex-camarade de classe, la force d'écrire et celle de tuer).

Le film qui se trouve en se faisant

Nous savons par ailleurs que Wong Kar-wai a tourné très longuement, définissant peu à peu l'histoire. L'idée d'un film qui se trouve – et notamment qui trouve son scénario – en se faisant, n'est pas neuve au cinéma. Dans les années 20 et 30, Chaplin définissait le scénario de ses œuvres en filmant des séquences qu'il imaginait, et en réagissant au résultat. Son chef-d'œuvre *Les Lumières de la ville/City Lights*, 1931, est né dans ces conditions. Tarkovski, dans les années 70, pour *Le Miroir*, est parti d'un scénario écrit sous forme littéraire, et au cours du tournage il a soit ajouté, soit éliminé des scènes. Éric Rohmer, à plusieurs reprises, a travaillé d'une façon non conventionnelle: pour *La Marquise d'O*, 1976, adapté d'une nouvelle de l'écrivain allemand Heinrich von Kleist, il n'écrit pas une adaptation mais filme le plus littéralement le texte de l'écrivain, qui lui sert de scénario. Pour *Le Rayon vert*, 1986, film à sujet contemporain, il donne juste un canevas, et ce sont les acteurs qui créent les dialogues en répétant. Il ne s'agit pas pour autant d'un film « sans » scénario: la trame dramatique en est précise. Simplement, grâce aux conditions de production qu'il a su se créer, Rohmer n'a pas eu besoin de la mettre sur le papier d'une façon officielle.

Ce n'est pas pour autant que la formule fonctionne magiquement et à tous les coups: pour *Apocalypse Now*, achevé en 1979 (et remonté plusieurs fois par la suite), Coppola réécrit et redéfinit sans cesse, tout au long d'un tournage aventureux et prolongé, le scénario écrit par John Milius à partir d'une nouvelle de Joseph Conrad, « Au cœur des ténèbres », escomptant peut-être que le film, né dans des conditions chaotiques, y trouvera son unité. Selon nous il n'en est rien, et les problèmes de scénario dont souffre le film (faiblesses dans la définition du personnage principal, joué par Martin Sheen, et absence d'enjeu précis dans le dénouement, après une rencontre du héros avec Kurtz) sont les mêmes que si ce film avait été sagement réalisé à partir d'un texte écrit et définitif.

Depuis l'avènement des caméras vidéo numérique de faible poids, de petite taille et souvent de faible coût, certaines choses sont devenues plus accessibles pour les productions bon marché. Alors que tourner de nombreuses prises en 16 mm ou en 35 mm coûte cher en frais de pellicule et de laboratoire. Avec les supports actuels (cassette, disque DVD, disque dur) on peut tourner longtemps, effacer, réemployer la mémoire ou le support des prises précédentes, de sorte qu'on pourrait croire qu'il n'est plus nécessaire d'arriver sur le tournage avec un document écrit et précis, et qu'on peut trouver son film en le tournant. Il faut savoir tout de même que l'accumulation du matériel de montage crée de nouveaux problèmes, et bien des réalisateurs novices se perdent dans cette quantité de matériaux et de possibilités.

En France, le mot « scénario » désigne à la fois une histoire construite pour le cinéma, et un support, un document sur lequel cette histoire peut être écrite. En ce sens, bien des films tournés « sans scénario », au sens 2, pouvaient avoir un scénario au sens 1 déjà très précis, et clair dans l'esprit du réalisateur. La réciproque est également vraie: l'existence d'un texte de 120, 150, 200 pages, rempli de descriptions d'actions et de dialogues, peut faire croire à l'existence d'un scénario au sens 1, alors qu'il n'en est rien.

En résumé, Wong Kar-wai avait, même inconsciemment, un scénario d'histoire quand il a trouvé peu à peu la forme d'*In the Mood for Love*, et la réussite de ce film ne vient pas magiquement des hésitations qui ont marqué son tournage.

XIII. L'Emploi du temps, 2002

de Laurent Cantet
Sur un scénario de Laurent Cantet et Robin Campillo

1. Synopsis

Nous sommes dans la France au tout début du XXIᵉ siècle, lorsque l'on s'est mis à utiliser couramment le téléphone portable.

VINCENT RÉNAUT (Aurélien Recoing), ancien conseiller financier d'une société de consulting, qui a été licencié de son entreprise, n'en a rien dit à sa femme MURIEL (Karin Viard), ni à leurs trois enfants, Julien l'aîné, Alice et Félix. Il fait croire à sa famille, ainsi qu'à son père – un médecin aisé, qui l'aide financièrement mais l'écrase de son argent et de sa condescendance – qu'il vient de trouver un nouveau travail à Genève. Il sillonne les routes, dort sur les aires de repos, et passe à sa femme, avec son téléphone portable, des coups de téléphone mensongers. Parallèlement, il commet des escroqueries en convainquant des amis et des amis de ces amis de lui confier leur argent, qu'il est censé placer en Suisse. Il revient régulièrement chez lui, et l'on voit qu'il a du mal à garder le contact avec son grand fils Julien, un garçon froid et distant.

Vincent est contacté par un ancien ami, NONO (Maxime Sassier), garçon affectueux et naïf qui laisse sa femme gagner l'argent du ménage pour lui et leur fille, et réalise chez lui une musique qui ne lui rapportera peut-être jamais rien. Nono insiste pour lui aussi confier son argent à Vincent, qui en est gêné.

Mais certains « pigeons » de Vincent commencent à se méfier ou à s'étonner de ne rien voir venir. Muriel aussi se doute de quelque chose, parce que Vincent ne veut pas lui montrer l'appartement qu'il est censé habiter à Genève, et pour lequel le père lui a prêté de l'argent. Et aussi parce qu'un des anciens collègues de Vincent se manifeste.

La mystification est repérée par un mystérieux individu, JEAN-MICHEL (Serge Livrozet), qui montre à Vincent qu'il a tout compris à son manège, mais en même temps lui propose de l'associer à ses activités illégales et lucratives. Jean-Michel fait en effet du trafic d'objets de contrefaçon. Vincent finit par accepter son offre. Après avoir franchi de nombreuses fois par des routes non gardées la frontière France/Suisse pour Jean-Michel, qui lui fait pleinement confiance, Vincent quitte le travail, rembourse Nono. Sa famille apprend ses mensonges, mais sa femme et son père lui pardonnent et il est réengagé, grâce au « piston » de son père, pour un poste réel dans une entreprise.

2. Un scénario à l'ère du téléphone portable

Dans *Chute libre*, 1993, dont le héros est également un quadragénaire licencié, la « descente aux enfers » du personnage principal débutait par la difficulté de trouver quelques pièces de monnaie pour lui permettre de joindre son ex-femme depuis une cabine publique. C'est le petit détail qui le conduisait à rentrer dans une épicerie tenue par un Coréen et à commettre sa première agression.

Un an plus tôt, le personnage joué par Tim Robbins dans *The Player*, de Robert Altman, Griffin Mill (un exécutif important au sein d'une compagnie de films) se rendait en voiture près d'une maison isolée, et donnait un coup de fil depuis son portable à la femme seule qu'il voyait à l'intérieur, celle-ci ne pouvant deviner qu'elle bougeait sous ses yeux. Toute l'astuce de la scène consistait à renverser la situation classique de terreur téléphonique, puisque la femme, tranquillement, apprend alors à Mill qu'on le surnomme « the Dead Man », « l'homme mort », ce qui nous le fait apparaître comme un fantôme inoffensif rôdant autour des maisons. À l'époque de ce film d'Altman, le portable est encore un signe de standing et un privilège social.

Six ans plus tard, lorsque Michael Douglas – encore lui – dans *The Game*, 1997, de David Fincher, utilise le sien, c'est un peu moins vrai et peu de temps après, plus ou moins vite selon les pays, le téléphone portable est totalement démocratisé, de sorte que les films ne peuvent plus le mettre en scène de la même façon.

Ce téléphone portable est certainement l'objet qui a le plus bousculé la vie des personnages de films – évidemment lorsque l'action est contemporaine. La possibilité de joindre instantanément quelqu'un d'autre à partir de virtuellement n'importe quel autre lieu, et d'être joint par lui, crée des combinaisons spatiales et temporelles nouvelles. Bien entendu, on les remarque avant tout quand il s'agit de films policiers, américains, français, hong-kongais, etc.

Dans *Internal Affairs*, 2003, d'Andrew Lau et Alan Mak, par exemple, dont Martin Scorsese a tourné en 2006 un remake sous le titre *Les Infiltrés/The Departed*, le téléphone portable est la condition même de différentes scènes de filature, surveillance, planque, quiproquo, d'un type nouveau, dans lesquelles les personnages sont souvent en voiture, et qui auraient supposé autrefois de les voir immobilisés dans une cabine, ou dans un véhicule spécialement équipé, ou non loin d'une prise de téléphone. Dans ce film, entre autres, des policiers ou des gangsters communiquent les uns avec les autres en tapotant silencieusement sur le micro des messages en morse. Et ne parlons pas des fictions « high tech », paranoïaques, dans lesquelles la surveillance par satellite joue son rôle (*Ennemi d'état/Enemy of State*, 1998, de Tony Scott).

Mais toutes sortes de films qui n'appartiennent ni au film noir ni à la science-fiction, ni au film d'horreur (la série des *Scream*, de Wes Craven, 1997, 1998, 2000) incorporent aussi l'existence du téléphone mobile. Par exemple, les personnages principaux de *Le vent nous emportera*, 1999, d'Abbas Kiarostami, et d'*Uzak*, 2002, de Nuri Birgil Ceylan, se définissent l'un et l'autre par leur relation différente au téléphone portable. L'un, un réalisateur de Téhéran en voyage loin de la capitale, séjournant dans un village iranien au milieu de collines où la réception est variable, semble complètement aliéné à son appareil, qui l'oblige à reprendre sans arrêt sa voiture pour trouver l'endroit où la réception est meilleure. Il en découle des scènes comiques à répétition où sa voiture monte et descend des routes et des rues en pente. Le second, Mahmut, un photographe aisé habitant Istanbul, refuse au contraire d'avoir un portable. Bien plus, il se sert du répondeur pour filtrer les appels, et cela le définit comme un personnage défensif, en retrait, loin des autres (« loin » est le sens original du titre turc).

Enfin, le héros français de *L'Emploi du temps* s'invente pour sa famille et ses amis une vie fictive à Genève, en les appelant de toutes sortes d'endroits, routes de montagne, aires d'autoroute.

Il est intéressant dans ce cas de noter que le fait-divers qui a inspiré ce film, l'affaire Romand, s'est déroulé dans les années 80-90 avant la généralisation du portable en Europe, de sorte qu'il était alors compliqué pour le personnage réel de se fabriquer une vie professionnelle imaginaire auprès de sa famille.

Ce ne sont là que quelques exemples. Mais on ne saurait sous-estimer la rupture créée par le téléphone mobile. Après tout, le téléphone tout court a contribué à créer au cinéma, vers 1910, le principe du montage alterné ou parallèle, et ce n'est pas un hasard si le suspense téléphonique joue un rôle capital dans les courts films de fiction que l'un des inventeurs du langage cinématographique, David W. Griffith, réalisa au début du XXe siècle, comme *The Lonely Villa*, 1909, ou *A Woman Scorned*, 1911.

Souvent, ce sont des détails apparemment minuscules ou anecdotiques qui permettent de créer des situations nouvelles: par exemple, le caractère personnalisé des sonneries électroniques, par rapport au sempiternel « dring-dring » des appareils anciens.

Depuis le début des années 80, l'ordinateur individuel, plus tard l'Internet, ont également changé la vie des personnages de film – et pour commencer, leur style de travail, la relation entre vie professionnelle et vie privée, lieu de travail et habitat, etc.

Plus récemment, la communication par SMS – combinaison entre la lettre et le téléphone, a fait dans les films, notamment asiatiques, une entrée remarquée: notons par exemple *The World*, 2003, de Jia Zhang-Ke, et *Three Times*, 2005, de Hou Hsiao-sien, ainsi que le film de Scorsese *Les Infiltrés*.

Un monde du « tout-commercial » et de la circulation d'argent

L'Emploi du temps est aussi un film sur une société du libéralisme débridé, associée à une conception mondialiste de l'humanitaire.

C'est la conséquence d'un phénomène mondial: la chute des utopies, concrétisée par l'écroulement en 1989 du mur de Berlin et de l'Empire soviétique, avec le constat de l'échec économique et politique du communisme. Outre un grand nombre de films rétrospectifs et plus ou moins nostalgiques sur les années 70 (*The Doors*, 1990, d'Oliver Stone, *Boogie Nights*, 1997, de Paul-Thomas Anderson, *Larry Flint*, 1996, de Milos Forman), cette chute, qui semble voir triompher sur la terre un capitalisme sauvage et sans adversaire, est souvent montrée à l'écran.

Ce film le raconte sous la forme de l'envahissement d'une langue de bois technocratique: il traite le jargon des affaires comme une litanie creuse, une langue vide. Dans la dernière scène, on entend un monologue du Directeur des Ressources Humaines, qui est fondu dans la musique du générique, comme si c'était une langue ayant perdu tout lien avec le concret: « *C'est un périmètre de travail assez complet qu'on vous propose... Et ceci pouvant aboutir à un spectre très important d'investissements.* »

Ce triomphe du capitalisme libéral débridé s'inscrit fréquemment dans les films sous la forme d'un thème insistant: la réduction des rapports humains ou politiques à des enjeux d'argent. Cela, jusque dans la science-fiction. *Aliens*, 1986, réalisé par James Cameron alors que sous Gorbatchev s'amorçait le renoncement au communisme, montre par exemple une société du futur totalement cynique, où le pouvoir militaire et politique est dans les mains des financiers. Lorsqu'ils sont mis au courant de la tragédie qui a fait la matière du premier *Alien* (l'extermination en quelques heures de tout un équipage par une créature), le seul souci des dirigeants de la Compagnie est de savoir combien la destruction d'un navire marchand de l'espace leur a coûté, mais aussi combien pourrait leur rapporter la capture de la bête extraterrestre. La curiosité scientifique désintéressée ne joue aucun rôle chez aucun des personnages d'*Aliens*, ni l'idéologie, non plus que les questions métaphysiques et religieuses. Les valeurs qui s'affrontent sont seulement la préservation de la vie, du côté de l'héroïne, la rapacité matérielle du côté des dirigeants, et chez les militaires un pur appétit de destruction.

L'Emploi du temps décrit de même un monde où l'économisme – combiné à l'humanitaire – semble avoir supprimé pour les personnages toute différence entre la droite et la gauche. Lorsque Jean-Michel, devenu trafiquant, raconte: « *J'avais un copain qui faisait de la politique. Son parti avait besoin de fric, moi aussi! Alors, on a fait des affaires ensemble* », il ne prend pas la peine d'apporter sur l'orientation politique de ce parti des précisions que Vincent ne songe pas à lui demander non plus.

Dans le même film, Nono, le gentil artiste, se donne beaucoup de mal pour avoir l'air cynique, en prétendant qu'il n'est intéressé que par l'argent. Quand Vincent lui rend son argent avec les intérêts promis, il lui dit: « *Tu ne crois pas que tu vas t'en tirer comme ça? Trois mille balles d'intérêt en trois mois, j'ai pas envie d'arrêter comme ça.* » Il a honte de passer pour un gentil baba idéaliste.

Il y a des analyses plus fines de la société post-utopique hypermarchande (notons le film écrit et réalisé par Andrew Nicoll, *The Lord of War*, 2005, avec Nicolas Cage), mais le film de Cantet en donne une image assez impressionnante.

En même temps, le scénario file un thème auquel le cinéma a donné une place énorme : la paternité, qu'elle soit écrasante comme ici, ou, comme dans tant d'autres films, déficiente par absence, démission ou fuite du père.

Un cauchemar de la paternité impossible

Le thème de la paternité court en effet tout au long du film : le scénario fait suivre la scène où le mystérieux Jean-Michel, équivoque protecteur, vient de proposer à Vincent de l'aider, d'un dîner de famille très tendu dans lequel le père réel de Vincent refroidit ce qu'il croit être l'idéalisme naïf de son fils. Celui-ci a décrit avec enthousiasme la tache d'organisations onusiennes qui aident les Africains à fonder des entreprises. Le père alors : « *Oui, moi aussi, j'ai connu ce genre d'usine à gaz. La plupart du temps, ça donne des réunions interminables et ça ne produit pas grand-chose.* » À la suite de quoi Vincent traite son rabat-joie de père de « vieux con ». Juste après on le verra rentrer dans l'équipe de Jean-Michel, comme s'il avait trouvé dans ce dernier quelqu'un capable de lui faire confiance.

Lorsque le père de Vincent lui fait un prêt important, le petit Félix est témoin de la signature du chèque (donc, de la dépendance de son père). « *Tu fais quoi, là ?* » demande Félix, et son grand-père, au lieu de dire « *Ce sont des histoires d'adulte* », lui répond : « *Je donne de l'argent à ton papa.* » Et plus loin, pour enfoncer encore mieux le clou : « *Chaque fois que je donne de l'argent à ton papa, c'est aussi à toi que j'en donne.* » Remarquons que cet argent est pourtant censé être un prêt (représentant une dette qui ne sera jamais acquittée).

Vincent a un fils qui semble également sûr de lui, dans ses références, ses copains et son monde (la scène où il voit Julien marcher dans la nuit, en parlant tout seul).

Avec un père qui l'écrase et un fils aîné qui ne le reconnaît pas, Vincent se conduit comme le représentant d'une génération sacrifiée, coincée entre un ancien et un nouveau monde qui ont leurs valeurs, leurs codes, etc.

Son seul essai d'affirmation d'une autorité paternelle vis-à-vis de son fils est aussitôt mouché par celui-ci. Il s'agit de la scène où Julien évoque à la table familiale, devant Jean-Michel, les sports violents, et où Vincent intervient : « *Ça, je te l'aurais interdit* ». Du tac au tac, Julien répond : « *T'avais pas à me l'interdire. De toutes façons j'en avais pas tellement envie.* »

110

Vincent est dépossédé de sa dignité par sa dépendance matérielle vis-à-vis de son père réel; et quand il gagne de l'argent par lui-même, c'est toujours grâce à la protection et au bon-vouloir d'un autre homme qui pourrait instantanément lui retirer sa faveur.

En quelque sorte, le Vincent du film de Cantet n'est pas à la hauteur de l'incroyable histoire qu'il vit, il ne peut même pas s'en servir pour épater son fils aîné.

Une fin faussement positive

Il est temps de dire que le scénario s'inspire d'un fait-divers authentique, qui s'est terminé tragiquement (ou le mystificateur a fini par tuer sa famille) et a inspiré un roman d'Emmanuel Carrère, *L'Adversaire*, dont Nicole Garcia a tiré en 2001 un film portant ce titre. Le film tire-t-il parti du contexte de l'affaire Romand, bien que Vincent, contrairement à son modèle dans la vie réelle et au personnage de Daniel Auteuil, ne tue personne? Sans doute, puisqu'il nous fait craindre que le personnage ne devienne dangereux.

Plusieurs indices sont semés qui font penser à cette éventualité: principalement, une scène où Vincent, s'installe immobile, dans la chambre de sa petite fille, qui s'inquiète de cette silhouette menaçante. À la fin, cependant, personne n'est tué et Vincent est réintégré dans la société, mais une société où il est censé appliquer une tâche absurde et abstraite.

Il est vrai qu'à part « glander », comme on dit en France, le héros du film de Cantet n'aime pas faire grand-chose. Et nombreux sont dans notre cinéma français les films de marginaux et de « glandeurs », d'*Alexandre le Bienheureux*, 1967, d'Yves Robert à *Un monde sans pitié*, 1989, d'Éric Rochant, avec le personnage d'Hippo. Glandeurs presque toujours sympathiques, inaptes au travail et attendrissants: c'est l'Antoine Doinel de *Baisers volés*, 1968, de François Truffaut, éternel gendre des bonnes familles bourgeoises, c'est aussi, plus dépressif, l'Alexandre de *La maman et la putain*, 1973, de Jean Eustache, avec le même interprète, Jean-Pierre Léaud, ou, plus déplaisant, le personnage d'Étienne Chicot dans *Hôtel des Amériques*, 1983, d'André Téchiné.

Le retour de ce glandeur à la vie sociale donne ici un dénouement faussement positif, lorsque Vincent, dont la mystification a été dévoilée, reprend un travail officiel: le terrible dans la fin de *L'Emploi du temps* est en effet que personne ne veut juger, ou pardonner. Le père de Vincent a dit à son fils, au téléphone: « *Il n'y a rien de grave, tu m'entends, ce n'est qu'une histoire d'argent... Dans un mois, on aura tout oublié.* » Cette phrase donne le sens du scénario, celui d'une aventure sans lendemain, qui n'est même pas reconnue comme telle.

Le dénouement est donc très pessimiste: tout le monde autour de Vincent fait tout pour que cette histoire soit effacée, donc qu'elle n'ait servi à rien. Même Jean-Michel a, à sa manière, abandonné Vincent, puisqu'il le laisse partir. L'histoire de Vincent ne sera jamais inscrite dans le réel puisqu'il ne sera apparemment pas poursuivi et sanctionné par la police, que la famille fera bloc. Cette fin est cohérente avec un scénario qui dilue les actions de Vincent, les annule en quelque sorte, en faisant qu'elles n'ont aucune conséquence sur qui que ce soit. Par exemple, Nono récupère son argent mais il n'est pas indiqué que cet épisode étrange ait eu la moindre conséquence dans sa vie. Le trafic de contrefaçons de Jean-Michel va continuer, et bien qu'il ait dit à Vincent avoir besoin de lui, il semble ne pas se faire de souci pour lui trouver un remplaçant ni même pour le préjudice.

L'œuvre de Cantet est presque l'inverse du film de Robert Bresson inspiré par un récit de Tolstoï, « Le faux coupon », et intitulé *L'Argent*, 1983, dans lequel une tricherie de petit calibre a sur le destin de différents personnages des conséquences en chaîne dramatiques: un jeune homme intègre se laisse refiler un faux billet de cinq cent francs, est injustement emprisonné, va être marqué par ce drame et finira par massacrer toute une famille. Mais elle est tout aussi tragique.

Vincent n'est pas un rebelle, un protestataire: il semble adhérer à l'idée de la compétition sociale, encourage son plus jeune enfant à vendre cher son petit camion, applaudit aux succès sportifs de l'aîné.

Son drame, c'est qu'il a beau faire quelque chose ou ne rien faire, cela revient au même; il n'éprouve absolument pas que quoi que ce soit qu'il fasse laisse une trace dans la vie des autres, ou dans la vie de ses proches.

Ce fatalisme est fréquent dans le cinéma français, même récent. À la fin de *L'Esquive*, du même, d'Abdellatif Kechiche, le jeune Krimo n'a guère avancé. Après avoir renoncé à jouer dans la pièce de Marivaux qui lui donnait une occasion de briller, vu son ex-petite amie sortir avec un autre garçon plus beau, et cessé d'essayer de plaire à celle dont il est amoureux, Krimo s'enferme chez lui, avec probablement une conscience plus grande qu'au début de sa solitude et de sa nullité. Impitoyable, le scénario montre que ce « changement de condition » (via le théâtre) a mis en valeur sa passivité et son peu d'initiative, son impuissance à tirer profit de la moindre situation. D'ailleurs, le professeur de français qui leur fait répéter *Le jeu de l'amour et du hasard* leur explique en même temps que cette pièce de Marivaux montre l'impossibilité de quitter sa classe, et que les « pauvres », comme elle dit, vont toujours avec les pauvres, les riches avec les riches...

Il y a d'ailleurs des rapports entre les dénouements de *L'Emploi du temps* et *L'Esquive*, puisque dans les deux cas un héros masculin tente de changer sa vie et sort de son milieu, et qu'à la fin, il se retrouve déconfit, plongé dans une situation pire...

XIV. Uzak, 2003

de Nuri Bilge Ceylan (scénario et réalisation)

1. Synopsis

Nous sommes en hiver, à Istanbul, Turquie. MAHMUT (Muzaffer Ozdemir), quinquagénaire et célibataire, travaille comme photographe pour des catalogues et des prospectus. Il occupe seul un confortable appartement, qu'il a mis longtemps à aménager, dans un quartier tranquille. Nous apprendrons qu'il avait rêvé d'être un artiste et de faire du cinéma, et qu'il a renoncé.

Un jeune cousin de la campagne, YUSUF (Mehmet Emin Toprak), lui demande de l'héberger le temps de trouver du travail. Mais Yusuf ne trouve rien, flâne désœuvré dans la ville, suit des femmes sans en aborder aucune, et « s'incruste » dans l'appartement de Mahmut, où son désordre et sa présence perturbent la vie très réglée du propriétaire.

Mahmut le fait travailler un bref moment avec lui, comme assistant dans une tournée de travail en Anatolie, puis lui fait comprendre qu'il le dérange, notamment en feignant de le soupçonner d'un vol (celui d'une montre) qu'il n'a pas commis. Finalement, Yusuf part de lui-même, sans avoir trouvé de travail.

Parallèlement, Mahmut – qui a des aventures sexuelles mais ne laisse aucune femme rester la nuit chez lui – a revu son ex-femme, NAZAN (Zukal Gencer Erkaya) qui va émigrer au Canada avec son compagnon, et qui avait dû avorter d'un enfant qui aurait été de lui – ce qui a peut-être rendue celle-ci stérile. Et parallèlement encore, Mahmut a fugitivement repris contact avec sa MÈRE (Fatma Ceylan) à l'occasion d'un séjour de celle-ci à l'hôpital, mais là encore, c'est sans lendemain. Yusuf parti, son ex-femme aussi, Mahmut se trouve de nouveau seul, mais qui sait s'il ne va pas s'ouvrir à la vie ?

2. Absences et ellipses

Magistralement réalisé, *Uzak* semble fait de moments fragiles, de petites touches, d'impressions, alors que le scénario du film, organisé autour d'un montage parallèle entre le « rat des champs » et le « rat des villes », est en réalité très construit.

Le monde d'*Uzak* est un monde d'absences.

L'absence du père (ou sa démission, ou son découragement) est rappelée de manière lancinante, ou plutôt suggérée partout dans *Uzak*: Mahmut visite sa mère, mais on ne voit pas et on n'évoque pas son père. La sœur de Mahmut a un enfant, dont elle s'occupe et dont on ne voit pas le père. Yusuf parle au téléphone avec sa mère, restée au village, et l'on apprend que le père, comme lui licencié, est découragé. Mahmut n'a pas été père, et le nouveau compagnon de son ex-femme, Orhan, ne pourra probablement jamais l'être.

Absence aussi de vie collective, bien que nous soyons dans une ville. Dans *Uzak*, l'impression de désertification du monde, de solitude, de froideur ou de réserve affective, n'est pas créée seulement par le comportement des personnages, mais aussi, voire surtout, par la sélection des ellipses.

L'auteur ne montre presque jamais, en effet, de scène dans la totalité de son déroulement, il commence et termine très souvent une scène « *in medias res* », comme on dit, c'est-à-dire en ne « prenant » que des moments où l'on parle de choses concrètes et objectives. Ce qu'il en garde montre des personnages distants.

De la visite de Mahmut à sa mère hospitalisée, par exemple, n'est montrée qu'un bref moment. Nous ne voyons pas Mahmut se rendre à l'hôpital, se présenter à la réception, demander à voir sa mère, être accueilli par elle, etc. Le montage, par ellipse sélective, fait que nous voyons Mahmut tout de suite auprès de celle-ci (nous n'avons donc pas vu leurs embrassades), et que nous assistons à un épisode où la mère se plaint de ses douleurs, puis demande à Mahmut de lui porter le sac en plastique qui contient le sérum de sa perfusion, puis gourmande son fils parce que celui-ci continue à fumer. La scène à l'écran commence alors que Mahmut est déjà là auprès de sa mère, et elle est coupée alors qu'il se promène avec elle dans un couloir d'hôpital. La portion de conversation dont nous avons été témoins n'a porté que sur des choses matérielles, il n'a été question que du corps. Le cinéaste n'a pas montré l'accueil de Mahmut par sa mère, ni son au revoir – occasions où pourrait s'exprimer une certaine tendresse.

Nous ne pouvons évidemment pas savoir s'il n'y a pas eu de moments d'affection entre le héros et sa mère, par la parole, le geste, le regard; la seule chose réelle est que cela ne fait pas partie des blocs de temps sélectionnés pour faire exister une scène. Il existe bien un *hors-champ temporel.*

Même idée lorsque Mahmut (nous le comprenons bien que la scène soit sans parole), vient d'apporter son travail à un client. La scène se situe dans un bureau. Le client regarde les diapositives (probablement des photographies pour un catalogue) et ne dit rien, Mahmut de son côté, assis et muet, attend le verdict sans rien manifester, s'occupe et feuillette une brochure. Les personnages ne se regardent pas.

De la même façon, ces deux hommes ont dû se dire bonjour, puis au revoir, échanger quelques mots sur autre chose que le travail, mais tout cela est tombé dans la trappe des ellipses sélectives.

Plus tard, Mahmut se trouve être chez sa sœur, où leur mère a été ramenée après son hospitalisation. On le voit regarder brièvement la vieille femme, qui dort. La maladie de sa mère n'a donc pas été l'occasion, qu'elle est souvent dans les films sinon dans la vie, de reprendre contact avec la jeunesse, ses idéaux.

Le centre commercial où Yusuf se promène est montré comme un lieu de solitude et d'absence, parce que le personnage qui le fréquente n'est montré à aucun moment parlant avec des commerçants, des passants, des clients.

Et ainsi de suite, ce qui crée un climat de réserve et de distance.

On pourrait faire un film entier en prenant le contre-pied de celui-ci, et en exploitant toutes les scènes qu'il ne montre pas: on aurait peut-être un film très chaleureux.

Au bord de la vie

Le choix pour Mahmut de la profession de photographe est symbolique. Le héros d'*Uzak* a renoncé à être un artiste, tout en gardant le même moyen technique, la photographie. Il s'est créé un monde où il ne parle plus que de problèmes pratiques. De même que sa vieille mère malade lui donne des instructions sur la façon de bien tenir sa poche à perfusion, de même, quand Mahmut fait travailler Yusuf comme assistant pour photographier des villes et des paysages, il ne lui explique pas le fond de ce qu'il fait, mais lui donne des instructions techniques sur la façon de tenir un écran pare-soleil. Là encore, la photographie est un métier qui peut être dans le pur technique, ou bien être infléchi vers l'artistique. Ce métier devient le symbole du renoncement de Mahmut, mais aussi de la possibilité que la vie lui laisse de revenir à sa première vocation.

En effet, son instrument de travail, l'appareil photo, pourrait instantanément être reconverti en un instrument pour capter et exprimer la vie. Dans sa tournée en Anatolie, pour ce que l'on suppose être un prospectus touristique, il photographie la décoration intérieure d'une mosquée de la même façon mécanique et technique que des carrelages sur le plancher de son appartement. Mais alors qu'il roule, on le voit tenté de s'arrêter sur le bord de la route avec son appareil pour capter un beau paysage, une belle lumière. Mais il renonce à faire cette photo, bien que Yusuf lui propose son aide.

Le travail effectué par Mahmut ne le socialise pas, ne contribue pas à le mettre en rapport avec d'autres personnes. Il lui donne la commodité de travailler chez lui, mais le coupe d'échanges.

La *télévision* joue un grand rôle dans le film, et elle est également ambivalente. Mahmut passe devant sa télévision allumée plus de temps qu'à n'importe quoi d'autre. Il regarde aussi bien des extraits de films de Tarkovski qu'une chaîne câblée diffusant en continu des défilés de mode, ou du cinéma érotique. Il critique la télévision (« *des nullités* » dit-il, à Yusuf, le dos à sa bibliothèque), mais dans la scène suivante il la regarde. Les programmes ne sont pas identifiés dans les dialogues: c'est de la télévision.

Uzak est une histoire d'intrusion, de train-train perturbé. On montre un personnage qui s'est créé un monde où il est préservé des orages extérieurs, et que la vie dérange. L'idée d'un photographe qui travaille à domicile, et photographie de l'inanimé, est le paradoxe actif du film.

Le scénario d'*Uzak* fait se croiser quatre données, quatre occasions pour Mahmut de « changer de vie »:

– l'intrusion d'un cousin de province logeant chez lui;

– la présence dans l'appartement d'une souris que Mahmut veut à tout pris attraper. Cette souris est mise humoristiquement en parallèle avec la présence de Yusuf; devant cette petite vie, il est difficile de ne pas penser à la question de l'enfant refusé par Mahmut, et avorté par son ex-femme. Mahmut est « prisonnier » de sa souris.

– l'hospitalisation de sa mère, qui pourrait être l'occasion de retrouvailles avec sa famille, et notamment sa sœur;

118

– le départ de son ex-femme avec un autre homme pour une nouvelle vie, au Canada.

Les quatre dérangements n'existent plus à la fin. Le cousin repart, la souris est attrapée et tuée, la mère sort de l'hôpital, l'ex-femme part définitivement, mais peut-être Mahmut a-t-il été « marqué », et sera un jour prêt à rénover sa vie.

Le film met en valeur les petits renoncements dont est tissée une vie, mais il valorise aussi le contraire, c'est-à-dire les petits actes humains: le maladroit Yusuf, guère chaleureux, a tout de même suffisamment de compassion pour achever une souris qu'il se prépare à jeter à la poubelle, et autour de laquelle rôdent des chats. Ce geste a lieu sous le regard de Mahmut. Lequel, vers la fin du film, découvre des cigarettes que Yusuf lui avait proposées lors de leur voyage, et qu'il avait refusées. Il s'en fume une seul, devant le Bosphore.

À l'exemple de ces deux scènes, le film accorde une grande importance au concret: la chute subite de la neige, le tintement lancinant des petites clochettes agitées par le vent que Mahmut a mises chez lui et qui rappellent le vent, symbolisant à la fois sa demeure, dont elles sont l'emblème sonore, et le caractère éthéré de la vie. Le titre même, « *Loin* » en turc, cesse d'être abstrait car il est incarné par la distance physique, fréquente, entre deux personnages, ou entre un personnage et la vie qu'il regarde. Grand admirateur de Tarkovski, plusieurs fois cité dans le film par petites touches (extraits de films: *Le Miroir, Stalker,* sons de grincements empruntés au réalisateur russe), Ceylan a su donner une vibration personnelle et unique à un sujet souvent abordé au cinéma: la fermeture au monde, mais aussi la permanente disponibilité de celui-ci.

Deuxième partie

Le scénariste
aussi
a ses techniques

XV. L'échiquier et les pièces

(les éléments du scénario)

Comme une partie de dames se joue avec un damier, des pions noirs et des pions blancs, un scénario se joue avec des personnages, des lieux, un déroulement temporel, des dialogues, etc. Ce sont les éléments du scénario. La liste donnée ici n'est pas limitative, et l'on pourra même y trouver ce qu'on aurait jugé plus propre à figurer dans d'autres chapitres – mais cela n'est pas très important; et il faut bien voir les limites, mais aussi l'utilité (pour la clarté) de cette division en chapitres.

1. Histoire et narration

• Une distinction capitale à faire...

...est celle entre *l'histoire proprement dite* (c'est-à-dire tout bêtement « ce qui se passe » quand on met le scénario à plat dans l'ordre chronologique), et un autre niveau que l'on peut appeler narration, mais que d'autres appellent: récit, discours, construction dramatique, etc., et qui concerne, lui, *la façon dont cette histoire est racontée*. Entre autres, la façon dont les événements et les données de l'histoire sont portés à la connaissance du public (modes de récit, informations cachées puis révélées, utilisation des temps, des ellipses, des insistances, etc.). Cet art de la narration peut, à lui seul, donner de l'intérêt à une histoire sans surprise. Inversement, une mauvaise narration peut gâcher l'intérêt d'une bonne histoire, ce qu'expérimente tout un chacun quand il s'efforce d'obtenir du succès avec une « histoire drôle ».

Les « formalistes russes » (Chklovski, Tomachevski, Propp, Eikhenbaum) avaient déjà isolé, dans leur étude des contes et récits populaires, les deux notions de *fable* (« ce qui s'est effectivement passé ») et de *sujet* (« la façon dont le lecteur en a pris connaissance »). Chez Émile Benveniste (« Problèmes de linguistique générale », 237-50), cette distinction est exprimée en termes *d'histoire* d'un côté (argument, logique des actions, ce qu'on appelle aujourd'hui « diégèse »), et *discours* de l'autre (temps, aspects, modes du récit). Une même histoire est racontable par différents moyens (roman, radio, film, pièce de théâtre, bande dessinée, voire mime), tandis que le discours, lui, est spécifique à chacun de ces moyens employés: « *À ce niveau, ce ne sont pas les événements rapportés qui comptent, mais la façon dont le narrateur nous les fait connaître.* » C'est ce qui fait qu'un film peut être réalisé à partir d'une légende, d'un opéra, d'un fait divers, etc., dont il reprend l'histoire, souvent simplifiée (adaptations de romans), mais parfois aussi étoffée et développée (légendes, récits bibliques), tout en lui appliquant son mode de narration propre.

• Ellipse et narration

Si l'on raconte linéairement une histoire comme celle de *Psychose,* 1960, d'Alfred Hitchcock, en « avouant » au fur et à mesure ce qui se passe (un homme devenu fou se prend pour sa mère qu'il a tuée autrefois, puis massacre des voyageurs sous le déguisement de la morte), le film n'a plus de sens. Le mode de récit – et dans ce film précisément, la façon dont sont mis en jeu les procédés de dissimulation et de semi-dévoilement propres à la narration cinématographique (hors-champ), fait toute la force de l'œuvre. Déjà, le roman de Robert Bloch dont est tiré le scénario employait, pour que le lecteur croie à l'existence de la mère, certains procédés de narration équivoques et trompeurs.

Très souvent, comme ici, la narration est construite sur une ellipse, une paralipse, qui dissimule au spectateur une information capitale.

Les films à « coup de théâtre final » (twist), comme *Le sixième sens*, reposent évidemment beaucoup sur la narration, c'est-à-dire sur la façon d'exposer les faits, en ne nous donnant de certaines scènes que des fragments, qu'une vision incomplète ou partielle.

C'est aussi le cas d'œuvres comme In the Mood for Move, qui jouent d'ellipses, de « non-montré » (on ne voit pas les visages des deux conjoints des héros), parfois de « non-dit au spectateur » (que viennent voir exactement les personnages de Le vent nous emportera?). Même À travers le miroir joue de la narration, quand il ne fait évoquer le destin de la « femme absente » (la mère de Karin et de Minus) qu'à la fin du récit, nous donnant une information que les personnages avaient depuis le début, et pouvaient nous révéler à tout moment: la mère de Karin a été folle, comme l'est maintenant sa fille.

D'une manière générale, la complexité mais aussi la mise en évidence, pour le spectateur, du rôle de la narration par rapport à l'histoire, est un trait caractéristique du cinéma récent, même grand public.

2. Unité

• Un vieux critère

Le critère d'unité (de sujet, de forme, d'action, de ton, etc.) a été posé par Aristote, et à sa suite par la plupart des théoriciens de l'art dramatique. Aristote le formule ainsi: « *La tragédie étant l'imitation d'une action pleine et entière, il faut que les parties en soient assemblées de telle façon que si on transpose ou retranche l'une d'elles, le tout en soit ébranlé ou bouleversé; car ce qui peut s'ajouter ou ne pas s'ajouter sans conséquence appréciable ne fait pas partie du tout* » [*ouden moriou tou alou estin*] (« Poétique »).

Les auteurs invitent en conséquence à ne pas disperser l'unité du scénario dans trop d'intrigues secondaires (« subplots »), trop de petits détails.

Diderot (dans ses « Entretiens sur le Fils Naturel ») insistait déjà, à propos du théâtre, sur la nécessité de concentration et d'unité de sujet: « *Dans la société, les affaires ne durent que par de petits incidents qui donneraient de la vérité à un roman, mais qui ôteraient tout intérêt à un ouvrage dramatique: notre attention s'y partage sur une infinité d'objets différents. Mais au théâtre, où l'on ne représente que des instants particuliers de la vie réelle, il faut que nous soyons tout entiers à la même chose.* » Cette loi d'unité ainsi comprise serait donc valable pour les genres d'*imitation dramatique* (théâtre, cinéma, opéra) œuvrant dans une durée limitée, par opposition aux genres de *narration* (poème épique, roman) qui autorisent la multiplicité des sujets. On sait pourtant que d'autres théâtres que le théâtre français classique ont recherché le contraire, c'est-à-dire le pullulement des intrigues: comme Shakespeare, dont *Le Marchand de Venise* tresse ensemble au moins deux intrigues sans rapport organique l'une avec l'autre.

L'unité, dans un film comme *Le Testament du Docteur Mabuse*, par exemple, est assurée par le personnage central de Mabuse, autour duquel gravitent des personnages qui se connaissent plus ou moins bien entre eux – mais aussi par le thème de la lutte contre le Mal. Dans *Le Port de l'angoisse*, elle est créée par le personnage central d'Harry Morgan, qui est de toutes les scènes, mais aussi par le cadre historique (l'ordre vichyssois à Fort-de-France et sa lutte contre la Résistance) et par le thème de l'engagement personnel face à la guerre. Dans *Sansho*, l'unité se crée autour de la famille de Tamaki, de plus en plus dispersée et décimée, mais aussi autour du thème de l'esclavage et de l'oppression. Enfin, dans *Pauline à la plage*, elle est assurée par le couple des deux cousines Pauline et Marion, réunies au début et à la fin, mais aussi par le thème de l'illusion amoureuse.

L'explosion de la société américaine en « clans », en territoires, en communautés, en classes... et en sexes se méfiant l'un de l'autre, est le sujet de *Chute libre*, unifiant des scènes très disparates. La déréalisation du travail dans un pays livré à la mondialisation et à l'économisme est celui de *L'Emploi du temps*. L'injustice dont sont victimes les femmes et le prix élevé qu'elles doivent payer pour leur liberté est celui de *Thelma et Louise*.

À chaque fois, l'unité ne provient pas seulement de l'existence d'une intrigue centrale, et d'un ou deux personnages principaux – mais aussi du fait que tout ce qui arrive dans le film se rattache de plus ou moins près à un motif central. Cela veut dire qu'on peut avoir à la limite une histoire parfaitement centrée (sur un personnage, sur une période de temps), mais sans avoir ce thème ou motif central, donc sans une véritable unité.

3. « Paradoxe actif »

Souvent, mais pas obligatoirement, l'idée d'un film peut s'incarner dans ce qu'on peut appeler un « paradoxe actif », c'est-à-dire dans une situation paradoxale, intéressante, intriguante, contradictoire, que le scénario et le film exploitent de différentes façons.

Un homme sillonne la grande ville dans son taxi, et rencontre sans arrêt des têtes nouvelles, mais il reste totalement seul : c'est *Taxi Driver*.

Dans *Chute libre* un homme aux cheveux coupés en brosse, en chemise blanche et cravate, tenant une mallette, marche dans les rues et les collines d'un quartier pourri de Los Angeles où il n'a rien à faire, et où ses congénères ne passent qu'en voiture.

Dans *Thelma et Louise* deux femmes, de niveau social très modeste et à la vie sans histoires, vivent une aventure extraordinaire, et sont poursuivies par des moyens policiers importants. La route, symbole de liberté, est traitée comme un piège pour deux femmes en décapotable. Inversement, les policiers qui enquêtent pour retrouver leur trace vivent une vie de routine et de médiocrité.

Des hommes en voiture, bien habillés, qui discutent de l'appellation des hamburgers dans le monde avant d'assassiner trois hommes : c'est *Pulp Fiction*. Le film repose encore une fois sur la cohabitation du trivial, du commun et de l'extraordinaire.

Dans *L'Emploi du temps*, le héros s'invente grâce au téléphone portable une vie professionnelle prestigieuse, mais il reste totalement aliéné à sa famille comme mari, comme fils, comme père, etc.

L'idée très forte de *In the Mood for Love*, de Wong Kar-wai est de créer une image paradoxale : celle d'une femme qui sort superbement habillée et coiffée pour aller chercher des nouilles chez un traiteur du quartier. Tout le film d'ailleurs combine la sophistication, le glamour, avec des détails concrets ou triviaux (importance dans le film de la nourriture, des petites habitudes quotidiennes).

4. Motif

Un des risques principaux, quand on travaille et qu'on développe un scénario, c'est de perdre de vue, voire de brouiller l'idée, le *motif*, l'*intention principale* qui doit l'animer. Le besoin de meubler l'action, d'inventer des péripéties et de relier les événements conduit souvent à accumuler inconsidérément des détails et des situations qui peuvent recouvrir, affaiblir ou même faire disparaître cette idée initiale, quand ils ne la font pas dévier en son contraire.

Il s'agit donc, pour le scénariste, de déterminer ce qu'il considère comme essentiel pour ne pas se noyer dans des préoccupations vagues et secondaires, et savoir sur quoi il devra le cas échéant faire l'impasse (la finesse de la psychologie, la vraisemblance, la vérité historique, l'intensité dramatique, etc.), ceci afin de mieux réaliser son idée. Avec toujours le risque d'un scénario au contraire trop centré, trop linéaire, trop axé sur une seule idée.

Cette prise en considération constante de l'idée principale peut permettre d'affronter les risques et les difficultés amenés par l'écriture d'un scénario en les classant, en les hiérarchisant. Maintes fois, faute de savoir démêler l'important du non-important, et par défaut d'aisance dans le maniement des règles, procédés et trucs dramatiques, on aboutit à un scénario touffu et consistant, mais sans lignes de forces. D'avoir toujours en tête l'idée de départ oblige à y référer systématiquement toutes les données dont on enrichit l'histoire (détails psychologiques, péripéties, ambiance des lieux, tonalité dramatique des scènes, etc.) pour voir si elles renforcent, ou au contraire brouillent l'idée.

Par exemple, lorsqu'on veut écrire un scénario sur le double, il faut non seulement que l'idée du double soit postulée dans l'intention du scénariste, et affirmée dans le début du scénario, ainsi que dans les grandes lignes de l'histoire, mais aussi qu'elle se dégage de tous les détails, toutes les péripéties. On s'aperçoit qu'il y a mille occasions, dans l'invention des actions et des caractères, pour oublier, noyer cette idée de départ; et inversement, mille moyens de faire servir les détails de chaque scène, de chaque péripétie, de chaque caractère, pour venir illustrer et renforcer la présence de ce thème, soit par renforcement, soit par contraste.

Pour d'autres films, où c'est le ton qui compte et non un thème, comme c'est le cas souvent dans les films comiques, on se préoccupera du ton, du rythme à maintenir, et c'est à eux que l'on devra référer les inventions de détail, l'aménagement des péripéties, et la définition des personnages.

La solitude est un thème dominant dans *Taxi driver*: Il suffit de relever le grand nombre de scènes où soit Bickle se tient à l'écart des autres, soit la relation qu'il a avec quelqu'un d'autre s'interrompt sur une tension, un malaise. Dans *Uzak*, le thème de la peur de s'engager, de la distance par rapport à la vie, se reflète dans presque toutes les scènes, à travers les deux personnages: l'un, parce qu'il est trop méfiant, l'autre, parce qu'il est trop timoré.

Dans *Le sixième sens*, le motif est le poids et la présence des morts, et plus généralement du passé. À la fin du film, les quatre principaux personnages (le petit Cole et sa mère, le pédiatre Malcolm et sa femme) ont en commun d'être délivrés de quelque chose qui les enchaînait au passé.

Dans *L'Emploi du temps*, la relation au père se retrouve reflétée par une bonne partie des scènes: Vincent est face à son père, à son propre fils, à des personnages qui peuvent être paternels par rapport à lui (Jean-Michel), ou qu'il peut vouloir protéger comme un père (Nono), etc.

Rappelons que l'art des grands scénaristes et des grands cinéastes est souvent tout aussi bien un art de la concentration, de la simplification et de la réduction à l'essentiel, qu'un art de l'inattendu, de la pirouette, de la floraison des idées. Voir *L'Intendant Sansho*, dont le scénario à première vue ne semble pas « brillant », mais où les deux motifs principaux (l'inégalité sociale et l'esclavage d'une part; l'amour entre parents et enfants d'autre part) sont affirmés avec force et continuité, à travers des incarnations variées, et ne sont parasités par aucune complication ajoutée, qui relèverait seulement d'une préoccupation de nourrir l'intrigue.

5. Secondaire (intrigue)

Une intrigue secondaire est un écart par rapport à l'intrigue principale, mettant en jeu des personnages moins importants dont les actes sont en relation avec cette intrigue principale, et avec les faits et gestes des protagonistes. De telles intrigues secondaires (« *subplots* » en anglais) sont parfois utilisées pour le « *relief* » (*relief* en anglais, c'est-à-dire respiration, repos) mais aussi pour étoffer, varier, distraire et parfois détourner, exprès, l'attention et la curiosité du public (hareng-rouge); enfin pour renforcer l'idée principale autour de laquelle tourne le récit, en l'illustrant d'une autre façon que ne le fait l'intrigue principale.

La difficulté, avec les « *subplots* », est évidemment de les imbriquer avec l'histoire principale. Dans les comédies en particulier, on s'amuse souvent à faire interférer les intrigues secondaires sur l'intrigue principale (quiproquos, méprises).

Dans *Sansho* et dans *Le Port de l'angoisse*, il n'y a pas d'intrigue secondaire. On peut dire à la rigueur que chez Hawks, les scènes montrant les rapports d'amitié entre Eddy et Harry (scène du malentendu) forment une « *subplot* » à l'intérieur du film, puisqu'elles n'apportent rien à l'intrigue principale et qu'elles concourent seulement à préciser ces rapports, sans les faire évoluer d'un bout à l'autre du film (alors que tout change par ailleurs dans la vie privée et professionnelle d'Harry). Walter Brennan, qui joue Eddy, tient le rôle du comparse pittoresque, du « *sidekick* » alimentant des scènes drôles ou attendrissantes qui fonctionnent comme « *relief* »; avec ses répliques énigmatiques, il a quelque chose du fou shakespearien.

Mabuse repose sur une construction en puzzle, qui commence par étaler ses pièces dans un apparent désordre, avant que n'apparaissent les lignes essentielles de l'histoire. On peut aussi parler, pour varier la métaphore, d'un certain nombre de lignes parallèles (montage parallèle), mettant en jeu un nombre important de personnages, dont peu à peu quelques-uns émergent comme principaux, et ce, de telle façon que toutes ces histoires parallèles semblent destinées à se recouper plus tard à l'horizon de la prévision du spectateur (voir *Anticipation*).

Le début du film, notamment, joue habilement d'une fausse piste, faisant apparaître un personnage secondaire, Hofmeister, comme le personnage principal. Tout laisse croire au spectateur, dans les premières minutes, qu'Hofmeister va être le héros jusqu'à ce qu'il soit mis à l'écart en sombrant dans la folie. C'est au dénouement seulement que nous le voyons réapparaître, et rétrospectivement Hofmeister se révèle avoir été un élément de liaison et de soudure du récit, un « intermédiaire », plutôt que le véritable protagoniste.

Malgré les apparences, il n'y a pas dans *Chute libre* d'intrigue principale (ce qui arrive à Bill) et d'intrigue secondaire (la vie personnelle de Prendergast et son drame familial), car le scénario repose sur la mise en parallèle même de ces deux existences. Mais comme le premier personnage est interprétée par une star du cinéma d'action, Michael Douglas, et le second par un acteur excellent, mais souvent vu à l'écran dans des rôles secondaires, Robert Duvall, une partie du public considère souvent tout ce qui arrive à ce dernier comme un remplissage et une digression.

Les récits policiers jouent fréquemment sur l'indécision, plus ou moins longtemps entretenue, quant au côté « principal » ou « secondaire » de tel détail, de telle anecdote ou péripétie. Le propre des énigmes est de noyer la solution, le principal dans la foule des détails accessoires. La prolifération de l'accessoire et du secondaire est donc un principe même du film à énigmes.

6. Action et non-action

• Le cinéma, dit-on, c'est d'abord de l'action...

Et secondairement des dialogues. Oui, mais qu'est-ce que l'action? De très bons films dits d'action comportent souvent plus de conversation, de dialogues que d'action proprement dite au sens habituel de: bagarres, coups de feu, explosions, poursuites, cascades, exploits...

• L'action ne s'identifie pas à l'histoire proprement dite:

Il peut y avoir beaucoup d'action, au sens d'action physique, avec peu d'histoire, c'est-à-dire peu d'intrigue proprement dite, ou l'inverse. Leigh Brackett, la célèbre scénariste de Hawks, mais aussi de *L'Empire contre-attaque*, raconte ses souvenirs de scénariste sur *Hatari!*: « *Howard Hawks s'était rendu en Afrique avec une équipe, y avait passé six mois, et en était revenu avec un matériel merveilleux. Mais ce n'étaient que des scènes du genre: là, une girafe! Attrapons-la!* (Le film met en scène des gens qui capturent les fauves en liberté, pour les vendre aux cirques et aux zoos.) *Il restait donc à faire les scènes où seraient développés les personnages et leurs relations.* » La scénariste de *Rio Bravo* rappelle ensuite que ce qu'elle avait écrit jusque-là ne valait pas grand-chose: « *Nous avions un gigantesque tableau, avec des cartes de couleurs différentes, rouges pour les scènes de poursuite et ainsi de suite... Si on y jetait un coup d'œil, on voyait tout de suite qu'il y avait trop de cartes rouges à la suite les unes des autres. Il fallait concevoir des scènes d'intrigue entre les personnages pour les insérer entre les scènes de poursuite. »*

Ce problème – que l'on retrouve dans plusieurs films d'aventure « africaine » des années 50-60, comme *Mogambo*, 1953, de John Ford – est typique également des films basés sur les exploits physiques et sportifs d'un torero, d'un boxeur, d'un coureur automobile etc., voire d'un pianiste virtuose, qui tombent souvent dans le défaut d'une construction en « dents de scie », selon la formule monotone: scène d'action ou scène de concert, de représentation/scène d'intrigue/scène d'action ou de représentation/scène d'intrigue. Même risque pour les comédies musicales se déroulant dans le milieu du spectacle, et qui sont souvent bâties sur l'alternance entre des numéros musicaux et des scènes d'intrigue. Parfois, le scénariste tente d'imbriquer les deux, le numéro musical faisant avancer l'intrigue.

• **Décrire les actions dans le scénario**

On peut conseiller d'abord de les décrire précisément, concrètement. Si l'on dit que X marche, comment marche-t-il, avec quelle nuance (lentement, nerveusement)? On peut employer, pour donner ces précisions, des adjectifs et des adverbes, sans tomber dans de longues et laborieuses descriptions. Il faut donc être à la fois explicite et économe.

Quand l'action accompagne une phrase prononcée simultanément (et réciproquement), l'usage est d'écrire l'action avant les mots qui vont avec.

Ex, dans le « *shooting script* » de *Thelma et Louise*:

« Thelma (prenant la carte routière)
Bon, on peut prendre la route 81, là, qui descend vers Dallas... »

• **Importance de la non-action**

La non-action – au sens de ne pas parler ou de ne pas agir, ou encore de ne pas extérioriser ou manifester, dans les situations où cela serait loisible au personnage est une des choses que le cinéma montre de façon impressionnante, et l'on méconnaît généralement ce ressort dans l'étude et la conception d'un scénario. Quoi de plus fort qu'un personnage qui se maîtrise et ne réagit pas (ce que des réalisateurs comme Sergio Leone ont souvent montré). Et quoi de plus émouvant, parfois, qu'un person-

131

nage qui, habitué à conquérir et à intervenir, se retient, et laisse de l'espace à l'autre pour exister.

C'est par exemple, dans À *travers le miroir*, Martin qui s'abstient finalement de vouloir convaincre et forcer sa femme à être avec lui. Mais c'est aussi, dans le même film, le père qui s'abstient de juger sa fille et de forcer ses aveux.

Le caractère pathétique du personnage de Mahmut dans *Uzak* vient de sa réserve distante, dans des situations où il pourrait manifester ses sentiments.

7. Poursuites, filatures

On sait que c'est Griffith qui, dans les premières années du cinéma muet, développa la poursuite en montage parallèle.

Les scènes de poursuite sont présentes dès les débuts du cinéma, et Noël Burch a montré (dans *Communications* n° 38) le rapport entre leur apparition et la *linéarisation* du récit cinématographique, c'est-à-dire avec la constitution d'un style de narration linéaire, toujours en train d'avancer dans une progression chronologique (ceci, par opposition à l'utilisation du cinéma pour présenter des tableaux vivants, sans narration).

• Poursuite et dialogue
Les scènes de poursuite sont considérées comme incompatibles avec des dialogues abondants. On recommande en général pour les poursuites des répliques brèves et laconiques. Le trait dominant de ce genre de scène est le morcellement en plans courts, en actions courtes, en répliques courtes. Cependant, dans les années 80, on a vu souvent des poursuites bavardes (la série *L'Arme fatale*, commencée en 1987).

• Poursuivi et poursuivant
Dans une poursuite, l'identité du poursuivi (tueur ou inconnu) peut être découverte seulement à la fin; celle du poursuivant également, par l'artifice de la caméra subjective qui nous donne le regard du chasseur sans montrer l'aspect de celui-ci.

• Cadre de la poursuite
On peut distinguer les poursuites qui ne mettent en jeu que le couple poursuivant-poursuivi, dans un lieu désert ou désaffecté, usine, entrepôt, terrain vague, ville-fantôme de western, et celles qui se déroulent dans un cadre peuplé: foire, réunion, bal, céré-

monie, centre commercial, etc., en le faisant plus ou moins inter-férer avec la poursuite.

On trouve une scène de poursuite en voiture à la fin de *Mabuse*. Elle se déroule sur une route de campagne, la nuit, et fait intervenir, comme obsta-cles et moyens de suspense, les ingrédients habituels que l'on peut trouver sur une route: d'autres voitures, un passage à niveau de train, une panne, etc. Sa force est de nous ramener à ce lieu central du film: l'asile de Baum.

Dans *Un jour sans fin*, on a deux poursuites en voiture, que les auteurs ont bien différenciées l'une de l'autre pour éviter un sentiment de répétition: dans l'une, se situant la nuit, Phil emprunte avec l'accord de son propriétaire la voiture d'un com-pagnon de beuverie, et le poursuivant est un policier. L'autre a lieu le jour, dans une voiture volée par Phil qui kidnappe la marmotte, et les poursuivants sont aussi les « maîtres » de la marmotte et les collaborateurs de Phil, Rita et Larry. On a veillé également à montrer que Phil ne met pas en danger quelqu'un d'autre que lui-même. Il faut rester en effet dans le registre de la comédie.

La poursuite est une des situations cinématographiques les plus anciennes et les plus pratiquées. Certaines restent légendaires, comme les poursuites en automobile de *Bullitt*, 1968, de Peter Yates, et *French Connection*, 1971, de William Friedkin. Elles uti-lisent remarquablement leur cadre urbain, celui de San Francisco, avec ses collines et ses pentes, pour le premier film, celui de New York, avec son métro aérien, pour le second. De la même façon, la série des *Taxi*, 1, 2 et 3, de Gérard Pirès et Gérard Krawcyk, utilise le cadre de Marseille, et *Diva*, 1980, de Jean-Jacques Beineix, celui de Paris. La série des *James Bond* a cher-ché à épuiser les concepts de « poursuite », dans les villes les plus touristiques, de Venise à New Delhi. De très nombreux films populaires récents comportent des poursuites-spectacles plus ou moins bien greffées sur l'intrigue, et qui parfois brouillent cette dernière, par exemple, dans *Matrix reloaded*, 2002, des frères Wachowski, où la très spectaculaire poursuite n'a que peu de rap-port avec l'intrigue principale.

Il y a d'excellentes scènes de filature, très bien écrites et conçues, dans *Le samouraï*, 1968, de Jean-Pierre Melville.

8. Pensées des personnages

• Un problème au cinéma
L'expression des pensées des personnages est un problème spé-cifique du scénario de cinéma, ceci par opposition au roman, où

l'on peut tout simplement les rapporter: « *Il pensait que...* » On sait d'ailleurs que la théorie littéraire a souvent mis en cause l'omniscience du narrateur quant aux pensées des personnages (voir à l'article *Points de vue*), et que certains romans du XXᵉ siècle se sont interdits d'entrer dans les pensées des personnages.

• La voix intérieure

Il existe bien sûr le procédé de la voix intérieure, ce que les Anglais appellent le procédé du « *stream-of-consciousness* », du courant de conscience. On conseille souvent de l'utiliser avec précaution, ainsi que le procédé, très daté aujourd'hui, du « *memory recall thoughts* ». Le héros a été marqué par une parole qui lui disait, par exemple: « *Tu es un minable, tu n'y arriveras jamais* », et cette phrase fatidique lui revient au cours d'une épreuve qu'il doit surmonter, répétée plusieurs fois et enrobée d'un écho dramatique.

Mabuse comporte une variante originale de la « voix intérieure »: c'est la voix du fantôme de Mabuse, qui résonne dans la tête du Docteur Baum comme la voix de sa conscience – ou plutôt comme la voix du Mal en lui. Voix que nous réentendons à la fin du film, dans la « course aux enfers » finale, répétant à l'oreille de Baum ces mots qui sont le titre du testament de Mabuse, « *Herrschaft des Verbrechens* », « Règne du crime », selon le modèle du « *memory recall thoughts* ». La voix est ici, non la voix propre du personnage, mais la voix d'un autre qui résonne dans la tête de quelqu'un et occupe ses pensées (voix d'un parent, d'un ami, d'un modèle, d'un adversaire, d'un être aimé, etc.).

Dans *Beau fixe sur New York/It's always fair weather*, 1955, de Stanley Donen et Gene Kelly, trois anciens compagnons de la marine se retrouvent des années après dans un café, chacun déçu par ce que les deux autres sont devenus. Leurs monologues intérieurs sont chantés et dansés.

Dans *Tirez sur le pianiste*, 1960, Truffaut a donné au héros joué par Charles Aznavour une voix intérieure qui n'a pas le même timbre que sa voix parlée, et qui s'adresse à lui à la deuxième personne (« tu »), pour l'encourager à se montrer hardi avec Marie Dubois.

Dans *Johnny s'en va-t-en guerre/Johnny got his gun*, 1971, de Dalton Trumbo, le héros est un grand blessé de la Première Guerre Mondiale, presque totalement paralysé de sorte que les médecins, sauf une infirmière, le considèrent comme un légume, mais sa voix intérieure nous introduit dans ses pensées, ses souvenirs, ses souffrances et ses joies.

Dans *Les Ailes du désir/Der Himmel über Berlin*, 1987, de Wim Wenders, des anges captent les pensées, les monologues intérieurs de ceux qui marchent dans la ville.

Dans *La Ligne rouge/The Thin Red Line*, 1999, et *Le Nouveau monde/The New World*, 2006, Terrence Malick fait un usage original de la voix intérieure des personnages, nous ouvrant à des réflexions philosophiques, des considérations sur l'amour, la souffrance, le mal, la mort.

• Une infirmité, ou une force du cinéma?

Dans cette difficulté d'exprimer directement les pensées, on peut voir une lacune ou une infirmité du cinéma, mais on peut aussi, à l'exemple de Rohmer, user activement de cette opacité des consciences comme d'un moyen dramatique: lorsqu'un personnage se raconte à un(e) autre ou à d'autres, quand il fait des professions de foi et des aveux, nous ne savons pas s'il est tout à fait sincère, y compris avec lui-même et c'est cette ambiguïté qui devient intéressante. Même la voix-off de narration, dans certains des « *Contes moraux* », n'est pas supposée être sincère à 100 pour 100, comme elle est censée l'être dans la plupart des autres films.

Dans *La Collectionneuse*, 1967, par exemple, l'héroïne jouée par Haydée Politoff et le héros, qui conduit la narration par sa voix-off, ont eu un entretien à « cœur ouvert », et le spectateur lui-même s'est pris au jeu de cette sincérité. Tout de suite après, la voix-off du narrateur déclare cette entrevue insincère et truquée; mais qui nous dit que cette voix-off est elle-même sincère? Et même: qu'est-ce que la sincérité? Qu'est-ce que la « pensée » d'un personnage?

L'impression de naïveté que donnent à la lecture certains scénarios de débutants provient de ce qu'ils utilisent les dialogues comme un moyen d'exposer les pensées; comme si les personnages s'y livraient sans réticences et dans une conscience totale de ce qu'ils vivent et ressentent.

• Quand le personnage s'adresse à la caméra

Un procédé narratif employé dans de nombreux films récents, notamment français (citons *Vers le sud*, 2006, de Laurent Cantet, et *Dans Paris*, 2006, de Christophe Honoré) consiste à faire parler les personnages directement à la caméra, pour exposer leurs pensées, leurs sentiments, et informer le public des événements. En général, cette intervention n'est que ponctuelle.

Le procédé est loin d'être nouveau, puisqu'on le trouve déjà employé dans un film muet, *Tartuffe* de Murnau, 1925, sur un scénario de Carl Mayer d'après Molière. Vers le début du film, un personnage de jeune homme, injustement chassé de la maison de son grand-père, se tourne en souriant vers la caméra pour nous dire (avec l'appui évidemment d'un sous-titre): « *Je ne vais pas rester sans rien faire* ». Cette interpellation du public *via* l'appareil de prises de vue s'inspire évidemment du théâtre: on la trouve dans « L'Avare » de Molière, dans les prologues ou les épilogues de certaines pièces de Shakespeare. Bergman en a fait plusieurs fois usage: dans *Une passion*, 1968, ce sont les comédiens qui, quittant leurs rôles, commentent leurs personnages; et dans *Saraband*, 2004, le personnage féminin principal, joué par Liv Ullmann, se présente et explique l'action au spectateur. On le trouve également dans plusieurs films italiens, parmi lesquels *Nous nous sommes tant aimés*, 1975, d'Ettore Scola (Nino Manfredi se présentant au public dans sa fonction de brancardier dans un hôpital), et *Et vogue le navire*, 1982, de Fellini (Freddie Jones se tournant périodiquement vers la caméra).

Le procédé n'est pas sans « danger », si tout un film est ainsi ponctué d'adresses à la caméra des différents personnages. Le spectateur est amené à se demander: à qui le tour? Car souvent, l'adresse à la caméra sert à mettre au centre de l'action les différents personnages tour à tour. Cela crée des attentes qui sont, soit déçues, soit au contraire trop facilement honorées, et dans les deux cas le spectateur est distrait et prend ses distances. L'effet n'est par exemple pas très bien maîtrisé dans *Vers le Sud*, de Cantet.

9. Dialogue

• Fonctions du dialogue

Dans le cinéma le plus « visuel », le dialogue conserve la plupart du temps une fonction importante: rappelons qu'il y en avait déjà dans le cinéma « muet ». Ces dialogues n'étaient pas entendus, mais leur sens nous était communiqué par les mimiques des acteurs, et par des « intertitres » (cartons). Les personnages du cinéma muet n'étaient pas du tout muets.

Les fonctions du dialogue de cinéma sont multiples:
– faire avancer l'action;
– communiquer des faits et des informations au public;
– révéler les conflits et l'état émotionnel des personnages;

– établir leurs relations les uns avec les autres;
– commenter l'action;
– caractériser le personnage qui parle, mais aussi celui qui l'écoute;
– parfois divertir par eux-mêmes.

Ces conseils peuvent paraître superflus, mais ils ont l'utilité de mettre en garde le scénariste contre la tentation de laisser tourner le dialogue à vide, comme un ronronnement complaisant.

● **Le dialogue doit être dynamique...**

... et non statique, donc éviter l'alternance mécanique des questions et des réponses. C'est Mizoguchi qui écrivait dans une note de travail à son scénariste Yoda: « *Dans ton dialogue, il n'y a que des échanges de paroles, que des questions et des réponses. Ne peux-tu trouver des expressions ou des répliques négatives?* »

Dans un jeu de questions et de réponses, la réplique d'un personnage à un autre peut ne pas être une autre réplique, mais un silence, une action (geste) ou une absence de réaction.

Cela peut être aussi, comme dans le dernier film de Kubrick, *Eyes Wide Shut*, un écho. Le film recourt souvent à ce que nous appelons des « psittacismes », où un des personnages répète ce que vient de dire un autre, sur un autre ton.

Par exemple, dans la scène finale entre les deux époux:

Bill: *What do you think we should do?* Alice: *What do I think we should do?* (« Qu'est-ce que tu penses qu'on devrait faire? – Qu'est-ce que je pense qu'on devrait faire? »)

Bill: *Are you sure of that?* Alice: *Am I sure?* (« Tu en es sûre? - Si j'en suis sûre? »)

● **Le dialogue est-il censé refléter le personnage?**

Aristote, repris par Horace, puis par Boileau, recommandait déjà de faire parler le « *jeune homme en jeune homme et le vieillard en vieillard* », donc de ne pas faire de fautes en prêtant aux personnages un vocabulaire, un langage qui ne lui conviennent pas – ce qui revient à les caractériser par les dialogues.

Dans beaucoup de films, et plus particulièrement les films français, les personnages de « méchants », intelligents et pervers, s'expriment avec recherche, sophistication, jouent sur les mots, tandis que les personnages de « bons » parlent plus simplement et directement.

• **Les personnages n'ont pas à tout dire**

En d'autres termes, les personnages ne doivent pas tout se dire, et pas toute la vérité – pourquoi le feraient-ils? Ils peuvent en donner une partie seulement, sans pour autant être menteurs. La complaisance des personnages à se dire les uns aux autres tout ce qu'ils sont et ce qu'ils pensent est une naïveté typique du scénario de débutant.

C'est un peu la faiblesse du scénario, par ailleurs excellent, de *L'Emploi du temps*. Par exemple, dans la scène nocturne où Vincent, tout en roulant sur une route de montagne enneigée, raconte sa vie à Jean-Michel:

« *J'adore conduire. En fait quand j'ai commencé à bosser, c'étaient les moments que je préférais.* »

Or, ce qu'il dit là a été déjà traduit visuellement au début du film, dans deux scènes où Vincent est seul et semble conduire pour le seul plaisir de conduire.

• **Le « réalisme » du dialogue est toujours stylisé**

Selon les auteurs de manuels et les scénaristes, les dialogues ne doivent pas être des reproductions serviles de la réalité. Les dialogues réels sont, dans la vie, toujours pleins de piétinements, de redondances et de coq-à-l'âne. Le dialogue de cinéma est censé être bref et concentré.

Un bon dialogue serait censé ne pas être rédigé non plus dans un style « écrit » ou « littéraire ». Eugene Vale confirme que le texte du dialogue ne doit pas avoir la densité d'un texte écrit: « *Le mot parlé ne s'absorbe pas si facilement (que le texte écrit) (...) Le pouvoir de concentration du spectateur faiblit vite.* »

De grands films pourtant contreviennent à toutes ces règles, avec des dialogues très denses, comme *La Maman et la putain*, 1973, de Jean Eustache, ou *La Marquise d'O*, 1976, d'Éric Rohmer. Notons tout de même que dans ces films, le réalisateur crée pour le spectateur des conditions d'écoute favorables, en évitant de saturer son attention par des effets de caméra, de montage, de musique, etc., trop voyants.

L'équilibre du dialogue serait donc à trouver entre l'excessive concentration du texte écrit, et le caractère trop dilué de la véritable conversation « réaliste ».

Le scénariste débutant a plutôt tendance à sous-estimer la longueur de ses dialogues: ceux-ci, à la lecture, lui semblent d'une durée convenable, mais prononcés, ils deviennent souvent interminables et pleins de redondances. On conseillera de les lire à haute voix.

En même temps, on se fait souvent une fausse idée de la quantité de dialogues dans les films que l'on voit. Le cinéma américain d'action, par exemple, est volontiers très bavard, mais ses dialogues-fleuves passent facilement, car ils sont rédigés et interprétés dans un style de conversation familière et « tressés » avec des actions concrètes. En revanche, le cinéma français a souvent des dialogues moins abondants, mais qui sont moins digestes, en raison du poids décisif des mots prononcés, se voulant toujours lourds de sens.

• Niveaux de langue

Entre les différents niveaux de langue : ordurier, vulgaire, familier, correct, hyper-correct, etc., le français a une certaine gamme de possibilités avec laquelle les dialoguistes peuvent jouer. L'une des grandes spécificités du français est notamment la différence tutoiement/vouvoiement, dont il n'existe pas d'équivalent en anglais. Dans le dialogue original d'un film américain, les personnages se diront les uns aux autres : « *you* », du début à la fin, dans la version française doublée ou sous-titrée il faudra choisir s'ils se disent « vous » ou « tu » et à quel moment.

Dans le sens inverse, le plus simple dialogue anglais est intraduisible dans la richesse de ses allusions et de ses ambiguïtés.

Dans *Quelques jours avec moi,* 1987, de Claude Sautet, le scénario imagine une sorte d'alliance de classe et de complicité amicale entre le riche héritier joué par Daniel Auteuil et la bonne jouée par Sandrine Bonnaire, cela sur le dos d'une famille bourgeoise de Limoges. L'héritier et la servante ne sont pas censés coucher ensemble, mais le scénario les fait se tutoyer dès qu'ils ont bu un verre de champagne, tutoiement spontané qui est contraire à leurs caractères et leurs usages respectifs, et sur lequel le film par la suite ne peut les faire revenir. Ce tutoiement complice, trop rapide, banalise beaucoup leurs rapports, qui étaient conçus comme devant être plus ambigus et instables.

Dans *La Maman et la putain,* au contraire, de Jean Eustache, 1973, un homme et une femme aussi « affranchis » sexuellement l'un que l'autre, et qui parlent, surtout la femme, très directement de sexe, conservent entre eux jusqu'au bout l'usage du vouvoiement, et cela donne aux relations entre Alexandre et Veronika un sens spécial et unique. Par exemple, quand Veronika dit

« vous », on ne sait pas toujours si elle s'adresse à Alexandre seul, ou au couple d'Alexandre et de Marie.

Un des traits distinctifs du personnage de Bill, dans *Chute libre*, c'est qu'il n'emploie presque jamais de mots ou de tournures vulgaires, de « *fuck you* » même lorsqu'il est violent – ce qui contribue à le rendre inquiétant aux yeux des autres personnages. C'est un autre parallélisme avec le placide Prendergast, à qui son supérieur dans la hiérarchie policière, Yardley, reproche de ne jamais dire « *fuck* » ou « *shit* ». Une des « libérations » de Prendergast à la fin du film, sera de lancer un « *fuck you* » à Yardley.

• Dialogue et situation

Certains scénaristes et auteurs estiment qu'il ne faut pas traiter les dialogues à part, comme un exercice verbal, mais les concevoir entièrement en fonction des personnages et surtout des situations. Il n'y aurait pas de « bon dialogue » en soi, par le brillant des répliques, mais un dialogue plus ou moins en situation. Ainsi, le scénariste et réalisateur américain Paul Schrader s'élevait, lors de son interview pour la revue *Cinématographe* (n° 53), contre le fait de privilégier les dialogues, notamment dans le cinéma français, où la fonction de dialoguiste a été longtemps séparée de celle de scénariste: « *Une fois que vous avez mis les personnages qu'il faut dans une situation intéressante, tout ce qu'ils disent devient intéressant.* » En d'autres termes, le bon dialogue pourra être un échange de phrases très banal (« *Tu as du café? Comme il fait beau!* »), que la situation chargera de sens, d'émotion, et de sous-entendus.

Dans les années 70 et 80, à quelques exceptions près, la tradition française de Guitry, Pagnol, Carné-Prévert, de considérer le dialogue comme un élément à part du film, voire comme son élément prédominant, tendait à disparaître. On peut en juger par les comédies de Francis Veber, comme *Les Compères*, 1983, dans lesquelles le dialogue est totalement fonctionnel, comporte très peu de bons mots, et s'efface devant les situations. On a vu depuis, avec la vogue posthume des dialogues de Michel Audiard pour Georges Lautner (*Les Tontons flingueurs*, 1963) et le succès de films populaires comme *Brice de Nice*, 2004, de James Huth, la réhabilitation du dialogue brillant, « à effets », « à bons mots ».

Ne pas recourir à la facilité du dialogue pour lui faire créer à lui tout seul le sens et le mouvement d'une scène, mais le mettre en situation – c'était depuis longtemps la préoccupation de Hitchcock: « *Lorsqu'on écrit un film, il est indispensable de séparer nettement les éléments de dialogue et les éléments visuels, et chaque fois qu'il est possible, d'accorder la préférence au visuel. (...) Lorsqu'on raconte une histoire au cinéma, on ne devrait recourir au dialogue que lorsqu'il est impossible de faire autrement.* » (« Hitchcock-Truffaut », Éditions Ramsay, 47).

Cela n'empêche pas la plupart des films de Hitchcock d'être aussi bavards que le cinéma américain courant, et d'utiliser abondamment les ressources propres au dialogue (bons mots, commentaires pince-sans-rire, tirades, sous-entendus).

Citons par exemple les dialogues d'Ernest Lehman pour *La Mort aux trousses*, 1959. Il s'agit de la scène de la vente aux enchères à Chicago, lorsque Cary Grant rappelle à James Mason, dans une salle des ventes et au milieu d'un nombreux public, qu'il sait que celui-ci a voulu le tuer:

« *Je n'avais pas réalisé que vous étiez un collectionneur d'œuvres d'art. Je pensais que vous collectionniez seulement les cadavres.* » (= « Je croyais que vous étiez seulement un tueur »). Puis, faisant allusion à Eve Kendall, dont il est convaincu qu'elle est dévouée à Vandamm corps et âme: « *Je parie que vous avez payé une jolie somme pour cette petite... sculpture.* » (= Eve est une femme vénale, une pute).

Ce qui est vrai, c'est que presque tous les films parlants de Hitchcock comportent des scènes capitales sans dialogues, dont la plus célèbre est l'attaque de Cary Grant par un avion dans *La Mort aux trousses* – mais ces films se rattrapent dans les autres scènes!

Certains films s'affichent comme films de dialogues: notamment des comédies sexuelles comme *Le déclin de l'Empire américain*, 1985, de Denys Arcand, où l'on parle d'autant plus de sexe qu'on ne le pratique pas (en tout cas à l'écran), et antérieurement *Ce plaisir qu'on dit charnel/Carnal knowledge*, 1971, de Mike Nichols.

Dans un autre genre, *Pulp Fiction* est célèbre pour ses dialogues très « en avant ».

• **Dialogue-contrepoint**

Le dialogue peut ne pas être un commentaire de la situation vécue, mais porter sur autre chose, dans un effet de contrepoint. C'est le procédé du dialogue indirect, dont l'indifférence à la scène en cours fait toute la force (dialogue banal et tranquille dans une scène dramatique). Un cas particulier de ce procédé, basé sur le sous-entendu, est celui des scènes amoureuses où les personnages, tout en s'étreignant, parlent de choses diverses (*Les Enchaînés* d'Hitchcock).

Ainsi, dans *Fenêtre sur cour/Rear Window*, 1954, on a cet échange de répliques, dans les intervalles d'un baiser langoureux, entre une superbe blonde glamour habillée d'une robe de grand couturier (Grace Kelly) et le héros masculin (James Stewart) qui a une jambe dans le plâtre:

« *How's your leg ?* » (« *Comment va la jambe* »), dit la blonde, et le héros, allongé dans un fauteuil: « *It hurts a little* » (« *Ça fait un peu mal* »). « *And your stomach ?* », (« *Et votre estomac* ») reprend la femme tout en continuant à l'embrasser – « *Empty as a football* » (« *vide comme un ballon de foot* »), et ainsi de suite.

Dans *À travers le miroir*, le départ définitif de Karin pour l'asile psychiatrique est rendu plus pathétique par le fait que la jeune femme ne parle plus que de choses concrètes: « *Nous ne pourrons pas aller aux champignons* », « *N'oublie pas de faire faire ses devoirs à Minus* », « *Je dois faire ma valise.* »

• Réflexivité

On peut parler de réflexivité des dialogues lorsque les personnages sont conscients de la façon dont ils parlent, ou dont parlent les autres (style, correction grammaticale, choix et pertinence des mots, etc.), corrigent les autres ou se corrigent sur leur façon de parler, sont « *self-conscious* », comme on dit en anglais. Cette réflexivité est souvent le propre des personnages de méchants, de pervers: c'est le cas notamment de différents personnages joués par Jules Berry dans des films comme *Le jour se lève*, 1939, de Carné, *Le crime de Monsieur Lange*, 1936, de Jean Renoir.

Comme lorsque Berry dans le film de Carné dit: « *Je reviens... comme un revenant.* »

Chez Godard, dès *À bout de souffle*, les personnages surveillent beaucoup la façon dont ils parlent et se reprennent les uns les autres à ce sujet: « *On dit se le rappeler, pas se rappeler de...* »

Le personnage légèrement machiavélique d'Henri, dans *Pauline à la plage*, revient plusieurs fois pour les préciser sur des mots qu'il emploie.

Parlant de sa petite fille: « *Elle est le seul être qui me raccroche au monde, au sens géographique du terme, je veux dire, qui me fixe en un point précis de la terre.* »

Dans la même scène, à propos de l'éventualité d'obtenir la garde de sa fille, puisqu'il est séparé de la mère : « *Je n'en ai pas le droit, c'est-à-dire le droit légal.* » Dans le film, il est le seul à parler de cette façon, c'est-à-dire en veillant à ce que ses mots soient compris dans un sens bien précis.

• **Rapport dit et montré ; emploi de l'histoire non racontable**

Il est intéressant au cinéma de voir une situation se produire, puis des personnages qui y ont participé ou assisté avoir du mal à la décrire.

Par exemple, dans *Funny Games*, 1997, de Michael Haneke, Frau Schober est abordée dans sa maison de campagne par un jeune homme poli, mais au comportement étrange et imprévisible. Une banale histoire d'entraide entre voisins – elle lui donne des œufs, qu'il laisse tomber par terre – devient, par le comportement exagérément maladroit du jeune homme, une histoire énervante et peu crédible, que la femme a du mal à raconter à son mari quand celui-ci rentre. L'impossibilité pour la femme de maîtriser par la parole ce qui est lui arrivé, d'être crue par son époux, devient un ressort dramatique important et contribue à plonger le couple des Schober dans un véritable cauchemar, où ils sont vulnérables et divisés face aux intrus.

10. Sous-entendu, complicité, allusion

Le sous-entendu, c'est l'art de dire les choses indirectement et par allusion, donc plus légèrement et plus élégamment. Ce procédé, consistant à « laisser entendre plus en en disant moins », joue un grand rôle dans les dialogues des films américains comme *Le Port de l'angoisse*, et il se caractérise par un style de conversation astucieux, qui fait appel à la rapidité d'esprit des personnages... et du public.

Voyez par exemple, dans le film de Hawks :
– comment Harry fait comprendre à Marie, jalouse, qu'il n'est pas intéressé par Hélène. Au lieu de le lui dire littéralement, il lui demande : « *Allez-y, tournez autour de moi* » – concrètement s'entend. Elle, d'abord interloquée, finit par s'exécuter, et marche autour de lui, puis elle saisit enfin à demi-mot : « *Oui, je comprends, il n'y a pas de fil autour de vous* » (dans la traduction française : pas de fil à la patte) ;
– ou encore, comment Marie, prise avec Harry dans la rafle, cite la réplique

143

fétiche d'Eddy sur l'abeille morte pour parler de celui-ci à demi-mot à Harry, au lieu de simplement lui demander: « *Où est Eddy?* »;

– des jeux de répliques comme: Marie: « *Qui est la fille?* » Harry: « *La fille quoi?* » Marie: « *Celle qui vous a donné une telle opinion des femmes?* », etc.

Les décisions les plus importantes, les plus difficiles, les plus courageuses des personnages de film sont souvent annoncées de façon allusive, par une formule indirecte. C'est une constante dans le cinéma américain.

Dans *Thelma et Louise*, au lieu de dire à Thelma directement: « *Je reste avec toi, à la vie à la mort jusque dans la fuite* », Louise lui dit: « *I don't wanna end up on the damn* Geraldo Show ». (« *Je ne veux pas qu'on finisse dans ce foutu* Geraldo Show »; un « *talk-show* » télévisé très célèbre aux USA, qui traite parfois d'affaires criminelles ou d'existences troublées). Ce qui veut dire: pas question de se rendre, d'être jugées et condamnées et d'apparaître dans des shows télévisés.

Un peu plus tard, pour dire: « *Ce soir nous serons au Mexique* » (donc, nous serons à l'abri du danger et commencerons une nouvelle vie), Louise dit à Thelma: « *On va boire des margaritas sur la plage, Mamacita.* »

Dans *Chute libre*, quand Prendergast se décide à quitter son bureau et à mener pour la première fois de sa carrière une enquête sur le terrain – il ne claironne pas sa décision mais il l'énonce dans une forme allusive. À la question de Sandra « *Where are you going?* », il répond: « *See if I can earn my last day's pay.* » (« *Voir si je peux gagner la paie de mon dernier jour de travail* »).

À la fin du film, Prendergast a décidé de renoncer à prendre sa retraite anticipée et il s'attend à ce que sa femme soit furieuse. Il nous le communique non en disant à un autre personnage: « *J'ai décidé de ne pas prendre ma retraite, et ma femme va être furieuse* », mais indirectement, à travers un petit dialogue avec une petite fille nommée Adèle:

« *C'est un joli nom* », lui dit-il d'abord. « *Si j'avais une petite fille, j'aimerais qu'elle s'appelle Adèle.* »

– « *C'est quoi ton nom à toi?* », demande la fillette. « *Le mien? Mon nom est poussière* » (« *My name is mud* »), dit Prendergast, citant la Bible.

– « *Ton nom n'est pas poussière* », s'amuse la fillette. Et Prendergast: « *ça va être mon nom quand ma femme apprendra que je suis toujours un flic.* »

Pour plus de clarté, et sachant l'ignorance du spectateur français en matière de références bibliques, la version française a préféré traduire: « *Mon nom est chair à pâté.* »

Dans *Pulp Fiction*, Butch vient d'apprendre au petit matin que la montre de famille à laquelle il tient énormément a été oubliée par Fabian dans leur appartement. Il se sait recherché par des truands qui peuvent le tuer. Maîtrisant sa colère contre sa compagne, il lui dit: « *Ne sois pas désolée. Simplement, je ne vais pas pouvoir prendre le petit-déjeuner avec toi.* » (au lieu de: « *Je pars tout de suite pour faire quelque chose de très dangereux.* »)

Le sous-entendu peut se situer non seulement dans les dialogues, mais aussi dans les situations: Ernst Lubitsch fut un maître en ce domaine.

11. Mensonges, dissimulation

• Ment-on assez au cinéma?

Citons, d'Éric Rohmer, ces lignes connues et importantes: « *La séquence du* Crime de Monsieur Lange [de Renoir] *où René Lefèvre raconte à Maurice Baquet l'emploi de son après-midi du dimanche, est excellente pour la double raison qu'il est fait allusion à une scène précise du film et que ce récit est un mensonge. On ne ment pas assez au cinéma, sauf dans les comédies (...) Pour affaiblir ou contrôler la puissance redoutable de la parole* [au cinéma], *il ne faut pas, comme on l'a cru, en rendre la signification indifférente, mais trompeuse* » (« Le Goût de la beauté », Éditions de l'Étoile/Cahiers du cinéma, 39).

Les scénaristes de cinéma semblent oublier parfois en effet, que leurs personnages peuvent mentir, activement ou par omission, même s'ils ne sont pas les vilains dans l'histoire, et que ces mensonges peuvent être un élément actif du scénario. Selon les informations données au spectateur, celui-ci peut, ou bien repérer le mensonge comme tel (s'il a assisté à la scène rapportée faussement), ou bien en avoir le soupçon, ou encore se laisser tromper jusqu'à ce qu'il apprenne la vérité... ou une autre version.

Le problème se pose quand on a un flash-back amené par le récit de quelqu'un, de savoir s'il est authentique ou mensonger, voire déformé de bonne foi. Même problème pour les « images mentales » ou la « voix-off » prêtées à un personnage.

Hitchcock s'est reproché, dans *Le grand alibi (Stage Fright)*, d'avoir mis un flash-back mensonger, destiné à tromper, non seulement le personnage auquel, dans le film, le récit était rapporté, mais aussi le spectateur, confiant dans la réalité des « images » évoquant le passé. *The Usual suspects*, 1995, de Bryan Singer, laisse les spectateurs dans le trouble, après beaucoup de flash-backs mensongers.

Les personnages de menteurs, séducteurs ou mythomanes, sont souvent au cinéma des poètes qui enchantent la réalité en lui donnant la couleur du rêve: c'est le rôle du saltimbanque joué par Gene Kelly dans *Le Pirate/The Pirate*, 1946, de Minnelli, du héros de *La vie est belle*, 1998, de Roberto Benigni, ou de Christopher Walken dans *Attrape-moi si tu peux/Catch me if you can*, 2002, de Steven Spielberg

Pour compléter ce que dit Rohmer, on notera tout de même que l'utilisation du quiproquo et du mensonge est courante dans certains genres de films: non seulement dans les comédies, mais aussi, par principe, dans les films policiers.

• Dissimulation, laisser-croire

La dissimulation, qui n'est pas forcément un mensonge, est un ressort fréquent du cinéma, permettant certaines situations. Elle n'est pas toujours facile à justifier psychologiquement. Dans *Le sixième sens*, le petit garçon dissimule à Malcolm qu'il sait sa situation réelle. Cette dissimulation permet de lancer Malcolm... et le spectateur, dans une fausse piste, et permet le retournement final. Mais elle reste non expliquée.

Pour le cinéma, art du paraître et donc du « faire bonne figure », du « ne rien trahir », un personnage qui a été le responsable involontaire, le suspect ou le complice passif d'un meurtre, d'un accident, et qui tait son rôle, est toujours intéressant. Avant les films de terreur du type *Souviens-toi... l'été dernier*, 1997, de Jim Gillespie, dans lesquels des jeunes gens sont liés par un honteux secret partagé, l'héroïne de *Mort d'un cycliste/Muerte de un ciclista*, 1954, de Bardem, les personnages masculins ou féminins soupçonnés à tort chez Hitchcock (*Les 39 marches*, 1935, *Jeune et innocent/Young and innocent*, 1937, *La loi du silence/I confess*, 1952, dont le héros est un prêtre lié par le secret de la confession) sont dans ce cas.

12. Noms des personnages et onomastique

• Onomastique

L'onomastique (du grec « *onoma* », nom) est la discipline qui s'occupe des noms propres de personnes et de lieux (villes, pays, montagnes, fleuves, etc.), ainsi que de marques. Tout scénario est amené à faire des « choix onomastiques », qui contribuent à le situer, à l'ancrer ou non. Par exemple, la ville américaine où se déroule *Seven* n'a pas de nom précis, c'est « la » ville en général, comme dans certains films muets tels que *L'Aurore/Sunrise*, 1927, de Murnau, et *City Lights/Les Lumières de la ville*, 1931, de Charles Chaplin. D'autres films en revanche, innombrables, reposent jusque dans leur titre sur un nom de ville ou de quartier. Le cinéma français des années 50-60 aimait être très précis sur les noms de lieux à Paris ou en banlieue, et l'on y évoquait souvent les noms de rues de Paris, de stations de métro (Porte des Lilas), de quartiers (Belleville, Ménilmontant) et de communes de ce grand département qui s'appelait alors la Seine-et-Oise (Montrouge, Maisons-Laffitte).

Invoquer le nom d'une ville, c'est mobiliser toute l'histoire de cette ville, tout ce que le nom évoque. Le nom de Paris est ainsi évoqué tout au début d'*On connaît la chanson*, d'Alain Resnais, en association avec l'histoire de la ville et des lieux-dits qui sont fréquemment rappelés.

Dans *L'Emploi du temps*, bien qu'il s'agisse d'une histoire construite sur des questions de travail et de relations sociales, le patronyme des personnages ne joue qu'un rôle très secondaire. À peine, au détour d'une scène, entendons-nous celui de Vincent, Rénaut, et les personnages sont d'abord des prénoms, voire des surnoms affectueux (Nono). Même le trafiquant de contrefaçons, que nous ne connaissons que comme « Jean-Michel ». Les lieux naturels où Julien va s'isoler (le bord d'une rivière, une pente, une route dans la neige, un refuge de montagne) ne sont pas identifiés par un nom (nom de fleuve, de sommet, de lieu-dit) ni dans les dialogues, ni par des images de panneaux.

La première scène où Vincent travaille pour Jean-Michel et se confie à lui, est exemplaire par le caractère délibérément abstrait et anonyme des références. Vincent évoque ainsi les moments de sa vie qu'il préfère: « *Tu es seul dans ta voiture, tu ne réfléchis à rien, tu fumes une cigarette en écoutant de la musique.* » Comparez avec la plupart des films américains, où l'on parle non d'une voiture mais d'une Thunderbird verte (*Thelma et Louise*), où l'on n'écoute pas « de la musique » mais Powermad (*Sailor et Lula/Wild at Heart*, 1990, de David Lynch), où l'on boit non de la bière mais de la Heineken (*Blue Velvet*, 1987, du même), et on ne fume pas « des cigarettes », mais des Marlboro[9].

---

9. Il est évident que la mention de ces marques est souvent l'objet d'une transaction commerciale, mais cela ne change rien au sens symbolique de ces mentions dans le film.

Dans l'autre film inspiré de l'affaire Romand, *L'Adversaire*, 2001, de Nicole Garcia, d'après le récit romancé d'Emmanuel Carrère, le nom du héros, Jean-Marc Faure, est au contraire répété avec insistance, comme d'ailleurs beaucoup de noms de villes et de régions (Besançon, Haut-Jura).

• Importance de connaître le nom

Il est fréquent que l'on puisse suivre un film tout entier et s'en souvenir avec précision sans avoir mémorisé le nom des personnages et surtout sans le retenir après. Mais ce qui est important, c'est que ce nom joue correctement son rôle dans le cours du film.

Selon les cas, le fait que le nom du personnage ne soit pas donné dans le film ou qu'il ne soit pas retenu est, soit une faute, une négligence nuisible à la bonne compréhension de l'histoire, soit au contraire une nécessité pour que puisse fonctionner le récit, soit le moyen de créer une certaine ambiance.

Au début de *La Mort aux trousses*, il est important que le spectateur retienne bien le nom du personnage joué par Cary Grant (Thornhill), afin de bien apprécier le malentendu dont Thornhill va être victime lorsqu'il sera pris pour un certain Kaplan. Aussi se sert-on, notamment, des répliques d'un garçon d'ascenseur (qui lui dit « *Bonjour, M. Thornhill* ») et de sa secrétaire, qui répète son nom plusieurs fois.

Un autre genre de malentendu, mais en direction du spectateur, peut être possible si on lui a laissé au contraire ignorer ce nom, ou si on lui en a laissé attribuer un autre.

La question de l'attribution du nom au personnage, et du moment où ce nom est signifié au spectateur ou ne l'est pas, n'est donc pas à négliger (voir plus loin).

• Choix des noms

Dans les films américains, les patronymes sont souvent choisis pour refléter l'appartenance à une certaine communauté d'immigrés (italienne, polonaise, scandinave dans *Fargo*, 1996, des frères Cœn, juive russe dans *Little Odessa*, 1994, de James Gray, irlandaise, suédoise, etc.) et constituent déjà un trait de caractérisation. Les scénarios américains sont d'ailleurs souvent construits sur la confrontation de traits « ethniques », accusés déjà par le nom propre: l'Italien sera très attaché à sa famille et religieux, l'Irlandais têtu, buveur et fort en gueule, etc. Avec l'origine particulière du peuple américain, issu de diverses communautés d'immigrés plutôt récentes, les USA sont même le seul pays dans lequel le nom peut servir à signifier l'origine juive d'un personnage et à signifier des traits de sa personnalité, sans que l'on tombe dans l'antisémitisme (les Juifs, dans les films américains, sont souvent intellectuels, psychiatres, analystes et névrosés).

Dans les films français, on constate souvent au contraire une réticence à donner aux personnages des noms de famille, soit qu'on n'ose pas employer des noms d'origine étrangère pour des personnes de nationalité française (alors que beaucoup de Français sont issus d'une immigration italienne, polonaise, etc., plus ou moins récente) et on les appelle de noms caricaturalement français (Martineau, Michalon). Ou bien, dans le cinéma français d'auteur (Nouvelle Vague, et autres), les héros ont souvent des prénoms et pas de patronyme. Ce qui est cohérent avec une dramaturgie fondée sur des histoires sentimentales et marivaudantes, dans lesquelles la communauté sociale, le travail, ont souvent moins de place qu'ailleurs. La célèbre réplique à répétition de *Pierrot le Fou*, de Godard (Marianne s'obstine à appeler « Pierrot » son partenaire, et celui-ci inlassablement lui redit « *Je m'appelle Ferdinand* ») n'aurait certainement pas le même sens, la même force dans un film américain, par exemple, où le nom propre a plus d'importance.

• Quand apprenons-nous les noms des personnages?

Dans *Le Testament du Docteur Mabuse*, film policier, les personnages ne communiquent guère que par leurs noms propres (c'est le contraire de Pauline), et ce n'est que pour le couple des jeunes premiers que les prénoms des personnages sont donnés, ainsi que pour l'autre femme, Anna. Là encore, le patronyme de Lily n'est jamais employé; quant à Tom, il est désigné tantôt par son prénom et tantôt par son patronyme (Kent), tout comme Harry Morgan.

Le nom de Mabuse fait dans ce film l'objet de toute une dramatisation, comme dans certaines religions et superstitions le « nom caché » d'une divinité. Hofmeister terrorisé n'arrive pas à le proférer, quand il téléphone à Lohmann, et ce n'est qu'à la fin du film qu'il y parviendra. Mais, avant de disparaître, il l'écrit sur une vitre comme une sorte de graffiti codé.

Dans *Le Port de l'angoisse*, les noms des personnages sont déclinés au fur et à mesure que ceux-ci font leur apparition dans l'intrigue — soit en s'interpellant mutuellement, soit en répondant à des questions officielles (interrogatoires, formalités administratives). Certains d'entre eux ont à la fois un nom propre et un prénom, une face sociale et une face privée. C'est le cas du héros,

Harry Morgan; d'autres ont seulement un prénom (Eddy, mais aussi Marie, car le patronyme de celle-ci, Marie Browning, n'est jamais employé); d'autres n'ont qu'un surnom (le pianiste Cricket); d'autres enfin, représentant la Loi et la Société, même pervertie, n'ont qu'un patronyme (le capitaine Renard).

Dans *À travers le miroir*, les personnages n'ont que des prénoms, ce qui contribue encore plus à les enfermer dans leurs histoires intimes.

Dans *Pauline à la plage*, nous n'apprenons les noms respectifs de Pauline et de Marion – des prénoms, en fait – que dans la seconde scène, à la plage, d'où, pendant quelques minutes, un petit mystère qui a son importance: comme il y a une Pauline dans le titre, le spectateur se demande de laquelle des deux filles il s'agit. En revanche, nous apprenons les prénoms d'Henri et de Pierre lorsque ceux-ci entrent en scène et le nom de Sylvain à sa deuxième apparition, lorsqu'il revient à la plage pour voir Pauline.

Dans *Thelma et Louise*, film dont le titre est un couple de prénoms, les héroïnes ne sont connues et désignées par leurs noms propres qu'à partir du moment où elles sont recherchés ou interrogés par la police: pour celle-ci, il n'y a pas de « Thelma » et de « Louise », mais une Thelma Dickinson et une Louise Sawyer. La courtoisie de l'inspecteur Hal Slocumbe est signifiée par le fait qu'il désigne celle-ci comme « Miss Sawyer ».

Dans *Chute libre*, le personnage principal reste pendant longtemps pour le spectateur un homme sans nom identifié pour le spectateur seulement par la star, Michael Douglas, qui l'incarne. C'est lorsque la police retrouve sa trace que nous apprenons son nom: William Foster, Bill pour les intimes. Auparavant, il aura été associé à l'intitulé de sa plaque de voiture personnalisée: D-Fens.

Dans *Pulp Fiction*, les personnages s'appellent constamment par des petits noms affectueux, des allusions tendres ou sarcastiques à des personnages réels ou imaginaires. Butch et Fabienne se donnent du « *Lemon pie* » (tarte au citron), du « *Beautiful Tulip* », « *Jellybean* », « *Sugarpop* ». Winston Wolf surnomme Vincent, qui a tué « *par accident* » un Noir, « *Lash Larue* » (nom d'un personnage de western de série B). La jeune femme du début est dénommée « *Honey Bunny* », puis à la fin nous apprenons que son prénom est Yolanda.

La dualité aux États-Unis, entre le prénom officiel et son abréviation familière (Dave pour David, Tim pour Timothy, Chuck pour Charlton, Pat pour Patricia, etc), dont l'emploi est signe d'intimité, de complicité – équivalent approximatif du tutoiement en français –, permet de faire voir un même personnage sous différents aspects.

• **Scénario onomastique**

Beaucoup de films nous proposent ce qu'on peut appeler un scénario onomastique, par exemple:

– un personnage n'est appelé que par son nom et nous découvrons beaucoup plus tard son prénom: c'est le cas de Ripley, dans la saga des *Aliens*. Dans les deux premiers, elle n'est désignée que comme Ripley. Ce n'est que dans le troisième *Alien*, celui réalisé par David Fincher, que nous « apprenons » son prénom, Helen. C'est justement dans ce film qu'elle a une relation sentimentale et sexuelle, assez brève il est vrai, avec un homme (avant que la créature n'y mette bon ordre en tuant ce dernier). Nous passons donc d'une désignation unisexe, dans le premier *Alien* (où les rapports entre les personnages gomment délibérément leur différence sexuelle), à une désignation sexuée.

– un personnage n'est appelé que par son prénom, et nous découvrons son nom, au cours de ce qui est également une quête de la réalité et de la mémoire: c'est le cas du personnage de Nathalie Baye, Donatienne, dans *Notre histoire*, 1984, de Bertrand Blier. Pour des raisons historiques et culturelles évidentes, c'est évidemment souvent une femme qui est concernée.

– un personnage doit renoncer à son nom au cours d'une épreuve choisie ou imposée, puis il le retrouve: *L'Intendant Sansho*, de Mizoguchi, *Le Voyage de Chihiro*, de Miyazaki, ou *The Magdalene Sisters* de Peter Mullan. Au début de *Full Metal Jacket*, 1987, de Stanley Kubrick, des aspirants Marines se voient rebaptisés par leur sergent instructeur de sobriquets qui seront leurs noms de guerre: Joker, Snowball, Cowboy, Pyle, etc.; mais nous ignorerons toujours pour la plupart d'entre eux leurs noms d'état-civil. Même baptême, qui est une initiation, dans la célèbre scène initiale de *Reservoir Dogs*, 1992, de Quentin Tarantino.

• Films « espéranto »

Dans trois films de Tarkovski, sur les sept du grand réalisateur, les noms des personnages, et des lieux, sont choisis volontairement pour ne désigner aucun pays précis:

Dans *Solaris*, 1972, coécrit en russe avec Friedrich Gorenstein et suivant en cela le roman de science-fiction de l'écrivain polonais Stanislas Lem que le film adapte, les personnages s'appellent: Kris Kelvin, Berton, Sartorius, Snout, Messenger, Gibarian, Harey. L'action sur terre ne se déroule pas dans un pays précis. On n'entend aucun nom de lieu, sinon celui de la planète Solaris. Dans *Stalker*, 1979, il n'y a non seulement aucun nom de pays, mais aussi aucun nom propre: les personnages, qui parlent russe, sont désignés comme étant le « Stalker » (mot tiré de l'anglais), l'Écrivain, le Professeur. Dans *Le Sacrifice*, 1986, tourné en suédois, des différents personnages : Maria, Alexander, Otto, Victor, aucun n'a un nom spécifiquement suédois (ou russe), et l'action se déroule dans un pays d'Europe indéterminé.

Même chose pour un film très différent, le *Subway*, 1984, de Luc Besson, qui se déroule malgré son titre dans le métro express parisien, et dont les personnages s'appellent Fred et Helena, prénoms internationaux.

• Scénarios construits sur un nom propre

Un des plus célèbres exemples de scénario construit sur un nom est bien entendu, comme on l'a vu plus haut, *La Mort aux trousses*, avec ce fameux M. Kaplan inventé par le contre-espionnage et qui va s'incarner à travers Roger Thornhill (Cary Grant).

Le héros de *Monsieur Klein*, de Joseph Losey, sur un scénario de Jorge Semprun, est une canaille qui profite durant l'Occupation de la persécution des Juifs, jusqu'au moment où il sera déporté à cause de son homonymie avec un autre Klein qui, contrairement à lui, est juif.

Il existe un point commun entre les scénarios de films comme *Memento*, *The Usual suspects*, 1995, *Fight club*, 1999, *Identity*, 2003, c'est qu'un des personnages y bâtit une histoire, une version de la réalité autour d'un nom propre « pris au hasard ». Le héros de *Memento*, Leonard, s'accroche au nom de celui qui est censé avoir violé et tué sa femme, John G., et voit des « John G. », partout. Le narrateur de *The Usual suspects* échafaude des fictions en partant de noms qu'il se contente de puiser autour de lui, comme celui de Kobayashi qu'il s'est contenté de lire sous sa tasse de café ; les personnages d'*Identity* portent des noms qui se font écho et qui sont en fait pris sur la carte des USA. Dans *The Usual suspects*, on n'est pas certain que le mythique Keyser Sose existe, jusqu'à la révélation finale de son identité, et dans *Fight Club*, on apprend à percer le mystère d'un certain Tyler Durden. *Anthony Zimmer* (héros du film de Jérôme Sallé, 2005), est également un personnage mystérieux, un nom-énigme, et *Forrest Gump*, 1993, de Robert Zemeckis, est un nom autant qu'un personnage et un acteur, de même qu'*Esther Kahn*, 2000, d'Arnaud Desplechin.

13. Personnages

Les auteurs de manuels de scénario s'accordent pour dire que le personnage, surtout le personnage secondaire, doit donner une *impression dominante* résumable en un mot: froideur, insolence, espièglerie, cynisme, compétence, autorité, etc. On peut aussi donner au personnage des traits et des tics caractéristiques, et dans certains cas... un secret.

Les personnages sont censés enfin être *contrastés* les uns par rapport aux autres, et se mettre mutuellement en valeur. C'est par leur comportement, non par ce qu'un narrateur dit à leur propos (cas du roman) que les personnages de cinéma se révéleraient. Le cinéma, psychologiquement parlant, serait *comportementaliste*.

En même temps, le scénario peut être conçu pour nous faire changer d'idée constamment sur les personnages, en utilisant nos préjugés, nos images toutes faites: c'est ce que nous appelons le « scénario projectif » (voir ce mot).

• Scénario de confrontation

Certains films sont construits comme des combinaisons de confrontations entre personnages. Étant donné les personnages, A, B, C, D, E, F, etc., posés au début du film, l'action avancera par des séries de confrontations souvent deux à deux: c'est ainsi que sont conçus *À travers le miroir*, et *On connaît la chanson*, de Resnais.

• Caractérisation

La caractérisation est l'ensemble des détails qui constituent l'apparence et le comportement d'un personnage, et dont certains servent pour lui donner une identité, une individualité, un caractère. Elle ne peut pas en principe utiliser des pensées que l'on prêterait au personnage (contrairement à la littérature) et doit donc se faire par les moyens cinématographiques.

Les éléments de base d'une caractérisation seraient:

– l'âge approximatif (donné par l'apparence physique, par une information donnée verbalement ou visuellement, par la circonstance d'un anniversaire);

– la position dans la société (situation de famille, occupation), qui peut être révélée par différents moyens;

– la relation aux autres (de famille, d'amitié);

– le comportement des autres à l'égard de ce personnage;

– parfois un passé caché.

Dans les première scènes d'*À travers le miroir*, les relations de parenté entre les quatre personnages sont établies simplement par des répliques : Martin dit « *ma femme* » en parlant de Karin, Karin et Minus se parlent l'un à l'autre de David en l'appelant « *Papa* ».

• **Montrer le caractère par l'action**

Les personnages de cinéma sont souvent censés se révéler à travers, non des descriptions mais des gestes, des réactions, ce qui amène à donc inventer pour cela des petites circonstances, de petits incidents qui ne font pas tellement avancer l'histoire, mais surtout, amènent le personnage en question à se dévoiler, à se caractériser en y faisant face. Le cinéma, sous cet angle, est comportemental.

• **Caractérisation par contraste**

Dans *Pauline à la plage*, le côté « don juanesque » d'Henri est mis en valeur par le côté « wertherien » de Pierre et réciproquement. Werther, héros d'un roman de Goethe, est le type de l'amoureux soupirant sans espoir, qui a besoin d'idéaliser sa belle et n'entreprend pas de la disputer à son rival.

Dans *L'Intendant Sansho,* la révolte active de Zushio se définit encore mieux par contraste avec l'humanitarisme résigné de Taro.

Dans *Chute libre*, le laisser-aller physique du bedonnant Prendergast est souligné par la scène où son supérieur Yardley entretient son physique en faisant des haltères sur son lieu de travail.

Dans *Alien*, le caractère résolu et implacable, sans états d'âme, de Ripley, est accusé par le contraste avec la seule autre femme à bord du vaisseau spatial, Lambert, qui elle est toujours défaitiste et dépressive, terrorisée.

Même utilisation des contrastes dans *Thelma et Louise* : les deux femmes dont les prénoms associés donnent son titre au film sont situées l'une par rapport à l'autre par deux contrastes. L'une, Louise, est sensiblement plus âgée que l'autre. La première est une célibataire avec un travail de serveuse dans un restaurant de routiers, tandis que l'autre est une femme au foyer. Louise est expérimentée, raisonnable (elle aimerait ne pas s'arrêter en route avant l'arrivée), sermonneuse vis-à-vis de Thelma, pondérée et maniaque de l'ordre, comme en témoigne l'état où elle laisse son appartement de célibataire avant de partir, état symbolisé par un verre bien lavé sur la paillasse immaculée de l'évier.

Pour éviter que Louise ne paraisse trop exemplaire et ennuyeuse, le début du film comporte une brève scène qui ne figure pas dans le scénario de tournage et où elle sermonne gentiment des clientes. Elle leur recommande de ne pas fumer mais, c'est dit-elle, parce que le tabac diminue l'activité sexuelle. Juste après, on la voit fumer. Ce qui souligne qu'elle n'est ni exemplaire ni « coincée », et annonce en même temps son côté protecteur par rapport à Thelma...

Ainsi, elle apparaît à la fois comme une femme prudente, et qui n'est pas puritaine. Thelma est une écervelée brouillonne.

Le point commun à l'une et à l'autre est qu'elles n'ont pas d'enfants. Cette question est évoquée une fois par Thelma, lorsqu'en réponse à une question de JD, elle répond que son mari se juge trop infantile pour être père. On remarquera qu'elle ne marque aucun regret de n'avoir pas encore d'enfant.

• Contraste et traits communs

Pour faire jouer un contraste, il faut non seulement que des personnages, des lieux, ou des situations diffèrent, mais encore que cette différence puisse être référée à quelque chose de commun entre eux. Zushio et Taro sont deux hommes jeunes révoltés par l'injustice, et c'est par rapport à ces points communs que leurs réactions se différencient.

Plus les personnages ont des traits communs, plus subtilement on peut faire apparaître, face à certaines circonstances, leurs différences de comportement.

C'est dans ce même souci de bonne perception que l'on déconseille de donner à deux personnages un nom commençant par la même initiale, ou bien des costumes pas assez différenciés, des traits trop proches – sauf, justement, si l'on veut jouer activement de la confusion possible.

Dans *L'Intendant Sansho* le père de Zushio, Masauji, se définit comme l'antithèse absolue de Sansho: l'un est totalement bon, l'autre totalement mauvais – mais l'opposition fonctionne d'autant mieux que les deux hommes sont comparables par ailleurs, qu'ils ont la même aura paternelle et le même prestige hiérarchique. La mère, Tamaki, se définit surtout par sa fidélité et son adhésion sans réserves à la mémoire de son mari et au souvenir de ses enfants. Sa fille, Anju, est un personnage également entier, tout de douceur, de compassion et de sacrifice.

Entre ces personnages immuables, nous avons deux caractères de jeunes hommes plus partagés, mobiles, indécis, et dont la fluctuation même s'affirme mieux par contraste avec la passivité de leurs partenaires: ce sont Taro, le fils de Sansho, et Zushio, le fils de Masauji. Ils représentent deux attitudes, deux options par rapport au Mal. Taro est révolté par le malheur social et par la monstruosité de son père, mais trop faible pour les combattre directement, il choisit de fuir et de se faire moine. Son côté velléitaire met en valeur, par contraste, le comportement volontaire, transgresseur et résolu de Zushio face au Mal, une fois qu'il a effectué sa conversion.

Des deux femmes auxquelles s'intéresse Travis Bickle dans *Taxi Driver*, l'une est une belle blonde convenable et bien habillée, mais en fait cynique (elle joue avec les sentiments de son collègue, Tom, apparemment amoureux d'elle), et l'autre une très jeune prostituée, mais naïve et fleur bleue. Leur point commun est de n'avoir pas de vie de couple « normale ».

Dans *Pulp Fiction*, Pumpkin est froid, méthodique, sa compagne Honey Bunny est impétueuse, imprévisible et lunatique.

Dans *Uzak*, les deux cousins, Mahmut et Yusuf, sont signifiés l'un par l'autre. Mahmut est plus âgé, cultivé, apparemment relativement aisé (son équipement vidéo en témoigne). Yusuf est jeune, immature, parfois spontané. Mahmut est maniaque, obsessionnel de l'ordre (il nettoie et range dans beaucoup de scènes), Yusuf est négligent (les chaussures, les cendriers, etc.). En même temps, tous les deux réagissent parfois de la même façon, notamment avec les femmes, qu'ils tiennent à distance, qu'il s'agisse d'une distance timide (Yusuf) ou méfiante (Mahmut). Dans une scène du film, le jeune Yusuf propose à Mahmut d'attendre en bas de l'escalier, le temps que le concierge amène un colis destiné à Mahmut. Nous comprenons que le jeune homme veut rester seul avec une femme qui de son côté attend avec un aspirateur qu'elle a du mal à assembler. Mais quand il est seul dans l'entrée de l'immeuble avec elle, il ne se décide pas à parler; de la même façon, il suit les femmes de loin sans jamais les aborder. Mahmut, de même, regarde de loin par deux fois la femme qu'il a aimée (quand il se rend en voiture la nuit pour regarder la fenêtre allumée de son appartement, et quand à la fin du film il la voit à l'aéroport).

Sur ce plan, les personnages secondaires sont souvent des faire-valoir des personnages principaux, qu'ils mettent en valeur par ressemblance et par contraste.

Larry, le cameraman d'*Un jour sans fin*, est signifié en quelques répliques, dans la scène du trajet en camionnette, comme blagueur, sarcastique mais dépourvu d'esprit; c'est par la comparaison avec lui que nous comprenons que Rita puisse trouver Phil intéressant: lui aussi est sarcastique et distancié, mais il a de l'esprit et de la personnalité.

Dans le même film, Nancy, la jeune femme godiche que Phil drague et séduit avant de jeter son dévolu sur Rita, a pour rôle ingrat de mettre en valeur cette dernière. Malgré ses bons sentiments, ses attendrissements sur les animaux et ses toasts à la paix dans le monde, Rita nous paraît, par comparaison avec la quelconque Nancy, plus intéressante et moins nunuche. Les deux protagonistes, masculin et féminin, du film ont donc chacun son « faire-valoir ».

Dans *In the Mood for Love*, l'ami de Chow, Ah-Ping, joue le rôle classique du « faire-valoir »: c'est un individu pittoresque, prosaïque, matériel... et porté sur les prostituées. En même temps, le fait que Chow l'ait pour ami montre que celui-ci n'est pas un puritain.

Dans *Uzak*, le personnage principal de Mahmut est mieux situé comme un homme ayant eu des ambitions artistiques et s'en étant détourné, par la confrontation avec un de ses amis de jeunesse (dans la scène du bar), qui lui affirme au contraire continuer de croire à l'art.

Le jeu du contraste ne concerne pas que les personnages, il est valable pour tous, absolument tous, les aspects du scénario : lieux, idées, rythmes, procédés, ressorts dramatiques, etc.

• Le « tag », ou détail de caractérisation

Le « tag » est un trait caractéristique – tic, geste, réplique typique, réaction, détail vestimentaire, utilisation d'un accessoire particulier etc. qui distingue un personnage, souvent un personnage secondaire, dont c'est là, dirait Lacan, le « *trait unaire* ».

Le « tag » doit être en relation avec l'histoire, et ne pas se greffer artificiellement sur elle.

Chez un personnage, le « tag » peut être un objet qu'il mâchouille entre ses dents, un bruit qu'il fait, un jouet avec lequel il joue sans arrêt, une remarque qu'il fait à tout propos, un défaut de prononciation, un ricanement particulier, une façon de soupirer ou bien une infirmité spéciale, une démarche, un handicap physique. Le « tag », même s'il ne nous dit rien de la psychologie du personnage, nous fait « sentir la personne » et son côté individuel, distinct, unique. Une réplique à répétition, du genre de celle de l'abeille morte dans *Le Port de l'angoisse* ne fait pas sentir la personne et n'est donc pas un « tag ». À l'inverse, le célèbre « *running gag* » de la pièce jetée en l'air par George Raft dans *Scarface* en est bien un.

On peut citer aussi, dans *Kiss Me Deadly* d'Aldrich, les onomatopées joyeuses (« *va va voom* ») que lance le petit garagiste grec qui est l'ami du héros, quand il admire un moteur de voiture. Tout le côté enthousiaste et enfantin du personnage, en l'occurrence, s'exprime par lui.

Le « tag » est souvent, toutefois, un « *gimmick* », un truc mécanique qui attire l'attention sur un personnage sans le caractériser.

Dans *Usual suspects*, le geste de Keyser Soze pour allumer sa cigarette, dans la première scène (où nous entrevoyons le personnage de dos) servira au spectateur de trait d'identification à la fin du film.

157

Le caractère poétique et farfelu de Thelma, dans *Thelma et Louise*, est emblèmatisé par son goût pour les petites bouteilles de bourbon Wild Turkey, qu'elle achète et boit compulsivement.

• Profession du personnage
Quatre cas principaux se présentent:

a) *La profession du personnage est directement impliquée dans l'action.*
C'est le cas dans *Fenêtre sur cour* (un photographe immobilisé chez lui utilise les accessoires et les techniques de sa profession pour observer le voisin d'en face), mais aussi dans *Uzak*.
Le héros masculin de *Secrets et mensonges*, 1996, de Mike Leigh, est également un photographe, qui travaille pour des mariages, et à ce titre il a un regard à lui sur les moments importants de la vie des autres. D'autres films ont pour protagonistes des photographes de mode (notamment depuis *Blow-Up* d'Antonioni), des paparazzi, des photographes de presse (*L'Important c'est d'aimer*, 1975, de Zulawski)
On compte également beaucoup de médecins au cinéma, comme le personnage de Bill Harford dans *Eyes Wide Shut*, ou le chirurgien misanthrope joué par Pierre Fresnay dans *Le Corbeau*, 1943, de Clouzot.
Taxi driver appartient à cette riche catégorie de films dont le titre est un nom de métier, et dont le scénario exploite systématiquement ce qu'implique ce métier – souvent un métier subalterne – vu comme une place dans la vie, place de celui qu'on ne remarque pas mais qui observe. Citons aussi *Gardiens de phare*, 1929, de Jean Epstein, *Le pousse-pousse*, 1957, d'Hiroshi Inagaki, *Le garde du corps/Yojimbo*, 1961, d'Akira Kurosawa, *Portier de nuit/Portiere di notte*, 1972, de Liliana Cavani, *L'Habilleur/The Dresser*, 1984, de Peter Yates (où Tom Courtenay joue l'habilleur d'un comédien de théâtre anglais), *Le mari de la coiffeuse*, 1990, de Patrice Leconte, *L'accompagnatrice*, 1992, de Claude Miller, *La tourneuse de pages*, 2006, de Denis Dercourt, etc.

b) *La profession n'est pas impliquée directement dans l'action, mais sert à définir symboliquement le personnage*: Thornhill dans *La Mort aux trousses* est un publicitaire; il apparaît comme un personnage qui joue sur l'apparence désinvolte et la séduction. L'histoire extraordinaire et dangereuse qu'il vit va lui donner une étoffe qui lui faisait défaut.

Le métier d'ethnologue qu'Henri dit avoir, dans *Pauline à la plage*, contribue à l'image de nomade, y compris de nomade sexuel, que se donne ce personnage.

c) *La profession est indifférente ou inconnue*, cas du personnage de Pierre dans le film de Rohmer.

d) *Le personnage se définit comme venant d'être privé de son emploi* (c'est le cas dans *Chute libre* et *L'Emploi du temps*).

• Configuration familiale
Tout scénario propose, même par défaut, une configuration familiale: tout simplement celle des parents et enfants des personnages, telle qu'elle est exposée explicitement ou implicitement.

C'est déjà un choix que de proposer des personnages dont la famille est mise hors-champ, n'est jamais mentionnée, comme c'est le cas dans *Pauline à la plage*: sauf l'enfant de Henri.

Dans *2001*, de Kubrick, nous apprenons vite que Frank Poole, l'astronaute en route vers Jupiter, a une famille, mais celle de Dave, son compagnon, n'est ni montrée ni mentionnée. C'est ce dernier, sans attaches, qui finira le voyage.

L'absence (mort, éloignement, fuite, défaillance) du père est très courante au cinéma (*La Mort aux trousses*, *Chute libre*, *L'Intendant Sansho*, *À travers le miroir*, *Psychose*, *L'Esquive*, où le père de Krimo est en prison, *Terminator*, *Uzak*). Chez Kazan (*La fièvre dans le sang/Splendor in the Grass*, 1961), et dans *L'Emploi du temps*, mais aussi dans *The Weather Man*, 2005, de Gore Versinbski, le père est au contraire trop pesant. Sean Connery et Michael Caine, notamment, ont plusieurs fois joué des pères acerbes et écrasants.

Lorsque le héros du film de Sacha Guitry (tiré d'un de ses récits), *Le Roman d'un tricheur*, 1936, dit par boutade: « *mon père avait sa mère, ma mère avait son père, ils étaient quittes, si j'ose dire* », il donne ici la « configuration familiale » de beaucoup d'histoires portées à l'écran: beaucoup de personnages de filles et de femmes, dans le cinéma, sont « fixées à leur père », dont elles s'occupent, et se trouvent plus ou moins piégées dans un rôle de substitut maternel par l'absence, la disparition ou la défection de leur propre mère: c'est le cas de nombreuses héroïnes d'Ozu (*Le Goût du saké*, 1964), mais aussi d'Audrey Tautou dans le film de Jean-Pierre Jeunet, *Le Fabuleux destin d'Amélie*

Poulain, 2001. La fin montre en général le personnage féminin se délivrant de son « Œdipe » en convolant avec un personnage masculin.

Inversement, la défection, la maladie, l'infirmité ou l'absence du père sont montrées dans les films comme très perturbantes pour les garçons: criminogènes dans les cas cités plus haut, ou bien comme libérant les forces du mal (*Blue Velvet*, 1987, de David Lynch). La quête du héros masculin, dans le cas le plus optimiste, amènera celui-ci à se délivrer de son « Œdipe », pour trouver une partenaire de son âge: le cas le plus fameux, analysé très bien par Raymond Bellour, est bien sûr le personnage de Thornhill dans *La Mort aux trousses*.

• Films d'action, films de personnages

Il y aurait, selon certains, dichotomie entre action et caractère, péripéties et richesse psychologique des personnages. Il y aurait deux sortes de films, ceux essentiellement fondés sur l'action avec des personnages schématiques, et ceux où la psychologie est plus riche et nuancée, et l'action plus réduite. D'autres nient l'existence d'une telle dichotomie. C'est par ailleurs un vieux débat de la dramaturgie, que l'existence d'un être psychologique du personnage qui serait indépendant de ses actions.

Aristote disait, dans sa « Poétique »: « *C'est en raison de leur caractère* (littéralement: *ta ethé*, leurs mœurs) *que les hommes sont tels ou tels; mais c'est en raison de leurs actions qu'ils sont heureux ou le contraire. Donc les personnages n'agissent pas pour imiter les caractères, mais ils reçoivent les caractères par surcroît et en raison de leurs actions* (dia tas praxeis) ». Ce que Roland Barthes, dans son « Introduction à l'analyse structurale des récits » (*Communications n° 8*) commente ainsi: « *Dans la Poétique aristotélicienne, la notion de personnage est secondaire, entièrement soumise à la notion d'action: il peut y avoir des fables sans « caractère » dit Aristote, il ne saurait y avoir de caractères sans fable (...) Plus tard, le personnage qui jusque-là n'était qu'un nom, l'agent d'une action, a pris une consistance psychologique, il est devenu un individu, une personne, bref un être pleinement constitué, alors même qu'il ne ferait rien, et bien entendu, avant même d'agir.* » Nous aurions tendance à penser, malgré cela, que la définition du personnage, exprimée comme « type », « essence » existait déjà dans l'Antiquité. Chez Homère, Ulysse est un homme rusé, Achille un homme bouillant et impulsif, etc.

Wladimir Propp, dans son étude des contes merveilleux, relève que le personnage du conte n'a pas de consistance psychologique, il n'existe que par rapport à sa sphère d'action: il est celui qui cherche, ou celui qui combat, ou celui qui informe.

Diderot, dans ses « Entretiens sur le Fils Naturel », plaide pour un théâtre d'actions, de situations, par rapport à la comédie de caractère du théâtre classique (« L'Avare », « Le Distrait », etc.). *« Dans la comédie, c'est du caractère qu'on tirait toute l'intrigue. On cherchait en général les circonstances »*. Au contraire, dit-il, *« il ne faut point donner d'esprit à ses personnages, mais savoir les placer dans des circonstances qui leur en donnent »*.

Avec beaucoup d'action, les personnages tendent à devenir des marionnettes, et avec une grande subtilité psychologique (disent certains), l'action se ralentit et perd son importance. L'idéal serait de combiner et d'imbriquer caractère et action, ce qui est plus facile à postuler dans l'abstrait qu'à réaliser dans les faits.

Hitchcock assurait, dans ses dialogues avec Truffaut, avoir été confronté très souvent à ce problème: *« J'essaie de corriger la grande faiblesse de mon travail qui réside dans la minceur des personnages à l'intérieur du suspense (...) Cela m'est très difficile, car lorsque je travaille avec des personnages forts, ils m'emmènent dans la direction où ils veulent aller, eux. Alors, je suis comme la vieille femme que les jeunes boy-scouts veulent forcer à traverser la rue: je ne veux pas obéir. »* (« Hitchcock-Truffaut », 271). Et lorsqu'en 1972, Truffaut lui reposait la question: *« Préférez-vous filmer un scénario avec des situations fortes et des caractères pas très approfondis, ou l'inverse? »*, il répondait: *« Je préfère des situations fortes. Il est plus facile de les visualiser. Pour étudier un caractère, il faut trop de mots »* (H-T, 288). L'alternative pour Hitchcock semble donc inévitable, et demander que l'on choisisse son camp.

• Comment et à quel moment poser les personnages
Un personnage peut et même souvent *doit* être signifié dans son caractère ou sa fonction sans attendre, *dès sa première scène*. D'autre part, les personnages se définissent les uns par rapport aux autres.

Dans *L'Intendant Sansho*, Tamaki, la mère, est montrée d'emblée en train de s'inquiéter pour son fils, qui fait des imprudences: « *Zushio, c'est dangereux* » (scène 1).

Zushio, l'indépendant, est montré tout de suite s'aventurant à l'écart du groupe des femmes, quand, tout jeune encore, il est vu, dès la scène 1, marchant sur un tronc d'arbre en travers d'une rivière.

Les bonnes intentions inefficaces de Taro, le fils de Sansho, sont également manifestées tout de suite, quand il demande à son père d'épargner les enfants et qu'il n'insiste pas lorsque le père réitère son ordre.

Dans la première scène d'*À travers le miroir*, Karin est caractérisée comme impérative, autoritaire, puisque c'est elle qui distribue les tâches : elle ira chercher le lait avec son frère, les deux autres hommes s'occuperont des filets de pêche. Son père est signifié comme précautionneux, introverti, craintif (la façon dont il fait allusion au fait qu'il est trempé, qu'il a froid, sa façon de refermer sur lui sa robe de chambre).

Vincent, au début de *L'Emploi du temps*, est immédiatement associé à son « instrument », le téléphone portable : c'est un mythomane ou un mystificateur (il parle à sa femme d'un travail que nous ne le voyons pas effectuer) et un homme en errance (il est sur une aire de repos d'autoroute).

Dans *Uzak*, le personnage de Mahmut, le photographe, est signifié dès la première scène comme protégeant sa tranquillité : il vient de faire l'amour avec une femme, mais celle-ci doit repartir chez elle en pleine nuit ; son téléphone sonne, et il ne prend pas l'appel, mais écoute sur son répondeur. La femme sortie, il nettoie une tache sur son lit, etc.

• Ventilation de la caractérisation

La caractérisation d'un personnage peut aussi « ventiler » sur une certaine durée, parfois sur toute la durée du scénario, l'exposition de tous les détails qui la constituent. On peut d'ailleurs user de cette « ventilation » dans un sens dramatique, par exemple en ménageant des surprises sur la profession du personnage, sur certains aspects de sa vie privée ou familiale, etc., et en s'en servant pour faire vivre le « scénario projectif ». En revanche, le trait essentiel du personnage, celui qui lui donne sa fonction dans l'histoire, vaut la peine d'être posé tout de suite, dès sa première apparition, fut-ce par allusion. Si les traits importants du personnage, quels qu'ils soient, tardent trop à être définis, le spectateur risque de réagir par de l'indifférence envers ce personnage trop flou, trop mal dessiné. De même, il ne suffit pas de laisser planer le flou sur les relations réelles (de parenté, de commerce sexuel) entre deux personnages, il faut créer l'envie d'en savoir plus, de percer le mystère, et, s'il y a volonté d'ambiguïté, organiser cette ambiguïté.

14. Que peut-il arriver à un personnage?

• Déclaration

La déclaration (d'amour) est un des actes les plus forts que puisse faire un personnage, surtout quand elle ne passe pas seulement par les mots, mais est marquée par un acte symbolique, qui l'engage. Dans *Coup de cœur/One from the Heart*, 1982, de Francis Coppola, Fred Forrest reconquiert le cœur de sa compagne Frannie, jouée par Teri Garr, en entonnant (faux, et en public), une chanson d'amour, alors qu'une foule de gens – nous sommes dans un terminal d'aéroport – le regarde et l'écoute. Fred Forrest a couru le risque d'être ridicule, et pour cela il attendrit. Dans *Les Enfants du silence*, James Leeds, pour déclarer son amour à Sarah, ne se contente pas de mots; il se jette tout habillé dans la piscine où celle-ci nage.

• Dessillement

Originellement, « siller », c'est coudre les paupières d'un oiseau de proie pour le dressage, et le « dessiller », c'est lui découdre les paupières. Par analogie, on parle de « dessillement » quand quelqu'un cesse d'être aveugle à quelque chose, notamment sur lui-même.

Certains scénarios de « dessillement » reposent sur l'accès d'un personnage à la lucidité (pour lui-même) et à la transparence (pour les autres). Généralement, le film montre cet « outing », cette révélation comme positive pour le personnage. Celui-ci est censé, quand il ne peut plus fuir sa vérité (sexuelle, mais pas seulement), pouvoir mieux s'accepter. Mais parfois aussi, le personnage ne supporte pas cette découverte qu'il fait sur lui-même, ou ce qu'il laisse voir de lui aux autres: cas du militaire à la retraite pour qui, dans *American Beauty*, 1999, de Sam Mendes, la révélation de son homosexualité est une tragédie, qui le fait devenir criminel. La même situation se trouvait déjà dans le roman de Carson McCullers *Reflets dans un œil d'or*, porté à l'écran par John Huston en 1967.

Dans beaucoup de films policiers, un homme a la révélation de sa part de perversion et de violence en enquêtant sur un criminel.

Pleasantville, 1998, de Gary Ross, emploie la couleur comme métaphore de la découverte par chacun de sa vérité, de sa vocation: un personnage est coloré, et non plus en noir et blanc, quand il s'est trouvé. Mais cette découverte est différente pour

chacun: pour le serveur de fast-food joué par Jeff Daniels, c'est
son goût du beau, et pour la jeune fille délurée et inculte jouée
par Reese Witherspoon, c'est le goût de la lecture et du savoir.
De façon très optimiste, cette révélation pour chacun de sa nature
est montrée comme structurante et constructive.

• Vivre son désir

Le trajet du personnage consiste souvent à reconnaître, puis à
vivre son désir, fût-il de se perdre. C'est ce que font les deux
femmes de *Thelma et Louise*.

• Renoncement

Le renoncement à s'accrocher à un bien, à une autorité qu'il a
sur une personne, un enfant notamment, est une des plus belles
choses que puisse accomplir un personnage. Dans les films d'Ozu,
les vieux pères veufs apprennent à renoncer à ce que leur fille
reste au foyer pour s'occuper d'eux, permettant à celle-ci de fonder son propre foyer. Tom Cruise dans *La Guerre des Mondes*,
2005, de Spielberg, laisse partir son fils aîné vers sa propre vie,
renonçant vis-à-vis de lui à l'autorité paternelle qu'il était justement en train de réaffirmer.

• Acceptation de ses pulsions ou de ses limites

Le cinéma se prête à l'expression de l'extériorisation des pulsions, y compris les pulsions anti-sociales et anti-humanistes,
comme des décharges dans lesquelles les personnages tombent le
masque, mais laissent voir leur vérité. Or, la leçon de beaucoup
de films, c'est l'acceptation et la domestication du pulsionnel.
Dans ces films ce n'est pas un mal de céder un moment à ses
pulsions, pourvu qu'ensuite on ne s'y enferme pas. La morale
moyenne, donc, serait: « c'est bien d'avoir livré sa vérité »,
« sachons l'accepter et la tenir en bride, mais ne cherchons pas
un refoulement complet. »

L'acceptation par un personnage de ses faiblesses, de ses lacunes, est aussi
un beau sujet de cinéma – c'est le sujet notamment d'*On connaît la chanson*,
1999, de Resnais, où des personnages qui se croient solides acceptent de reconnaître leur part dépressive et de vivre avec.

Le personnage de Martin, le mari, dans *À travers le miroir*, est très émouvant, car à la fin il doit accepter de ne plus être un soutien pour sa femme,
seulement de l'aider avec ce qu'il peut faire comme médecin: une piqûre
calmante.

164

• Conversion

Lessing, l'auteur de la « Dramaturgie de Hambourg », cite l'avis d'un critique français qui reprochait à une pièce la « conversion subite » d'un personnage, conversion qui de ce fait n'est pas crédible et ressemble par trop à une commodité d'auteur, C'est en effet une facilité tentante, pour résoudre à peu de frais une situation compliquée où l'on s'est embourbé, que de postuler chez un des personnages un changement d'avis et d'attitude: il ne voulait pas, il veut bien. Il ne pensait qu'à son intérêt immédiat, il devient un altruiste modèle. Elle l'aimait, elle ne l'aime plus.

La règle dans le théâtre classique était que le personnage, une fois défini, ne devait pas changer de caractère. Pour Aristote, par exemple, les caractères prêtés aux personnages se doivent d'être: *conformes* (à leur âge, à leur sexe, etc.), *ressemblants* (au modèle historique ou mythologique utilisé) et *constants* (omalôn). Boileau énonçait cette même loi à propos du personnage de théâtre: « *Qu'en tout avec lui-même il se montre d'accord.* »

Il est admis, cependant, que le personnage puisse se modifier, à condition que cela ne soit pas de façon incohérente et subite. On considère même comme un bon principe que le personnage, dans l'action, se révèle à lui-même, qu'il s'éveille et s'affirme dans l'événement, acquérant une dimension insoupçonnée au départ: c'est la situation classique du trouillard qui devient courageux, de l'égoïste qui devient généreux (Harry Morgan dans *Le Port de l'angoisse*), ou du héros qui se forge dans l'épreuve, et dans le défi d'un danger qu'il n'a pas recherché au départ.

Plusieurs de nos films comportent une conversion, plus ou moins radicale, du protagoniste masculin, de Kent dans *Mabuse*, de Zushio dans *Sansho*, de Harry dans *Le Port de l'angoisse* – cependant que dans ces trois mêmes films, l'héroïne féminine, plus ou moins idéalisée (respectivement Lily, Anju et Marie), reste égale à elle-même d'un bout à l'autre. Surtout chez Lang et Mizoguchi, c'est la femme comme représentation de la continuité, du recours, de « l'Éternel Féminin » de Goethe qui « nous attire vers le haut » (*zieht uns hinan*).

Ainsi, Harry Morgan évolue; méfiant, caustique et individualiste au début, il devient plus généreux et moins refermé sur des problèmes personnels. Le sort a aidé à sa conversion en le plaçant dans une situation instable, en le sortant de sa routine.

Une conversion est plus convaincante et émouvante si la manière dont elle se produit continue de refléter la vérité du personnage. Ainsi, Zushio, dans *L'Intendant Sansho*, est toujours montré comme un personnage entier, sans tergiversations, et très volontariste. Quand il sert le pouvoir de l'intendant Sansho,

165

c'est tout d'une pièce, en bloc, et sans faire de phrases et quand il se convertit, c'est tout aussi massivement.

De la même façon, Harry demeure, dans les étapes successives de sa conversion, un homme caustique et rebelle aux effusions. Mais comme on l'a tout de suite montré comme un homme loyal et capable d'attachements profonds (envers son ami Eddy), sa « conversion » nous paraît logique et touchante.

Dans *La Liste de Schindler*, 1993, de Spielberg, tel qu'on s'en souvient et tel qu'on l'a commenté de différents côtés, Oskar Schindler est un cynique aimable au début, un viveur qui se convertit à la bonté le jour où son regard jusque-là indifférent au malheur des Juifs – malheur dont il profite par ailleurs comme directeur d'usine – s'attarde sur le massacre par les nazis du ghetto de Cracovie et en particulier, semble-t-il, sur une petite fille dont le manteau est colorié en rouge, le reste de l'image et des personnages demeurant en noir-et-blanc. Si nous revenons au scénario littéral, nous voyons que les choses sont plus ambiguës et progressives, et qu'elles ne se ramènent pas à la rédemption d'un personnage sous l'effet de l'attendrissement.

La mise à plat du scénario, à partir de plusieurs visions du film, fait apparaître beaucoup plus le rôle d'Isaac Stern, le comptable juif qui est l'éminence grise de cette lente mutation. Chargé par Schindler de recruter des ouvriers pour l'usine de l'industriel, Stern enrôle un ouvrier manchot pour lui éviter la déportation et l'extermination, mais il lui fait croire que c'est le directeur qui l'a choisi par bonté. Puis il arrange une rencontre entre Schindler et l'ouvrier manchot qui remercie chaudement Schindler (au grand énervement de celui-ci) et lui dit une chose capitale pour le film: « *You're a good man.* » « *Vous êtes un homme bon.* » Ce déclic initial: un homme contraint à la bonté parce qu'on l'a déclaré tel, retentit dans le reste du film. On le trouvait peu avant dans un film comme *The Crying Game*, 1991, de Neil Jordan, où le héros – un indépendantiste irlandais – devient bon parce que son otage, un soldat américain, lui a dit contre toute vraisemblance qu'il l'était. Ce ressort donne à l'histoire un éclairage plus intéressant car à la base de cette « conversion », il y a ce qu'on peut appeler une ruse du bien.

• **Anti-conversion, lorsque le personnage n'a rien appris de son aventure**

Dans certains cas, l'absence de toute conversion, de toute modification chez un personnage qui vit une certaine expérience peut même légitimement apparaître comme une faute, et une paresse. On citera les critiques pertinentes formulées dans *Starfix* (n° 20), par Frédéric-Albert Lévy à propos du film d'Yves Robert *Le Jumeau*, 1984, avec Pierre Richard: « Le Jumeau *peut se vanter de raconter l'histoire d'un personnage qui du jour au lendemain s'invente un jumeau, doit vivre avec ce jumeau fictif pendant plusieurs semaines, mais sans que cette expérience ait la moindre conséquence sur lui. Une fois le jumeau écarté, il redevient ce qu'il a toujours été, il n'a rien découvert sur lui ni sur les autres.* »

Cette critique ne serait pas valable si le film se situait dans une optique complètement burlesque (personnages-types, impavides et égaux à eux-mêmes, comme Buster Keaton) ou bien si cette absence de réaction du personnage à son expérience était désignée et assumée comme une donnée de l'histoire. Il ne semble pas que ce soit, en l'occurrence, l'un ou l'autre cas: que le film atteigne la stylisation des types, ou que l'identité du personnage à lui-même soit une donnée active du récit. C'est le cas par exemple d'*Uzak*, où la non-conversion du personnage de Mahmut à une « autre vie » est le sujet même, vrai et pathétique, du film.

D'un certain point de vue, toute histoire digne de ce nom serait une histoire de formation, d'initiation, de conversion. Et de fait, une histoire passionnante, mais au cours de laquelle il n'y a personne qui apprenne quelque chose et s'en trouve transformé, laisse un goût de vide ou d'amertume.

C'est ce que Roman Polanski a cherché – très consciemment – dans plusieurs de ses films. Par exemple, dans *Le Pianiste*, 2002, tiré d'un récit vécu, le héros, Spillman, pianiste à la radio polonaise, est déporté par les nazis dans un ghetto et, en tant que Juif, promis à la mort. À cause de multiples circonstances, parfois de purs hasards, il survit, et la guerre terminée, il reprend son travail de « pianiste à la radio polonaise » sans qu'on sache ce qu'il a retiré – peut-être rien – de cette expérience.

Polanski nous montre un concert classique donné par Spillman après la guerre, et où le héros et le public jouent le jeu social, en célébrant Chopin, comme si rien n'avait changé. La situation du concert de musique classique, éminemment ritualisée et immuable, sert à incarner cette idée, pessimiste mais lucide, sans jugement moral, du « tout a repris comme avant ».

À la fin de *Taxi Driver*, il nous est impossible de savoir ce que Travis Bickle retire de son expérience: il a tué de nombreuses personnages, a passé du temps en hôpital dans le coma, a été héroïsé par les medias comme un sauveur. Le film tient à nous montrer en tout cas qu'il continue de travailler comme chauffeur de taxi et qu'il reste aussi solitaire, même si ses collègues ont pour lui maintenant de la considération.

• Apprentissage ou réapprentissage de la vie

Dans *Le Corbeau*, 1943, d'Henri-Georges Clouzot, le docteur Germain, joué par Pierre Fresnay, est montré comme un homme intègre, mais puritain et fermé, qui, à la suite d'une tragédie personnelle – la perte de sa femme enceinte parce qu'il a voulu sauver le bébé – sur laquelle il s'est crispé, déteste les enfants et leurs cris. À la fin du film, il recommence une histoire d'amour avec une garce rachetée par l'amour, Denise (Ginette Leclerc, spécialiste de ce genre d'emploi), avec laquelle il veut avoir des enfants.

C'est le même trajet que suit le professeur paléontologue Grant, joué par Sam Neill dans *Jurassic Park*, 1993, de Steven Spielberg.

• Émancipation

Dans d'autres histoires, des personnages qui vivent une histoire d'amour complexe et douloureuse parviennent à s'émanciper réciproquement.

Dans *Les Enfants du silence*, 1987, de Randa Haines, James aime Sarah, mais aimerait l'« aider » comme il l'entend, en lui montrant comment parler et lire sur les lèvres. Il apprend avec elle, lorsqu'ils vivent ensemble, et plus tard lorsqu'elle le quitte, à ne plus tout maîtriser, à ne pas vouloir changer l'autre sous prétexte de le sauver. Sarah, de son côté, apprend avec lui à accepter de souffrir d'amour, et à ne plus s'enfermer dans sa méfiance.

15. Dilemme scénaristique dans la définition d'un personnage

Le caractère des personnages est souvent le lieu d'un compromis, d'une négociation du ou des scénaristes, qui doivent parfois leur donner des traits contradictoires, afin de les rendre intéressants. Les personnages doivent être assez subtils, mais pas trop, assez lucides, mais pas trop, etc. Ce n'est pas toujours évident.

Par exemple, dans *Gazon Maudit*, 1994, de Josiane Balasko, Lolly (Vittoria April), gentille petite épouse traitée avec condes-

cendance par un mari mufle et infidèle (Alain Chabat) est censée nous émouvoir quand elle apprend que celui-ci la trompe
depuis longtemps. Mais elle ne doit pas nous apparaître naïve,
sous peine d'entraîner chez le spectateur une réaction du type:
« elle l'a bien mérité ». Le motif que donne le scénario, qui veut
éviter d'en faire une oie blanche, est que Lolly est humiliée
d'avoir été la seule à n'avoir rien su. Son personnage est tout de
même le lieu d'un dilemme scénaristique: Lolly ne doit pas être
niaise au point d'ignorer que son mari, telle qu'elle le connaît et
qu'elle l'a choisi, pouvait la tromper, ni assez puritaine pour faire
de la fidélité de son époux une affaire de principe (sinon, on ne
comprendrait pas comment elle peut accepter l'amour d'une
femme, Marie-Jo).

16. Personnages féminins

Pourquoi faire une entrée spéciale sur les personnages de femmes, si l'on n'en fait pas un parallèlement sur les hommes? C'est
que les auteurs des manuels de scénario, et les scénaristes eux-
mêmes, leur font un sort à part, traitant comme un problème
particulier l'intégration des femmes dans les scénarios, quand
ceux-ci ne sont pas au départ des « histoires de couples ». La
paresse du scénariste serait d'utiliser la femme comme objet de
récompense du vainqueur, prime du guerrier, ou supplément décoratif d'une histoire à laquelle elle ne serait pas essentielle...

Sydney Pollack, dans *Cinématographe* (n° 53) raconte: « *Les
scénaristes ont coutume de dire que les personnages féminins
sont sources d'emmerdements, et c'est souvent vrai parce qu'ils
sont justement là pour "le sexe et l'amourette", et qu'ils n'appartiennent pas vraiment à l'épine dorsale du film.* » Combien
de films modernes, en effet (dont il suffit de voir les affiches, où
le personnage féminin est, soit absent, soit réduit à une taille
minuscule par rapport au héros), illustrent cette remarque!

Voyons comment sont traités les personnages féminins dans nos
différents films.

Dans *Le Port de l'angoisse*, Marie Browning, jouée par Lauren Bacall, illustre
un type féminin typiquement « hawksien » – avec de l'aplomb, un certain côté
masculin, et le goût de s'intégrer dans des groupes d'hommes. L'autre femme,
Hélène, représente le contraire, une mijaurée qui, après s'être montrée sotte et
maladroite, en rabattra de sa morgue et fera soumission. Cependant, n'exagé-

rons pas l'indépendance de la femme hawksienne : même si Marie est montrée avec du courage, de l'intelligence et toutes les qualités de « compétence » que mettent si haut les films de Hawks — on ne la voit pas manifester explicitement d'opinion politique. Elle semble épouser naturellement la cause de son homme, et pour rentrer dans le clan des amis d'Harry, doit subir une sorte d'« initiation », représentée par la question énigmatique d'Eddy sur les abeilles mortes.

L'Intendant Sansho est un mélodrame « familial » où les femmes (Tamaki, la mère, Anju, sa fille, les deux esclaves, Namiji et Kayano) jouent un rôle important et actif, mais sont presque toutes des victimes, manifestant humanité et compassion. Le film, centré sur les sentiments familiaux (pas d'intrigue amoureuse) se déroule dans une société où les femmes n'ont d'autre arme, pour lutter, que leur résistance passive et leur sacrifice.

Pauline à la plage est une comédie sentimentale avec trois couples, où les femmes ont autant, voire plus d'importance et d'initiative que les hommes. Les trois personnages féminins, Marion, Pauline, Louisette, sont assez différenciés par l'âge, le caractère et la condition sociale. Deux d'entre elles, celles qui ont l'âge légal du travail, ont leur indépendance familiale et financière, et travaillent, Marion comme styliste et Louisette comme marchande, mais ni l'une ni l'autre n'est située comme ayant un enfant.

Les femmes de *Mabuse* et du *Port de l'angoisse* habitent un univers d'hommes, où elles ne trouvent leur place que comme compagnes de l'un d'entre eux, dont elles épousent la cause. Si Lily exerce un travail (dans un bureau d'emploi, comme le flash-back du film nous l'apprend), ce travail ne joue aucun rôle actif dans l'histoire. Mais dans ces deux films, ainsi que dans *Sansho*, les femmes jouent un rôle humanisant : c'est à leur contact, ou par leur exemple, que l'homme s'éveille à plus d'humanité, de compréhension et de générosité.

Beaucoup de films récents peuvent donner de la femme, malgré l'apparente liberté qui lui est accordée (elle dit des « gros mots », exerce sa liberté sexuelle, etc.) une image traditionnelle. *L'Esquive*, d'Abdellatif Kechiche, est cruel envers son personnage féminin principal, la jeune Lydia (Sarah Forestier), entièrement défini dans le registre de la coquetterie et de la séduction. Le scénario insiste beaucoup sur le plaisir que Lydia a à se montrer dans la cité de banlieue avec sa belle robe de théâtre. Il la montre marchandant pour payer le moins possible le tailleur chinois qui la lui a cousue, exploitant son soupirant Krimo, lui soutirant de l'argent, le laissant se morfondre. Les filles montrées dans le film sont d'ailleurs entièrement requises par leurs histoires avec des garçons, elles n'ont pas d'autre centre d'intérêt.

• Redéfinition du rôle des femmes

Dans le *politically correct* qui régit le cinéma américain depuis la fin des années 70, la question du rôle des femmes est centrale (y compris dans ce phénomène qui frappe le cinéma mondial: la raréfaction des grands rôles féminins par rapport aux périodes précédentes).

Cette histoire n'est pas une progression continue vers l'émancipation. La fin des années 10 jusqu'au début des années 30 ont vu sur l'écran beaucoup de personnages d'aventurières (Musidora dans *Les Vampires*, 1915-16, de Louis Feuillade), d'espionnes (Marlène Dietrich dans *Agent secret X 27*, 1930, de Josef von Sternberg), d'aviatrices, de femmes à poigne...

Dans les années 30 à 50, on n'avait pas peur d'écrire des rôles conformes aux clichés sexistes de garce dangereuse ou irresponsable (c'était une spécialité de Ginette Leclerc en France, de Bette Davis aux USA), ou bien de victimes éplorées, quand ce n'étaient pas des personnage sacrificiels, et en tout cas oblatifs, c'est-à-dire renonçant à tout par amour ou dévouement. Joan Fontaine a joué parfois de manière émouvante ces jeunes filles qui ne sont que don et disponibilité. L'ouvrage de Geneviève Sellier et Noël Burch, *La drôle de guerre des sexes dans le cinéma français* évoque l'ambivalence de ce type de personnages.

On peut interpréter la moins grande richesse des rôles féminins actuels comme un acte de prudence: mieux vaut restreindre les rôles féminins que de s'exposer à des critiques.

Mais le succès d'*Alien*, en 1979, a créé avec Ripley un personnage de femme à la fois concrète et intelligente, battante, seule armée pour affronter les monstres, dans un monde où les hommes (les mâles) n'assurent plus.

Sarah Connor dans *Terminator* 1 et 2, Ripley dans la suite de la saga, plusieurs héroïnes inspirées par des jeux vidéo (Lara Croft dans *Tomb Raider)* ont entretenu cette vogue. En même temps, les personnages de Ripley et Sarah sont montrés dans un rôle considéré comme typiquement féminin, la préservation et la protection de la vie, plutôt que dans un rôle créateur ou découvreur.

Le personnage joué par Uma Thurman dans *Kill Bill*, de Quentin Tarantino, est l'héritière de cette série, mais aussi des films d'arts martiaux de Hong Kong.

Mais cette nouvelle définition des rôles féminins ne concerne pas que les films d'action. Le « politiquement correct » américain – souvent caricaturé ou moqué en France, et décrit uniquement sous ses aspects répressifs et négatifs – a créé de nouveaux critères, que respectent pratiquement tous les films américains récents:

Le personnage féminin ne doit pas être seulement « victime » de son destin, il doit le prendre en charge. Une femme en détresse ne doit pas attendre qu'on vienne la sauver. Par exemple, la jeune fille replète enlevée dans *Le Silence des agneaux*, 1990, ne se contente pas de gémir et de hurler dans le puits où son ravisseur l'a jetée pour l'affamer; elle utilise son intelligence pour ourdir une ruse qui utilise le petit chien du psychopathe, et elle est bien près de réussir à se sauver elle-même. Quand Jodie Foster vient la tirer d'affaire, la jeune fille a donc prouvé au spectateur qu'elle n'est pas là uniquement pour attendre d'être secourue.

Autre exemple caractéristique: la différence entre *Une femme disparaît/Lady vanishes*, 1938, de Hitchcock, et le film de Robert Schwentke *Flightplan*, 2005, qui en est partiellement le remake, même inavoué. Dans les deux films, une femme est victime d'une conspiration tortueuse et d'ailleurs « tirée par les cheveux » pour lui faire croire que telle personne avec laquelle elle a voyagé n'a jamais existé, et que c'est elle qui est folle. Mais dans le film de Hitchcock, la femme est « sauvée » par un jeune homme de rencontre qui lui prouve qu'elle n'est pas folle, et l'aide à résoudre l'énigme. Dans *Flightplan*, Jodie Foster ne doit compter que sur ses propres moyens, y compris ses prouesses physiques, pour résoudre l'énigme.

C'est le changement le plus flagrant. Finis – pour un temps en tout cas – les films comme *Hantise*, 1944, de George Cukor, ou *Raccrochez, c'est une erreur/Sorry, Wrong Number*, 1948, d'Anatole Litvak, dans lesquels une femme confiante se laisse complètement manipuler par un homme (souvent, mais pas toujours un tueur), voire par une autre femme.

Cette différence est éclatante dans le remake américain récent d'une fameuse histoire de machination écrite par le tandem français Boileau et Narcejac: *Diabolique*, 1996, de Jeremiah Chechik. Isabelle Adjani, dans le rôle de l'épouse d'un directeur d'école, y reprend l'emploi que tenait Vera Clouzot dans *Les Diaboliques*, 1955, de son mari. Mais là où le personnage chez Clouzot n'était d'un bout à l'autre que peur, Isabelle Adjani est censée être une dure à cuire, plus cynique et manipulatrice qu'elle n'en a l'air. Du coup, dans ce cas précis, l'histoire perd en force, plus aucun personnage n'étant attachant, même en tant que victime.

Thelma et Louise s'amuse à inverser les imageries: pendant que les femmes sont sur les routes à faire les quatre cent coups (y compris en draguant des hommes qui font du stop), les hommes attendent à la maison en regardant la télévision: c'est l'objet de la scène comique où la police attend chez Darryl que Thelma appelle.

Si l'on a vu revenir dans les films les personnages de femme fatale – par exemple le personnage de Katherine Tremayne dans *Basic Instinct*, 1992, de Paul Verhoeven – ces femmes ne sont plus censées être fatales à leur insu, ou par faiblesse féminine. Elles doivent l'être avec agressivité. Ce qui est pourchassé est en effet non le personnage de la femme méchante, mais celui de la femme faible.

Dans d'autres films récents, les personnages de femmes même secondaires jouent également un rôle-pivot: elle est considérée comme moins assujettie que l'homme à l'intransigeance morale, elle sert de prétexte pour le spectateur à trouver séduisantes la force brutale ou les pulsions amorales.

Par exemple, dans *Fight Club*, 1999, de David Fincher, le personnage secondaire d'Elisabeth McGovern est finalement conquis par la gentillesse d'Edward Norton, mais après avoir été un moment séduit par le machisme de Brad Pitt.

Le spectateur se sent autorisé à être sensible lui-même au second. Comme si la fonction du sur-moi était moins rigide chez la femme, faisant de celle-ci un intermédiaire pour la séduction que nous éprouvons nous-même.

17. Équipe, groupe

De nombreux films sont construits sur l'histoire d'un groupe, de sa constitution, de sa mission, et de ses agents de destruction internes ou externes... Les scénarios de Charles Spaak *(La belle équipe, La Kermesse héroïque)*, sont par exemple souvent bâtis sur ce thème d'un « *groupe réuni par un dessein commun, et qui doit lutter contre des dangers d'éclatement, de destruction qui le menacent de l'intérieur ou de l'extérieur* ».

On rangera dans cette catégorie les films d'aventures marines (depuis les classiques *Révoltés du Bounty*, jusqu'au *Master et Commander*, 2003, de Peter Weir), les films de cosmonautes *(Apollo 13*, 1995, de Ron Howard, *Space Cowboys*, 2000, de Clint Eastwood), les films d'équipes sportives, les films de mercenaires, bien sûr *(Les sept samouraïs, Les sept mercenaires)*, les films de commandos militaires pour mission spéciale *(Les canons de Navarone*, 1961, de Jack Lee Thompson, *Les héros de Telemark*, 1965, d'Anthony Mann, *Les douze salopards/Dirty Dozens*, 1967, de Robert Aldrich), les films de casse *(Quand la ville dort/Asphalt Jungle*, 1950, de John Huston, *L'ultime razzia/The Killing*, 1956, de Stanley Kubrick, *Le Pigeon/I soliti ignoti*, 1958, de Mario Monicelli, *Topkapi*, 1964, de Jules Dassin, *Ocean's Eleven*, 2001, de Steven Soderbergh et ses suites), les films de gangs (dont *West Side Story*, 1961, de Robert Wise et Jerome Robbins est un superbe exemple). Et aussi les films de « bandes de garçons », peinture de jeunes gens désœuvrés et faisant des bêtises, comme on le voit notamment dans le cinéma italien: *Les Vitelloni/I Vitelloni*, 1953, de Federico Fellini, *Mes chers amis/Amici mei*, 1975, de Mario Monicelli.

L'agent de destruction du groupe, quand ce dernier est, ce qui est fréquent, composé seulement d'hommes, est classiquement une femme *(La belle équipe)*, mais ce peut être aussi le temps qui passe *(Les copains d'abord/The Big Chill*, 1983, de Lawrence Kasdan), la poursuite de buts inconciliables, ou au contraire d'un même bien non partageable, la réapparition de l'être de classe ou de la différence sociale, le malentendu.

Dans *Mabuse*, ce sont deux femmes, une femme « pure » (Lily), et une fille « légère » (Anna) qui contribuent, chacune à sa manière, à défaire la bande masculine constituée par Mabuse, la première par sa bonté et son amour dévoué envers Kent (qu'elle accompagne dans le repaire du bandit), la seconde en exhibant un des bijoux volés... L'une a pénétré dans le lieu où elle ne devait pas, l'autre a montré à l'extérieur ce qui devait rester caché.

• **Constitution ou liquidation d'une équipe**

Quand le scénario commence par raconter la constitution d'une équipe (les films cités plus haut, mais aussi *Le Salaire de la peur,* 1953, d'Henri-Georges Clouzot et son remake américain, *Le Convoi de la peur/Sorcerer*, 1977, de William Friedkin, *Escape to Victory*, 1980 de John Huston), l'astuce employée consiste à casser la régularité du rythme de recrutement: l'un des hommes prévus est remplacé au dernier moment par un autre inattendu; deux ou trois sont pris ensembles, etc.

De même pour la situation inverse, c'est-à-dire l'extermination *(Alien* de Ridley Scott, *Sans retour,* 1983, de Walter Hill, *Le*

Pont, 1959, de Bernhard Wicki, *Kanal*, 1957, d'Andrzej Wajda, *The Descent*, 2005, de Neil Marshall, et d'innombrables films d'horreur). Soit l'un des membres du groupe se révèle être un traître, voire un non-humain (*Alien*); ou bien la créature qui les supprime, mettant les bouchées doubles, en emporte d'un coup deux ou trois...

Dans l'histoire d'un groupe qui s'agrandit, ou qui est décimé, il est donc conseillé de surprendre l'anticipation du spectateur, quant à la manière dont ce groupe va être fait ou au contraire défait.

• Circonstances propices aux confrontations

Certaines circonstances privilégiées de retrouvailles ou de rencontres entre personnages ont été élues par le cinéma: les fêtes de famille, bien sûr (*Fanny et Alexandre*, 1982, d'Ingmar Bergman, *Festen*, 1998, de Thomas Vinterberg), les réceptions sociales (*Gens de Dublin/The Dead*, 1987, de John Huston), les mariages (outre le fameux *Quatre mariages et un enterrement/Four Weddings and a Funeral*, 1994, de Mike Newell, on peut citer entre autres: *Un mariage/A wedding*, 1978, de Robert Altman) et les enterrements, avec ce qui les suit, c'est-à-dire les évocations d'un défunt (*La comtesse aux pieds nus/The Barefoot Contessa*, 1954, de Joseph Mankiewicz, *Nos funérailles/The Funeral*, 1996, d'Abel Ferrara, *Ceux qui m'aiment prendront le train*, 1997, de Patrice Chéreau). *Et vogue le navire/E la nave va*, 1982, de Fellini fait se retrouver une galerie hétéroclite de personnages sur un bateau d'où l'on doit disperser les cendres d'une grande cantatrice, évoquée tout au long du film.

Le cadre d'un bateau est également propice, dans ce film, à montrer une société « en coupe », depuis les soutes jusqu'aux cabines de première classe, et aux transatlantiques où devisent de riches oisifs. Citons aussi, dans ce genre du « film de croisière »: *Lunes de fiel*, 1992, de Roman Polanski, et *Titanic*, 1995, de James Cameron.

N'oublions pas les films de troupe théâtrale, de troupe de danseurs ou de troupe de cirque: *Les feux du music-hall/Luci di varieta*, 1950, d'Alberto Lattuada et Federico Fellini, et *La nuit des forains*, 1953, d'Ingmar Bergman en sont deux merveilleux exemples.

Les orchestres professionnels ou d'amateur sont aussi des milieux affectionnés par le cinéma (*Prova d'orchestra*, 1975, de

Federico Fellini, *Les Virtuoses/Brassed Off*, 1997, de Mark Herman).

Les tournages de films, depuis *Huit et demi* de Fellini, jusqu'aux films de Truffaut, de Godard, de Tom DiCillo (*Ça tourne à Manhattan/Living in Oblivion*, 1994), de Michael Winterbottom (*Tournage dans un jardin anglais/A Cock and Bull Story*, 2006) sont souvent des occasions de rassembler toutes sortes de personnages, de rôles, de fonctions.

N'oublions pas les fêtes religieuses et commerciales, comme Noël, et les fêtes nationales : le 4 juillet américain sert par exemple de contexte et de cadre au beau film choral de Francis Coppola, *Coup de cœur/One from the Heart*, 1982, et René Clair a signé un de ses meilleurs films en 1931 avec *Quatorze Juillet*.

Certains auteurs-réalisateurs comme Robert Altman se sont fait une spécialité des films regroupant de dix à cent personnages à l'occasion de la description d'un milieu, d'une ville, d'une rite social... Mais c'est aussi le cas chez Fellini, dont plusieurs films dépeignent la plongée dans un milieu, dans une ville, dans une époque, avec un foisonnement de personnages.

À l'inverse, on a vu fleurir à partir des années 90 les films de groupes dont les personnages ne se rencontrent pas, mais se croisent occasionnellement ou virtuellement (*Magnolia*, 1999, de Paul-Thomas Anderson, *Collision*, 2004, de Paul Haggis, *Babel*, 2006, d'Alejandro Gonzalez Inarritu)

• **Tensions dans le groupe**

Si les scénaristes peuvent jouer sur les tensions psychologiques à l'intérieur du groupe, pour le rendre plus vivant et en animer la matière dramatique, le danger, si l'on joue trop de ces tensions internes, est de *casser l'identification au groupe* (quand c'est sur elle que repose le film), avec pour résultat que le public renvoie dos à dos tous les personnages et se désintéresse de leur sort.

Les histoires de famille sont souvent faites sur l'absence ou la défection d'un de ses membres, et du *rôle* qu'il représente. Classiquement dans beaucoup de ces films, c'est le père qui fait défaut (mort, disparu, fugitif, etc.) ou qui a failli.

• **Groupes forcés**

Un cas particulier est constitué par des groupes forcés de gens que séparent leur âge, leurs idées, leur condition, leur caractère, et qui sont réunis subitement, contraints à cœxister par un drame: un bombardement, un fait divers, une catastrophe naturelle (notamment dans les films-catastrophes dont le parangon est *L'Aventure du Poséidon/The Poseidon Adventure*, 1973, de Ronald Neame, et son remake par Wolfgang Petersen en 2006), la guerre (les prisonniers de *La grande illusion*, 1937, de Renoir), une situation de « huis clos », etc. Ce genre de scénario est souvent basé sur le principe d'*échantillonnage* et de brassage du microcosme social, mêlant à l'occasion d'une circonstance exceptionnelle des gens très différents que la vie quotidienne ne ferait pas se côtoyer.

Les films de jury, dont le parangon est le fameux *Douze hommes en colère/Twelve angry men*, 1957, de Sidney Lumet, rentrent bien sûr dans ce cas.

Le principe est poussé à l'extrême dans *Cube*, 1999, de Vincenzo Natali, où un groupe de personnages qui ne se connaissent pas se trouve enfermé dans un cube piégé.

Moins dramatiquement, les films « de vacanciers » (*L'Hôtel de la plage*, 1978, de Michel Lang, la série des *Bronzés*, *Les randonneurs*, 1996, de Philippe Harel, *Camping*, 2006, de Fabien Onteniente) créent des situations comiques par confrontation d'origines, de caractère, de classes sociales parfois.

18. Accessoire

Un scénario peut mettre en jeu, non seulement des personnages, mais aussi un certain nombre d'accessoires importants ou significatifs: pièces de vêtements, cigarettes, objets personnels, armes, véhicules, miroirs, carnets, etc.

Ces accessoires peuvent jouer, dans un scénario, deux rôles indépendants, ou simultanés:

– rôle *fonctionnel* d'outil: une arme pour tuer, une canne pour s'appuyer en marchant, un réveil pour donner l'heure.

On peut aussi détourner les objets familiers de leur fonction: souvent des objets domestiques servent d'arme offensive ou défensive (les ciseaux avec lesquels Grace Kelly tue son agresseur dans *Le Crime était presque parfait/Dial M for Murder*, 1946, d'Alfred Hitchcock). Le cas inverse est plus rare, mais tout aussi intéressant.

– rôle *révélateur*, voire *symbolique*, d'un personnage ou d'une situation. L'accessoire peut révéler le personnage par son aspect ou la façon dont il est utilisé (jeux de scènes, tics) ou bien exprimer symboliquement les fonctions, les situations, les enjeux. Ce peut être le cas des objets dont on se dispute la conquête, et qui représentent le pouvoir, la richesse, le savoir, ou encore le malheur, le souvenir, l'enfance (le traîneau de *Citizen Kane*, qui représente « l'objet perdu »). Dans le même film, le puzzle auquel joue le héros devenu âgé est une expression symbolique transparente de son destin et de la structure du film.

Parmi les objets à rôle symbolique les plus souvent utilisés figurent les bijoux et montres anciennes (boucles d'oreille dans *Madame de...*, 1953, de Max Ophuls, montre dans *Il était une fois en Amérique*, 1994, de Sergio Leone, *Pulp Fiction, Uzak*), alliance (dans *Le sixième sens*), cadeaux tels que cravates et sacs à main (*In the Mood for Love*) et bien entendu armes.

Même le réfrigérateur joue un rôle vedette dans *Notre histoire*, 1984, de Bertrand Blier (symbole de la volonté du personnage masculin principal de régresser et de s'installer) et *Requiem for a dream*, 1999, de Daren Aronovsky (symbole de tentation pour le personnage féminin qui commence un régime très dur).

Dans le film muet de Murnau, *Tartuffe/Herr Tartüff,* 1925, adaptation libre de la pièce de Molière, une foule d'idées concrètes dans l'utilisation symbolique des objets sert à traduire l'hypocrisie de la vieille gouvernante qui cherche à capter la confiance et le testament du vieux monsieur aisé dont elle s'occupe. Les chaussures de son maître impotent servent à signifier ses sentiments réels: alors que la femme est tout miel avec le vieil homme, dans son dos elle laisse traîner avec négligence ses chaussures, abandonnées sales dans un couloir.

Le petit-fils du vieillard, quand il entre dans la maison, voit tout de suite les chaussures de son aïeul jetées en désordre. Alors qu'il est seul et que personne ne peut voir son geste, il les remet affectueusement à leur place: ce geste accompli sans témoins prouve au spectateur la sincérité et le caractère désintéressé de son affection.

• Clichés dans l'emploi des accessoires

L'utilisation des accessoires obéit souvent à certains clichés, à certaines traditions: les miroirs sont utilisés quand il est question de double, de quête ou de perte d'identité... Il y a dans le décor une cage d'oiseau quand un personnage est prisonnier (*Qu'est-il arrivé à Baby Jane?/What happened to Baby Jane*, 1962, de Robert Aldrich) ou solitaire (*Le samouraï*, 1967, de

Jean-Pierre Melville). Un aquarium exprime souvent la présence de pulsions inconscientes ou dormantes. Mais chacun de ces clichés peut se révéler, dans les mains de bons scénaristes et de grands réalisateurs, indéfiniment renouvelable.

Bien sûr, on peut se borner à mettre dans les mains des personnages des cigarettes, des verres d'alcool ou des cannes de golf, juste pour les occuper et « faire cinéma ». Mais il est toujours possible de donner un sens neuf, une fonction dramatique originale à la façon dont ils exécutent ces gestes banals, ou dont ce geste « résonne » par rapport au contexte de la scène et du film.

Dans *Le Port de l'angoisse* par exemple, quand Marie allume une cigarette à Harry devant Johnson (scène 7), ce n'est pas seulement pour meubler: tel qu'il est fait, le geste devient de la part de Marie un signe de solidarité et presque de soumission; et, en même temps, la façon dont elle allume la cigarette semble signifier à Harry de se calmer. N'oublions pas que le premier contact entre Harry et Marie a eu pour prétexte la recherche d'une allumette, et que dès lors, demander une cigarette, l'allumer, est devenu entre Harry et Marie un jeu de scène lourd de sens. Quand Harry lui fait de la main signe de se servir, cela veut dire qu'il l'adopte; et quand, pour amener Marie à ouvrir le tiroir où est son revolver, il lui demande des allumettes, c'est une allusion à la première occasion de leur rencontre.

Le dialogue érotique par cigarette interposée est une situation classique de cinéma, et c'est peut-être dans le mélodrame *Une femme cherche son destin/Now voyager*, 1942, d'Irving Rapper, avec Bette Davis, qu'on en trouve une des formes les plus achevées.

Dans *Pauline à la plage*, on note au contraire l'absence des « jeux de scène » inutiles, avec des accessoires, qui ne sont là que pour meubler les dialogues. Par exemple, la scène des « professions de foi » (scène 3), où chacun des quatre personnages principaux expose sa conception de l'amour, aurait été placée par un autre scénariste au cours du repas, ou dans la cuisine quand ils font la vaisselle, alors qu'ici, elle se déroule une fois que les personnages ont fini de manger et qu'ils n'ont plus rien à faire que parler. Même chose quand Pauline et Pierre discutent dans un restaurant (scène 24), ou quand les deux filles prennent leur petit-déjeuner: Rohmer évite là encore de recourir aux jeux de scènes habituels: commander un plat, en manger, en offrir, le juger, faire une tartine, mettre quelque chose sur le feu, passer le sel ou la cafetière...

• Circulation des accessoires

Dans *L'Intendant Sansho*, le seul objet important, qui est également un objet de circulation, est la statuette du Dieu de Miséricorde, qui parcourt inchangée les quelque vingt années sur lesquelles se déroule l'histoire.

— Masauji la donne à son fils Zushio, alors tout petit, comme objet de famille et symbole d'humanité, pour qu'il la garde toujours sur lui.

— Des années plus tard, Zushio, devenu esclave, désespéré, la jette, parce qu'elle ne signifie plus rien pour lui.

— Anju, « gardienne » du message, la récupère et la donne plus tard à la vieille esclave agonisante, Namiji, pour l'aider à mourir et, dit-elle, à renaître dans une vie meilleure.

— Mais Zushio, quand il se décide à fuir et qu'il emmène la vieille femme, reprend la statuette.

— Quand Zushio essaie de parler au Premier ministre et qu'il est jeté au cachot, des soldats lui prennent la statuette qu'ils croient volée.

— Mais la statuette parvient dans les mains du Premier ministre, qui l'authentifie et reconnaît, à partir d'elle, Zushio comme fils de Masauji, avant de le nommer gouverneur.

— La statuette est tout ce que conserve Zushio, quand il démissionne et se met en quête de sa mère; il la donne à toucher à sa mère aveugle pour que celle-ci, la palpant, reconnaisse qu'il est bien son fils. L'objet n'est pas ici seulement symbolique. Il est actif dans l'histoire, en tant que marque de reconnaissance.

— Et quand Zushio se rebelle contre la loi morale, il exprime activement sa révolte en jetant la statuette à lui confiée. Il lui aura donc fallu, symboliquement, qu'il s'en sépare pour que, la reprenant, elle redevienne pour lui pleine de sens.

Pour jouer dans un film un rôle important, un objet n'a pas besoin d'être visualisé et montré avec insistance. Le portefeuille de Johnson ou la statuette sacrée de Zushio ne sont pas très souvent montrés, ni fétichisés par la mise en scène; il leur suffit d'être activement engagés dans l'action.

Dans *Thelma et Louise*, on montre tout de suite Louise comme une fumeuse (bien qu'elle déconseille aux jeunes de fumer), ce qui permet de présenter ensuite Thelma comme une jeune femme impressionnée par son amie plus mûre, dans la scène où elle imite Louise en train de fumer.

Chute libre fait un usage systématique des accessoires et notamment des vêtements:

— la mallette style attaché-case que porte Bill, et qui se révélera vide, symbolise son vain effort pour faire comme s'il avait encore un travail (alors que nous apprendrons qu'il a été licencié); quand il l'abandonne et porte à la place un sac de sport bourré d'armes, c'est le signe qu'il franchit un point de non-retour.

— sa tenue vestimentaire d'employé modèle – chemise et cravate – est de même un élément de l'identité qu'il cherche vainement à conserver. Quand au milieu du film il l'échange contre une veste militaire, empruntée à une boutique tenue par le nazi qu'il vient de tuer, c'est un autre signe qu'il a franchi le Rubicon.

– la boule de verre avec un cheval à bascule achetée pour sa fille (grand classique, qui fait penser bien sûr à la boule de verre au traîneau de *Citizen Kane*) est un objet important: elle renvoie à ce cheval à bascule qu'il voulait vainement faire chevaucher à sa fillette terrorisée; et quand le nazi la brise, quelque chose se brise en lui également.

– les animaux en verre filé que collectionne la mère de Phil (allusion direct à une pièce de Tennessee Williams, intitulé « La ménagerie de verre », elle-même portée à l'écran deux fois, par Irving Rapper en 1950, et par Paul Newman en 1987) sont le symbole du petit monde dérisoire et touchant dans laquelle se réfugie cette femme blessée par la vie.

19. Temps

• Signifier le temps

Pour exprimer le temps (passé, présent ou futur), le cinéma n'a pas à sa disposition les temps grammaticaux. On aurait donc tendance à dire que tout, au cinéma, *se passe toujours au présent.*

Malgré tout, dans le cinéma muet, on utilisait les cartons, comme dans les bandes dessinées, pour préciser si un événement se déroulait avant ou après le précédent événement montré dans le film, et par quel délai de temps il en était séparé. Ce procédé de cartons (« *le lendemain* », « *dix ans plus tôt* ») a été abandonné presque totalement par le cinéma parlant, où il n'est repris que pour signifier l'écoulement de longues périodes (dans *Sansho*, par exemple, le carton qui ouvre la scène 10: « *Dix ans plus tard* »).

Mais signifier l'antériorité ou l'ultériorité d'un événement par rapport à un autre est une chose, raconter une action au présent ou au passé en est une autre. On peut donc bien dire que, même si le cinéma utilise certains procédés comme l'opposition noir et blanc/couleur pour signifier les « retours en arrière » *(flash-back,* voir ce mot), chaque segment du récit, une fois situé dans la chaîne chronologique, est toujours raconté au présent.

Le cinéma a élaboré des codes et des conventions propres pour exprimer: a) qu'une scène se déroule antérieurement à celle qui la précède dans la narration *(flash-back)*, éventuellement, qu'elle lui est simultanée; b) les délais de temps entre chaque scène *(time lapses)*.

• Avant et après

Implicitement, le spectateur pense que l'enchaînement des scènes dans le film correspond à une succession linéaire dans le temps. C'est pour cela que certains films peuvent jouer avec le spectateur, en lui assénant des flash-backs non signalisés comme tel. Le temps qu'il comprenne qu'on est revenu en arrière, il a eu un trouble, une surprise. C'est parce qu'automatiquement, il se situait déjà dans un « après ».

Pulp Fiction est célèbre pour un effet de ce genre : il fait réapparaître un personnage qu'on croyait mort, celui de Vincent Vega, joué par John Travolta. Mais c'est seulement parce que le flash-back n'a pas été annoncé comme tel, et aussi parce que ce dont il meurt, ou mourra, n'a pas de rapport avec ses faits et gestes passés (l'opération de règlement de compte avec Brett et Roger), que le spectateur est surpris.

Souvent, dans les films en flash-back (voir plus loin), le passé est donné comme l'explication du présent, et le flash-back apparaît comme une recherche des causes.

• Les délais de temps

Un problème qui est particulier au cinéma, par rapport au théâtre, c'est celui d'établir la longueur du temps écoulé, entre les 12, 20, 30, 60 scènes ou plus que peut comporter le film *(time lapses)*. Comment, en d'autres termes, indiquer le laps de « n » secondes, minutes, heures, jours, mois, années, qui les sépare dans la « diégèse ».

Parmi les conventions que le cinéma a proposées pour répondre à cette question, figurent un certain nombre de clichés éprouvés : l'horloge qui tourne ; la bougie qui se consume ; le sablier qui se remplit ; le calendrier qui s'effeuille ; le cendrier qui se remplit ou la bouteille qui se vide, etc. Conventions bien pratiques, pourtant, dont on aurait tort de se priver.

Parfois, c'est une réplique discrète qui établit, à l'avance ou après coup, le délai écoulé. « *Je te vois ce soir* », dit un des personnages de *Pauline* à l'autre ; si bien que lorsqu'on verra les personnages se retrouver, on pensera que c'est la même journée qui continue – sauf, évidemment, si par cette réplique, on a voulu tromper la prévision du spectateur.

L'évaluation du « time lapse » ainsi provoquée chez le spectateur se fait implicitement et inconsciemment. Par la longueur et le rythme des scènes, d'une part, et par la longueur des « time lapses » entre les scènes, d'autre part, on crée un certain rythme sous-jacent, qui contribue à donner le rythme et l'allure du film, tout autant que le découpage et le montage.

Certains films insistent sur le temps d'attente et de préparation (films d'évasion comme *Le Trou*, 1960, de Jacques Becker, films de casse comme *Ocean's Eleven*), ou sur le temps qui fait l'objet d'un chantage (films de prises d'otage comme *Un après-midi de chien/Dog Day Afternoon*, 1975, de Sidney Lumet, *Inside Man*, 2006, de Spike Lee).

L'unité de temps

Le cinéma joue fréquemment, notamment dans les *suspenses* (qui sont des jeux avec la durée), sur l'idée d'arriver à temps pour... Et ceci, peut-être, parce qu'au contraire du texte d'une pièce de théâtre, qui est sujet à des interprétations et à des mises en scène toujours différentes, le film se présente d'emblée avec du *temps matérialisé*, fixé, concrétisé sur l'écran.

De même que le cinéma, pouvant nous transporter n'importe où, est fasciné par la contrainte théâtrale du lieu unique qui pourrait sembler contraire à son génie, de même, alors qu'un film est fait de l'agglomération de petits bouts de temps filmés, il est fasciné par le *jeu avec le temps réel* – parfois dans les mêmes films. Par exemple, *La Corde*, d'Hitchcock, dure exactement le temps de l'action, deux heures environ, et se déroule dans le cadre unique d'un appartement new-yorkais. L'idée du film en temps réel se retrouve également dans *Le jeu de la vérité*, 1961, de Robert Hossein, *Cléo de 5 à 7* d'Agnès Varda (deux heures de la vie d'une femme en deux heures de film), ou dans *Ce soir ou jamais*, 1960, de Michel Deville, scénario de Nina Companeez, mais aussi *Time Code*, 2001, de Mike Figgis. On a vu apparaître grâce aux techniques numériques et vidéo le film tourné en temps réel et en un seul plan (*L'Arche russe*, 2003, d'Alexandre Sokourov).

Sans aller toujours jusqu'à ces extrêmes (qui n'empêchent pas, dans les films cités, une certaine *stylisation du temps* – un repas qui normalement prendrait vingt minutes, étant expédié, par le jeu du montage ou des ellipses de découpage, en cinq minutes, tout en ayant l'air de se dérouler « en temps réel »), le cinéma aime souvent ramasser une action sur une seule journée (*Le Train sifflera trois fois/High Noon*, 1952, de Fred Zinnemann, *Une journée particulière*, 1977, d'Ettore Scola, *Un après-midi de chien*, de Sidney Lumet, *Do the right thing*, de Spike Lee, *Chute libre*), 24 heures (*À travers le miroir*), deux jours (*La Fureur de vivre*, de Nicholas Ray, *L'Invasion des Profanateurs de sépulture*, de Siegel), trois jours (*Le Port de l'angoisse*, *Parfum de femme/Profumo di donna*, 1974, de Dino Risi), quatre jours (*Le Testament du Docteur Mabuse*), etc.

Deux films réputés des années 70 et 80, *Un après-midi de chien/Dog Day Afternoon*, 1975, de Sidney Lumet, et *Do the Right Thing*, 1986, de Spike Lee, ont en commun de situer l'action dans une seule journée d'été, dans le district de Brooklyn, à New York. Tous deux utilisent la chaleur comme motif dramatique, favorisant une « descente aux enfers », une exacerbation des tensions. *Chute libre* se déroule aussi en une belle journée, sur la ville de Los Angeles, mais la chaleur ne joue de rôle dramatique qu'au début: c'est elle qui pousse le héros à quitter sa voiture et à l'abandonner en plein milieu d'un embouteillage.

Cette utilisation de l'unité de temps, qui évoque les trois unités de la tragédie française classique, semble souvent au cinéma employée pour éviter le sentiment de dispersion et de perte de tension qui pourrait naître de la facilité du cinéma à nous transporter n'importe où à n'importe quel moment. Le combat avec le temps (« *fight against time* »), la « course contre la montre », n'est pas sans raison un des sujets les plus souvent traités au cinéma.

Dans l'épisode « The Bonnie situation », de *Pulp Fiction*, le délai de temps qui reste aux personnages pour maquiller le crime, avant que Bonnie ne rentre de sa garde de nuit et ne découvre tout, est constamment rappelé dans les dialogues: quarante minutes, vingt minutes, etc.

À travers le miroir propose une utilisation très fine de l'ellipse implicite de temps: nous voyons Karin, durant la nuit d'été, lire le journal intime de son père et y découvrir l'affirmation qu'elle est incurable. La musique de Bach et le fondu au noir nous incitent à voir dans cette scène la conclusion d'une partie. À ce moment-là, nous sommes encore en pleine nuit, une nuit d'été en Suède, sans véritable obscurité. Puis nous voyons Karin, revenue dans la chambre conjugale, réveiller son mari en lui disant qu'il est un paresseux, et qu'il est déjà grand jour, ce que nous voyons nous-mêmes. Mais le mari, Martin, regarde sa montre et proteste: « *il n'est que 5 heures* ». Nous comprenons alors qu'il ne s'est écoulé que très peu de temps entre la lecture du journal paternel et le moment où Karin réveille Martin.

Plus tard, dans le film, les quatre personnages sont séparés de nouveau en deux couples, l'un resté sur l'île, l'autre sur un bateau, et le passage de l'un à l'autre nous fait admettre plus facilement l'écoulement du temps.

• Établissement des « délais de temps » dans le premier acte de *L'Intendant Sansho*

Le début du film comprend trois flash-backs, qui sont censés naître dans le souvenir du petit Zushio, et de sa mère Tamaki; chaque retour en arrière est précédé et suivi d'un fondu-enchaîné. Dans ces flash-backs, la mère, Tamaki, est jouée par la même actrice, mais les enfants sont beaucoup plus petits, signe d'un intervalle de plusieurs années. Il se peut d'ailleurs que l'emploi du fondu-enchaîné ne suffise pas à faire comprendre immédiatement au spectateur qu'il y a flash-back, sans le secours des dialogues, de la situation, des allusions, qui peu à peu lui font réaliser qu'on est remonté dans le passé. Quand le récit est revenu définitivement au présent, Tamaki évoque la fin du jour: « *Il nous faut trouver un abri pour la nuit.* » Plus tard, quand les voyageurs se construisent un abri, nous savons donc, grâce à ce « *dialogue time lapse* », que nous sommes au soir du même jour. Les scènes suivantes, où les enfants cueillent des branches et où arrive la fausse prêtresse, sont données comme se succédant naturellement. On voit la « prêtresse » promettre un repas aux voyageurs – puis dans la scène suivante, nous nous retrouvons dans une maison, et la femme dit à Tamaki, parlant des deux enfants qu'on voit endormis: « *Ils ont bien mangé.* » Nouveau « *dialogue time lapse* », destiné à établir à la fois le délai de temps (nous sommes dans la même soirée) et à décrire l'action élidée, c'est-à-dire le repas. Au cours de cette même scène, la « prêtresse » évoque le futur: « *Prenez un bateau... Je connais des bateliers.* » Comme la scène suivante se déroule au matin, dans la brume, au bord du lac, et que la première réplique de la prêtresse est pour dire à Tamaki: « *Pendant votre sommeil, j'ai tout arrangé* », nous déduisons qu'une seule nuit s'est écoulée. Le temps court ensuite de façon continue, jusqu'à l'enlèvement de Tamaki et de ses enfants, scène terrible qui se termine par un fondu au noir marquant l'écoulement d'un délai de temps plus long.

La scène suivante se déroule dans un village, où nous reconnaissons un des bateliers essayant de vendre les enfants comme esclaves. Il leur annonce que leur mère a déjà été vendue, ce qui non seulement nous communique cette information, mais aussi nous apprend qu'un certain temps s'est écoulé (plusieurs jours?). Peu après, un homme conseille au batelier de se rendre dans la province de Tango, pour proposer les enfants à l'intendant Sansho.

Quand on découvre ensuite, après un fondu-enchaîné rapide (signifiant un laps de temps plus bref que précédemment) un grand domaine, on suppose donc, implicitement, qu'il s'agit du domaine de ce fameux intendant. Celui-ci, quand il apparaît, fait allusion à l'achat des enfants comme ayant déjà eu lieu (la vente des enfants a donc été faite dans l'intervalle), et commande de les mettre « *tout de suite* » au travail. Quant à la tentative d'évasion de la vieille Namiji, qui est montrée ensuite, elle est clairement établie comme se déroulant plus tard dans la même journée, à l'aide de cette réplique: « *Dans la journée, en voyant ces enfants, j'ai pensé aux miens.* »

Viennent ensuite, en continuité: le marquage au fer rouge de Namiji, l'interrogatoire des enfants par Taro, qu'un homme vient demander pour qu'il rejoigne la réception donnée par son père; puis cette réception donnée par Sansho à l'envoyé du ministre, pour honorer celui-ci; ensuite, Taro s'éclipse et quand

185

il va voir les enfants dans leur cabane, qui dorment déjà (la nuit est tombée), la musique lointaine de la réception, toujours entendue, établit aussi bien la contiguïté de lieu que la continuité de temps.

Enfin, Taro se fait ouvrir la porte du domaine pour aller vers une destination inconnue, et nous voyons un carton, qui indique un saut de dix années.

Admirons au passage comment, dans la seule journée de l'arrivée chez Sansho, une succession très serrée de situations fortes et significatives a su concentrer un nombre considérable d'impressions, d'informations et d'événements, qui sont déterminants pour la suite du récit. On a établi fortement, entre autres, dans ces deux scènes:

— la distance qui sépare les enfants de leur mère à laquelle on les arrachés (par la réplique de Taro: « *L'île de Sado – où est vendue la mère – est loin* »);

— la cruauté de Sansho et la bonne volonté timorée de son fils Taro;

— les bases politiques du pouvoir de Sansho (qui satisfait le ministre par son efficacité dans la collecte des impôts);

— la dureté de la vie menée par les esclaves dans le domaine, et la difficulté de s'en échapper (scène de l'esclave marquée au fer, préparant une scène similaire dix ans plus tard);

— le rôle de Namiji, substitut de la mère à laquelle les enfants ont été arrachés – cette même Namiji dont la maladie va donner dix ans plus tard l'occasion à Zushio de s'évader en l'emportant sur son dos, et donc de redevenir un homme...

— le changement de nom proposé aux enfants, etc., cela dans un enchaînement continu et apparemment naturel, qui est, au niveau du scénario, déjà du très grand art. Et toutes ces choses étaient indispensables à établir pour donner au deuxième acte qui va suivre (celui de l'évasion de Zushio) toute sa force...

On étudiera aussi avec profit la structure de *L'Ultime razzia*/*The Killing*, 1957, de Stanley Kubrick, récit d'un hold-up complexe sur un champ de courses, auquel on assiste de différents points de vue. Les mêmes moments de l'action y sont montrés sous différents angles, différents points de vue des personnages, tandis qu'une voix masculine « hétéro-diégétique » donne des précisions d'horaire.

• Déroulement du temps à la lecture du scénario

Du point de vue de l'écoulement du temps, quand on lit le scénario – la convention est de faire correspondre à chaque page lue une durée fixe à l'écran (par exemple une minute, ou 45 secondes, ou une minute et demie par page) afin que le lecteur ait déjà une sensation de la durée qu'occupe chaque scène, et des durées respectives des différentes scènes, ainsi que du rythme du film. Cela oblige à limiter les descriptions, et à les faire aussi concises que possible, pour ne pas allonger la lecture, ni la figer sur un moment qui, dans le film terminé, est prévu pour ne durer que quelques secondes.

• Le montage alterné/parallèle

Le montage parallèle ou alterné permet de régler de manière très pratique la question des ellipses de temps: quand on quitte un personnage, ce n'est pas pour le retrouver plus tard, avec la conscience du temps passé dans l'intervalle, mais pour retrouver un autre personnage, et vice-versa: cela permet d'éviter que le spectateur se pose toutes sortes de questions (combien de temps s'est-il exactement écoulé depuis qu'on a quitté le personnage; n'aurait-il pas fait entre-temps quelque chose qu'on nous a dissimulé? etc.)

Dans *Chute libre*, quand on passe de Bill à Prendergast, et de Prendergast à Bill, la scène nouvelle à laquelle nous assistons se situe-t-elle après ou pendant – voire avant la scène avec l'autre personnage qui la précède dans le déroulement du film?

Un film peut commencer sur l'idée du montage parallèle (entre l'homme et la femme dans un couple), puis se recentrer sur un des deux personnages: c'est le cas avec *Eyes Wide Shut*, 1999, de Kubrick, où le film se concentre, dans le couple, sur le mari.

Le montage parallèle peut aussi porter sur deux niveaux de réalité, deux mondes (dans *Le Labyrinthe de Pan*, 2006, de Guillermo del Toro, le monde de la réalité historique et celui de la féerie où vit une petite fille), faisant spéculer le spectateur sur la manière dont ces mondes vont se rejoindre ou non.

• Jeu sur le temps dans *Pulp Fiction*

Par deux fois, dans le film de Tarantino, nous reprenons en cours une scène que nous avons déjà vue, et que nous voyons maintenant sous un autre angle:

– un « quatrième homme » se cache de Vincent et Jules, qui sont en train de terroriser Brett, Roger et Marvin, et nous entendons depuis sa cachette Jules déclamer le passage de la Bible que nous lui avons déjà vu réciter.

– alors que Vincent et Jules discutent au coffee-shop, nous entendons le « *garçon* » (en français) que lance Pumpkin à la serveuse, et peu après, revoyons le moment où Pumpkin et Honey Bunny se lèvent, et interpellent les clients: « *Ceci est un hold-up.* »

20. Jours et nuits

• Un décompte inconscient

Un scénario raconte une histoire qui se déroule sur une certaine durée, laquelle est parfois étalée sur des mois, voire des années, mais souvent aussi ramassée sur quelques jours.

Il est rare que le spectateur fasse consciemment ce décompte des jours qui s'écoulent, surtout si le scénario « saute » les soirées et les nuits, comme c'est souvent le cas. Mais ce décompte, il le fait toujours inconsciemment.

• Proportions entre scènes de nuit et scènes de jour

Un autre aspect de la question des jours et des nuits, c'est la proportion de scènes de nuit par rapport aux scènes de jour, et le rythme créé par leur alternance éventuelle. Certains films se déroulent dans l'espace entier d'une nuit. Il est plus courant que l'action d'un film se termine au matin (à la fin de la nuit) qu'au soir, à la fin du jour, comme c'est le cas avec *Stalker*, 1979, de Tarkovski.

La Fureur de vivre, de Nicholas Ray, *La Dolce Vita*, 1959, de Fellini, *La Nuit*, 1961, d'Antonioni, *La Party*, 1968, de Blake Edwards, *Playtime*, 1968, de Jacques Tati, *Sonate d'automne*, 1975, d'Ingmar Bergman, *After Hours*, 1986, de Martin Scorsese, *Le Sacrifice/Offret*, 1986, de Tarkovski, *Collateral*, 2005, de Michael Mann, ont en commun de se terminer au lever du jour, au terme d'une nuit blanche, éprouvante ou animée. C'est aussi le cas, bien sûr, du film emblématique de Carné *Le jour se lève*, comme son titre l'indique.

L'Éclipse, 1962, d'Antonioni, *À travers le miroir*, de Bergman, *Un après-midi de chien*, de Sidney Lumet, *Chute libre*, de Joel Schumacher se terminent par la tombée du soir ou la nuit.

On connaît la chanson, d'Alain Resnais, débute par un grand nombre de scènes de jour, parfois assez courtes, et très peu de scènes de nuit. Mais le final collectif, la scène de la « pendaison de crémaillère » de Camille et Claude, se déroule pendant la tombée du jour, et fait sentir l'écoulement de la journée.

La tombée du soir, ou le lever du jour marquent dans beaucoup de films le moment où le temps réel reprend ses droits, et s'écoule de toutes façons à son propre rythme, incarnant le destin, le cours immuable du temps qui panse les blessures, met sur ce qui se passe un sceau de fatalité, etc. Pendant la durée du film nous avons oublié la succession monotone des jours et des nuits, et la fin vient nous la rappeler.

Le jeune héros de *La femme de l'aviateur*, 1981, d'Éric Rohmer, travaille la nuit dans un centre de tri postal, comme le montre le début du film. Tout ce qui va lui arriver dans la suite du film, et qui se déroule en un jour, sera marqué par son état de somnolence. Il lui arrive de sommeiller à une table de café, etc.

Le policier joué par Al Pacino dans *Insomnia*, 2003, de Christopher Nolan (remake d'un film norvégien d'Erik Skjodbjaerg, 1997), enquêtant à l'extrême Nord de l'Alaska dans la période de nuit blanche souffre de plus en plus du manque de sommeil, et finit par s'endormir sa mission accomplie, sur le lieu même de son dernier exploit.

Taxi Driver met en scène un personnage insomniaque, et qui pour cela choisit un métier qu'il peut exercer de la même façon le jour et la nuit. Le film nous fait passer fréquemment et très rapidement, sans prévenir, d'une scène de jour à une scène de nuit, et d'une scène de nuit à une scène de jour, ce qui contribue à un sentiment de temps déréglé.

Caractéristiquement, toutes les scènes qui se déroulent dans l'appartement de Travis, où celui-ci dort, ou en tout cas essaie de dormir, écrit, etc., sont situées le jour. Nous ne voyons jamais le chauffeur de taxi dormir la nuit, ce qui augmente le sentiment que le personnage est « déboussolé » et en dehors du rythme quotidien des autres humains. Lorsqu'il vient d'assassiner plusieurs personnes, et s'effondre couvert de sang sur un canapé, c'est le soir, et le film nous a donné le sentiment qu'il est désormais assez épuisé pour dormir.

Souvent, dans les films d'action en trois actes, le deuxième se déroule la nuit et présente des scènes plus apaisées, avec plus de dialogues dans des lieux fixes. C'est le cas pour *Thelma et Louise* (l'épisode du motel Siesta, avec les deux couples Louise/Jimmy, et Thelma/JD), et antérieurement dans *Les trois jours du condor*, 1975, de Sidney Pollack.

• Changement de journée

Lorsque le scénariste fait des sautes dans le temps qui s'écoule, en faisant par exemple l'ellipse des soirs et des nuits, il est amené à établir discrètement, à l'intention du spectateur, si la scène qui vient prend place dans la continuité de la même journée ou si elle se situe le lendemain (ou deux trois jours après): c'est le problème des *délais de temps* entre les scènes, des « *time lapses* » (voir *Temps*).

Dans *Pauline*, les informations sur les changements de journées nous sont données par de petites touches discrètes:

189

Premier au second jour: les personnages passent ensemble la première soirée, et vont danser, avant de rentrer en voiture dans la nuit. On voit Pauline se coucher, puis se réveiller dans sa chambre alors qu'il fait jour — et on en conclut tout de suite que le deuxième jour commence.

Second au troisième jour: la deuxième journée de l'histoire se termine sur une scène de jour. Le changement de journée suivant est donc signifié par le fait que Pauline et Marion sont en train de prendre leur petit-déjeuner, comme le dialogue le précise (« *Tu as pris ton petit-déjeuner?* » dit Marion à Pierre).

Troisième au quatrième jour: la troisième journée ne comporte pas non plus de scène se situant le soir ou la nuit. Le passage au quatrième jour est donc signifié par les plans brefs de l'excursion en voiture au mont Saint-Michel — excursion annoncée à l'avance par Marion la veille quand elle avait demandé à Henri: « *Tu viens demain au mont Saint-Michel?* » Le mot, « *demain* » a suffi pour préciser le « *time lapse* ».

Quatrième au cinquième jour: toujours pas de scène de soir ou de nuit dans le quatrième jour. Le passage au cinquième est donc établi par la remarque de Pierre à Marion: « *Je passe le matin parce que je ne peux pas te voir le soir.* »

Cinquième au sixième jour: comme au troisième jour, on voit Pauline et Marion prendre leur petit-déjeuner dehors; Marion précise d'ailleurs quand elle reçoit un télégramme: « *Je dois être à Paris cet après-midi; je reviendrai demain.* » La sixième journée se termine, comme la première, au soir, et comme elle, s'achève avec l'image de Pauline allant se coucher.

Sixième au septième jour: lorsque Henri se réveille, nous sommes donc au septième, et dernier jour de l'action... qui ne sera pas montré dans son entier.

À noter une certaine symétrie, que renforce le côté cyclique du dénouement, qui boucle sur le début. On a dans le film deux grandes scènes nocturnes à quatre personnages qui se font écho au début et à la fin; toutes deux sont des scènes d'explication se déroulant dans la maison d'Henri. Elles se font d'autant mieux écho que dans l'intervalle, on n'a eu droit à aucune scène de nuit. Le rythme des jours et des nuits est donc ici très organisé.

• Période de l'année

La période de l'année où se situe l'action, et notamment la saison, jouent un rôle crucial dans beaucoup de films: dans *Taxi Driver*, nous sommes au printemps et en été, ce qui est rappelé notamment par les dates figurant sur le journal de Travis; la tension due à la chaleur joue un grand rôle dans le film. *À travers le miroir* se déroule en été, alors que la nuit de cette région de la Suède n'est pas vraiment la nuit. *Le sixième sens* se déroule en automne, à Philadelphie, et l'hiver est le cadre de *L'Emploi du temps*, ce qui aide à donner à ces films leur tonalité sombre.

21. Montage-séquence

En anglais, le terme de « montage », importé du français, a pris un sens différent, et l'expression de « montage-sequence » y désigne « *une séquence de plans courts, montrant une série d'actions prenant place dans une certaine période de temps* » et retraçant d'une manière synthétique l'ascension d'un personnage vers le succès ou au contraire sa décadence, les jours d'un couple heureux et sans histoire, la construction d'un édifice ou d'un ouvrage quelconque, un voyage de plusieurs jours, etc.

Sansho comporte une « montage-séquence », avec les plans rapides montrant la proclamation de l'édit de Zushio, la réaction des hommes de Sansho qui les arrachent, etc. Ces plans sont montés de façon à suggérer qu'il s'agit d'un processus se déroulant sur une certaine durée, et dans un certain nombre d'endroits. *Taxi driver* en comporte plusieurs, ce qui contribue dans le cas de ce film à une savante impression de fatalité et de perte de sentiment du temps; il s'agit presque toujours de séquences où Travis est seul.

L'expression de « montage-sequence » n'a pas d'équivalent précis en français, mais elle correspond exactement à la définition donnée par Christian Metz, dans son travail sur le langage cinématographique, pour ce qu'il appelle le « *syntagme fréquentatif* », lequel décrit selon lui un « *processus complet,* « *comprimé* » *en quelques prélèvements* » (*Communications* n° 8).

Christian Metz distingue à partir de là trois sous-types de syntagmes fréquentatifs:

a) Le syntagme fréquentatif plein (« *brassage d'images sans idée de succession* »);

b) Le syntagme semi-fréquentatif (« *évolution continue à progressivité lente* »);

c) Le syntagme en accolade (« *brèves évocations portant sur des événements relevant d'un même ordre de réalité* »).

Pour des raisons précises, à cause, entre autres, de l'absence de son réel venant de créer une impression de temps réel et successif, le syntagme en accolade était souvent pratiqué au temps du cinéma muet.

On pourrait assimiler aussi à un montage au sens anglo-saxon un autre syntagme de Metz, le *syntagme descriptif*, lequel est créé par une « *idée de cœxistence spatiale, et qui ne suppose pas un agencement temporel* ». Metz donne l'exemple d'un troupeau de moutons en marche, dont on montre le berger, le chien, le mouton, etc.

22. Lieux

On dit couramment que le propre du cinéma, par opposition au théâtre, est de permettre d'aller (théoriquement) partout, de multiplier à l'infini les lieux de l'action, les déplacements, etc. Mais on voit bien aussi que le cinéma a souvent recherché le contraire, c'est-à-dire la limitation du nombre de lieux, et parfois même il s'est imposé *l'unité de lieu*. Ne serait-ce que pour des raisons d'efficacité dramatique, un scénario de film est souvent conçu autour d'un lieu privilégié, d'attraction et d'action, ou sur deux lieux s'opposant. Même dans les films construits sur l'idée d'un voyage, d'une fuite, cette situation de fuite et de voyage peut constituer par elle-même le lieu de référence...

Cela se vérifie dans plusieurs de nos films:

Pour *L'Intendant Sansho*, ce lieu principal est le domaine de l'intendant, où nos jeunes héros sont amenés comme esclaves à la fin du premier acte, et qui est d'abord posé comme un lieu impossible à quitter sans encourir d'horribles punitions. Puis, à la fin, ce domaine devient le lieu où au contraire on veut empêcher le héros, Zushio, d'entrer.

Dans *Pauline à la plage*, le lieu principal est la maison d'Henri, elle aussi une sorte de « repaire ». Elle est en effet le cadre des scènes-clés du film. Tous les personnages s'y rendent tour à tour sur l'invitation de son machiavélique propriétaire et tous les couples viennent s'y étreindre. C'est là aussi que se produit le quiproquo principal qui alimente l'action. Son propriétaire, Henri, parle de cette maison comme de son seul lieu d'attache, et il la dit ouverte à tous les vents. Elle est vraiment un lieu actif, doté d'un pouvoir. Par ailleurs, l'intérieur de l'autre maison de vacances, celle de Marion et Pauline, n'est jamais montré, ce qui vient renforcer l'importance de la maison d'Henri.

Dans *Le Port de l'angoisse*, ce lieu d'attirance et de confrontation, qui est ici le « repaire » des « bons » et non celui des « méchants » est le Café-Hôtel Marquis, où loge Harry Morgan, où Marie prend une chambre et dont la cave sert à cacher Paul de Bursac blessé. Le « méchant », Renard le bien-nommé, vient y faire trois incursions successives, toujours dans l'espoir d'arrêter les résistants cachés.

Dans *Mabuse*, deux lieux-clés sont particulièrement importants en tant que lieux interdits, et repaires: ce sont la pièce secrète au rideau (et plus précisément l'espace de cette pièce caché par le rideau), et le bureau du professeur Baum. Sur ces deux lieux règne une voix « acousmatique » (cachée), et leur double profanation, à la fin, marque la chute de Mabuse. Mais il ne faut pas oublier la cellule de Mabuse dans l'asile, cellule où l'on voit successivement interner Mabuse, Hofmeister, et Baum (qui, lui, s'y « interne » tout seul). C'est sur cette cellule que, dans le dernier plan, un infirmier referme la porte, y enfermant du même coup le spectateur.

Les lieux où se déroule l'action d'*À travers le miroir* sont limités : le bord de la mer, une maison au confort rustique, avec son grenier et différentes pièces. La « folie » de Karin est symbolisée par une pièce désaffectée du premier étage, où elle se rend seule, et où elle a ses visions.

Vers la fin du film se produit ce que nous appelons un « coup de théâtre topographique », c'est-à-dire la révélation d'un bateau échoué qui sert de refuge à Karin, et où se produira l'inceste. Ce bateau n'a été jusque-là ni montré, ni évoqué verbalement. Son intérêt est de renouveler l'atmosphère, de donner un cadre éminemment symbolique (un bateau échoué, où la soute reçoit la pluie du ciel) à la scène la plus dramatique du film, même si celle-ci n'est que suggérée. Son défaut est de n'être que symbolique, de ne pas avoir de nécessité concrète...

In the Mood for Love évoque toute une époque avec un nombre de lieux très restreints, l'intérieur d'un immeuble, la ruelle qui mène au restaurant, les bureaux de Mme Chan et de M. Chow. L'action est intégralement liée à des contraintes de lieux : les personnages vivent dans une promiscuité totale, et tout ce qu'ils pourraient faire ensemble aurait forcément des témoins. La ruelle étroite en escalier où l'homme et la femme se croisent et se frôlent résume bien ce mélange de respect, de distance amoureuse et sociale et de promiscuité physique.

Dans *Thelma et Louise*, les personnages appartenant à la police sont montrés presque constamment dans des décors d'intérieur, et les deux héroïnes, à part l'épisode central dans le motel d'Oklahoma City, principalement sur la route.

On étudiera avec profit les films de Jacques Tati, Alain Resnais ou Éric Rohmer, chez qui les lieux jouent des rôles très précis.

• Multiplication des lieux

Diderot, dans les « Entretiens sur le Fils Naturel », rêvait déjà d'un théâtre à lieux multiples : « *Ah! Si nous avions des théâtres où la décoration changeât toutes les fois que le lieu de la scène doit changer! (...) La représentation en deviendrait plus variée, plus intéressante et plus claire.* » Le même écrit contient des remarques intéressantes sur la possibilité de représenter simultanément des scènes se déroulant dans des lieux différents c'est une anticipation du *montage parallèle*, qui montre dans le même temps, en alternance, des lieux distincts – (comme, à la fin de *Mabuse*, le suspense parallèle de la pièce au rideau verrouillée, et du repaire des bandits assiégé). Sans doute, Diderot voulait surtout s'opposer à la contrainte de l'*unité de lieu* héritée du théâtre classique français; mais comme en plusieurs points de ses « Entretiens », il annonce ici le cinéma, qu'il est piquant de voir s'ingénier en revanche à concentrer les actions dans des lieux uniques – défi plusieurs fois relevé par Hitchcock (*Lifeboat*: un canot de sauvetage; *Le Crime était presque parfait, La Corde, Fenêtre sur cour:* un appartement) et plus tard, des réalisateurs aussi variés que Claude Miller (*Garde à vue*, 1981: un commissariat), Michel Deville (*Nuit d'été en ville*, 1990: un appartement), Oliver Stone *(Talk Radio*, 1988: un studio de radio), Michael Walker (*Insomnies/Chasing Sleep*, 2000, avec Jeff Daniels: l'intérieur d'une maison). Le propre des réalisateurs médiocres est de croire que l'abondance de lieux différents fait forcément plus « cinématographique », notamment dans l'adaptation des pièces de théâtre, que l'on cherche trop souvent à « aérer », alors que la force d'une pièce de théâtre, dit Hitchcock, vient de sa concentration. On lira utilement, sur ce sujet, les textes consacrés par André Bazin à l'adaptation à l'écran, par Jean Cocteau, de sa pièce *Les Parents terribles*.

• Un film, une ville

Un nombre important de films utilise l'idée d'une ville comme cadre unique ou presque de l'action, et dont les personnages n'aspirent qu'à partir. Souvent, ils y finissent leur vie, ou y accomplissent leur destin. C'est l'enjeu du film magnifique de Michael Curtiz, *Casablanca:* seule Ilsa pourra s'échapper de la ville, Rick y reste pour toujours. Dans *Blade Runner*, de Ridley Scott, cette ville est Los Angeles, où se confine presque toute l'action.

Un jour sans fin se déroule dans un certain nombre de lieux, mais presque tous appartiennent à une seule ville, qui tient Phil prisonnier, Punksutawney. Pulp Fiction se déroule entièrement dans Los Angeles et sa proche banlieue. Vers le milieu du film de Tarantino (qui correspond à la fin si le film était raconté dans l'ordre chronologique), deux personnages se disposent à la quitter: Butch et sa compagne Fabian – mais nous ne les suivons pas...

On connaît la chanson ne quitte pas les limites de Paris, une ville où l'on peut tout faire, de naître à mourir, le film montrant une maternité et un cimetière. Le film de Resnais démarre par une évocation de l'histoire de la capitale sur une fausse piste: von Choltitz reçoit d'Hitler l'ordre de détruire Paris.

Cette scène nous montre la ville en association avec la guerre et la destruction – donc, comme vulnérable (on peut se souvenir

194

que Resnais a filmé deux villes détruites pendant la guerre et reconstruites après : Hiroshima dans *Hiroshima mon amour, 1959,* et Boulogne-sur-Mer dans *Muriel ou le temps* d'un retour, 1963).

Le film, par la suite, nous montre différents lieux de Paris, vieux murs, lieux historiques, bibliothèque, cimetières (l'agence où travaille Odile donne sur un cimetière), maternité, parcs, cafés... et agence immobilière. Celle où travaille Simon est un cadre scénaristique déjà exploité plusieurs fois par le cinéma français (notamment dans *Rendez-vous,* 1984, d'André Téchiné, écrit avec Olivier Assayas), et qui est bien pratique, puisqu'il permet de faire se croiser des personnages qui n'auraient pas autrement l'occasion de se rencontrer. L'idée ici est de s'en servir pour faire un panorama immobilier de Paris, mais aussi de faire intervenir dans l'histoire un autre personnage que sa profession amène à se promener dans la ville et dans ses demeures : Camille, qui travaille comme guide touristique et nous promène tout naturellement de la rue de Rivoli devant les Tuileries, au Parc des Buttes-Chaumont, entre autres.

La fameuse « vue » imprenable dont s'entichent Odile et Simon, et qui les conduit à signer pour un nouvel appartement, donne précisément sur l'ensemble de la ville. Pendant tout le film, nous ne partageons pas la vue magnifique dont parlent les personnages. Et quand nous l'avons avec eux, c'est pour apprendre que cette vue sera bientôt bouchée par des immeubles en construction.

Caractérisation des lieux

Dans beaucoup de scénarios, on oublie souvent de donner un caractère et une atmosphère aux différents lieux de l'action, pour rendre l'histoire plus vivante et moins abstraite.

Cette caractérisation utile se fait souvent par différenciation et contraste (un lieu encombré et vétuste, un lieu moderne et vide ; un lieu collectif, un espace privé, etc).

Utilisation de la fonction des lieux

Par rapport à la fonction normale des lieux, il est recommandé :
– soit de faire jouer le lieu dans sa fonction habituelle (une messe si c'est une église, une vente aux enchères si c'est une salle de ventes, un spectacle, etc.), et d'intégrer dramatiquement cette fonction dans l'action. Hitchcock l'a fait systématiquement.

– soit au contraire de créer un choc, une contradiction entre le lieu et ce qui s'y déroule. L'exemple le plus banal est celui d'une scène incongrue, burlesque, ou choquante, se déroulant dans un lieu « noble » et sacré.

Dans les deux cas, on a pris en compte le lieu et sa fonction, et on ne l'a pas traité comme un décor purement passif, et, c'est le cas de le dire, seulement décoratif.

Du point de vue des lieux, *Le Sixième sens* est basé sur une idée forte: une bonne partie des scènes ont pour décors des lieux « décalés » par rapport à ce qui s'y passe, des lieux où l'on ne s'attendrait pas à voir le type d'action qui s'y déroule. Le pédopsychiatre joué par Bruce Willis a installé son bureau dans une pièce inattendue de sa maison, cette pièce en contrebas qu'on appelle le « *basement* » aux USA, et qui sert communément de remise. Il mène ses séances de thérapie avec le petit Cole non pas dans un cabinet, mais dans des lieux publics aussi divers qu'une église vide, la rue, un couloir d'hôpital, etc. La grande scène d'explication et d'aveux entre Cole et sa mère – pleine de révélations intimes – a lieu dans une voiture au milieu de la circulation, en plein jour, en pleine ville, en pleine rue, et ainsi de suite. Le spectateur apprendra que ce « décalage » avait une raison. D'autre part, le film utilise pleinement le décor de Philadelphie, ville historique aux États-Unis, en soulignant tout ce qui rappelle le poids du passé et des morts, les vieilles pierres, les statues, les monuments, le cimetière.

23. Monde

Nous appelons « monde » l'univers physique et matériel où le scénario fait évoluer les personnages; un monde qui se définit par une série de touches concrètes (sons, images, mots), mais aussi un certain nombre de lacunes.

Dans la plupart des films, pour prendre un exemple trivial, les personnages ne vont jamais aux toilettes. Au début d'*Eyes Wide Shut*, au contraire, l'épouse jouée par la belle Nicole Kidman est assise sur le siège des W.C. Dans *Pulp Fiction*, un personnage, celui de Vincent, ne cesse de dire qu'il s'y rend, en précisant de surcroît ce qu'il va y faire (« *to piss* », « *to shit* ») – et c'est là qu'il meurt. Il y a aussi des films où les personnages ne dorment jamais (en d'autres termes, on ne les voit jamais dormir), d'autres où ils dorment, etc. D'autres encore où les besoins ordinaires de tout être humain – manger, boire, excréter, dormir – sont oubliés pour ne réapparaître qu'à la fin. Dans *2001* de Kubrick, au contraire, l'être humain, même dans l'espace, mange, boit, défèque (le gag des « *zero gravity toilets* ») et dort.

Souvent, vers la fin des films qui sont ainsi conçus, un élément moderne et familier que l'on a oublié dans le cours de l'action, se met à jouer un rôle, marquant un retour à la vie concrète: un téléphone sonne, le personnage principal s'endort, les personnages ont faim ou sommeil, des passants passent.

La quotidienneté est un ingrédient que dosent beaucoup de films: soit ils l'affirment au début, pour établir le train-train, le statu quo quotidien auquel vont être arrachés les héros dans la suite de l'histoire; soit ils l'évacuent complètement, soit ils le rappellent sans cesse; soit ils le réintroduisent à la fin du film.

Le ton d'un film comme *Fargo*, 1996, des frères Coen, tient à la combinaison d'éléments de film policier (un enlèvement avec demande de rançon) avec le quotidien banal et routinier d'une région où il fait en hiver un climat rigoureux: les personnages doivent s'habiller chaud et donc prendre beaucoup de temps pour se préparer à sortir.

Certains scénarios font exister autour des personnages un monde concret de choses, d'être vivants (animaux, végétaux), de paysages, etc., qui existent indépendamment de l'homme, ont leur propre vie, tandis que d'autres ne le font pas. Ou plutôt, les seconds ne font exister les lieux, les êtres vivants, la nature, les choses, etc., que par rapport aux humains.

L'Emploi du temps crée par petites touches un monde sans issue et sans perspective:
— un cadre familial propret et conventionnel (les déjeuners et dîners de famille, les petites fêtes);
— un cadre social de petite ville où tout le monde se connaît et peut se rencontrer (scène de la kermesse du début);
— un monde où les rencontres ne se font qu'en cercle fermé: Vincent ne rencontre jamais aucun sourire féminin; la seule rencontre qu'il fait... est celle d'un escroc, comme lui mais en mieux et plus fort!
— un cadre international anonyme: salons et chambres de Novotel, bureaux de l'ONU à Genève;
— une nature déserte, et un peu inquiétante: neige, brouillard. Ce sentiment est renforcé par le fait que ces lieux naturels que nous voyons (refuge de montagne) ne portent pas de nom (voir à *Onomastique*)

La scène dans le brouillard est une des seules qui utilise dramatiquement la réalité extérieure. Or, justement, là, Vincent ne peut pas « perdre » sa femme, et il ne lui échappe pas!

Le film *Insomnies* (*Chasing for sleep*, 2000, de Michael Walker), qui se déroule entièrement dans une maison, commence par l'image de gouttes d'eau qui sortent rythmiquement d'une canalisation. C'est après seulement que nous voyons le héros qui l'habite. Cette image et ce son de gouttes d'eau suffisent à inscrire ce qui se passe dans un temps qui n'est pas seulement humain et psychologique, qui est aussi cosmique.

Dans le monde de *Pulp Fiction*, la nourriture – une nourriture banale, commune – tient une place importante, aussi bien dans les dialogues (celui, célèbre, sur les hamburgers) que dans l'action, et enfin dans les décors: le film commence et se termine dans un coffee-shop. Cette insistance contribue à rapprocher de nous des personnages qui par ailleurs appartiennent à un monde fantastique et irréel (notamment, un monde sans police).

Inversement, certains films fabriquent un univers qui semble réaliste, mais qui est incomplet, auquel il manque certaines choses: on peut faire un film qui se déroule de nos jours, et où personne n'utilise jamais le téléphone ou une voiture, ne regarde la télévision. Le concept de Cronenberg dans *eXistenZ* consiste à montrer le moins possible de machines, de hightech, d'ordinateurs, etc., alors que l'action semble contemporaine et qu'elle implique l'idée de jeux de simulation. Les machines qu'on y voit, en revanche, ont un aspect organique. Une des grandes idées du film est celui d'un revolver fabriqué à partir de matériaux organiques, – un revolver fait à partir d'os et qui tire des dents – et qui donc peut franchir avec succès le portillon détecteur de métaux.

24. Scénario concret

Le scénario concret est cette couche du scénario qui utilise activement, pour concrétiser les sentiments des personnages et leurs rapports les uns avec les autres, des décors, des objets, des servitudes corporelles, etc. Certains films lui accordent une grande importance (films anglais, japonais, américains, etc.), d'autres n'y recourent pas ou très peu, comme Stanley Kubrick ou Éric Rohmer dans la plupart de leurs films. Dans *Révélations/The Insider*, 1999, de Michael Mann, la tension entre deux époux est matérialisée par le fait qu'une des manies du mari – se laver les mains dans l'évier de la cuisine, et non pas dans la salle de bains –, exaspère sa femme qui la tolérait jusque-là, mais qui cette fois-ci quitte la pièce.

Dans *À travers le miroir*, tous les sentiments et les échanges des personnages passent par une traduction concrète. Par exemple, la jeune Karin est décrite comme sujette à des accès de folie, et elle est supposée entendre des voix que les autres n'entendent pas. Bergman montre d'abord qu'elle dit entendre un oiseau, alors que son frère ne l'a pas entendu : il s'agit alors d'un oiseau familier, le coucou. Puis, elle est réveillée dans la nuit par le chant lugubre d'un animal à ce moment-là inconnu, mais plausible. Là encore, son mari, qui dort profondément, ne se réveille pas. Enfin, nous entendons dans une pièce vide des voix chuchotées qui appartiennent effectivement à son délire.

Dans les trois cas, un lieu concret est le médiateur du monde imaginaire.

La difficulté du couple conjugal Karin/Martin est matérialisée par le fait que Martin a un sommeil lourd et paisible, tandis que Karin dort légèrement et se réveille au moindre son. Le refus de David de traiter sa fille comme une adulte est concrètement traduit par son geste de la porter comme une enfant vers son lit, pour l'y coucher. L'opposition de Minus avec son père est constamment soulignée par l'extrême mobilité du premier (il fait le poirier, sautille, marche vite), et la frilosité du second (il resserre sur lui son peignoir, écoute ses douleurs d'estomac, laisse Martin son gendre ramer en barque, on ne le voit que très rarement marcher). L'entente fugitive et forcée du groupe, par une scène où ils se baignent tous les quatre en parlant fort et en s'aspergeant d'eau.

Le porte-à-faux dans le couple Martin/Karin est merveilleusement raconté par des petites choses concrètes : Martin a dit à son beau-père qu'il veut être pour sa femme un soutien, un pilier. Patatras ! Dans une scène ultérieure, il se fait une ridicule petite blessure au doigt, devant sa femme. Lorsque celle-ci s'approche de lui, maternelle, il refuse son aide, comme gêné (= c'est moi qui suis ton protecteur). Plus tard, dans la chambre conjugale, il lui demande de l'aider pour se couper les ongles (= soyons plus proches) ; en s'occupant de la main de son mari, Karin dit qu'il a des doigts « gentils », ce qui n'est pas ce qu'il aimerait entendre. Alors, il repousse l'aide de sa femme, et reprend lui-même les opérations, en s'occupant lui-même de sa main.

Le reste du temps, les personnages d'*À travers le miroir* sont plongés sans cesse dans un monde concret de petites tâches, de préoccupations quotidiennes terre-à-terre, qui rendent beaucoup plus réelles leurs souffrances : se baigner, faire la lessive, aller chercher le lait à la ferme voisine, manger, dormir, relever les filets, faire des devoirs de vacances, choisir les vêtements qu'on met dans la valise quand on part, etc.

Ce qui est très réussi, c'est la façon dont Bergman rend la folie de son personnage, à travers des idées concrètes: d'une part, l'idée d'une pièce précise, située au premier étage, avec un papier peint précis, dans laquelle Karin entend ses voix et a ses visions. C'est « sa » pièce, et les hommes qu'elle y attire ou entraîne, son frère, son mari, ne s'y rendent pas quand elle n'est pas là. Cette pièce, avec une fenêtre donnant sur la mer et sur le soleil, et le petit réduit à côté, le papier peint, est une matérialisation, une concrétisation de son univers. Y rentrer, c'est entrer un peu dans son monde. Caractéristiquement, le père n'entre pas au milieu de la pièce (contrairement à Karin), mais il reste à l'entrée, comme un voyeur, ce qui résume son personnage.

Chute libre abonde en détails et en idées de scénario concret. L'abandon par le héros de sa voiture en plein embouteillage, geste anodin, et le choix de continuer à pied en plein Los Angeles, sont le premier et le principal symbole, lourd de conséquences, de sa rupture avec sa vie précédente et de son odyssée.

Pour montrer le changement qui se produit dans le personnage, on le fait changer, comme on l'a vu, de mode de locomotion, de vêtements, d'accessoires... Il a abandonné son attaché-case, et s'est alourdi au fur et à mesure d'armes trouvées sur son chemin et dont on a voulu se servir contre lui: une batte de base-ball, puis un couteau à cran d'arrêt, puis un sac de voyage bourré de pistolets et de fusils.

Pour la scène où Bill, dans son avancée en ligne droite vers la maison de sa femme, s'introduit « chez les riches », le scénariste a l'idée de lui faire traverser un terrain de golf en pleine ville. Or, le golf en ville, c'est le symbole d'un large espace verdoyant et privé que s'accaparent des privilégiés pour pratiquer un sport consommant le maximum d'espace pour le minimum d'utilisateurs. La perturbation que Bill apporte dans ce milieu est traduite par le fait qu'il se trouve sur le parcours d'une balle que veut envoyer un vieux millionnaire; la réaction du riche est de lancer vers lui la balle comme s'il n'était pas là. La conséquence de l'arrivée de Foster et de la peur qu'il fait au vieil homme est une attaque cardiaque (ce qui est logique étant donné l'âge du personnage), et le vieillard manque mourir de ne pas avoir sous la main ses médicaments, ses « *pills* », lesquelles se trouvent justement dans la petite voiture de golf qui dévale le terrain en pente. Ici, l'idée du terrain de golf comme lieu symbolique de la richesse égoïste est exploitée à fond (voir aussi le rôle du golf dans *Match Point*, 2005, de Woody Allen).

La déchéance du personnage de Prendergast joué dans le même film par Robert Duvall, policier méprisé par ses collègues, considéré comme un lâche et un rond-de-cuir, est matérialisée physiquement par sa corpulence. La scène de sa confrontation avec son supérieur Yardley, à peine moins âgé que lui, montrant celui-ci qui transpire et fait des exercices pour garder la ligne – met en valeur son embonpoint et son laisser-aller. Sa condition physique est rappelée lorsqu'il fait son enquête sur le terrain et doit grimper une pente en soufflant.

En même temps, c'est justement parce que Prendergast « ne ressemble pas à un flic », comme on le lui reproche au début, qu'il n'en a ni le physique ni les méthodes, qu'il peut inspirer confiance à la mère de Foster, et surtout à la fin se faire passer aux yeux de Bill pour un passant inoffensif, et l'empêcher de commettre le pire.

Le postulat loufoque d'*Un jour sans fin* (un homme qui se réveille perpétuellement le matin de la même journée), est concrétisé par l'idée de faire tomber sur la ville une grosse quantité de neige (allusion au métier de « présentateur météo » du héros). Le soir, il se couche donc dans une ville enneigée, et le lendemain matin (un lendemain seulement pour lui), presque toute la neige a disparu.

Le recommencement à zéro de la journée est également symbolisé concrètement par l'idée qui vient au héros de briser en deux un crayon qu'il laisse à son chevet, et il retrouve le lendemain le même crayon intact.

Ce retour à zéro, en fait à 6 heures du matin, est matérialisé aussi par le radio-réveil à affichage digital, et l'exaspération de Phil par le fait qu'il essaie plusieurs fois de détruire, de casser, de réduire en miettes l'appareil, renaissant toujours intact.

Le vent nous emportera, d'Abbas Kiarostami, fonctionne par petites touches humaines et sociales. Malgré tout, le scénario recourt à des symboles concrets:

– *le téléphone portable*. Le héros, Behzad, venu de Téhéran jusque dans un petit village, en possède un, mais comme il se trouve dans une région très accidentée il se voit souvent obligé, pour mieux recevoir un appel, de monter, à pied ou en voiture, sur les sommet des maisons ou des collines. Le téléphone le fait donc bouger, le mène par le bout du nez.

Dans le film, il est le seul à employer un portable, et cela le pose comme un homme de la ville (le film a été réalisé en 1999, avant la popularisation du téléphone portable, et aujourd'hui, cela n'aurait plus le même sens).

Au téléphone, il est en relation avec deux femmes différentes: son épouse, une certaine Madame Goudarzi, qui doit être la productrice.

– *un os humain*, trouvé dans une fosse que creuse un terrassier avec lequel Behzad converse plusieurs fois, et qui vient évidemment d'une vieille tombe. Behzad conserve quelque temps cet os dans sa voiture, puis à la fin du film il le jettera dans le fleuve. Cet os est évidemment un « *Memento mori* », c'est-à-dire un rappel de notre condition mortelle, et quand Behzad le jette, il jette le symbole de son regret du passé, de son attachement à des choses mortes. L'os est évidemment le futur des personnages, de tout le monde.

Le courant du fleuve est le symbole d'une force anonyme et indifférente, qui, comme le vent, le temps, emporte tout.

XVI. Qu'est-ce qui fait courir les personnages?

(et marcher les spectateurs?)

Il s'agit ici de l'histoire, et non spécifiquement du scénario, c'est-à-dire, par référence à la distinction formulée plus haut, de ce qui se passe et non de la manière dont on le raconte. Une même histoire pouvant être contée par des moyens divers, le roman, la bande dessinée, la radio, le cinéma, le théâtre, le récit oral, on ne s'étonnera pas de trouver ici des ressorts vieux comme le monde.

Mais les plus beaux films ne sont-ils pas ceux où histoire et narration (cinématographique en l'occurrence) sont si étroitement tressées entre elles, qu'on ne saurait plus les distinguer l'une de l'autre?

1. Identification

• Provoquer l'identification

Pour provoquer, entretenir, favoriser chez le spectateur l'identification à un personnage particulier, on recourt à plusieurs procédés, dont quelques-uns seulement seront cités ici.

a) On peut considérer d'abord qu'il faut lui donner des traits sympathiques, aimables, flatteurs ou séduisants, appelant l'estime ou l'admiration. Mais l'identification ne fonctionne pas plus pour les saints que pour les salauds parfaits. Tout tient dans la manière de les présenter: on peut « glisser » sur leurs méfaits; ou bien à leur sainteté donner une allure moins rigide. « *Aux grands cœurs donnez quelques faiblesses* », disait Boileau.

b) On peut aussi les montrer dans le danger ou le malheur. Mizoguchi conseille par exemple à son scénariste Yoda: « *Insister sur la maladie de Sumako pour lui attirer la sympathie du spectateur* » (*Cahiers du Cinéma, Spécial Mizoguchi*, 69).

Un procédé employé souvent dans les années 70, pour provoquer sans se fatiguer une identification immédiate et en même temps justifier toutes les actions futures du héros, c'est de frapper celui-ci, au début, d'un terrible malheur dans la personne de ceux qu'il aime (on a tué sa femme, ses enfants, sa fille chérie, etc.), si bien que le spectateur, même dans ses pires violences, est avec lui.

Chez Claude Chabrol, dans *Que la bête meure*, 1969, il s'agissait de partir de ce type d'identification facile acquise instantanément (le héros perd son petit garçon écrasé par un chauffard) pour tenter ensuite de la faire basculer, en montrant les personnages sous un jour plus ambigu et ainsi aller à contre-courant de l'idéologie de la « légitime défense » pour susciter chez le spectateur le malaise et la réflexion. Ceci à l'exemple du maître admiré de Chabrol, Fritz Lang (cf. *L'Invraisemblable vérité*, dont la fin fait basculer les apparences posées au début), mais aussi M. *le Maudit*. L'identification n'est pas forcément un lâche procédé de captation et d'endormissement du spectateur ; c'est la façon dont on la manie qui peut être lâche.

À travers le miroir est très intéressant à utiliser dans une équipe de formation au scénario, car les spectateurs de tous les âges se projettent très facilement dans cette histoire de famille. En général, ils s'identifient à l'un des deux enfants, c'est-à-dire à la jeune femme « folle », ou au jeune garçon tourmenté, qu'ils estiment être des victimes. Souvent, le personnage du mari est jugé très sévèrement, comme un « pauvre type » et déclenche peu d'identification. Martin est pourtant un personnage très émouvant, qui reste humain et finit par accepter son impuissance. Mais ce n'est pas un personnage gratifiant.

Il est clair que Bergman ne condamne aucun de ses personnages ; en revanche, il utilise l'identification.

Dans *Alien IV*: la résurrection, réalisé par Jean-Pierre Jeunet, le personnage de Sigourney Weaver, ressuscité par clonage à partir d'une goutte de sang, n'éprouve aucune peur, et les autres personnages sont presque uniformément cyniques et brutaux. La peur est plus abstraite que dans les précédents volets de la série, car nous n'avons personne à qui nous identifier. L'émotion ne vient qu'à la fin, avec le « personnage » du bébé alien qui traite Ripley comme sa maman, et dont celle-ci doit se débarrasser.

• Identification à une situation

On peut montrer le personnage commettant une faute vénielle, à la manière des enfants (en train de fouiller, d'observer, de commettre un petit larcin). « *Une personne qui fouille n'a pas besoin d'être un personnage sympathique, le public aura toujours de l'appréhension en sa faveur* », dit Hitchcock (« Hitchcock-

Truffaut », 58). Nous avons utilisé cette idée au début de notre court-métrage *Éponine*, dans lequel une petite fille fouille dans les papiers de sa mère.

On sait aussi qu'il y a des sentiments et des situations de base, où chacun se retrouve: les triangles œdipiens, explicites ou latents (une situation peut être « lourde d'Œdipe », même si les personnages ne sont pas littéralement père et fille, mère et fils); les sentiments comme la déréliction, l'« *invidia* » (jalousie à l'égard du puîné), le sentiment d'être délaissé, etc.

Dans *Taxi driver* et *Chute libre,* le public semble plus facilement s'identifier au redresseur de torts borné et névrosé (plutôt qu'aux personnages plus nuancés et responsables qu'il croise parfois: Tom chez Scorsese, Prendergast chez Schumacher), parce qu'il s'identifie à sa solitude, à son sentiment de désarroi.

Évidemment, une narration qui nous entraîne consciemment ou inconsciemment dans le *point de vue* (voir cette expression) de quelqu'un, nous conduit plus facilement à nous identifier avec lui. Mais n'oublions pas que l'identification, au cinéma, est un processus complexe: on peut s'identifier à plusieurs personnages à la fois, s'identifier à la situation, etc.

Dans *Il était une fois en Amérique,* de Sergio Leone, tous les personnages, et notamment les deux amis Noodles (Robert de Niro) et Max (James Woods), sont des crapules. Seul Noodles a droit à l'identification du public, non seulement parce qu'il figure dans la plupart des scènes, non seulement parce qu'il est joué par un grand acteur, mais aussi parce que son personnage est trompé par les autres.

On peut encore s'identifier à un groupe. D'où certains problèmes de scénario, lorsque ce groupe se scinde en deux moitiés ennemies ou rivales, et que rien ne nous invite à déplacer notre identification ici plutôt que là (*Le Convoi de la peur/Sorcerer,* de William Friedkin). Il y a peut-être deux situations qui sont également problématiques pour l'identification du spectateur: quand deux personnages (ou deux groupes) sympathiques au spectateur entrent en conflit; mais aussi quand deux personnages ou deux groupes haïssables entrent en conflit.

• Identification et comparaison

On s'identifie par comparaison, favorable ou défavorable. Les personnages vilains ou grotesques appelleraient une comparaison favorable du spectateur. Ajoutons que l'on peut même parler, dans certains cas, d'une *contre-identification* basée sur le principe:

« *Je me débrouille mieux que lui (ou elle), je suis plus malin, plus sympathique* », etc.

Dans *Pauline*, on se contre-identifie plus à Marion, la bêcheuse, qui fait l'unanimité contre elle à ses dépens, qu'on ne s'identifie à Pauline.

Dans *Mabuse*, l'identification du public est en principe acquise aux deux jeunes premiers, Kent et Lily. Mais Hofmeister, que le début du film nous montre dans une situation de guet, traqué puis plongé dans une folie régressive, est certainement un personnage à forte identification.

C'est un autre couple qui se partage l'identification des spectateurs dans *Le Port de l'angoisse* (celui de Harry et Marie) et dans *Sansho*, elle va sans doute d'abord au couple de Zushio et Anju, les deux enfants persécutés, puis à Zushio seul, une fois que celui-ci s'est réhabilité. Il est possible que dans un tel cas, ce soit plutôt à la famille plongée dans le malheur, et à la situation qu'elle vit à travers tous ses membres, que l'on s'identifie...

Le problème de l'identification et de la sympathie du public pour un personnage se pose lorsque celui-ci est meurtrier. C'est le cas de *Thelma et Louise*, lorsque Louise abat Harlan alors que celui-ci a cessé d'être dangereux.

2. Scénario projectif

Par son utilisation du cadrage (plan rapproché ou gros plans) sur des personnages qu'il peut isoler et rapprocher de nous, le cinéma fait appel plus souvent que le théâtre à nos projections sur les personnages. Un de ses plus grands effets consiste en effet à nous encourager à coller sur eux des images, des jugements (ils sont suspects, inoffensifs, bizarres, gentils, réactionnaires, ils savent tout, ne savent rien, etc.), puis, sans que ces personnages bougent ou changent, simplement en nous livrant des informations ou des images nouvelles, à casser ces images, bref à jouer sur nos projections pour nous tendre le miroir de nos peurs, de nos a priori et de nos préjugés, non sans avoir orienté au départ tendancieusement le miroir. « *Vous ne le saviez pas*, semblerait dire alors triomphalement le film, *mais vous êtes plus machiste, plus raciste ou pour le moins plus racialiste, plus "pharisien" que vous ne le pensiez* ». Manipulation consentie, mais à laquelle certains spectateurs, et plus spécialement certains critiques tiennent parfois à rétorquer par des procès d'intention symétriques: ce film ne le sait pas, mais il est raciste, paternaliste, homophobe, etc. C'est ainsi que de critiques français ont assuré que *Thelma et Louise* était un film qui se croyait féministe et qui aurait été en réalité sexiste (parce que les héroïnes meurent à la fin).

Il faut dire qu'au jeu du « je te trompe et je te détrompe », d'autres films y sont allés un peu fort, à des fins parfois confusionnistes : Pascal Bonitzer a publié en 1974 dans les *Cahiers* une admirable analyse du *Lacombe Lucien*, 1974, de Louis Malle, « Histoire de sparadrap », montrant bien comment le film de Malle était fait pour constamment provoquer puis pour déjouer nos hypothèses sur un personnage de collabo/non-collabo à qui est ainsi prêtée une fausse profondeur, une « âme ».

D'autres films récents comme le subtil *Pleasantville* de Gary Ross, profitant d'un nouveau type de complicité avec le spectateur, et de nouveaux codes de la comédie fantastique (d'une nouvelle palette de possibilités techniques, aussi), prennent leur part de cette réflexion sur l'image et le cinéma.

Chute libre joue de l'écart entre ce que le film nous amène à projeter sur le personnage, et ce qu'il révèle ensuite de celui-ci.

Quand nous le trouvons inoffensif et touchant — le moment où il retrouve son ex-femme sur la jetée — le policier Prendergast lui apprend et nous apprend qu'il se préparait à tuer sa femme et leur enfant. Rétroactivement, le film comportait en effet plusieurs indices de ce que Bill pouvait basculer : ses allusions aux pays où l'homme a le droit de tuer une femme adultère, une phrase apparemment anodine dite par Bill au gardien du domaine, lorsqu'il évoque son rêve d'une vie de famille idéale (« nous dormirions tous dans le noir »), etc.

Si Bill est censé ne rien savoir de l'effet qu'il produit, Prendergast est en revanche conscient de l'image qu'il donne (un brave homme ventripotent et inoffensif, ne ressemblant pas du tout à un « *cop* »), ce qui lui permet de s'en servir à la fin du film pour tromper la méfiance de Bill.

• Le personnage porte-manteau

La différence entre *Un après-midi de chien, Chute libre* et *Do the right thing*, de Spike Lee, trois films sur des paumés et des exclus, est que là où le personnage joué par Al Pacino, minable preneur d'otages dépassé par son acte et cherchant par la suite à en sortir sans faire de dégâts et sans perdre la face, ne représentait que lui-même et devenait « malgré lui » un emblème du peuple, là où les personnages du film de Spike Lee sont censés représenter des communautés (noire, italo-américaine), le personnage de Michael Douglas apparaît comme une sorte de représentant « porte-manteau » de toutes sortes de frustrations masculines, de mécontentements en vrac contre toutes les formes d'autorité.

On peut appeler « porte-manteau » un personnage surtout conçu pour être le support de différentes projections du spectateur, parfois contradictoires.

William « D-Fens » Foster, dans *Chute libre*, est en effet un personnage abstrait, créé par des nécessités dramatiques. Le spectateur doit tantôt le considérer comme naïf, tantôt comprendre au contraire qu'il cache son jeu. Il est tantôt le Huron de Voltaire, celui qui ne comprend rien aux usages de la société, et tantôt une sorte de vengeur sarcastique et lucide (son discours aux riches). C'est un personnage « attrape-tout », permettant d'exprimer des frustrations et des révoltes d'ordre différent. Mais c'est aussi ce qui le fait apparaître parfois comme arbitraire et théorique.

La notion d'« avatar », dans les jeux vidéo – ce personnage dans lequel on se projette – est à certains égards l'inverse du personnage porte-manteau : c'est un personnage très défini et caractérisé, physiquement ou moralement, dont nous nous attribuons les qualités.

• Question de la projection du spectateur dans un film ironique

Ironie ne veut pas dire se moquer de ce qu'on évoque, mais au contraire le respecter en créant une distance. Lorsque Voltaire dans « Candide » évoque humoristiquement le terrible tremblement de terre de Lisbonne ou que Swift, dans son libelle « Modeste Proposition », évoque le drame de la famine en proposant de manger les petits Anglais pour résoudre la pénurie, personne ne les a pris au mot, ou n'a reproché une ironie déplacée.

Pour l'image, il semble qu'on s'en tienne à sa signification immédiate. Récente illustration le film de Verhoeven *Starship Troopers*, 1997, qui montre avec ironie une civilisation militariste du futur où tous les héros sont plus bêtes les uns que les autres, ce qui veut dire non qu'ils font des erreurs, mais plutôt qu'ils agissent selon des préoccupations et des buts très limités, sans réfléchir à ce qu'ils font et au-delà de ce qu'ils font. Si l'un des leurs meurt, ils n'y pensent que dix secondes, et l'instant d'après, à la moindre victoire, ils retrouvent leur sourire radieux. À la fin du film, ces personnages très primaires et limités capturent un « cerveau » extra-terrestre, c'est-à-dire ce que le scénario ne leur accorde pas.

Ce film peut être pris pour une apologie de la guerre, mais on peut le voir aussi comme un film voltairien. Mais la différence avec un texte satirique, c'est que le personnage est incarné sur l'écran, qu'il est objet de projections et d'identifications, et donc peut devenir modèle. Or, les personnages du film de Verhoeven ne permettent pas de s'identifier à qui que ce soit.

C'est le pouvoir propre du cinéma, peut-être différent en cela de la littérature.

3. Crainte

• Crainte et purgation

Pour Aristote, la crainte ou *phobos* est, avec la pitié *(éléos)* une des deux actions que la tragédie doit exercer sur les âmes afin, dit-il, de « *purger l'homme de telles passions* ». Mots plus ou moins clairs sur lesquels on a écrit des milliers de pages de commentaire et d'exégèse. S'agit-il de purger, d'« exorciser » la crainte et la pitié par elles-mêmes, en les provoquant? Et de quelle crainte s'agit-il: effroi devant la puissance de la fatalité, ou des Dieux, crainte des violences – meurtre, supplices – montrées ou évoquées sur le théâtre? On se reportera, pour plus de détails, à tous les travaux sur la tragédie antique et classique.

• Le cinéma et la peur

Le cinéma, art du hors-champ et du non-montré, a développé particulièrement le ressort de la crainte, sous la forme de la peur, dans toutes ses nuances, du frisson à l'horreur en passant par l'angoisse et l'épouvante. On pourrait dire que nulle forme dramatique n'a été mieux équipée que le cinéma pour créer la peur: depuis ses conditions matérielles de représentation (une salle complètement obscure) jusqu'à son langage même (fondé sur le non-vu, ou le non-encore-vu: ce qu'on ne voit pas inspire beaucoup plus la peur que ce que l'on voit).

• Contagion de la peur

Pour inspirer la peur au spectateur, il ne suffit pas de présenter des personnages objectivement en danger; il faut qu'il participe à ce sentiment de danger. C'est pourquoi, dans les scénarios de ce genre, on se sert souvent d'un personnage qui a constamment peur et dont c'est la fonction principale, pour, à travers lui, la faire ressentir, par contagion, au spectateur. C'est le rôle de Jo, le truand paniqué joué par Charles Vanel, dans *Le Salaire de la peur* de Clouzot. C'est aussi celui d'un personnage d'*Alien* de Ridley Scott: Lambert, l'astronaute craintive jouée par

Veronica Cartwright, n'a pas d'autre fonction dans le récit que de véhiculer la peur qu'elle éprouve, et qu'elle manifeste sans arrêt (cris, pâleur mortelle, phrases exprimant sa conviction qu'ils sont tous condamnés).

4. Pitié

Selon Aristote (« Poétique »), la pitié *(éléos)* est avec la crainte un des deux effets que la tragédie doit créer dans les âmes des spectateurs pour les purger « de telles passions ».

De nos films, *Sansho* est, en tant que mélodrame, celui qui repose le plus sur la pitié ressentie devant les malheurs des héros. On observera le soin et la rigueur avec lesquels Mizoguchi et son scénariste Yoda nous rappellent sans cesse la cruauté de la vie d'esclave, et ne nous laissent pas un instant la croire supportable. Ainsi, dans la scène 11, lorsque Anju reçoit une esclave nouvelle venue et qu'elle lui apprend comment manier le rouet – on pourrait se laisser tromper par le côté « poétique » et presque rassurant de ce tableau de fileuses dans une cabane paisible. Mais les auteurs, par une réplique de la vieille Namiji, qui se plaint: *« Nous ne cessons de travailler qu'à la mort »*, ne nous laissent pas oublier que ce travail est mené à un rythme infernal.

• La pitié que nous inspire le sort d'un personnage est proportionnelle à notre familiarité avec lui

C'est la cruelle loi dramatique: un personnage qui ne nous est rien, et dont la vie personnelle nous est inconnue, peut subir la mort ou la souffrance sans émouvoir le spectateur (c'est le cas, dans *Le Port de l'angoisse*, du pauvre Johnson, le seul mort de l'histoire, que les auteurs du film se sont bien gardés de trop « personnaliser »), tandis qu'un autre personnage dont les facettes humaines sont mieux connues de nous, peut seulement se voir blessé, insulté, contrarié: nous sommes de cœur avec lui.

L'Intendant Sansho comporte deux scènes où sont marqués au fer des esclaves fugitifs; une fois c'est par le méchant de l'histoire, Sansho, l'autre fois c'est par le héros, Zushio, lequel est à ce moment-là, moralement parlant, dans une mauvaise passe.

Le problème, pour les scénaristes, c'est d'obtenir que ce même acte nous rende l'un de ses responsables, Sansho, définitivement odieux, en nous inspirant le plus de pitié possible pour sa victime, mais qu'il ne nous dégoûte pas

210

définitivement de l'autre, Zushio – et pour cela, on rendra sa victime à lui plus « abstraite », moins connue du public, moins « personnalisée ».

La femme qui est marquée par Sansho, Namiji, nous l'avons déjà vue s'occuper des enfants, nous l'avons entendu parler et elle nous est quelque peu familière. Quand elle est rattrapée, elle a cette réplique: « *J'ai pensé à mes enfants* », ce qui lui donne tout à coup une vie privée, une identité personnelle, à partir de laquelle nous ressentirons, par identification, de la pitié pour elle. Mais le vieillard que marque Zushio reste une silhouette pour le spectateur, on s'est gardé de nous le faire connaître avant, et de lui donner une identité concrète, laquelle, catalysant l'attendrissement du spectateur, nous rendrait Zushio définitivement antipathique.

Dans *Taxi driver*, nous n'avons pas le temps de connaître les victimes de Bickle, comme par exemple le Noir qui fait un vol à main armée dans la supérette. Sa mort nous laisse indifférent. Seule exception: le proxénète joué par Harvey Keitel, mais il a été clairement montré comme une crapule, et comme averti des risques qu'il courait.

5. Changement de fortune

• Un ressort ancien et universel

Un nombre considérable d'histoires et de films reposent sur le changement de fortune, qui est un ressort dramatique ancien et universel. Ainsi dans les contes de fées, où la bergère devient princesse et vice versa; dans les mélodrames ou bien les comédies qui sont basés sur des échanges de places entre maîtres et valets; dans les récits d'angoisse et de suspense où un homme paisible devient du jour au lendemain un gibier traqué, etc.

Selon Aristote, le changement de fortune est, sous le nom de « *metabasis* », un des ressorts principaux de la tragédie. Il se produit avec ou sans, en même temps, une *reconnaissance* (voir ce mot) et un *coup de théâtre* (péripétie).

De nombreux scénarios tournés par Hitchcock reposent sur le changement de fortune d'un homme « ordinaire placé dans des situations extraordinaires », parce qu'on le croit coupable d'un meurtre dont il est innocent. C'est une situation qu'Hitchcock juge la plus efficace de toutes, parce que, dit-il, le public peut s'identifier à ce personnage ordinaire mieux qu'à un gangster ou à une princesse.

Le changement de fortune est en général un changement de condition produit par une circonstance imprévue – d'une condition basse, voire misérable à une condition élevée, ou l'inverse. Le mélodrame affectionne les changements de fortune extrêmes (pas la simple promotion d'un soldat à un grade supérieur!).

Des changements de condition, *L'Intendant Sansho* nous en montre trois successifs: le jeune Zushio passe d'abord de l'état de jeune noble à celui d'esclave démuni de tout droit; puis, dix ans après, il est subitement rétabli dans sa condition initiale et même nommé gouverneur. Enfin, il démissionne volontairement et redevient un simple citoyen, après avoir accompli la mission qu'il s'était fixée.

Le premier changement de fortune de Zushio est subi comme un malheur; le second est octroyé comme un bienfait et une réparation, mais utilisé au service d'une mission; et seul le troisième est volontaire: c'est un acte de renoncement. Tout un itinéraire humain et moral.

On trouve des changements de fortune moins spectaculaires, mais aussi déterminants, dans *Le Port de l'angoisse*: Harry Morgan, homme sans histoire, qui vit, semble-t-il, modestement mais décemment, en louant son bateau pour des pêcheurs, se retrouve du jour au lendemain privé de travail, de papiers d'identité et même d'argent.

Classique est, à partir des années 80, l'histoire de l'homme qui a été licencié de son travail, et qui s'est construit un monde imaginaire pour refuser l'évidence et la réalité: c'est le point de départ notamment de *Chute libre*, et de *L'Emploi du temps*. Cette situation de déni se trouvait déjà dans un film illustre du cinéma muet, *Le dernier des hommes* (*Der letzte Mann*, 1929), de Murnau, dans lequel un portier de grand hôtel que sa direction, le trouvant trop vieux, dégrade et met à l'entrée des toilettes. Il persiste à mettre sa belle livrée et à se montrer dans son quartier en uniforme, comme s'il avait toujours la même position.

Le film de Roberto Benigni, *La vie est belle*, 2002, ne nous montre pas un « Juif » obligatoirement condamné au camp de concentration. Il nous montre longuement, durant plus d'une heure, un humain, un amoureux, un père, un citoyen italien, etc., qui se trouve être juif, et qui pour cela est du jour au lendemain brutalement plongé par la persécution dans une certaine situation. L'idée du film est que ce personnage ne se définit au départ ni comme « Juif », ni comme « victime d'un changement de condition », il n'est au départ que lui-même.

Le changement de condition soudain imposé à quelqu'un comme un canular ou un défi, est le sujet de plusieurs films comme *My fair lady*, 1964, de George Cukor d'après une comédie musicale elle-même adaptée du *Pygmalion*, de George Bernard Shaw, et aussi d'*Un fauteuil pour deux/Trading places*, 1983, de John Landis, mais aussi de *Kagemusha*, 1980, d'Akira Kurosawa.

8. Reconnaissance

• Le passage de l'ignorance à la connaissance

Selon Aristote, la reconnaissance *(anagnorisis)*, ici non dans le sens de gratitude, mais dans celui d'identification de quelqu'un qu'on ne reconnaissait pas ou qu'on prenait pour un autre, est une des situations les plus fortes de la tragédie.

L'auteur de la « Poétique » définit l'« *anagnorisis* » comme le « *passage de l'ignorance à la connaissance, amenant le bonheur ou le malheur* ». Dans ce sens-là, reconnaissance ne s'applique pas seulement à des personnes, mais également à des sentiments, qui ont été méconnus. Pour Aristote et pour les Anciens, la situation la plus tragique était celle où le héros tue un proche ou un parent qu'il ne reconnaît pas, et où il réalise trop tard son erreur (reconnaissance tragique).

Mais il y a aussi la reconnaissance « heureuse » d'un parent, d'une mère perdue ou jamais rencontrée. C'est un thème prépondérant dans le mélodrame: « *Ah! mon père, ah, ma mère!* »

La fin de *Sansho* comporte une telle reconnaissance réciproque entre le fils et la mère qui ne se sont pas vus depuis dix ans. Zushio reconnaît sa mère, âgée, méconnaissable, à la chanson qu'elle chante, et celle-ci, aveugle, à la statuette qu'il lui donne à palper. Ici la reconnaissance, comme c'est souvent le cas, ne fonctionne pas seulement sur l'identification physique (reconnaître le visage, la voix), ou sur la « voix du sang » (l'instinct); elle a besoin d'un objet, d'un indice objectif.

• Signes de reconnaissance

Aristote a dressé une liste des signes de reconnaissance: objets, cicatrices, corbeilles, colliers, souvenirs… et raisonnement.

Dans « L'Odyssée », le signe de reconnaissance, pour la fidèle Pénélope mise en présence d'un individu qui se dit son mari, est un secret qu'Ulysse et elle étaient seuls à partager, sur la construction de leur lit conjugal. Auparavant elle avait pu déjà paraître troublée par le fait que cet étranger était le seul capable de tendre l'arc d'Ulysse. C'est un signe de reconnaissance très utilisé dans les westerns (il n'y a que lui qui tire assez bien pour…), ainsi que dans les romans-feuilletons: seul Jean Valjean, dans *Les Misérables*, est assez fort pour soulever une forte charrette, et cela le trahit aux yeux du policier Javert.

Une des plus bouleversantes scènes de reconnaissance qu'on ait jamais faites se trouve dans *Les Lumières de la ville* (*City Lights*, 1931) de Charles Chaplin. La jeune héroïne naguère aveugle « reconnaît » par déduction et intuition, en ce vagabond pitoyable dont les enfants se moquent, le soi-disant millionnaire qui avait pris soin d'elle. L'intensité des regards échangés alors, entre le vagabond et celle qui maintenant le voit, est à peine soutenable: c'est un des mystères du cinéma.

La reconnaissance, écrit Jean-Marie Thomasseau à propos du mélodrame romantique, « *répare la série des méprises qui avaient permis à l'intrigue de se développer* » (« Le mélodrame », Que sais-je? PUF), et doit nous faire atteindre le point culminant de l'émotion. Elle est obligatoirement liée à une méprise (voir ce mot), et se situe en général à la fin du récit.

La révélation d'un enfant qu'on n'a pas connu, comme c'est le cas dans *Paris, Texas*, 1984, et *Don't come knocking*, 2005, de Wim Wenders, ou encore *Secrets et mensonges/Secrets and Lies*, 1996, de Mike Leigh, amène des scènes de reconnaissance très émouvantes: voir aussi la fausse « reconnaissance » dans *Broken Flowers*, 2005, de Jim Jarmusch.

On peut considérer la fin du *Sixième sens* comme une « reconnaissance » (le héros joué par Bruce Willis découvre sa véritable condition). L'épisode d'*Alien* où un des personnages est repéré par les autres (et par les spectateurs) comme un androïde programmé est typiquement une reconnaissance de théâtre.

7. Méprise, malentendu, quiproquo

Méprises, malentendus, quiproquos sont des ressorts fondamentaux de l'art dramatique. Il s'agit souvent, dans les histoires, de quelqu'un à qui l'on prête, à son corps défendant, une identité, un caractère, des comportements, des actes qui ne sont pas les siens – quand ce n'est pas lui-même qui s'est arrangé pour créer dans un but particulier une telle méprise. Il est fréquent, aussi, que l'on parte du premier cas pour arriver à l'autre: le héros se met à assumer, à revêtir une identité (de personne, de caractère) qu'on avait commencé par lui prêter à tort. C'est le postulat même de *La Mort aux trousses*.

Dans *Le Port de l'angoisse*, deux scènes au moins sont fondées sur un début de méprise : non quant aux identités, mais quant aux sentiments, lorsque Harry prend Marie pour une « traînée », scène 10 (le malentendu classique de la « femme injustement soupçonnée »), et scène 17, lorsque Marie surprend Harry parlant avec Hélène et qu'elle peut croire à un début d'idylle entre eux (malentendu vaudevillesque).

L'histoire de *Pauline* joue également sur des malentendus de vaudeville et des méprises de comportement, avec Pauline et Marion prenant Sylvain pour l'infidèle qu'il n'est pas, mais aussi avec Marion prêtant à Henri un amour que ce dernier n'éprouve pas. Louisette et Sylvain ont tendance à prendre Marion et Pierre pour frères ou pour cousins, alors qu'ils sont amis (méprise sur les liens familiaux). Seulement, alors qu'un auteur de vaudeville chercherait à exploiter ces diverses méprises, à épaissir les quiproquos en faisant se produire le plus grand nombre possible de confrontations entre les différents personnages, Rohmer, lui, raréfie le nombre de rencontres et de confrontations et il éloigne ses personnages les uns des autres plutôt qu'il ne les catapulte les uns contre les autres.

Le Goût des autres, d'Agnès Jaoui, repose sur des quiproquos classiques, mais aussi sur un très beau quiproquo psychologique : un patron d'entreprise inculte se met à apprécier la peinture abstraite d'un jeune artiste et à l'acheter, et tout le monde autour de lui tient pour acquis qu'il ne le fait que pour complaire à la femme dont il est amoureux. Nous apprenons finalement – et cette femme avec lui – qu'il aime sincèrement cette peinture, et nous nous rendons compte que nous l'avons jugé incapable d'avoir un goût à lui. Le préjugé que chacun entretient sur *Le Goût des autres* est un des thèmes du film.

• Paraître indignes

Un cas particulièrement dramatique et apparemment très « daté » de méprise ou de malentendu est celui dans lequel une méprise « défavorable », faisant prendre quelqu'un pour le criminel, le lâche, l'incapable, la putain etc. qu'il ou qu'elle n'est pas, est assumée par lui, ou elle, pour l'amour de quelqu'un d'autre : ainsi, dans *La Dame aux camélias*, le drame d'Alexandre Dumas fils plusieurs fois porté à l'écran[10], Marguerite Gautier se résout à passer aux yeux d'Armand Duval pour la traîtresse vénale qu'elle n'est plus, afin que celui-ci puisse, la quittant, retrouver l'avenir respectable qui l'attend et qu'elle veut pour lui. Dans *Les quatre cavaliers de l'Apocalypse*, le film de Vincente Minnelli

---

10. Il est également la source de l'opéra de Verdi, *La Traviata*.

d'après Blasco Ibanez, le personnage joué par Glenn Ford doit accepter de passer, aux yeux de ses proches et même de sa maîtresse, pour l'être frivole et oisif qu'il a cessé d'être, afin de s'infiltrer plus facilement chez les occupants allemands (l'action se déroule à Paris, durant l'Occupation). Ils accomplissent l'immense sacrifice de paraître indignes de l'estime de ceux qu'ils aiment et qui les aiment, pour être, en fait mais secrètement, plus dignes d'eux que jamais.

Ce ressort assez ancien (voir *Hamlet* de Shakespeare, et *Lorenzaccio* de Musset), se rencontre encore dans les films policiers ou d'espionnage: par exemple, Eve Kendall dans *La Mort aux trousses* est obligée de passer aux yeux de Roger Thornhill pour une traîtresse et une catin (alors qu'elle est déjà amoureuse de lui), cela afin de remplir sa mission d'agent du contre-espionnage. Mais il a trouvé une nouvelle jeunesse avec le succès des films de « super-héros » à double identité, qui doivent dissimuler leurs pouvoirs et paraître godiches, banals, conventionnels, etc.: Superman, Spider-Man, Catwoman, etc.

Dans *La Totale*, 1991, de Claude Zidi, et son remake américain *True lies*, 1996, de James Cameron, un espion aventurier doit utiliser comme couverture une vie médiocre, et sa femme en vient à trouver leur couple trop monotone. C'est la reprise en contexte de comédie d'une situation récurrente dans les bandes dessinées (et les films), de super-héros, qu'il s'agisse de Superman, ou de Spiderman, et plus anciennement de Zorro: le héros, afin de remplir sa mission, doit paraître maladroit, terne, lâche, etc., aux yeux de ceux qui lui sont chers.

• « Il est très fort »...

Classique est également l'histoire de l'« homme ordinaire » ou de l'« homme de peu » qui est pris ou se fait prendre pour un homme important ou dangereux: *La Mort aux trousses* d'Hitchcock, *Le grand blond avec une chaussure noire*, 1972, d'Yves Robert, *Série noire pour une nuit blanche/Into the Night*, 1984, de John Landis etc., sont ainsi des variantes sur l'histoire de « celui qu'on prend pour un espion » et à qui inévitablement on dit, parce qu'il ne comprend rien à ce qui lui arrive: « *Vous êtes très fort...* » On citera aussi *Le Général della Rovere/Il generale della Rovere*, 1959, de Roberto Rossellini ou *Kagemusha* 1980, de Kurosawa, dans lesquels des « hommes de peu » doivent endosser l'apparence et l'identité de personnages très haut placés.

Profession Reporter, d'Antonioni, dans lequel le reporter Jack Nicholson emprunte la personnalité et le nom d'un aventurier marchand d'armes, est une variation désabusée sur l'impossibilité de se fuir en prenant l'identité d'un autre, même si cet autre menait une vie passionnante et engagée.

La méprise, le malentendu, le quiproquo, tragiques ou comiques, sont peut-être la situation dramatique la plus universelle, la plus fortement ressentie. Peut-être, entre autres, parce qu'elle met en jeu la vérité de l'inconscient, et aussi le délire d'interprétation. Et certainement, quelque chose de fondamental chez l'être humain dans l'assomption de sa propre identité doit s'y trouver reflété, dénoncé, mis en jeu.

Un quiproquo délibérément créé pour pousser un personnage à faire le bien se trouve dans *La Liste de Schindler*, dans lequel Isaak Stern s'arrange pour faire croire que Schindler est un « homme bon ». À la suite de quoi celui-ci, piégé par la situation, le devient.

8. Dette

La dette (dette d'argent, dette d'un service rendu, dette de la vie...) est un des ressorts dramatiques les plus universels. Une dette ancienne ou enfouie, notamment, est au départ de beaucoup d'histoires. Dans plusieurs de nos films, il y a même une dette concrète ou symbolique antérieure au début de l'histoire, c'est-à-dire contractée *avant que le récit ne commence*. Et dans certains de ces films, le rappel de cette dette fait l'objet d'un flash-back (retour en arrière).

Retour en arrière, un an plus tôt, dans *Le Testament du Docteur Mabuse*, pour rappeler non seulement la naissance de l'amour entre Kent et Lily mais aussi les circonstances de la dette de vingt marks contractée par Kent, chômeur aux abois, vis-à-vis de la jeune femme. Une dette qu'il lui a remboursée plus tard en prenant un travail, c'est-à-dire en devenant malfaiteur au service de Mabuse!

Dans *Le Port de l'angoisse*, Johnson doit déjà, quand l'histoire commence, quinze jours de salaire à Morgan et c'est parce qu'il sera tué d'une balle perdue avant d'avoir pu la régler que l'histoire va se nouer; c'est aussi à cause de cette dette que Morgan surveillant Marie qui détrousse Johnson, tombera amoureux d'elle, etc.

Le héros de *L'Emploi du temps*, Vincent, est dès le début en dette vis-à-vis d'un père aisé et intimidant, à qui il emprunte une importante somme d'argent, et il ne comblera jamais cette dette, puisqu'à la fin du film il est de nouveau en situation de dépendance. De même qu'il reste en dette vis-à-vis de Jean-Michel, le trafiquant, qui lui a fourni un travail et qu'il a laissé tomber.

Même une histoire aussi cosmique que *La Tétralogie* de Richard Wagner, repose au départ sur une dette contractée auprès des Géants par le roi des Dieux, Wotan, antérieurement au drame (elle est déjà là quand le rideau se lève). À partir de là, tout s'ensuit: vol de l'Or du Rhin pour payer les Géants, nécessité, pour reprendre l'or au dragon Fafner de faire naître Siegfried, le héros rédempteur, et chute des Dieux!

Tout se passe comme si une dette (dette de la vie?) était inscrite dès la naissance dans les cellules de chacun de nous...

9. Condition sociale

L'opposition, la lutte entre les classes sociales, est un ressort dramatique ancien; on le trouve naturellement dans le mélodrame social du XIXe siècle, ainsi que dans les romans, le théâtre, et plus récemment le cinéma de tous genres.

• **Imbrication du ressort social avec l'histoire d'amour**
La plupart du temps, on combine histoires sentimentales et amoureuses et histoires sociales. La façon la plus traditionnelle d'imbriquer une histoire sentimentale et un sujet social, c'est de faire s'aimer deux personnes que leurs conditions semblent séparer. C'est évidemment un des principaux ressorts de *Titanic*, 1995, de James Cameron.

Mais il existe d'autres façons de les combiner. Dans le mélodrame chanté de Jacques Demy *Une chambre en ville*, une histoire sociale d'ouvriers en grève se déroule parallèlement à l'histoire amoureuse, sans la gêner vraiment (elle la favoriserait plutôt). Si François, ouvrier métallurgiste, tombe amoureux de la fille d'une aristocrate déclassée, rien ne s'oppose directement à leur amour. Mais lorsque François meurt d'une blessure reçue dans une manifestation et qu'Édith se suicide sur son corps, l'histoire sociale et l'histoire amoureuse semblent se rejoindre dans un destin fatal.

L'Intendant Sansho est un plaidoyer contre l'esclavage et la pauvreté. Le père de Zushio est un homme de bien qui veille à ce que les paysans de la province dont il est gouverneur soient instruits et nourris; il a légué à son fils un message de justice.

Les personnages de *Pauline* sont signifiés comme des membres de la moyenne bourgeoisie parisienne en vacances, et à l'égard de la marchande, Louisette, ils affichent un certain mépris de classe, la trouvant « vulgaire » et « bouffonne ». Celle-ci est la seule que l'on montre en train de travailler dans la période où se situe le récit. Par son parler, elle est connotée comme « populaire » – même si l'auteur a voulu que cette appartenance populaire fût stylisée, et « pour de rire ». Enfin, elle est montrée comme une « fille facile » désirée en tant que telle.

Chute libre raconte la descente aux enfers d'un Américain de la classe moyenne. Sa trajectoire en ligne droite qu'il choisit de prendre jusqu'à Venice, en traversant à pied une partie de Los Angeles, lui permet de rencontrer plus pauvres et plus riches que lui, et d'avoir une vision en coupe de la société.

Les scénarios écrits par Ruth Prawer Chabvala pour James Ivory mettent en scène avec une grande précision les rapports de classe. On étudiera avec profit, notamment *Chaleur et poussière/Heat and Dust*, 1983, *Retour à Howard's End/Howards End*, 1991, d'après E.M. Forster, et *Vestiges du jour/The Remains of the Day*, 1993, d'après Kazuo Ishiguro.

L'étude des rapports de classe est également aiguë dans un film comme *Match Point*, 2005, de Woody Allen, et dans toute l'œuvre de Robert Guédiguian.

10. Morale

Toute histoire, qu'elle le veuille ou non, repose sur des valeurs morales explicites ou implicites. Explicites dans *Sansho, Mabuse, Chute libre, Thelma et Louise*, mais également très présentes, bien que plus implicites, dans *Le Port de l'angoisse, L'Emploi du temps* et même dans *Pauline*. Chez Hawks, en particulier, il y a non seulement des bons et des méchants, mais aussi une morale de l'authenticité et de la compétence. Enfin, même les héros « futiles » de *Pauline*, ces jeunes gens que ne semblent intéresser que leurs petites histoires de plage, revendiquent et pratiquent (plus ou moins rigoureusement) un code implicite d'honneur et de sincérité.

• Relativité morale

On aurait tendance à croire que le public est devenu d'une tolérance sans limites et qu'on peut le faire s'identifier avec des salauds avérés. Certains films, comme ceux de Sergio Leone, érigeant en héros d'ignobles crapules, le font penser et cependant, on y conserve un certain code d'honneur et de conduite qui singe la morale. Encore ces films de Leone sont-ils plus francs que d'autres qui, mettant en scène des gangsters, embellissent et surtout voilent leurs activités d'un flou poétique, comme *Le Parrain* de Coppola.

Mais Jacques Rancière (« L'Enjeu Scénario ») explique très bien comment, s'il n'y a plus de loi morale chez des personnages qui tous affectent le cynisme, il n'y a plus de véritable histoire possible: « *Le cynisme ordinaire fait un récit désamorcé (108).* » Et plus loin: « *La possibilité de raconter des histoires et de créer des personnages est barrée* (aujourd'hui) *par une sorte de censure à l'envers. Le scénario reproduit dans sa morale une logique commerciale qui a banalisé le fameux "Il est interdit d'interdire", réduit à la morale consommatrice.* »

Dans *Mabuse* et dans *Sansho*, films édifiants et pourtant admirables, malgré l'adage de Gide, on ne trouve pas seulement des personnages entièrement bons et d'autres entièrement méchants, mais aussi des êtres qui passent du camp du mal dans celui du bien. Les méchants y sont définis non par une « essence » perverse, mais par leurs actes. À part bien sûr, le personnage quasi mythologique de Mabuse, en tant qu'entité, Génie du Mal.

Dans *Le Port de l'angoisse*, on trouve bien deux camps entre lesquels le choix des auteurs ne laisse place à aucune ambiguïté. Mais il y a aussi, dans ce film comme dans beaucoup d'autres de Hawks, une morale de la compétence: Johnson, qui est à la fois un voleur, un lâche et un pisse-froid, est en même temps un maladroit et un malchanceux (la partie de pêche catastrophique). Et, par rapport au livre, le personnage d'Harry a été blanchi de divers actes répréhensibles qu'il commettait chez Hemingway: on ne le voit tuer qu'une fois, quand il est réduit à la dernière extrémité.

Quant à Marie, si elle est montrée, au début, comme une voleuse (ce qui était une idée de Hawks pour la rendre plus intéressante), on a veillé à ce que sa seule victime, dans le film, soit l'antipathique Johnson. On prend garde de préciser le motif qui excuse son larcin (regagner le continent, et pour ce, se procurer l'argent d'un billet d'avion), et plus tard, on la montre prouvant son désintéressement quand elle offre à Harry, pour aider celui-ci, tout l'argent qu'elle a sur elle.

• Toute fiction suppose un système de valeurs (ou « axiologie »)

Il n'y a pas d'histoire s'il n'y a pas effort ou progrès vers un « mieux » moral, ou inversement, dégradation, perdition.

Les valeurs auxquelles se réfèrent explicitement ou implicitement les personnages et les spectateurs peuvent être: l'amour humain, le respect des autres, la connaissance, la loyauté, le souci de la vérité, la lucidité, le dépassement, l'audace, le pragmatisme, la maîtrise de soi-même, l'acceptation de ses limites, le « savoir faire avec », la réconciliation avec la vie ou l'ouverture à elle, la maturation, la mise en jeu de ses intérêts égoïstes au nom d'une valeur, une épreuve qui permet de franchir un stade ou sinon de mieux se connaître.

Cela suppose souvent une vision dite *téléologique* du devenir humain (dépassement, sublimation, renoncement, maturation, accomplissement, acceptation).

La révélation et la connaissance peuvent venir à un personnage par un échec, une épreuve, voire par la mort.

Les valeurs peuvent être différentes d'un pays à un autre. Par exemple, dans le cinéma américain, on montre souvent de façon positive tout moment où le personnage tombe le masque et laisse s'extérioriser sans plus, se formuler ses mauvais penchants, notamment racistes, ses préjugés. Aux yeux du public, il ne « perd pas la face », mais au contraire il se rachète. Le film de Gary Ross *Pleasantville,* où des personnages en noir-et-blanc « prennent des couleurs » en est la parabole. Une parabole dans laquelle la couleur rouge représente la vérité cachée de quelqu'un, celle qu'il refoule, qu'il contrôle. Le film montre comme positifs les moments où les personnages laissent s'extérioriser le rouge – la sexualité, la vocation, même si le rouge est celui de la colère, de l'agressivité. Le personnage le plus dangereux dans le film, est d'ailleurs un personnage qui se contrôle, qui affecte le calme: le maire de la ville. Lorsque ce dernier est conduit à perdre son calme affecté, à devenir rouge de colère, il est en voie d'humanisation, de rédemption.

L'expression verbale de l'agressivité est souvent valorisée par ces films, dans la mesure où elle est suivie d'une lucidité plus grande. Les personnages des films américains peuvent laisser exploser leurs haines et leurs préjugés (y compris machistes et racistes), pourvu qu'ils dépassent ce stade; il n'y a rien d'irrémédiable à ce niveau.

La plupart des « comédies fantastiques » réalisées aux USA depuis vingt ans sont fortement moralisantes: dans *Big*, 1987, de Penny Marshall avec Tom Hanks (un enfant se voit transporté dans le corps d'un adulte), *Bruce tout-puissant/All Mighty Bruce,*

2004, de Tom Shadyac avec Jim Carrey (un brave type se voit accorder des pouvoirs divins sur une ville américaine), *L'Amour extra-large*, 2002, des frères Farelly (une femme obèse est vue comme mince et belle par un homme amoureux), et bien sûr dans *Un jour sans fin*, le conte fantastique est aussi l'occasion d'une parabole: le héros apprend à la fois à connaître ses limites et sa mortalité, à aller au-delà des apparences, à s'intéresser aux autres, et à grandir. Dans *Un jour sans fin* par exemple, Phil ne séduit Rita que lorsqu'il renonce à l'« emballer », c'est-à-dire à exercer un pouvoir sur elle, et qu'il devient bienfaisant pour les autres sans chercher de contrepartie ni de récompense. Il a aussi appris les limites de son « pouvoir » quand il se rend compte qu'il ne peut pas empêcher de mourir le vieux mendiant de Punksutawney. Lorsque Rita est devenue librement amoureuse de lui (et l'ayant choisi, « acheté », lors d'une fête locale où les femmes choisissent les hommes), le sortilège s'interrompt comme par enchantement, et Phil se réjouit d'être enfin un 3 février (ce qui veut dire qu'il accepte aussi de mourir, puisque le temps s'est remis en route).

• Le cinéma semble propice à présenter certaines questions morales plutôt que d'autres:

– la maîtrise des pulsions, des émotions, des passions ou au contraire, leur libération ou leur déchaînement, puisque le cinéma est un art du surgissement, du dévoilement, du basculement;

– dans la mesure où le cinéma joue sur l'image, il permet une réflexion sur l'apparence et la vérité; l'aspect extérieur et l'identité véritable; la dignité perdue et aussi la dignité retrouvée (perdre ou retrouver la face). Autant ou plus que la perte de contrôle, l'impassibilité ou la maîtrise, la réserve, la prudence sont très cinématographiques, car un visage humain montré de près qui ne « manifeste rien » est très frappant au cinéma: on dit que Cecil B. de Mille révéla le pouvoir cinématographique de l'impassibilité en gros plan avec le personnage de Sessue Hayakawa dans son film *Forfaiture/The Cheat*, 1915.

– une réflexion sur l'acte, l'intention de l'acte et la responsabilité: le cinéma permet de montrer des actes qui se manifestent extérieurement, tout en laissant planer un doute sur la conscience que le personnage a de la réalité et des conséquences de ce qu'il a fait.

– une réflexion sur la propension à juger et à interpréter: le personnage est sur l'écran pour nous et pour les autres personnages comme un support de projection; beaucoup de films sont conçus pour nous faire projeter sur certains personnages des images favorables ou défavorables, et ensuite nous montrer que ces projections étaient erronées; c'est ce que nous appelons le *scénario projectif*.

• Brouiller l'appréciation de l'échelle de gravité ou de dangerosité

Il est fréquent que le cinéma nous fasse perdre de vue, intentionnellement ou non, l'échelle de gravité ou de dangerosité d'un acte, d'un événement, d'une situation, soit en les banalisant alors qu'ils sont très graves (le cinéma peut ainsi nous montrer des meurtres comme quelque chose de ludique, d'anodin), soit à l'inverse en les rendant spectaculaires, alors qu'ils ne sont pas si graves. Cela pour des objectifs divers: donner un ton de comédie à une histoire qui comporte des meurtres; inversement, faire « mousser » une scène.

Le personnage de Bill dans *Chute libre* n'est pas sanguinaire, il ne tue qu'en toute dernière extrémité, mais cela ne l'empêche pas, si l'on était dans la réalité, d'être objectivement très dangereux, par exemple lorsque dans un fast-food rempli de clients il appuie par mégarde sur la gâchette de son pistolet-mitrailleur. Dans le film, cela déclenche une petite panique mais il n'atteint personne; dans la réalité, il pourrait s'ensuivre des morts ou des blessés.

Dans ce genre de scène, un personnage secondaire fonctionne souvent pour le spectateur comme référence, parrainage moral, caution: c'est le rôle ici de la serveuse Sheila Folson, qui elle comprend l'humour particulier de Bill, et n'est pas terrorisée lorsqu'il tire « par mégarde ».

Autre exemple dans *Chute libre*: les quelques dommages matériels dans l'épicerie tenue par un Coréen. Avec une batte de base-ball, Bill fait tomber quelques boites de conserve, et détruit deux ou trois vitrines, mais il ne frappe pas l'homme qui est à sa merci, ne lui lance pas d'insulte raciste. Cette scène choque plus le spectateur que celle du bazooka (où Bill détruit un chantier d'autoroute avec un bazooka sans causer de pertes humaines, ce qui est invraisemblable), alors que les risques physiques sont beaucoup moins importants. Si on la fait raconter au public, il en parlera comme d'une scène d'ultra-violence, alors qu'il n'y a que des dégâts matériels avec de faibles risques de tuer quelqu'un ou de le blesser.

Évidemment, ce décalage entre la gravité ou la dangerosité des situations et ce qu'on en perçoit n'est pas dû au hasard, il provient de l'effort de la mise en scène pour rendre spectaculaire ce qui se passe sur l'écran, ou au contraire, pour donner un aspect léger à quelque chose qui dans la réalité ferait des dégâts collatéraux.

Au cinéma, très souvent, les voitures roulent très vite sans causer d'accident, ou sans autres dommages que matériels. Le cinéma peut aussi faire croire qu'une overdose comme celle de Mia dans *Pulp Fiction* est guérie instantanément et sans séquelle grâce à une simple injection d'adrénaline faite par un homme qui n'a jamais exécuté un acte médical de sa vie. En ce sens, le cinéma risque d'entraîner des spectateurs à commettre des actes dangereux, pour eux ou pour les autres, en leur montrant des personnages qui eux s'en tirent toujours miraculeusement. Dans les films quelqu'un peut menacer avec un briquet quelqu'un d'autre qu'il vient d'arroser d'essence (*Reservoir Dogs*), et contrôler la situation. Dans un atroce fait-divers, qui eut lieu sur le territoire français en 2005, un maladroit imitateur découvrit, hélas, que la personne ainsi menacée pouvait prendre feu, même s'il prétendait ne vouloir que « lui faire peur ». Combien de films ou de téléfilms avait-il vus qui lui avaient fait croire le contraire?

Les films de Michael Haneke comme *Funny Games* ont pour propos de faire reprendre conscience de la réalité concrète de la douleur ou de la violence. Réalité de tuer, de blesser, d'être blessé.

11. Racialisme

Dans la comédie de Tom Shadyac *Bruce tout-puissant/Allmighty Bruce*, 2004, le Dieu que rencontre Jim Carrey est joué par Morgan Freeman. Or cet acteur a une peau noire, comme on dit, et il a joué notamment le chauffeur « noir » de Jessica Tandy dans *Driving Miss Daisy*, 1989, de Bruce Beresford. Cette remarque que nous venons de faire a-t-elle quelque sens? Si Dieu avait été joué par un comédien blanc, l'aurions-nous remarqué et signalé?

Pourtant, dans le film de Shadyac, à aucun moment ni Dieu ni Bruce ne font la moindre allusion à leur différence de couleur de peau. Cependant, la question « racialiste » ne peut pas être tranchée dans l'absolu, en dehors du contexte de l'action: si *Bruce tout-puissant* se déroulait en Alabama, par exemple (et non, comme c'est le cas, dans un État du Nord, près des chutes du Niagara), la couleur de peau de Dieu-Morgan Freeman jouerait un autre rôle. Inversement, le fait qu'un des méchants du film, qui tourmente un pauvre SDF, soit joué par un Noir, prend un sens différent dans le cadre de cet équilibre.

On entend parfois critiquer en France, dans les films américains, ce jeu d'équilibrage entre rôles de bons et rôles de méchants pour les acteurs afro-américains, en vue de créer des modèles valorisants. On pourrait aussi signaler le problème inverse dans le cinéma français: on y a sans précaution, y compris dans les films dits « anti-racistes », alimenté le stéréotype du maghrébin dealer ou voleur, même sympathique, sans le « contrepointer » par des personnages sinon édifiants, du moins honnêtes. Des films d'auteurs aussi différents que *Police*, 1986, de Pialat, ou *Maman*, 1989, de Romain Goupil, où tous les personnages de type nord-africain sont liés à la délinquance, au vol et à la drogue, n'auraient pas été sans faire débat aux USA.

Le racialisme, c'est la position qui consiste à croire à la légitimité de la notion de race – légitimité qu'elle a perdue sur le plan scientifique. Contrairement en effet à ce qu'on a longtemps cru et dit de bonne foi, la couleur de peau n'implique pas une série d'autres traits génétiques ou psychologiques communs sur aucun plan significatif. Le racialisme n'est pas du racisme, loin de là, mais ce dernier perdrait une partie de sa pseudo-légitimité aux yeux de beaucoup, sans le racialisme.

• Déracialiser les rôles de Noirs

Le cinéma américain a parcouru sur cette question un long chemin: passant des films où le Noir est fruste voire violeur (*Naissance d'une nation/Birth of a Nation*, 1915), à ceux où il est dionysiaque et fascinant, mais toujours conduit par ses pulsions (l'admirable *Hallelujah!* , 1929, de King Vidor), puis à ceux où il se doit d'être diplômé, brillant et exemplaire (*Devine qui vient dîner/Guess who is coming to Dinner*, 1967, de Stanley Kramer, avec Sidney Poitier), etc., jusqu'aux films actuels, enfin, où les comédiens afro-américains n'ont plus à jouer obligatoirement, sauf quand précisément c'est le sujet, des rôles que définirait d'abord leur couleur de peau. Là-dessus le public français, même cultivé, ne semble pas toujours avoir fait le même chemin.

Si l'on montre en France aux publics les plus divers la séquence de *Seven*, 1995, de David Fincher, au début du film, qui voit la première rencontre de Somerset (Morgan Freeman) et de Mills (Brad Pitt), et si on leur demande: « *que voyez-vous? sur quoi repose la scène?* », une grande partie diront avant toute autre chose qu'on y voit un Noir et un Blanc. Demandons-leur alors de considérer les dialogues et les situations de cette scène, de revoir à loisir le reste du film et de se poser la question: la couleur de peau de l'acteur y joue-t'elle le moindre rôle ? Est-elle mentionnée dans les dialogues, par lui ou d'autres ? Pour le dire autrement, si un acteur blanc jouait Somerset et un acteur noir Mills, les situations et les répliques devraient-elles être modifiées ? Dans le cas de ce film, pas le moins du monde. Si Somerset et Mills sont différenciés, c'est selon une série de couples d'oppositions très francs, indépendants de leur couleur de peau : Somerset est le vieux policier sceptique et humain, cultivé, qui fréquente les bibliothèques pour y chercher des pistes d'enquête, tandis que Mills est un jeune chien fou, généreux mais encore impulsif et totalement ignare, qui se repaît de sport à la télévision. En bref, Morgan Freeman joue un personnage, et non pas un personnage d'afro-américain.

La déracialisation d'un cinéma, en d'autres termes le fait de donner, dans un pays, la possibilité à des comédiens d'interpréter des personnages, et non des personnages définis par leur couleur de peau – semble certes aller plus vite que la « déracialisation » de la société que ce cinéma évoque. Il est probable que le pourcentage de Noirs génies en informatique dans les films d'action américains (notamment dans *Le piège de cristal/Die hard*, 1987, de John McTiernan, et *Mission: Impossible*, 1996, de Brian de Palma, avec Ving Rhames) est plus important que leur pourcentage actuel dans l'Amérique réelle, pour des raisons historiques et sociales évidentes. Mais on peut ne pas trouver mauvais que, surtout dans des spectacles qui n'ont pas de prétention au témoignage, on construise des images alternatives contribuant à faire tomber des préjugés. Si ces préjugés avaient perduré, les Noirs ne seraient crédibles qu'en sportifs, musiciens, danseurs, dealers, policiers ou comiques, mais jamais dans des rôles d'intellectuels et de savants.

Or, la déracialisation dont nous parlons ne peut se faire que moyennant un certain volontarisme, ce à quoi excellent les Américains : si l'on décide de ne pas tenir compte socialement d'une différence visible, on jouera le jeu. Le film d'anticipation de Verhoeven *Starship Troopers*, 1997, montre cela très bien, touchant la différence sexuelle. Il décrit en effet une société belliciste du futur où hommes et femmes prennent leur douche ensemble en faisant comme si de rien n'était, et en neutralisant complètement, par code social, leur sexuation. Dans le même cinéma américain, existent des « satiristes » comme les frères Farrelly, cités plus haut, qui pointent sous forme comique les ridicules et les impasses de ce volontarisme visuel (« je ne dois pas voir ce que je ne suis pas censé voir ») et permettent de réfléchir sur ses limites.

Certaines de ces contradictions et de ces difficultés sont amplifiées par le cinéma, qui souligne et rappelle l'apparence en somme, beaucoup plus que ne le font le roman et le théâtre. Si nous lisons un roman policier dont le narrateur est un inspecteur noir, nous n'allons pas tout le temps nous le visualiser mentalement comme noir: nous y verrons un personnage, il sera un nom, des sentiments, des actions, et au détour d'une page, réapparaît sa couleur de peau, parce qu'un autre personnage y fait allusion, ni plus ni moins, puis nous l'oublions. Mais si on s'appelle Morgan Freeman et si on a joué un rôle de « Noir » dont beaucoup de gens se souviennent, dans le film de Beresford par exemple, ce rôle collera longtemps aux personnages qu'on jouera par la suite, il leur collera, littéralement, à la peau.

• Parabole sur le piège de l'image

Reste une voie intéressante: inventer une histoire qui traiterait justement de cela, du piège de l'image.

Le film de Joel Schumacher *Time to kill*[11], 1996 (titre inspiré de la Bible, et mal traduit, en France, par *Le droit de tuer?*) propose une parabole scénaristiquement assez artificielle, concédons-le, mais très bien trouvée sur la question du racialisme de certains personnages, mais aussi du spectateur.

Un avocat « blanc » joué par Matthew McConaughey (c'est pertinent, car nous sommes dans le Sud) est choisi par Samuel Jackson pour le défendre, au lieu de l'avocat noir que lui conseille sa communauté. Samuel Jackson a sur le coup de la colère abattu les hommes qui avaient violés sa petite-fille. Dans la scène cruciale pour laquelle tout le film est fait, Matthew McConaughey demande aux jurés, qui ont à condamner ou à acquitter le père meurtrier des bourreaux de son enfant, de fermer les yeux pour bien entendre ce qu'il leur raconte; il leur fait le récit de ce qu'elle a pu subir. À ce moment-là, nous spectateurs, ouvrons les yeux sur des gens qui ferment les leurs, mais comme nous avons vu l'enfant au début du film (bien que son calvaire n'ait pas été montré, juste son enlèvement), nous pouvons aussi la visualiser mentalement – puis l'avocat leur demande si son récit fait, ils ont

---

11. C'est une citation de la Bible, du livre de l'*Ecclésiaste*: « il y a un temps pour tuer et un temps pour guérir », identifiée comme telle par beaucoup d'Américains, même non-croyants.

pu la voir comme une petite fille, et non comme une petite fille noire. Le mot « *black* » fait coup de théâtre, et il est destiné à faire prendre conscience aux jurés (et au spectateur) qu'ils ont été tentés de racialiser ce calvaire, et de ne pas savoir voir l'être humain autrement qu'à travers sa couleur de peau et ce que celle-ci a de particularisant.

12. Grand et petit scénario

Dans beaucoup de films, il y a deux scénarios imbriqués: le scénario visible, spectaculaire, ostensible et le scénario invisible, modeste, intérieur, qui du point de vue moral est souvent le plus important.

Dans le scénario ostensible, quelqu'un accomplit des exploits, sauve une famille, se marie, change de condition, gagne ou perd beaucoup d'argent... Et à l'intérieur de ça, se trouve le petit scénario des petites victoires, des petits héroïsmes secrets du quotidien qui correspondent à un progrès moral ou dans certains cas laissent en plan, en état de potentialité, ce petit mouvement.

Dans *Chute libre*, le personnage de Prendergast accomplit deux exploits, l'un dans le grand scénario, l'autre dans le petit. Dans le grand scénario, il reconquiert en une journée sa fierté professionnelle, neutralise à temps Bill Foster qui se préparait à tuer sa famille, et répond avec virulence, agressivité, à son supérieur qui l'humiliait. Dans le petit, en même temps qu'il commet ces exploits, il répond pour la première fois à sa femme par laquelle il se laissait tyranniser, et lui dit: « *Je veux manger mon poulet avec la peau* », car elle n'aimait que le poulet sans peau et l'imposait à son mari, et lui la considérait comme une frêle créature fragile.

Le film nous montre cette scène où il exige au téléphone son poulet comme il aime le manger comme une motif de fierté plus grand pour lui que les prouesses (de déduction, de psychologie, de réflexe) qu'il accomplit par ailleurs.

• Parrainage moral
Le parrainage moral est l'emploi d'un personnage secondaire « rassurant » comme référence, caution pour apprécier un acte ou une réaction sous l'angle moral. Évidemment, c'est à nous de savoir si ce parrainage est douteux ou pas.

Dans *Chute libre*, lorsque le policier répond vertement à sa femme, nous pouvons penser que c'est le macho en lui qui s'exprime, mais le film lui donne une marraine morale à travers le personnage de Sandra, une inspectrice jeune, émancipée, douée d'humour et de franc-parler, qui l'encourage à dire ce qu'il pense, à ne pas traiter sa femme comme une pauvre créature qui tomberait en morceaux s'il lui parlait franc.

Cette jeune femme approuve le petit coup de gueule du policier quand sa femme devient tyrannique, et le spectateur peut se dire: « si une femme moderne, émancipée, inspectrice dans un univers d'hommes, approuve Prendergast, nous n'avons rien à dire. »

Dans un autre contexte, un Noir sera le parrain moral d'un personnage que nous pourrions accuser de racisme anti-noir, etc.

• Le cinéma permet une réflexion sur l'acte

Lacombe Lucien, 1974, de Louis Malle, est un film habilement conçu pour montrer un personnage de jeune paysan fruste qui dénonce un chef résistant (nous sommes en France sous l'Occupation), s'engage dans la police allemande, arrête des résistants, utilise son pouvoir sur des Juifs qui se cachent, donc qui fait objectivement le mal, tout cela étant montré de telle façon qu'il est impossible de savoir si Lucien sait ce qu'il fait, qu'il en comprend et en assume les implications, si on peut parler d'acte à son propos. La question de la responsabilité de Lucien est donc posée.

On citera la scène dans laquelle le héros, dont le concours a été refusé par les résistants, entre par « hasard » dans un hôtel qui sert de quartier général à des collaborateurs français, dont un Noir. Ceux-ci le font boire et lui demandent s'il sait le vrai nom d'un résistant dont ils ne connaissent que le surnom de guerre. Lucien livre le nom, et à ce moment-là Louis Malle filme cette révélation de telle façon qu'il est impossible de savoir si le jeune garçon sait ce qu'il fait. On le voit regarder par en-dessous les fascistes avec un léger air de défi qu'on peut interpréter comme une manière de dire « je sais ce que je fais, j'ai compris votre jeu », mais on ne peut en être sûr, et le film est constamment dans ce jeu-là.

13. Perturbation

La dynamique d'une histoire est souvent fondée sur des *perturbations de la condition des personnages* – chacune de ces perturbations passant par plusieurs étapes: état non perturbé, perturbation, conflit ou lutte, réajustement, et souvent, amélioration humaine et morale à partir de cette perturbation.

Toute histoire comporterait ainsi des perturbations secondaires, temporaires, et une perturbation principale, qui, selon plusieurs auteurs, devrait rester effective aussi longtemps qu'on en a besoin pour nourrir l'action, c'est-à-dire dans toute la longueur de l'histoire.

Pour faire bouger les personnages, il leur faut donc une modification de leur tranquillité, de leur *statu quo* initial. Ce peuvent être des perturbations inévitables et liées aux plus élémentaires besoins de l'homme : la faim, la soif, le froid, le besoin de sommeil – et pas forcément liées à l'activité de personnages antagonistes...

Dans *Sansho*, la perturbation majeure apparaît quand les deux enfants sont séparés de leur mère, et réduits à la servitude.

Dans *Mabuse*, l'inspecteur Lohmann est d'abord dérangé, dans son désir de passer une soirée tranquille, par l'affaire Hofmeister (et par l'amitié qu'il porte à ce policier déchu), et quant à Kent, c'est poussé par un besoin de travail et d'argent qu'il est entré dans la bande de Mabuse.

Il est intéressant dans un scénario de combiner de petites contrariétés concrètes avec des perturbations majeures.

• Mécanique de la perturbation

Pour Eugene Vale, « *si l'on veut créer une perturbation en associant deux éléments – leurs caractéristiques doivent s'attirer ou se repousser. La perturbation, c'est séparer les parties qui sont liées* (dans *Sansho*, les enfants séparés de leur mère ; dans *Le Port de l'angoisse*, Harry Morgan séparé de son bateau, de son argent, de ses papiers) *ou bien de forcer à cœxister les parties entre lesquelles il y a répulsion* » (comédies légères et films policiers, où l'on crée un « couple forcé » qui s'affronte et se dispute). « *Dans ce deuxième cas, il faut créer la situation qui associe, de force, les deux parties.* » Pour *Duel dans le Pacifique*, de John Boorman, il s'agit, par exemple, de deux forçats évadés qui restent reliés par une chaîne, et le lien qui les réunit est ici, comme dans *Les 39 marches*, 1935, d'Hitchcock, ou *Les Spécialistes*, 1985, de Patrice Leconte, très matériel. Dans *48 heures*, 1982, de Walter Hill, les nécessités d'une enquête obligent deux hommes que tout sépare, un flic grognon et un petit truand haut en verbe, à faire équipe pendant deux jours.

Ce modèle du « *buddy movie* » sera reproduit dans d'innombrables films de tandems, comme *Men in Black*, 1997, de Barry Levinson. Francis Veber l'a exploité systématiquement dans presque toutes ses comédies (*Les Compères*, 1983, *Les Fugitifs*, 1986)

On peut aussi combiner, dans les histoires d'amour notamment, des forces d'affinité et de répulsion, créant ainsi des cas de dilemme (amour, mais appartenance à des clans différents, comme dans Roméo et Juliette).

14. Difficultés

• **Les trois types d'obstacles**

Au cours d'un scénario, les protagonistes connaissent un certain nombre de difficultés dans l'obtention de leur but, ces difficultés faisant le sel de l'histoire.

Plusieurs auteurs en distinguent trois types:

– l'obstacle, difficulté de nature circonstancielle et statique (une montagne à franchir, le manque d'argent, la difficulté à comprendre une langue étrangère);

– la complication, de nature accidentelle et temporaire (accident, la crevaison de pneu de Lacombe Lucien au début du film de Louis Malle; météo: pluie, orage)

– la contre-intention, qui est une intention humaine de sens contraire, liée au même but, et cherchant à empêcher la première de parvenir à ses fins. Par exemple, le trésor est convoité par d'autres personnages, qui vont chercher à empêcher les protagonistes de se l'approprier.

• **Suppression des obstacles**

Certains scénarios choisissent parfois d'éliminer totalement pour les personnages tout problème d'ordre matériel, argent, santé, nourriture, coucher. Ce qui leur arrive apparaît alors comme entièrement endogène. On rencontre ce parti pris plusieurs fois chez Éric Rohmer, dans *Pauline à la plage*, par exemple: les héros ont du temps, ils sont avenants, libres, sans pression sociale, il fait beau, etc.

Dans *Notre histoire*, 1984, de Bertrand Blier, l'auteur applique systématiquement un ressort dramatique (et comique) qui consiste à couper l'herbe sous le pied à l'action en aplanissant dès le départ tous les problèmes.

Le manque d'argent est rapidement éliminé: Robert Avranches (Alain Delon) a beaucoup d'économies, et il ne rêve apparemment que de les dépenser. Le ressort de la compétition sexuelle est également supprimé par décision de l'auteur-scénariste: Robert Avranches, joué par Alain Delon, est un « *type pas mal* » (dixit la femme) et ne peut se comparer défavorablement avec personne.

Dans l'univers de ce film, les besoins physiques, corporels, les maladies, les contrariétés matérielles (un objet qui ne fonctionne pas, un élément extérieur qui viendrait troubler la paix à laquelle Avranches dit vouloir aspirer) sont totalement inexistants. On n'évoque pas la moindre panne sexuelle, le moindre écart entre les aspirations concrètes et leur réalisation. De la même façon, la femme jouée par Nathalie Baye n'est à aucun moment donnée comme complexée. Tout est aplani.

Chez Blier, cette neutralisation de tous les obstacles s'accompagne d'une sorte de dégoût, de dépression.

Dans *Eyes Wide Shut* de Kubrick, de même, tout fonctionne admirablement dans le monde concret, et les personnages ont tout ce qu'on peut rêver, séduction, aisance matérielle, santé, etc. Mais ce contexte ne les déprime pas. Il sert plutôt à faire apparaître ce qui arrive à Bill Harford et à sa femme Alice comme découlant seulement de la nature humaine.

• L'obstacle comme retour au concret

La plupart des films tendent à nous faire oublier les limites physiques des personnages, les besoins normaux (repos, sommeil, soif, faim, etc.), concrets, en même temps qu'il les réintroduisent souvent comme des obstacles concrets vers la fin de l'histoire (voir *Scénario concret*).

Par exemple, vers la fin de *L'Invasion des Profanateurs de sépulture*, de Siegel, Miles et Becky se mettent à éprouver la fatigue et le besoin de dormir (dangereux, puisque les « *pods* » profitent du sommeil humain), alors que jusque-là, nous avions oublié la question de leur endurance physique.

15. But

On considère souvent, surtout dans le cinéma dit « commercial », que, pour qu'il y ait histoire, les personnages principaux doivent avoir un but à poursuivre, ce but pouvant être le retour à leur *statu quo* antérieur, s'ils ont été perturbés ou mis en danger par un ennemi, une catastrophe, des difficultés, ou bien encore l'accomplissement d'une quête ou d'une promesse, ou l'acquisition d'un bien, la conquête d'un être aimé, etc.

• Changement de but

Le cas le plus courant est celui du changement de but: le héros, quand le film commence, est souvent dans la situation passive de subir un désagrément personnel dont il doit se sortir, voire une gêne légère qui dérange sa tranquillité – et c'est après seulement que son but progressant avec le danger qu'il court peut s'élargir, devenir plus actif, s'accompagner d'une quête, servir une cause.

Au début de *Sansho*, il s'agit pour Tamaki et ses enfants de retrouver leur époux et père Masauji. À la fin du premier acte, il s'agit pour Zushio, devenu esclave et séparé de sa mère, de se décider à s'enfuir; dans le troisième acte, son but, c'est de se réhabiliter et de faire libérer tous les esclaves, au risque de perdre sa haute fonction. Et à la fin du film, sa mission accomplie, il ne songe plus qu'à retrouver sa mère.

Au début du *Port de l'angoisse*, le but que poursuit Harry Morgan, c'est juste de récupérer quinze jours de paie que lui doit Johnson; à la fin, c'est de partir en mission avec des résistants français pour aller délivrer leur chef captif.

Dans *Un jour sans fin*, le but visé par Phil Connors évolue et en quelque sorte se purifie: au début, il est seulement de quitter Punksutawney, cette ville de ploucs à ses yeux. Dans un deuxième temps, il s'agit pour lui de quitter... la journée du 2 février. Puis, le but consiste pour lui à profiter de son étrange aventure pour faire tout ce qui lui passe par la tête (défier l'autorité, séduire n'importe quelle femme, se goinfrer impunément de sucreries) après quoi l'expérience faite, et le laissant désabusé, son but est de conquérir Rita. L'histoire se termine et le sortilège se lève le jour où il fera le bien autour de lui sans espérer en tirer un bénéfice.

Au début de Thelma et Louise, le but des deux amies est seulement de passer un bon week-end, à quoi s'ajoute le désir pour Louise de reconquérir son amant. Mais les circonstances dérangent leurs plans et ensuite, le but des femmes semble être de sauver leur vie. Ensuite, il est – en renonçant à la vie – d'affirmer leur liberté et de rétablir leur dignité.

Quand au contraire le but pour les personnages est le même au début, au milieu et à la fin, on a le sentiment, même si le but visé est atteint, d'un piétinement ou d'une souffrance. Dans plusieurs films de Polanski, comme on le voit par ailleurs, ce piétinement est le sujet revendiqué.

233

• Dilemme et buts imbriqués

Quand deux objectifs sont visés par deux personnes différentes et sont incompatibles l'un avec l'autre, cela crée un conflit. Il y a dilemme, quand c'est en son for intérieur qu'un même personnage ressent deux objectifs contradictoires à réaliser. À la fin de *Romancing the Stone* (*À la poursuite du diamant vert*, 1984, de Robert Zemeckis), Michael Douglas se trouve devant un tel dilemme: ou bien récupérer la pierre précieuse qu'il convoite; ou bien sauver la femme qu'il aime et qui est en danger. L'urgence de la situation ne lui permet pas, à ce moment-là, d'accomplir les deux objectifs, il doit donc choisir, et finalement, sauve la fille. Mais la scénariste l'en récompensera, puisqu'elle lui permet, plus tard, de gagner aussi la pierre.

La poursuite commune d'un but identique est souvent ce qui fait entrer en relation les principaux personnages de l'histoire. Relation souvent conflictuelle (rivalité) si ce but est un bien non partageable (une personne, par exemple).

Souvent, un personnage poursuit deux buts principaux différents, mais qui ne sont pas forcément incompatibles: par exemple vaincre un adversaire, et conquérir un être aimé. On conseille alors aux scénaristes, pour éviter de dissocier l'histoire en deux parties distinctes, d'imbriquer aussi étroitement que possible l'obtention de ces deux buts, qui deviennent soit liés l'un à l'autre, soit au contraire incompatibles. Dans le premier cas, très classique, la femme, par exemple, n'est « conquise » qu'en vainquant l'adversaire; dans le deuxième cas, non moins classique, le héros devra choisir entre l'un et l'autre, avoir le trésor ou conquérir la femme.

Le vendeur de voitures de *Fargo*, qui fait enlever sa femme, à deux buts à la fois: monter une affaire, et se venger de son beau-père qui l'humilie.

Le dilemme le plus courant est celui où les personnages hésitent entre la préservation de leur sécurité, et leur amitié ou leur amour pour un autre personnage.

• Faire un sort au but

Par ailleurs, le scénariste est censé ne pas oublier un but qu'il a prêté à un personnage à un moment donné, et il doit, *avant la fin*, lui faire un sort: soit le montrer comme atteint, soit le signifier comme non encore atteint, mais toujours visé (fin ouverte); soit comme non atteint, mais abandonné; soit comme inatteignable. De tels buts et intentions du personnage

« oubliés » en chemin sont plus courants qu'on ne pense et sources d'un sentiment de flou dans le récit.

Par exemple, dans *Taxi driver*, le passage d'un but à un autre n'est pas très clair: séduire Betsy, tuer Palantine (deux buts que le héros s'ingénie à faire échouer); le but implicite n'est pas clairement affirmé: réhabiliter la jeune prostituée, « nettoyer la rue des voleurs et des gangsters ». Cela n'empêche pas le personnage de continuer à fasciner les spectateurs.

• Réparation et répétition
La réparation est le motif qui mobilise le pédiatre Malcolm dans *Le sixième sens* à s'occuper du petit Cole, pour réparer l'échec qu'il a rencontré avec un de ses petits patients.

Brian de Palma a plusieurs fois raconté l'histoire d'un personnage qui en voulant réparer une erreur fatale se trouve la répéter (*Obsession*, 1976, *Blow-Out*, 1981).

• Buts principaux et auxiliaires
Dans *Le Port de l'angoisse*, Harry Morgan poursuit un certain nombre de buts successifs, aussi bien principaux que secondaires: faire son boulot qui est d'emmener pêcher Johnson, se faire payer de son client récalcitrant; faire connaissance avec la jeune fille nouvellement arrivée qui l'intéresse; se sortir des pattes du commissaire Renard, opérer Paul de Bursac blessé, se reposer de ses fatigues, etc. Et l'on montre les obstacles successifs qu'il va rencontrer: mauvaise volonté puis escroquerie de Johnson, malentendus et méfiance qui le séparent de Marie, hostilité de la femme de De Bursac, rebondissements qui l'empêchent de se reposer, etc. Chaque fois qu'est atteint un de ces buts auxiliaires (Johnson s'est résolu à le payer, Renard l'a relâché, Paul de Bursac est guéri), un autre but est déjà en route, lié à un nouveau contretemps, à une autre demande: Johnson est tué d'une balle perdue, Harry a soif mais n'a plus d'argent, Renard a mis la main sur son ami Eddy, les résistants lui demandent de participer à une nouvelle mission, etc. On pourrait dire, humoristiquement, qu'Harry n'est jamais tranquille, et que c'est ainsi que l'histoire avance.

16. Intentions, volontés

• Il faut les manifester

Selon plusieurs traités de scénario, les intentions et volontés du personnage ne doivent pas seulement être dites, affirmées verbalement par lui; elles doivent se *manifester* concrètement.

Par exemple, dans *Le Port de l'angoisse*, Harry est montré au début comme un individualiste qui ne se mêle pas de politique, soucieux uniquement de ses propres affaires. Mais il ne se contente pas de le dire, il le manifeste, d'abord en refusant par deux fois aux résistants de les aider dans une mission qu'il juge pouvoir être nuisible à son travail, puis en n'hésitant pas, quand le besoin d'argent l'a contraint à accepter la mission, à tirer sur un patrouilleur qui pourrait identifier son bateau. Lorsque Paul de Bursac, dans les coups de feu qui suivent, est touché au bras, Harry a cette phrase brutale: « *Pas de sang sur mes coussins!* »

Dans *Sansho*, il s'agit de montrer que Zushio a décidé de se conduire en esclave soumis. Mais Mizoguchi et Yoda ne se contentent pas de le lui faire dire; ils le montrent acceptant de marquer au fer un autre esclave. Ce n'est qu'après que Zushio énonce, devant Anju, son credo fataliste qui n'est alors pas une déclaration abstraite, mais qui est appuyé et entériné par l'acte affreux qu'il n'a pas hésité à commettre. Il y a dans le film un autre personnage qui, lui, préfère protester verbalement de ses bons sentiments au lieu d'agir, et qui à ce titre est implicitement critiqué, c'est Taro.

Éric Rohmer, qui a réfléchi à la force de la parole au cinéma et qui sur ce sujet a produit des réflexions extrêmement pertinentes (voir son recueil d'articles « Le Goût de la beauté »), a construit un certain nombre de ses films sur l'idée d'un personnage (féminin, en général), qui affirme en paroles ses intentions et ses convictions, avant que la réalité ne le mette à l'épreuve, le plus souvent cruellement. Marion dans *Pauline à la plage*, Louise dans *Les Nuits de la pleine lune*, 1984, Camille dans *Le beau mariage*, 1981, ont toutes trois un « programme de vie » qu'elles étalent indiscrètement, et toutes trois échouent quand elles veulent le réaliser. Comme si elles avaient fauté contre la vie, en voulant trop la programmer, et surtout en parlant trop de leur projet.

L'intention déclarée de Bill Foster dans *Chute libre*, clamée à tous les vents, est: « *je veux rentrer chez moi.* » On découvrira que cette intention était à la fois concrète et symbolique: le « *home* », c'est aussi un passé que l'on veut retrouver.

• Quand les motifs sont incertains

Il arrive souvent que le film laisse dans une incertitude volontaire les motifs de certains personnages:

    – pourquoi les deux héros de *In the Mood for love* ne concrétisent-ils pas leur amour?

    – dans *L'Emploi du temps*, pourquoi Jean-Michel veut-il absolument rencontrer Muriel, et forcer Vincent à lui faire connaître sa famille, au risque de déstabiliser son collaborateur?

Cet effet peut créer une ambiguïté intéressante, mais il peut aussi être une facilité pour donner l'apparence de la vie, et de la vérité.

• Une réflexion sur les motifs

Le cinéma permet aussi une certaine réflexion sur les motifs, en suggérant plusieurs directions.

Dans *Schindler's List*, nous ne savons pas si Schindler est bon, mais nous voyons qu'il se met à se comporter comme tel, ce qui est le plus important pour les Juifs qu'il sauve, sans que cela réduise l'ambigüité de sa personne.

Dans une scène du film dont à notre connaissance on n'a pas beaucoup parlé, Schindler discute avec le SS Amon Goeth, un fou psychopathe qui abat au hasard les Juifs du camp, comportement illogique même selon les critères nazis, qui sont de ne tuer que les faibles, pour garder les aptes au travail.

Au cours d'une beuverie commune, Schindler déclare à Goeth que la plus belle chose c'est le pouvoir, et qu'on jouit vraiment de son pouvoir, non quand on tue mais quand on laisse la vie. Nous pouvons le comprendre comme une ruse de Schindler pour inviter Gœth à épargner des Juifs, mais on peut aussi le lire comme la description lucide ou inconsciente du propre choix que lui, Schindler, vient de faire. Il se serait mis à sauver des Juifs car il aurait découvert qu'il en avait le pouvoir et qu'il jouit de pouvoir les sauver, un pouvoir que lui confèrent son appartenance au parti nazi, sa réputation flatteuse, son argent...

Cette scène est corroborée par une autre: celle où un train plein de Juifs entassés comme du bétail attend le départ sous la canicule, tandis que nonchalamment assis sur le quai Gœtz et Schindler profitent du soleil, ce qui est une image volontairement choquante. Schindler suggère à Gœth de faire arroser les wagons par une lance à incendie, sous prétexte de garder les déportés « en bon état » et Gœth lui dit à ce moment-là, amusé et complice: « *Vous êtes beaucoup plus cruel que moi, car vous leur donnez de l'espérance* », ce qui donne à l'attitude de Schindler un autre éclairage. Mais peu de commentaires du film en font état.

À quoi cela tient-il? Peut-être au fait que le film conclut par un hommage sur la tombe de Schindler. Mais aussi parce qu'aucun des personnages « bons » qui serviraient de repère du bien pour le spectateur, comme Isaac Stern (le parrain moral du personnage, parce qu'exposé lui-même à l'élimination, en tant que Juif, et instigateur de la « conversion » de Schindler), ne prend à son compte cette lecture psychologique du personnage et ne met en doute la pureté de ses intentions, mais ces scènes et ces répliques ne sont pas là pour rien.

Globalement parlant, le point de vue moral du scénario pour le film de Spielberg est pragmatique: Schindler est ce qu'il a fait. Cela suffit à en faire un « Juste » même si ses motivations sont ambiguës ou impénétrables. Le film pose donc une intéressante question: des motivations intéressées ou narcissiques entachent-elles la beauté d'un acte?

17. Dilemme

Se trouver à l'intérieur d'un dilemme, pour un personnage, c'est être acculé à choisir entre deux situations comportant l'une et l'autre un grave inconvénient – situation éminemment dramatique, dite « cornélienne », dans laquelle, quoi qu'il décide, il perd quelque chose, parce qu'aucune solution ne lui permet de gagner tout.

Un dilemme fréquent est celui qui se produit entre le désir pour un personnage de commettre tel acte ou d'aller jusqu'au bout de son désir, et celui de préserver sa tranquillité, ou la « belle image » qu'il donne de lui. Parfois aussi, suivre ce qu'on sent comme son désir, c'est faire de la peine à ses proches, sa femme, son mari, ses enfants: comme le héros de *Rencontres du troisième type/Close encounters of the third kind*, 1977, joué par Richard Dreyfuss, qui est déchiré par le conflit entre son obsession, et l'envie de préserver sa famille.

Dans *Thelma et Louise*, Louise vit un dilemme intérieur entre son envie d'accepter la demande en mariage de Jimmy (ce qui lui donnerait la sécurité d'un couple) et son désir de liberté.

Chez Corneille, modèle connu des Français, le dilemme posé l'est souvent entre l'amour et l'honneur; ailleurs il peut être entre la possession d'un bien matériel et l'amour d'une femme; ou encore entre la gloire et l'amour, la liberté ou l'amour... L'amour est en effet, la plupart du temps, le bien qui rentre en balance avec les autres. Le dilemme intéressant est celui qui met en balance le matériel et l'immatériel, l'intérêt et l'idéal. La force des situations de dilemme, qui situent le conflit comme interne, au cœur même de la personne du héros ou de l'héroïne, est d'illustrer cette croyance, cette conviction, ou cette loi selon laquelle, comme le dit la sagesse populaire, « *on ne peut pas tout avoir* » (alors que la logique de la consommation, de la publicité, est au contraire: vous pouvez avoir le beurre et l'argent du beurre, le luxe et le bon marché, la santé et le plaisir, le plaisir d'être différent et celui d'être comme tout le monde, etc.).

18. Antagoniste

• Qui est l'antagoniste?

La plupart des histoires, sinon toutes, comportent un adversaire, un ennemi, un opposant, un vilain qui est antagoniste aux désirs, à la quête, à la survie ou à la tranquillité du héros. L'antagoniste est très souvent une personne ou un groupe de personnes, mais il peut aussi être une catastrophe naturelle (incendie, tremblement de terre, froid), une maladie, un handicap physique, un problème psychologique, la loi sociale, l'environnement, la société, un animal, un monstre... Il peut se situer à l'intérieur même du personnage (pulsion meurtrière ou auto-destructrice, tendance dépressive). Dans la classification, due à Jean Greimas (« La Sémantique structurale », Éditions Larousse), des six fonctions dramatiques, ce rôle correspond à celui de l'*Opposant*, et s'oppose diamétralement à l'*Adjuvant* (celui qui aide le héros dans sa quête).

Dans des histoires de retour à la vie, l'antagoniste est au contraire une chance, même si le personnage ne la ressent pas comme telle.

On peut donc critiquer et nuancer cette opposition; l'« antagoniste » d'un personnage, homme ou obstacle, est souvent en fait son « adjuvant » puisque c'est en le combattant que le personnage se sauvera, reconquerira sa place dans le courant de la vie, etc.

Cas extrême, dans *La Guerre des mondes*, de Spielberg, la destruction de l'humanité par les extra-terrestres est un adjuvant pour le personnage principal joué par Tom Cruise, puisqu'elle crée les conditions dans lesquelles il va pouvoir retrouver sa dignité paternelle.

• Un minimum de séduction

Si l'antagoniste est une personne, on cherche la plupart du temps à lui donner un minimum de séduction: séduction physique ou tout au moins séduction d'intelligence, d'habileté. Mabuse dans *Le Testament*, Renard dans *Le Port de l'angoisse*, et même l'ignoble intendant Sansho ne sont pas des imbéciles, loin de là. « *Plus réussi est le méchant, plus réussi est le film* », disait Hitchcock, qui a toujours cherché à donner à ses méchants ambiguïté, mystère, pathétique et séduction.

Dans beaucoup de films des années 70 et 80, les personnages de méchants sont souvent d'emblée absolument mauvais et ignobles, et parfois bêtes par-dessus le marché, ce qui sert à justifier la rage de « légitime défense » qui va pousser le héros, pendant toute la durée du film, à commettre des actes de violence. Il est permis de penser que ce n'est pas seulement l'intérêt humain du film qui s'en trouve affaibli, et que l'intensité dramatique y perd aussi, réduite à une agitation mécanique et à une violence aveugle.

À l'inverse, si l'antagoniste est très intelligent, et le gentil trop naïf ou trop dupe, le spectateur se désolidarise de ce dernier.

• Modes d'intervention de l'antagoniste

Il est intéressant de rappeler ce que, dans sa « Morphologie du conte », Wladimir Propp (102) dit du mode d'intervention des méchants dans le conte, car cela se retrouve dans de nombreux scénarios de film: « *L'agresseur* (le méchant) *se montre deux fois dans le courant de l'action. La première fois, il apparaît soudain, latéralement (il arrive en volant, s'approche furtivement, etc.) puis disparaît. La seconde fois, il se présente comme un personnage que l'on cherchait, en général au terme d'un voyage où le héros cherchait un guide.* »

Dans *Sansho*, les enfants sont d'abord menés au méchant de force, et ensuite c'est l'un de ces enfants, devenu adulte, qui va se rendre, volontairement cette fois-ci, dans le repaire de Sansho pour l'affronter.

Dans *Pulp Fiction*, Butch commence par fuir Marsellus; puis, lorsque le hasard le délivre de ce dernier, il se fait au contraire son défenseur.

Dans *La Mort aux trousses*, Thornhill est d'abord enlevé sur l'ordre de Vandamm; à la fin du film, il se rend chez celui-ci, dans la « gueule du loup », pour le défier et sauver Eve.

19. Mac Guffin

• Au sens propre

Le « Mac Guffin » est un procédé qui a suscité de nombreux commentaires dans la critique depuis que Hitchcock en a exposé le principe à François Truffaut, dans leurs fameux entretiens.

Le « Mac Guffin », très précisément, c'est dans les films d'espionnage ou de suspense etc., le document secret, les papiers, le secret militaire ou politique, qui constitue apparemment l'enjeu fictionnel. Hitchcock assure que ce contenu du Mac Guffin doit être *« extrêmement important pour les personnages du film, mais sans importance pour moi, le narrateur »*. Ainsi l'histoire peut se tenir et passionner le public autour d'un prétexte dont scénariste et public se moquent.

Par exemple, le « Mac Guffin » des *39 Marches*, c'est une formule mathématique en rapport avec la construction d'un modèle d'avion; celui d'*Une femme disparaît*, 1938, est un message codé en notes de musique (formant une mélodie) qui contient, nous dit-on sans plus de précision, les clauses d'un accord secret entre deux pays; celui de *La Mort aux trousses* est un microfilm contenant des « secrets du gouvernement », etc. David Lynch aime semer des Mc Guffin multiples dans certaines de ses histoires, comme *Mulholland Drive*, 2001.

• Et au sens général

On peut généraliser la définition du « Mac Guffin » en considérant comme tel tout enjeu matériel d'une histoire, s'il apparaît que sa nature est moins importante, du point de vue du spectateur, que ce qui se joue entre les personnages à son propos, de compétition, de rivalité, de désir, d'amour, de curiosité, de haine, de violence, etc. Hitchcock a montré que l'on pouvait se passionner pour une narration policière dans laquelle l'enjeu principal restait vague. Ajoutons que chez lui, un second enjeu, beaucoup plus dramatique, est mis en œuvre: la vie du protagoniste, souvent mise en péril.

Dans *Le Testament*, le nom de *Mabuse* fonctionne un peu comme « Mac Guffin ». Hofmeister l'a sur le bout de la langue au début du film, mais il ne le livrera au commissaire Lohmann qu'à la fin, lorsque ce nom ne lui servira plus à rien! Dans *Le Port de l'angoisse*, la dangereuse mission des résistants dont Paul parle à Harry, et dont nous ne voyons pas le déroulement, car le film s'interrompt avant, sert également de « Mac Guffin » pour fournir aux personnages un enjeu plus large que leur simple sauvegarde personnelle : cependant, le public et les scénaristes se moquent bien de ce mystérieux chef résistant qui attend d'être libéré dans l'île du Diable !

La « mallette mystérieuse » que Marsellus Wallace veut récupérer dans *Pulp Fiction* et pour laquelle il fait tuer plusieurs personnes, conserve jusqu'à la fin le mystère de son contenu. C'est un exemple où le côté indifférent du Mac Guffin est revendiqué délibérément, affiché de manière provocante.

Le plus célèbre « Mac Guffin » de la plus gigantesque des histoires (quatre opéras totalisant douze à treize heures de durée), c'est l'anneau d'or pour lequel l'univers tout entier se bat dans *La Tétralogie* de Wagner (une source d'inspiration de Tolkien pour sa saga du *Seigneur des anneaux*, portée à l'écran par Peter Jackson). Il est intéressant de noter que cet anneau est censé détenir un pouvoir extraordinaire pour celui qui en connaît la nature (comme la formule de « l'arme absolue » des histoires d'espionnage), mais que, sauf au début (pour le gnome Alberich), ce pouvoir de l'anneau ne sert jamais. Celui qui a été conçu pour le reconquérir, Siegfried, n'en connaît pas le pouvoir, et quand il l'a récupéré, il s'en sert comme... anneau nuptial. Cet anneau doté d'un pouvoir qui ne sert pas, et dont à vrai dire les spectateurs se moquent en tant qu'objet, tout en se passionnant pour tout le destin humain et divin qui se joue autour de lui, c'est l'exemple parfait du « Mac Guffin ».

• « Mac Guffin » enjeu

Le « Mac Guffin » pose le problème de situer l'enjeu d'une histoire, son importance. Par exemple, qu'est-ce qui est « important », dans le scénario d'*Une femme disparaît* d'Hitchcock ?

– Est-ce qu'une vieille dame du contre-espionnage anglais ramène à bon port un message codé (le « Mac Guffin »)?

– Est-ce qu'à l'occasion de cette affaire, un jeune homme et une jeune fille se rencontrent et s'éprennent ?

– Ou bien (versant initiatique, symbolique) que ces personnages apprennent de ces épreuves quelque chose sur la vie ?

XVII. Les parties et les temps forts du scénario

Il s'agit, ici, de considérer le scénario en tant que ligne, que courbe, avec des divisions, en actes, scènes, aussi importantes qu'au théâtre, même si elles sont, au cinéma, moins codifiées et plus sous-jacentes; et aussi avec une progression marquée par des points saillants, des ruptures, et qui mène en principe d'un point à un autre – cet autre point serait-il, selon le modèle cyclique utilisé souvent, le retour au point de départ, enrichi d'une leçon, ou d'une désillusion, d'un gain ou d'une perte…

1. Progression continue (loi de)

Comme un escalier

La loi de progression continue est celle qui veut que la tension dramatique soit conçue pour aller en croissant, jusqu'à la fin, jusqu'au « climax », donc que les événements les plus frappants, et surtout les émotions les plus fortes, soient prévus pour être donnés à la fin du film, au terme d'une montée. Déjà les Anciens, et à leur suite Boileau (« *Que le trouble, toujours croissant de scène en scène… À son comble arrivé se débrouille sans peine* »), avaient formulé cette loi.

Hitchcock la pose à son tour comme un principe; il faut, dit-il, que le film monte toujours, « *comme un train à crémaillère* ». D'autres comparent la progression à un escalier à monter. Pour d'autres auteurs, un scénario est une série de situations de crise, chacune plus grave que la précédente, et menant au climax, qui vient à la fin de l'acte 3 ou même avant. Dans « Les scénaristes au travail », Jorge Semprun évoque « *cette vieille règle absolument inévitable de la montée dramatique vers quelque chose (...) On peut toujours construire, ajoute-t-il, des scénarios sans qu'il y ait ça, mais ils sont toujours construits pour déconstruire cette construction, ce qui revient au même.* » Jean-Claude Carrière insiste, quant à lui, sur la nécessaire liaison entre les scènes, corollaire selon lui de cette loi de progression: « *Il faut que toute scène avance en répondant à d'autres questions qui ont été posées précédem-ment, et en ouvre d'autres » (« L'Enjeu scénario »).*

• Condition de la progression

Pour Eugene Vale, « *le théâtre n'est pas aussi intéressé* (que le cinéma) *à maintenir une progression continue car le temps y est continu* », et selon lui, le « *mouvement en avant* » (« *move forward* ») sert à associer ces petits blocs de temps réel dont est formé un film. Le même écrit ailleurs : « *Cette loi* (de la progression continue) *doit s'appliquer à tout élément de l'histoire ; chaque caractérisation doit grandir jusqu'à la fin. Chaque émotion doit être graduellement accen-tuée. Chaque décision doit être plus lourde de conséquences.* » Il conseille donc de ne pas commencer le film par un événement si fort qu'il ne permette plus aucune progression. « *Beaucoup de films réus-sissent un début excellent – souhaité par la plupart des producteurs – mais sont incapables de continuer* ». La télévision aurait accentué ce défaut, en se préoccupant de retenir son public non captif à coup de « *teasers* ».

Ne sont donc pas recommandées les caractérisations extrêmes, qui figent tout de suite un personnage ou une situation dans un état blo-qué.

En même temps, il est payant de commencer un film par une situa-tion violente, un événement dramatique : c'est le cas dans *Thelma et Louise*. Comment maintenir ensuite la tension ?

2. Climax

Le climax dans le film est le *point culminant* (en émotion en drame, en intensité) de sa progression dramatique. Si le scénario est conçu dans le sens d'une progression dramatique continue (modèle le plus cou-rant), son climax devra en principe se situer vers la fin. Après le climax, il ne peut y avoir que des scènes de résolution et de détente.

Le climax d'un scénario n'est pas obligatoirement une scène vio-lente, il lui suffit d'être forte émotionnellement. Il y a plus de sang et de meurtre dans la scène de la douche de *Psychose*, située à la fin du « premier acte » du film, que dans la révélation finale, sur la mère trouvée dans la cave ; et cependant le film est construit de façon à faire porter le maximum d'émotion sur cette fin – alors que le meurtre sous la douche visait plutôt à provoquer un choc (surprise).

Le climax n'est pas non plus forcément un coup de théâtre, c'est-à-dire un revirement soudain de la situation. Il peut au contraire être une confrontation tout à fait attendue et prévisible, comme l'est celle des deux adversaires dans les westerns ou les films policiers.

Un auteur conseille : « *Sachez en commençant où sera votre climax : il est comme la destination de votre voyage.* » Il faut, selon lui l'avoir en tête dès le début de la rédaction du scénario.

Le climax de *Mabuse*, c'est la folle poursuite en voiture finale menant à l'asile, celui du *Port de l'angoisse*, la scène de confrontation où Harry, Marie, Hélène, Renard et ses deux acolytes se retrouvent dans la chambre d'Harry, et où ce dernier, pour la première fois, tue un homme et perd son self-control.

Les deux climax de *Sansho* sont peut-être la fuite de Zushio et la mort d'Anju, d'une part ; et aussi les retrouvailles de Zushio et de sa mère, à la fin du second et du troisième acte…

Le climax de *Thelma et Louise* correspond au dilemme maximal entre goût de la liberté, et préservation de la vie.

Celui de *L'Emploi du temps* est, ou devrait être, la confrontation de Vincent avec sa famille quand ceux-ci savent, et notamment son fils aîné. Mais cette scène manque d'idées et se termine par un simulacre de suicide dont on ne sait s'il est destiné au personnage de Julien, ou au spectateur.

• Climax évité

Le dénouement de *L'Emploi du temps* fonctionne sur ce qu'on peut appeler un « climax évité » (comme on dit en musique une « cadence évitée »), à savoir, un drame que l'on prépare comme s'il devait avoir lieu, et qui n'a finalement pas lieu. La perspective d'une fin « à la Romand » – avec drame familial et tuerie – a été soigneusement installée dans l'esprit du spectateur (scène où Vincent regarde sa petite fille dans sa chambre en faisant peur à celle-ci ; scène où Vincent semble « égarer » sa femme ; la gifle qu'il donne à son ami ; la scène où il fait face à toute sa famille ; son faux suicide, etc.), et la tragédie réside au contraire dans un retour à la normale.

• Temps forts

Les temps forts, on peut dire aussi : « *peaks* » (pointes), sont les moments où l'émotion, de toute nature (attendrissement, rire, peur, surprise), est amenée à un haut niveau, plus haut qu'immédiatement avant ou immédiatement après. Un temps fort, qui est un climax localisé, se prépare plus ou moins longuement, car son effet n'est pas seulement fonction de sa drôlerie ou de sa force intrinsèque, mais surtout il est dû à ce qui le précède car il est un point sur une courbe.

On peut donc créer un temps fort avec une action ou une réplique simples et banales, si elles sont amenées d'une certaine façon et chargées d'un certain sens.

La notion de « temps fort » illustre toute une conception de l'œuvre dramatique comme succession de courbes et de variations d'intensité, elles-mêmes planifiées dans une certaine progression globale.

3. Scènes et séquences

• Une division conservée

Non soumis aux contraintes théâtrales, qui restreignent la plupart du temps les changements de décor (mais pas toujours, voir Shakespeare), le cinéma a pourtant conservé la division en scènes, correspondant grosso modo à une unité d'action dans un certain lieu avec une certaine configuration de personnages, unité de temps et unité d'événement.

En utilisant des critères de découpage très empiriques et contestables, nous avons trouvé, pour notre part, 23 scènes dans *Le Port de l'angoisse*, 22 dans *Sansho*, 27 dans *Pauline*, et... 58 dans *Mabuse* (mais certaines d'entre elles dans ce dernier film sont très courtes, et résultent du morcellement de scènes continues par le montage parallèle).

• Ellipses dans les scènes

Certains auteurs estiment que les scènes doivent être identifiées par leur place et leur moment (quand et où ?) et comporter, comme le film lui-même, trois parties, un début, un milieu et une fin. Seulement, et c'est là le point capital, on peut ne pas montrer au spectateur la totalité de ces trois parties à chaque fois ; il est même conseillé de prendre certaines scènes en cours ou de les quitter en cours, « *in medias res* », tout en s'arrangeant pour laisser comprendre ou deviner (ou non) ce qui passe dans les moments élidés. On obtient ainsi plus de rythme et plus de mystère, avec des énigmes, des sous-entendus et des fausses pistes (« harengs rouges ») ; et l'on donne plus de tension à l'enchaînement des scènes que si chacune d'elles comportait intégralement son début, son milieu et sa fin.

• « *In medias res* »

Le cinéma recourt en effet très souvent au procédé consistant à nous faire entrer dans une scène en cours – « *in medias res* », comme dit le latin –, officiellement pour rendre le film plus dynamique, mais aussi, pour influencer la façon dont l'histoire est perçue. Ces ellipses servent parfois donc à dynamiser le montage, à faire avancer l'action plus vite ; elle peuvent aussi faire travailler l'imagination du spectateur, participent du « scénario projectif » – mais aussi parfois, elles sont une facilité, voire une fuite.

C'est le cas à notre avis dans plus d'une scène de *Lacombe Lucien*, de Louis Malle, où la fin des scènes est souvent escamotée, ce qui aide à créer un flou artistique sur

246

le personnage de Lucien, ses motivations, ses réactions. Par exemple, une instituteur résistant (l'action se situe en juin 1943) refuse de faire entrer Lucien « dans le maquis » : nous ne voyons que la demande de Lucien et le refus ; la suite de la scène – concrètement la réaction immédiate de Lucien – est élidée comme si elle n'avait pas d'importance, alors que cette réaction est capitale.

Dans *Pulp Fiction*, les scènes débutent souvent par une conversation en cours, à l'image de la première, où nous voyons que Pumpkin et Honey Bunny étaient déjà en pleine conversation avant que le film ne commence. Même principe pour la célèbre discussion sur les hamburgers, pour le discours que tient Marsellus (vu de dos) à Butch, etc.

De nombreuses scènes de *L'Emploi du temps* commencent ou finissent en cours. Une scène, en voiture, est interrompue sur une dispute en cours, au téléphone, entre Vincent et l'une des « victimes » de son escroquerie ; puis nous reprenons au milieu d'une scène en cours, entre Vincent et Jean-Michel. La dernière scène, celle de l'engagement de Vincent dans une nouvelle boîte, est prise également « *in medias res* ».

In the Mood for Love repose sur l'emploi systématique du « *in medias res* ».

• Temps et scènes

Du point de vue du temps, on peut distinguer : *le temps s'écoulant au cours de la scène* (et considéré comme du temps réel, bien qu'il soit souvent stylisé, c'est-à-dire abrégé ou au contraire étiré), et les *délais de temps*, non définis, entre les scènes – délais qui doivent être signifiés par divers procédés (« time lapses » – voir Temps).

De nombreux auteurs tendent à considérer la scène comme un petit film, un microcosme en soi du film. C'est ce qu'estiment certains, qui reprennent la célèbre comparaison avec les cellules du corps et le corps tout entier (et pourtant, une cellule humaine est loin d'avoir la structure et la vie d'un corps humain entier !)

• Scène et séquence

La « Grande Syntagmatique » de Metz (*Communications* n° 8) définit la scène comme une unité plus petite que la séquence. « *La scène reconstitue (...) une unité encore ressentie comme concrète et comme analogue à celles que nous offrent le théâtre ou la vie* » (où le temps court en continu), cependant que la séquence est « *l'unité d'une action complexe (bien qu'unique), se déroulant à travers plusieurs lieux et sautant les moments inutiles* ». Christian Metz donne comme exemple la partie de chasse de *La Règle du jeu*, de Renoir, et il précise que dans la scène, « *temps filmique et temps diégétique* (le temps de l'action racontée) *semblent coïncider alors que dans la séquence, ils ne coïncident pas* ».

La séquence, unité plus grande, est définie comme une série de scènes regroupées par une idée commune, un bloc de scènes. Citons, en exemples de séquences, le mariage dans *Le Parrain*, les poursuites en voiture de *Bullitt* de Peter Yates, chez Mizoguchi, la séquence de l'évasion de Zushio, regroupant les scènes 14 à 16, ou dans *Le Port de l'angoisse*, celle du passage des résistants par Harry (scènes 13 à 15), la séquence de la pendaison de crémaillère dans *On connaît la chanson*, la dernière soirée de Yusuf chez Mahmut dans *Uzak* (où se télescopent leur dispute, l'histoire de la montre faussement volée, la capture de la souris, etc.), la « party » dans la librairie, dans *L'Invasion des profanateurs*, de Kaufman, ou la séquence de Winston Wolfe dans *Pulp Fiction*.

4. Actes (trois) et divisions

• Affichage des divisions

Dans le cinéma muet, il était courant de diviser les films en parties et en actes bien visibles pour le spectateur (grâce aux cartons). Puis, pendant longtemps, dans le cinéma sonore, il a fallu au contraire dissimuler les articulations. Le film moderne – qu'il soit d'auteur ou « grand public » – s'autorise à nouveau à rendre ses spectateurs conscients des articulations, des ruptures de ligne narrative, des directions, et des bifurcations. La division en chapitres, en actes, en « plages », est souvent marquée par des titres écrits, comme pour un texte imprimé, au lieu d'être classiquement dissimulée. On décèle nettement une évolution générale du cinéma vers une narration moins lisse, ne craignant plus d'être rompue, stoppée, ponctuée – de se donner, donc, comme une addition de moments, de « courts métrages ».

Dans l'art de la décoration ou dans la mode vestimentaire, il y a des époques et des courants où l'on dissimule raccords et coutures et d'autres où au contraire on les met en évidence, et sur le plan du cinéma de long-métrage, même du film grand-public, c'est le cas depuis la fin des années 80. Et cela n'a rien à voir spécialement, à notre avis, avec l'idée d'une « usure », d'un « maniérisme », comme on a pu le dire, encore moins avec celle d'une « perte d'innocence » (quelle « innocence » supposer à un art né à la fin du XIXe siècle ?), mais c'est tout simplement l'ouverture de possibilités dont jusque-là le cinéma, pour des raisons d'ailleurs respectables et compréhensibles – établissement d'une règle du jeu, affirmation d'une autonomie narrative du septième art par rapport aux genres qui lui avaient préexisté – devait sans doute jusque-là se priver.

• Le paradigme ternaire

Plus d'un auteur conseille de construire un scénario en le divisant en trois actes, selon le modèle antique Exposition/Péripétie/Catastrophe, ou si l'on veut Exposition/Conflit/Résolution ou Dénouement. Sidney Field, appelle « paradigme » le modèle auquel tout bon scénario, selon lui, devrait se conformer : une introduction (*Set-Up*), avec à la fin un premier coup de théâtre (*Plot-Point*) ; un développement, qui est une confrontation, avec à la fin un deuxième coup de théâtre ; et enfin, une conclusion. Chacun des trois actes est divisible lui-même en trois parties similaires (plan-gigogne). Le « paradigme » de Field précise même les proportions respectives auxquelles, selon lui, doivent obéir ces trois actes : le premier doit occuper un quart de la durée totale, le second la moitié, et le troisième le quart restant.

Il n'est bien sûr pas nécessaire d'afficher cette division par des effets de titrage, elle fonctionne même si le spectateur n'a aucune conscience de passer d'un acte à un autre.

Plusieurs de nos scénarios se divisent très nettement en trois actes, tel celui de *L'Intendant Sansho* :

Premier acte : Zushio et Anju, enfants, sont enlevés à leur mère et vendus comme esclaves (scènes 1 à 9), le coup de théâtre étant, évidemment, cet enlèvement lui-même.

Deuxième acte : dix ans plus tard, Zushio endurci renaît à des sentiments humains et s'enfuit, pendant qu'Anju se sacrifie (scènes l0 à 16). Coups de théâtre : la conversion de Zushio et la mort d'Anju.

Troisième acte : Zushio, rétabli dans ses droits et nommé gouverneur, se donne pour mission de libérer les esclaves, et la mène à bien, avant de retrouver sa mère (scènes 17 à 22).

Le « premier acte » du *Port de l'angoisse* est facile à isoler car il se termine avec un long duo sentimental entre Harry et Marie, conclu par un baiser... et par un fondu-enchaîné marquant l'écoulement d'une nuit. La suite forme, jusqu'à la fin, un bloc où il est plus difficile de découper deux actes.

L'Emploi du temps est découpé en trois parties par l'épisode central où Vincent rencontre Jean-Michel et travaille pour lui, avant de le quitter. Cette épisode forme un second acte, ou Vincent est membre d'une équipe, alors qu'au premier et au troisième, il est seul.

Alien est à peu près découpé en trois actes par les deux grands coups de théâtre qui interviennent au cours du film, et semblent marquer chacun la fin d'un acte.

– la mort violente de John Hurt, avec la naissance de l'alien.

– la révélation qu'Ash, alors qu'il essaie de tuer Ripley, est un androïde.

On retrouve facilement trois actes dans *Un jour sans fin* : le premier correspond à la plongée de Phil dans Punksutawney, et dans ses premiers « deux février », où il passe par des phases successives de désarroi, d'euphorie, de tentative de s'occuper en séduisant une femme; le second commence lorsqu'il se focalise sur Rita pour essayer de la séduire, et finit plusieurs fois sur un échec, après quoi il tente plusieurs fois également – et vainement – de se suicider. Le troisième correspond à la rédemption de Phil, lorsqu'il se met à être prévenant et attentif aux autres, qu'il fait le bien tout en se faisant plaisir (il apprend à jouer du piano), sans chercher à tout prix à séduire Rita, qui du coup est séduite et « choisit » Phil.

Même *À bout de souffle*, de Godard, est, comme le montre l'essai de Michel Marie sur ce film, en trois actes.

Il est intéressant de voir que le réalisateur et scénariste japonais Akira Kurosawa propose comme modèles possibles, quant à lui, la structure du « Nô » et ses trois phases, ou bien la structure de la symphonie classique, avec ses trois ou quatre mouvements d'allure contrastée (vif/lent/vif ou vif/lent/léger/vif, etc.)

• Chapitrage et titrage

Le film à partir des années 80 s'adresse à un spectateur pour qui, à cause de la vidéocassette, il a perdu de son inaccessibilité. Il intègre graduellement la conscience qu'il sera exploré spatialement, revisité.

Le DVD n'a fait bien sûr qu'accentuer cette tendance, en y ajoutant une innovation capitale : le chapitrage du film en séquences numérotées et parfois titrées, ainsi que des bonus comportant parfois des scènes « inédites », des versions alternatives, etc. Le chapitrage, très souvent décidé par l'éditeur, notamment quand il s'agit de films antérieurs aux années 90, invite à voir le film dans ses divisions, et même à le comprendre différemment.

À priori, il n'est pas plus facile de donner une titre à une scène de film, qu'il le serait de titrer une scène de tragédie ou de comédie chez Molière ou Shakespeare, tant s'entrecroisent dans une même scène les enjeux, les dimensions. David Lynch s'est d'ailleurs refusé au chapitrage dans l'édition vidéo de *Mulholland Drive*.

Comme par réaction, pour se réapproprier ces divisions du film, beaucoup de films des années 80 et 90 comportent des titres de chapitres incorporés dans l'œuvre même, décidés par l'auteur : c'est le cas pour *Breaking the Waves*, 1996, de Lars von Trier, *Pulp Fiction*, 1993, de Tarantino, que nous analysons ailleurs, *Vers le sud*, 2006, de Laurent Cantet, etc. Jusque-là, seuls des films dits d'art-et-d'essai, ceux de Godard notamment (*Une femme mariée*, 1964) pratiquaient cet effet.

• **Retour du film à sketches**

Dans les années 80-90, le long-métrage a plus d'une fois semblé renouer avec le genre du film à sketches : soit de manière littérale (chez Rohmer, par exemple, avec *Quatre Aventures de Reinette et Mirabelle*, 1987, *Les Rendez-vous de Paris*, 1995), soit d'une manière plus indirecte, par une certaine façon très en vogue ces temps-ci d'afficher la structure du film, sa construction – effets d'interruption du continuum narratif, polarisations successives sur des personnages différents (dans *Smoke*, 1995), etc. Depuis *Short Cuts*, 1993, de Robert Altman, et le diptyque *Smoking/No smoking*, 1993, d'Alain Resnais, beaucoup de films de longs-métrages se donnent comme la combinaison d'unités narratives courtes plus ou moins reliées entre elles. *Par-delà les nuages/Al di la delle nuvole*, 1995, de Michelangelo Antonioni), *Three Times*, 2004, de Hou Hsiao Hsien, sont d'autres exemples de cette tendance.

Plus d'une fois, le *modèle musical* semble jouer. Il nous semble par exemple que dans les films de Jim Jarmusch, par exemple (*Mistery Train*, 1988, ou *Night on Earth/une nuit sur terre*, 1991), la forme en épisodes se réfère moins à la tradition du court métrage, ou à celle du « film à sketches » des années 60, qu' à l'idée d'un film conçu comme une symphonie en plusieurs mouvements, ou comme un album discographique constitué d'une suite de plages rythmiquement différenciées, en même temps que reliées les unes aux autres. Chaque plage a sa tonalité, sa durée, et l'ensemble compose un « morceau » ou un « album ».

5. Exposition

• **Définition**

L'exposition est la partie initiale du scénario dans laquelle sont exposés au spectateur les différents éléments et points de départ à partir desquels l'histoire qui va être racontée va pouvoir fonctionner : les personnages principaux, le cadre, la situation de départ, la première perturbation, etc.

• **Elle ne doit pas en avoir l'air**

La règle du jeu de l'exposition, c'est que *celle-ci ne doit pas avoir l'air de ce qu'elle est : une exposition.* Pour Ernest Lehman, le scénariste de *La Mort aux trousses*, « *il ne faut pas que l'acteur ait l'air forcé de dire ce qu'il dit pour communiquer au spectateur des informations, et s'arranger pour qu'il ait l'air de les donner naturellement* ». L'art de l'exposition consiste donc à dramatiser une communication d'informations.

• L'exposition doit-elle être dramatisée?

Elle doit donner ces informations préalables: où et quand sommes-nous? Qui sont les personnages? Quels sont leurs liens parentaux, leurs situations professionnelles et familiales? Quel est leur passé, dans la mesure où la connaissance de celui-ci est nécessaire à la compréhension du début de l'histoire. Et ce, sans la transformer en une espèce de fiche statique, où des gens qui se connaissent fort bien se raconteraient les uns aux autres ce qu'ils savent pertinemment ? Eugene Vale suggère la technique dramatique suivante: « *Un personnage aborde un homme dans l'espoir d'apprendre quelque chose qui l'intéresse énormément. Mais l'homme, par stupidité ou par mauvaise volonté, parle d'autre chose (...) Cet autre chose, c'est bien sûr l'exposition de l'information que nous n'aurions pas voulu écouter autrement. Le scénariste a transformé un défaut en un effet dramatique excellent.* »

Le problème est double: d'une part les personnages doivent être engagés eux-mêmes, avec leur désir propre, dans les scènes qui nous délivrent ces informations et, d'autre part, on doit donner au public l'envie, la curiosité, de recevoir cette information, dans la mesure où il est encore indifférent par rapport aux personnages et à ce qui leur arrive.

On se sert souvent dans ce but d'une scène de « recrutement », dans laquelle le schéma question/réponse est justifié par la situation, et l'on s'arrange pour créer une tension entre le héros qui se présente et le recruteur (ou l'instructeur) qui l'interroge. C'est le cas aussi bien dans *Taxi Driver* que dans *Les Enfants du silence*. Dans le premier film, le recruteur est agacé par l'aplomb et l'humour bizarre de Travis Bickle; dans le second, le directeur de l'école pour sourds est ironique, voire distant, avec le curriculum modèle de sa nouvelle recrue, James Leeds. De même, dans *Full Metal Jacket*, le sergent instructeur Hartman veut moucher l'insolence et le mauvais esprit de Joker.

• La durée de l'exposition doit-elle être limitée?

On peut considérer le public de la salle de cinéma comme un public « captif », dans une certaine marge, et tabler sur sa bonne volonté, en escomptant qu'il voudra bien patienter dix minutes au moins, à recevoir des informations sans action…

Les défauts courants d'une exposition sont: la lenteur, le caractère trop apparent, l'obscurité (à moins que cette obscurité ne soit concertée, pour entretenir un mystère). Selon certains auteurs, si les adaptations des romans d'Agatha Christie au cinéma ne donnent pas des films efficaces, c'est parce que ce genre d'histoire à énigme demande une exposition trop longue et laborieuse ; mais cela n'a pas empêché des films comme *Mort sur le Nil/Death on the Nile*, 1978, de John Guillermin, ou certains films-catastrophes comme *La Tour infernale/Towering Inferno*, 1974, du même réalisateur, de faire de grosses recettes, malgré une exposition très lente.

Certains réalisateurs n'hésitent pas à proposer délibérément et comme par défi, goût de l'expérience, des expositions très lourdes et démonstratives. C'est le cas dans *The Shining*, 1980, de Kubrick, où nous avons droit, surtout dans la version longue inconnue en Europe, à une véritable visite guidée, très explicative et prolongée, de l'hôtel Overlook.

Boileau déjà écrivait (« Art Poétique », III, 27-28, 37) : *« Que dès les premiers vers l'action préparée/Sans peine du sujet aplanisse l'entrée (...)/Le sujet n'est jamais assez tôt expliqué. »*

• Exemples d'expositions

Dans *Pépé le Moko* (de Julien Duvivier, scénario d'Henri Jeanson), il s'agit de nous apprendre que nous sommes à Alger, et que la police désespère de mettre la main sur Pépé, le célèbre gangster, car celui-ci se cache dans un endroit impossible à ratisser, la Casbah. Comment nous exposer une situation que les forces en présence connaissent par cœur, et qu'elles ne vont pas se raconter les unes aux autres pour complaire au spectateur ? On s'en tire par l'artifice d'un personnage nouveau, nouvellement engagé dans cette action, et dans cet endroit. La scène d'exposition nous montre donc le dialogue entre des policiers locaux et l'inspecteur Janvier venu de Paris : ce dernier commence par reprocher à ses collègues d'Alger de n'avoir pas su venir à bout de Pépé, et ils s'en défendent en énumérant ce qui fait son invulnérabilité. Ce plaidoyer les amène à donner au spectateur un certain nombre d'informations indispensables sur Pépé le Moko, et sur les conditions dans lesquelles il se cache.

L'exposition de *Sansho* se caractérise, elle, par l'incrustation de trois brefs flash-backs au milieu des scènes au présent nous montrant les personnages en voyage. Si l'on n'a pas procédé dans l'ordre chronologique, c'est justement pour attaquer dans le vif de la situation (le père exilé, la famille en route pour le rejoindre), afin de pouvoir plus facilement styliser et ramasser en brefs aperçus les événements récapitulés dans les flash-backs.

Dans *Le Port de l'angoisse*, Harry Morgan se présente au spectateur par le moyen d'un dialogue avec un quartier-maître français, auquel il a besoin de demander une autorisation de sortie du port. Ce fonctionnaire sait très bien à qui il a affaire, mais il exige d'Harry que celui-ci lui décline, comme d'habitude, son identité et son travail… La bonne volonté ironique que Morgan met à se présenter à un homme qui le connaît aussi bien que lui, crée une tension dans la scène qui fait passer « en douce » tout cet étalage d'information. L'auto-présentation d'Harry est ainsi dramatisée par la confrontation du héros avec un fonctionnaire obtu (dans d'autres films, ce peuvent être un douanier, un policier, etc., qui jouent le même rôle…)

Dans *À travers le miroir*, Bergman adopte un procédé très simple : montrer ses quatre personnages tout de suite ensemble, pour juste aussitôt après les diviser en deux tandems selon les tâches qu'ils se sont données. Martin et David resteront pour relever les filets, Karin et Minus iront chercher le lait. Dans ces scènes deux à deux, les adultes parlent entre eux de Karin (et nous apprenons entre autres qu'elle a des problèmes psychiatriques), Karin et David parlent entre eux de David le père (et nous apprenons qu'il termine un livre, a des maîtresses, etc.)

Habilement, Bergman souligne dès cette exposition les différences de vitalité, de tempo de ses personnages : tandis que Minus et Karin marchent à vive allure, Martin et David avancent laborieusement dans une barque (de la même façon, plus loin, on voit le père qui allume paisiblement sa pipe, tandis qu'au fond, son fils fait des figures d'escrime).

Plusieurs œuvres utilisent une circonstance collective pour nous présenter tout ou partie des personnages : un mariage dans *Le Parrain* et *Voyage au bout de l'enfer/The Deer Hunter*, 1978, de Michael Cimino ; un recrutement dans le corps des Marines, dans *Full Metal Jacket*, 1987, de Kubrick.

6. Accroche, amorce, teaser

• Accroche

L'accroche, l'amorce, l'hameçon (« *hook* ») est, dans le film, l'événement frappant, bizarre, surprenant, encore énigmatique, que l'on place au début de l'histoire pour capter l'intérêt, au lieu que cette fiction commence simplement par l'exposé du *statu quo* des personnages. Souvent, cette scène frappante d'ouverture est située avant le générique de début.

Dans *Mabuse*, l'accroche, c'est, dans la scène initiale où Hofmeister se cache, le bruit mystérieux de machines et la situation encore énigmatique de cet homme qui se cache on ne sait pourquoi ni de qui ?

Dans *Pauline*, il n'y a pas d'accroche, mais un petit mystère : laquelle des deux filles que nous voyons s'entretenir au début est la Pauline du titre ? Pas d'accroche en revanche, dans *Sansho* et dans *Le Port de l'angoisse*, où l'action démarre tranquillement et sûrement.

La scène initiale du *Sixième sens* est à la fois une exposition et, par l'événement dramatique qui la conclut (Malcolm voit un de ses anciens patients, qui s'est introduit chez lui, tirer sur lui), un « *teaser* », en même temps que l'implantation d'une fausse piste.

- **« Teaser »**

À la télévision, l'accroche est appelée « *teaser* ». Les auteurs recommandent de ne pas faire une accroche, ou un « teaser », trop spectaculaires, de peur qu'ils ne rendent en comparaison la suite fade et statique. Une accroche, un « *teaser* », doivent être calculés par rapport à toute la construction du film, et à la progression que l'on veut créer.

Le « *teaser* » est donc, en jargon de téléfilm ou de série télévisée, un bref moment d'action violente et intense qui est présenté d'entrée de jeu au spectateur, au début du film ou de l'épisode, afin de capter immédiatement son attention. Il est parfois constitué, non d'un moment particulier de l'action, mais plutôt d'une sorte de « bande-annonce », présentant par anticipation des moments courts et des images-chocs de l'action à venir, qui excitent la curiosité par leur caractère encore énigmatique, et qui, en répondant à cette question implicite : « *Aurons-nous droit à de l'action ?* », incitent le téléspectateur à patienter...

Parfois, le « *teaser* » met en scène un drame, un crime auquel le héros (détective ou redresseur de torts en tout genre) n'est pas encore mêlé, et qui constitue l'énigme sur laquelle il va exercer son courage et sa sagacité. D'autres fois, le héros est déjà en pleine action, soit s'occupant d'une petite affaire secondaire vite résolue, soit plongé dans l'action principale, dont on nous expliquera les données plus tard.

À travers le miroir, Taxi Driver, Un jour sans fin, Thelma et Louise, In the Mood for Love, etc., commencent sans accroche ni *teaser*, et nous font peu à peu rentrer dans l'histoire. En revanche, *Chute libre* commence, ou presque, sur l'incident dans l'épicerie coréenne.

7. Dénouement

Tout scénario mène en principe à un dénouement qui, dans la plupart des cas, est censé résoudre (ou tout au moins donner une réponse à) chacun des conflits exposés au cours du récit.

La règle ancestrale du bon dénouement, déjà affirmée par Aristote dans sa « Poétique », exige en principe que ce dénouement naisse de l'histoire même, des données de cette histoire, et non pas de l'intervention magique et inopinée d'un élément extérieur (« *deus ex machina* »), surtout dans le cas d'un dénouement heureux. En fait, beaucoup de scénarios considérés comme réussis se dénouent par l'intervention d'un élément fatal (accident, coïncidence) qui prend souvent la forme du hasard, d'une catastrophe naturelle, d'une circonstance historique, etc., c'est-à-dire d'un élément réellement extérieur aux données de l'histoire.

Le dénouement comme achèvement d'un cycle

On conseille souvent de faire un dénouement qui ferme le scénario cycliquement en le bouclant avec le début, c'est-à-dire qui nous fait revenir à une circonstance, à un personnage, à un lieu, ou à un problème exposés au tout début de l'histoire, pour montrer le cycle parcouru. Ce qui est le cas dans plusieurs de nos scénarios.

Au début de *Mabuse*, l'ex-policier Hofmeister téléphone au commissaire Lohmann pour lui faire une révélation pressante (cette révélation, c'est le nom même de Mabuse), et ce n'est qu'à la fin du film qu'il peut la lui faire. Dans l'intervalle, Hofmeister a été mis sur la touche, car il est devenu fou et a été enfermé. L'effet cyclique est renforcé par l'absence d'Hofmeister dans la partie centrale du récit.

La mise en scène de *Mabuse* accuse cette idée de cycle : le premier et le dernier plan du film montrent pareillement une porte fermée filmée de l'intérieur (donc situant le spectateur dans la pièce), avec un personnage enfermé dedans : Hofmeister au début, Baum à la fin.

D'autre part, la première et la dernière image du film se répondent : c'est l'image d'une porte close. De même, un portail clos ouvre et ferme le film de Rohmer, *Pauline à la plage*. Au début Pauline, en costume marin, et Marion arrivent en voiture devant leur maison de vacances, dont elles ouvrent le portail ; à la fin, on voit les deux mêmes, Pauline portant le même costume marin qu'au début, repartir et refermer le portail, lourdes d'une expérience amoureuse nouvelle, vécue dans l'intervalle d'une semaine.

L'Intendant Sansho commence par Tamaki, la mère, qui dit à son jeune garçon Zushio de faire attention en marchant ; à la fin du film, on revoit les deux mêmes qui se retrouvent dix ans plus tard seuls survivants de toute la famille.

À la fin d'*Uzak*, Mahmut est de nouveau seul, comme au début, ce qui nous fait mesurer ce qui lui est arrivé dans l'intervalle : à savoir une série d'opportunités pour lui de se « libérer ».

Les 39 marches, d'Hitchcock, commence et finit dans un music-hall londonien où se produit un « Mister Memory » qui fait un numéro de mémoire. Au début, un certain Richard Hannay, encore inconnu du spectateur, y entre par hasard. À la fin, le même Richard Hannay, devenu le héros, y revient après être passé par de nombreuses tribulations, pour y trouver la fin de son histoire qui est dans les mains, ou plutôt dans la mémoire de « Mister Memory ». La forme circulaire, ici, nous rend mieux sensible tout ce qui s'est passé, tout ce que le personnage a pu acquérir d'expérience et de maturité, et la familiarité que nous avons maintenant avec lui. Si la fin répète le commencement, c'est donc pour mieux nous faire sentir ce qui a changé.

L'idée de cycle est poussée à bout dans les histoires en forme de ronde, qui fonctionnent sur la circulation, de personnage en personnage, d'un objet (une carabine de prix dans *Winchester 73* d'Anthony Mann), ou d'une relation (*La Ronde* de Max Ophuls d'après la pièce de Schnitzler, où c'est une chaîne de couples). Un des plus gigantesques exemples de cycle avec circulation d'un objet, c'est le cycle de *L'Anneau du Nibelung*, de Wagner, où l'objet qui circule est lui-même un anneau d'or, un « Ring » – le début de l'histoire coïncidant avec le vol de l'Or au Rhin, et la fin avec sa restitution au fleuve, et aux Nixes qui en ont la garde.

• Fin ouverte et fermée

On pratique parfois la fin dite « ouverte », qui laisse subsister un mystère, un projet non accompli, une difficulté et parfois même on termine avant la confrontation finale.

C'est le cas du *Port de l'angoisse*, dont la fin non seulement ne « boucle » pas sur le début, mais encore se termine avant le départ des héros pour une mission périlleuse.

En revanche, plusieurs autres films nous donnent un dénouement conclusif et fermé, où sont dénoués tous les fils de l'intrigue. Ainsi dans *L'Intendant Sansho*, le sort de chacun des six personnages principaux est réglé, par la mort (Masauji, Anju) ou par un changement de condition (Sansho dépossédé et banni, son fils Taro entré dans les ordres), tandis que Zushio et Tamaki, pauvres et déchus tous les deux mais vivants, se retrouvent enfin.

À la fin de *Mabuse*, Lohmann a trouvé qui est le chef de la bande et l'a « rejoint » ; Baum, c'était lui, s'est enfermé de lui-même dans la cellule de son défunt Maître ; Kent s'est réhabilité en aidant Lohmann ; quant à Hofmeister, il est sorti de la folie et a regagné la confiance du commissaire Lohmann. La fin suggère cependant que la puissance du mal n'est pas définitivement vaincue.

Le dénouement de *Pauline* est « semi-ouvert » ; on suppose les couples de Marion/Henri et de Pauline/Sylvain « dissous », même s'il subsiste, dans les deux cas, un espoir ou un doute qu'ils se reforment un jour.

Le dénouement d'*Uzak* est totalement ouvert, du moins en ce qui concerne le rapport de Mahmut à la vie.

La règle qui enjoint de donner à chaque élément de l'intrigue sa *résolution*, ne signifie pas que tous les problèmes posés doivent recevoir leur *solution*. Leur problème peut être affirmé comme désespéré, ou toujours posé, mais l'important est de ne pas l'oublier, de faire une sorte *d'état des lieux* de l'intrigue ; et de ne pas faire comme si le problème n'existait plus, parce qu'on n'en parle plus.

C'est Jean Aurel qui dit que dans « *toutes les fins, il faut payer les chèques, payer l'addition* (...) *La bonne fin est celle qui va jusqu'au bout du paradoxe, c'est un équilibre retrouvé. Et l'équilibre peut être la mort de tout le monde* ». (« L'Enjeu Scénario », 53.)

La fin de *Thelma et Louise* est « faussement ouverte » : Louise précipite la voiture dans le Grand Canyon, mais on ne voit pas réellement la chute et la mort des deux femmes, qui pourtant ne fait aucun doute. Cet effet donne un caractère ouvert et mythique au dénouement, il éternise une image vivante des deux femmes.

• Dénouement et morceau de bravoure

Le *dénouement* est la partie du scénario la plus difficile à écrire, et c'est pour cela qu'elle est le plus souvent résolue à partir de clichés et de facilités : une course, une poursuite, une catastrophe spectaculaire, un bain de sang, etc., toutes solutions habituelles qui donnent un *morceau de bravoure* en pâture au spectateur, mais qui ne dénouent pas forcément les fils de l'intrigue de manière convaincante et rigoureuse ; qui servent au contraire souvent à faire un rideau de fumée devant la faiblesse du dénouement par rapport aux prémisses de l'histoire. La fin « ouverte », où rien n'est résolu, peut être un de ces clichés.

Il est plus facile de mettre en place, au début d'une action, un nombre important de pistes, de personnages, d'histoires, de thèmes etc., que de les mener à bien et de les assumer tous. Rohmer, en revanche, raconte qu'il définit toujours ses sujets de film à partir de la fin : « *Si je n'ai pas trouvé la fin, je n'ai rien trouvé.* » (« L'Enjeu Scénario », 94.)

• Le dénouement comme assomption d'un destin que l'on a commencé par subir

Dans beaucoup de films le trajet spirituel du personnage principal consiste à devenir le sujet de son histoire. La réalité lui impose un obstacle, une épreuve ; une contrariété ; qu'il commence par subir. Puis, au lieu de fuir ce danger, cette souffrance, etc.., il choisit, dans un troisième acte, de l'affronter, et d'en faire un élément posifif de son histoire.

Dans *La Mort aux trousses*, Thornhill se voit imposer une identité qu'il refuse, celle du mystérieux Kaplan, et subit l'hostilité de Vandamm. C'est lui qui va affronter Vandamm en utilisant cette identité. Cesser d'être victime, et revendiquer ce qui leur arrive de « fortuit » comme un destin personnel, c'est l'évolution de bien des personnages de films.

Plusieurs des films de notre sélection, au moins, font passer les héros d'un destin subi à ce même destin, mais assumé et choisi.

Dans *Chute libre*, après avoir commis l'irréparable (il a tué un homme et blessé un policier), William Foster convertit in extremis la catastrophe qu'a été sa vie, et plus spécialement cette journée, en un destin choisi, quand il s'arrange pour être tué, par un suicide indirect (il braque Prendergast, sans intention de le tuer, avec un pistolet à eau, Prendergast dégaine et l'abat). Ainsi, dit-il, sa fille touchera son assurance-vie.

Dans *Thelma et Louise*, les deux femmes ne se laissent pas attraper, et, par leur suicide choisi, elles cessent totalement de devenir des victimes.

Dans *À travers le miroir*, c'est Karin elle-même qui demande à rentrer à l'asile psychiatrique.

• Le dénouement comme jonction de personnages suivis parallèlement

Le *dénouement-jonction* correspond au cas où un montage alterné ou parallèle nous ayant montré séparément les évolutions de différents personnages, ceux-ci se retrouvent enfin, parfois pour la première fois tous ensemble.

Au début d'*Ascenseur pour l'échafaud*, de Louis Malle, la femme et son amant se parlent au téléphone. Diverses circonstances les séparent ensuite, alors qu'ils devaient se retrouver. Après la description de leurs histoires en montage alterné/parallèle. Ils ne se croiseront que dans la dernière scène, aussitôt séparés par la police.

À la fin de *Thelma et Louise*, Hal Slocumbe se trouve pour la première fois dans le même lieu que les femmes qu'il poursuivait et voulait en même temps protéger. Il ne les a eues jusque-là qu'au téléphone. Il court après leur voiture quand il comprend qu'elles roulent vers le Canyon.

Dans *Chute libre*, les principaux personnages vus jusque-là en montage parallèle, Bill, son ex-femme Beth, et Prendergast, se retrouvent réunis sur la jetée de Venice. Les deux hommes qui par certains côtés sont frères (tous deux blessés par une crise), se retrouvent en face à face. Mais l'un des deux choisit de mourir.

Pulp Fiction, au-delà de son apparent labyrinthe chronologique, aboutit bien à un dénouement-jonction, faisant se rencontrer deux tandems, celui de Jules et Vincent et celui de Pumpkin et Honey Bunny.

8. Happy end (dénouement heureux) et dénouements moins heureux

En français, on dit que le film « finit bien » quand les motifs de douleur, de gêne, ou de perturbation sont annulés, et plus encore quand les héros ont trouvé l'amour, la fortune, la gloire, ou ce qu'ils convoitaient.

Plusieurs de nos films ont des fins que l'on peut dire ambiguës.

Dans *Le Port de l'angoisse*, tout est fait pour donner au spectateur une impression de fin heureuse (« *Are you happy?* » est une des dernières phrases prononcées) alors que le film se termine avant une dangereuse mission pour laquelle vont s'embarquer les héros. On insiste sur la joie de Harry, Marie et Eddy à se trouver réunis, et on glisse sur les problèmes qui restent en plan (que faire de Renard capturé?) afin de laisser le spectateur sur une impression d'euphorie que la musique d'Hoagy Carmichael vient prolonger par-delà le mot fin…

C'est le contraire dans *Sansho*: une fin objectivement heureuse qui est teintée de tristesse. Le fils, Zushio, retrouve enfin sa mère, au bout de dix ans de séparation, mais il la retrouve misérable, voûtée, abîmée, aveugle. Le film s'arrête quand Zushio vient d'apprendre à sa mère la disparition du reste de la famille, alors que Mizoguchi et Yoda pouvaient, sans rien modifier de l'histoire, terminer un peu plus tard sur le fils et la mère prenant la route ensemble. L'effet de « *happy end* » dépend donc beaucoup de la manière dont les événements sont exposés – autant que de ces événements eux-mêmes.

De même, au dénouement de *Mabuse*, Hofmeister a été guéri de sa folie; le pouvoir de Mabuse (temporairement) battu en brèche, tout s'arrange pour Kent et Lily, et cependant, la fin dégage une impression sinistre. D'abord Kent et Lily ne sont pas montrés réunis à la fin; puis, au lieu de finir sur Lohmann satisfait, Hofmeister guéri et Kent réhabilité, on nous montre un gardien de l'asile qui referme sur Baum – et sur nous, spectateurs – la porte d'une cellule. L'histoire finit bien, mais cette fin est exposée de manière à laisser ouverte une inquiétude, avec cette phrase ultime de Lohmann : « *Ces choses-là ne sont pas faites pour un simple commissaire de police.* »

Le dénouement de *Pauline* est pour le moins doux-amer et mitigé.

Même chose pour celui de *Taxi Driver*: le héros est vivant, tous ses actes comme reconnus et absous par la société, mais sa solitude n'a pas été brisée, comme le montre la dernière scène, où après avoir déposé Betsy (toujours seule), il continue son travail de chauffeur de taxi roulant dans la nuit.

• Dénouement faussement positif

Si l'on compare les différents motifs qui composent un film aux notes d'une mélodie, on dira que l'effet de fin heureuse, ou de fin amère, dépend surtout de la note que l'on choisit pour mettre dessus le point d'orgue; où si l'on veut, de l'image que l'on choisit pour l'arrêter. De toutes façons, personne ne se laisse abuser: les personnages, ou du moins ceux qui restent vivants à la fin, continueront à vivre comme ils peuvent, aucun bonheur ne leur est jamais garanti.

Certains films apparemment « roses » et « optimistes » veillent à introduire à la fin un détail inquiétant, à faire passer une ombre sur le bonheur promis: c'est le cas dans *Baisers volés*, 1968, de François Truffaut, avec la scène finale où un inconnu mystérieux en imperméable, qui suit le gentil couple formé par Claude Jade et Jean-Pierre Léaud, les aborde dans un square pour assurer la jeune femme de son amour éternel et tenace, et dire à Antoine Doinel que celui-ci n'est qu'un être secondaire….

Il y a aussi des dénouements franchement amers, lorsqu'ils semblent apparemment tirer le héros d'affaire et être des *happy endings*, tout en laissant apparaître que les problèmes et les souffrances des personnages restent entiers, sinon décuplés. C'est le cas avec *L'Emploi du temps*.

• Une tradition française: le dénouement pessimiste ou fataliste

On peut rattacher cet exemple du film de Cantet – et la fin de *L'Esquive* (où Krimo s'enferme chez lui et ne veut même pas répondre à Lydia) à une tradition hexagonale. Son refrain sur la « chienne de vie » est en effet loin d'être le propre de vieilles barbes pré-Nouvelle Vague (citons Clouzot, qui fait mourir *tous* les personnages masculins du *Salaire de la peur*, 1953), ou du cinéma d'avant-guerre, lorsque Gabin mourait chez Carné (*Le Quai des brumes, Le jour se lève*) ou chez Duvivier (*Pépé le Moko*). La Nouvelle Vague, sous certains aspects, a bien continué et réinventé ce fatalisme, et l'a transmis à des générations plus jeunes.

C'est devenu une banalité que de souligner la noirceur de beaucoup d'œuvres de Truffaut – y compris, on l'a vu, dans ses films « roses », comme *Baisers volés*, 1968, plein d'arrière-plans sombres – a fortiori dans *La peau douce*, 1964 (crime passionnel), *L'histoire d'Adèle H*, 1975 (solitude et folie) et *La femme d'à côté*, 1982 (suicide précédé de meurtre)… Ne parlons pas de Robert Bresson (suicides d'une très jeune fille dans *Mouchette*, 1967, et d'un adolescent dans *Le diable probablement*, 1977, massacre dans *L'argent*, cité plus haut), de Chabrol (*Le Boucher*, 1970, meurtres et suicide), de Godard (meurtre et trahison féminine dans *À bout de soufle*, accident mortel dans *Le Mépris*, 1963, suicide dans *Pierrot le Fou*, 1965, accident mortel dans *(Sauve qui peut la vie,* 1972), ou de Jacques Demy (chez lequel cependant, notamment dans *Une chambre en ville*, 1982, malgré les deux suicides d'Edmond et d'Edith et la mort de François tué lors d'une manifestation, une conscience sociale éclaire l'avenir et élargit l'espace).

Un des rares, Rohmer, avec ses personnages qui luttent, animés par un volontarisme résolu leur permettant de contrer le destin, fait exception – mais il est vrai que chez lui le destin, fatum social ou autre, est rarement très méchant… Autres exceptions, les films d'Agnès Jaoui (réalisés ou seulement écrits par elle en collaboration avec Jean-Pierre Bacri), comme *Le Goût des autres*, 1999, ou *Comme une image*, 2004, où les personnages sont souvent montrés comme ayant mûri au terme d'une expérience douloureuse mais formatrice. Dans le premier de ces deux films, on assiste même, dans le « petit scénario », à cet événement rare qu'est la réconciliation de deux personnages (un patron et son conseiller) qui s'excusent réciproquement de leurs torts vis-à-vis l'un de l'autre. Pourquoi pas ? Et pourquoi ne pas valoriser de temps en temps ce genre de « happy end » ?

Les films sociaux anglais qui remportent tant de succès sur les écrans français – *Au nom du père/In name of the Father,* 1993, et *The Boxer,* 1997, de Jim Sheridan, *Les Virtuoses/Brassed off,* 1997, de Mark Herman, *The Full Monty/Le Grand jeu,* 1997, de Peter Cattaneo, *Dirty Pretty Things,* 2002, de Stephen Frears, ont en commun de montrer des gens qui se battent contre l'injustice et qui se battent en groupe. Libre ensuite à chacun de trouver un peu trop idyllique leurs dénouements. À la fin, ils auront au moins essayé.

À l'opposé de la tradition française, le choix, sinon systématique, du moins très répandu du cinéma américain pour le happy end à tout prix affaiblit ou entache beaucoup de films... *Thelma et Louise* est un des rares films populaires à se terminer par la mort des héroïnes, qui plus est par suicide, ou plutôt par choix de la liberté, refus de terminer sa vie en prison.

Parfois, en revanche, le happy end pour le personnage principal se teinte d'amertume, quand celui-ci s'est enfoncé dans le mal, que ses proches meurent ou trahissent les uns après les autres, et qu'il reste seul avec la honte d'une survie inutile : c'est le cas avec *Le Parrain 2,* 1974 (Michael Corleone seul avec son pouvoir), ou avec *The Lord of War,* 2005, d'Andrew Nicoll (le marchand d'armes Yuri Orlov, survivant absurdement dans les décombres du monde).

• Retour au quotidien

Un scénario commence souvent par un arrachage au quotidien, et se termine par une replongée dans ce quotidien... Le dénouement d'*Un jour sans fin* a un sens symbolique précis : le héros échappe à un sortilège qui le fait vivre indéfiniment dans une sorte d'éternité, pour rejoindre la vie de tout le monde, en passant du 2 au 3 février. Plus généralement, beaucoup de dénouements au cinéma nous montrent les personnages, arrachés le temps du film à la quotidienneté, qui y retournent et se fondent dans le courant de la vie, symbolisé par une rue animée, une gare de capitale d'où ils regagnent leur petite vie (*Ginger et Fred,* 1985, de Fellini), un carnaval où ils se perdent (*Les Enfants du paradis,* 1945, de Carné), une boutique de jouets remplie de familles au moment de Noël (*Eyes Wide Shut*). C'est aussi le cas dans *Barry Lyndon,* 1976, du même réalisateur (la scène où Barry amputé marche dans la rue, au bras de sa mère, au milieu de figurants), dans *The Magdalene Sisters,* 2003, (deux des trois héroïnes se disant au revoir dans la rue, redevenues des femmes « comme les autres ».)

Dans *L'Homme de Rio*, 1964, de Philippe de Broca, le personnage joué par Belmondo, après des aventures extraordinaires, redevient un bidasse comme les autres, qui rejoint un copain de caserne dans un banal train français, terminant comme lui sa permission.

Inversement, dans un film fantastique ou d'anticipation, les situations les plus étranges ou les plus folles deviennent plus vraies si on sait les inscrire dans un cadre quotidien : c'est pourquoi la scène la plus fameuse de *L'invasion des profanateurs de sépulture*, version Siegel, est si réussie. Parce que l'on montre une collectivité d'extraterrestres sous l'apparence humaine se comportant en plein jour de manière tout à fait normale, tranquille, à quelques détails près : ils obéissent à un homme parlant dans un mégaphone, chargent des cosses géantes dans des camions, etc. Dans la version Richter/Kaufman, cette scène a été transposée la nuit, ce qui la rend moins intéressante.

9. Coup de théâtre

Le coup de théâtre (« *plot point* » des Américains, « *peripeteia* » d'Aristote), est un brusque revirement qui modifie la situation et la fait rebondir de façon imprévue : que ce soit l'intrusion d'un élément ou d'un personnage nouveau, un changement de fortune, la révélation d'un secret ou une action qui tourne dans le sens contraire de celui qui était attendu.

Aristote définissait la « *peripeteia* », la « péripétie » comme le « *revirement de l'action dans le sens contraire, en suivant les lois de la vraisemblance et de la nécessité* » (e eis to enantion ton prattomenon metabole, kata to eikos e anagkaion). Et Boileau, plus tard, décrit ainsi le coup de théâtre (« Art Poétique », III, 57-60) : « *L'esprit ne se sent point plus vivement frappé/Que lorsqu'en un sujet d'intrigue enveloppé/D'un secret tout à coup la vérité connue/Change tout, donne à tout une face imprévue* ». Diderot, quant à lui, définit le coup de théâtre comme « *un incident imprévu qui se passe en action et qui change subitement l'état des personnages* ». Ajoutons : qui le change généralement en pire.

Le coup de théâtre repose beaucoup sur l'effet de surprise, et entraîne souvent pour les héros des changements de fortune (voir cette expression), mais aussi des révélations absolument inattendues, des redéfinitions de leur statut.

De garder à l'esprit le plus proche « *plot point* » à venir dans le déroulement du scénario permet, quand on écrit, d'avoir une direction, un guide, si le climax final est encore trop loin. Un scénario peut comprendre une quinzaine de « *plot points* », au plus.

• Le coup de théâtre comme révélation

Le coup de théâtre est souvent la révélation de quelque chose qui existait déjà, mais que le spectateur et le personnage ignoraient encore : X est la fille de Y, l'argent que Z pensait être dans la valise ne s'y trouve pas, ou W que l'on croyait mort est vivant...

En ce cas, il ne fonctionne que si l'on a entretenu activement le spectateur, et parfois aussi le personnage, dans une certaine croyance (que la valise contenait l'argent) pour la démentir, ou dans une certaine ignorance (sur la situation réelle) pour la lever. Même l'ignorance du spectateur quant à un fait doit être activement entretenue.

Dans À travers le miroir, c'est après les scènes qui décrivent les impasses entre les personnages, le statu quo de leurs solitudes, que Bergman fait intervenir un coup de théâtre un peu extérieur : la découverte par Karin du journal de son père, qui clot une sorte de « premier acte ».

Ce qui n'est pas clair, dans le film, c'est ce que la révélation pour la jeune femme, par l'intermédiaire de ce journal, de l'état de sa maladie change pour elle, qui est déjà tellement tourmentée.

Mais le grand coup de théâtre verbal dans À travers le miroir, c'est la révélation à la fin de la maladie et de la mort de la mère de Karin. C'est la première fois que celle-ci est évoquée, et nous apprenons en même temps qu'elle est morte et qu'elle était folle, et que son mari a souffert de voir se reproduire la même histoire chez sa fille.

Nous avions pu penser indirectement à cette mère, lorsque Karin joue dans la pièce de son frère une « jeune princesse morte en couches ».

Remarquons que Bergman a choisi de ne laisser dans le film aucune trace physique, objet, photographie, pièce, etc., matérialisant l'existence de cette ex-femme de David, la mère de Karin et Minus.

• Coup de théâtre et préparation

Le coup de théâtre suppose souvent toute une préparation, plus ou moins adroite et compliquée. Diderot critiquait *« ces coups de théâtre qu'on amène d'une manière si forcée, et qui sont fondés sur tant de suppositions singulières que pour une de ces combinaisons d'événements qui soit heureuse et naturelle, il y en a mille qui doivent déplaire à un homme de goût »*. L'auteur du « Fils Naturel » leur oppose les « tableaux », disposition naturelle et vraie des personnages (scènes de famille, etc.) ne recherchant pas le choc dramatique.

• Le coup de théâtre comme condensation dramatique : « d'une pierre plusieurs coups »

Le Port de l'angoisse contient vers la fin du premier acte un coup de théâtre fort réussi, bel exemple de condensation dramatique : la balle perdue qui tue Johnson fait, si l'on peut dire, d'une pierre plusieurs coups.

a) Elle implique Harry à son corps défendant dans une situation de conflit politique où il refusait de choisir.

b) Elle fait entrer en scène le méchant principal de l'histoire, Renard, qui va confisquer à Harry ses moyens de travail, et lui donner un ennemi à combattre.

c) En privant Harry de son argent, elle l'amène à accepter la proposition de Gérard de faire passer des résistants.

d) Plus généralement, en le privant de ses papiers d'identité donc de son travail, et en laissant impayée à jamais la dette de Johnson, elle met Harry dans une situation de déraciné, de déstabilisé, et l'oblige à remanier sa vie.

e) Elle resserre la liaison amoureuse avec Marie, prise avec lui dans la rafle qui suit l'incident.

Cette balle perdue, avec ses conséquences multiples, réalise une imbrication parfaite des trois niveaux de l'intrigue, jusque-là relativement séparés : l'intrigue professionnelle (démêlés d'Harry avec son client), l'intrigue amoureuse et l'intrigue politico-policière. Et cela d'une manière tout à fait inattendue (Johnson, au départ, n'avait rien à voir avec les luttes qui se déroulent sur le sol de la Martinique). De plus, conformément à la loi qui fait les bons coups de théâtre, cette balle perdue tombe au moment où tout semblait s'arranger pour Harry (il allait enfin se faire payer, il était au mieux avec Marie) – pour le faire basculer dans une situation pire que celle qu'il cherchait à arranger.

Les coups de théâtre sont nombreux dans *Pulp Fiction*, et créés parfois par un retournement paradoxal : Jules et Vincent sont criblés de balles par un quatrième homme caché, mais survivent sans une blessure ; Butch tue très facilement l'homme qui était censé l'attendre pour le liquider ; il tombe aux mains de sadiques sexuels alors qu'il est armé. D'autres coups de théâtre sont créés par un jeu sur le temps, comme la vraie mort et la fausse « résurrection » de Vincent Vega.

L'effet de coup de théâtre est donc souvent lié à une *chute* : le personnage est monté au sommet, il est plus près que jamais du but… et c'est alors que frappe le coup de théâtre qui le précipite dans une difficulté plus grande encore.

• **Twist**

Un grand nombre de films récents débouchent sur un twist, c'est-à-dire sur des retournements inattendus, des révélations que l'on n'est pas censé déflorer quand on parle de ces films à ses amis.

Le twist s'est systématisé à la fin du XXᵉ siècle et au début du XXIᵉ : *Le sixième sens*, 1999, et *Incassable*, 2001, de M. Night Shyamalan, *Identity*, 2003, de James Mangold, *Peur Primale/Primal Fear*, 1996, de Gregory Hoblit, *The Usual suspects*, 1995, de Brian Singer, *Les Autres/The Others*, 1999 d'Alejandro Amenabar, *Basic*, 2003, de John

Mc Tiernan, *Nueve Reinas*, 2000, de Fabian Bilelinsky, *Saw*, 2004, de James Wan, *Anthony Zimmer*, 2005, de Jérôme Salle. Mais les films aboutissant à un retournement spectaculaire et ultime, que tout le reste du film semble avoir pour but de préparer, existent depuis long-temps au cinéma... *Les Diaboliques*, 1955, d'Henri-Georges Clouzot, *Psychose*, de Hitchcock, mais aussi *L'invraisemblable vérité* (titre français, bien peu subtil, de *Beyond a reasonable doubt*, 1956, de Fritz Lang), *L'Homme qui tua Liberty Valance*, 1962, de John Ford, et plus tard, *Engrenages/House of Games*, 1987, de David Mamet, appartenaient déjà à ce genre. Et déjà *Conversation secrète/The Conversation*, 1975, de Francis Coppola, et *Le Limier/Sleuth*, 1972, de Joseph Mankiewicz, se concluent sur un « twist » très brillant.

La différence tient peut-être au fait que le public d'aujourd'hui est très rapidement conscient que le scénario repose sur un twist.

La force du twist réussi est de nous amener à réinterpréter sous un angle nouveau tout ce que nous avons vu, et qui contenait déjà ce que nous venons d'apprendre. À ce moment le film comporte d'ailleurs parfois, comme c'est le cas dans *Le sixième sens*, un « montage-sequence » récapitulant des images déjà vues, et que nous comprenons maintenant différemment.

10. Flash-back

Le retour en arrière (flash-back) pose des problèmes spécifiques au cinéma – en raison du fait que la narration cinématographique, comme on l'a souvent dit, ne connaît pas les temps du récit écrit: passé, impar-fait, présent, futur. Elle raconte tout au présent.

On a tenté, bien sûr, de signifier le retour en arrière et les temps du passé par divers procédés d'enchaînements et de déformations de l'image, qui se trouble, change de couleur etc., mais il s'agit d'expédients. Même en noir et blanc, le spectateur suit l'action au présent.

Ce qui importe, c'est qu'il comprenne qu'on est revenu en arrière – sauf, bien sûr, si un doute est créé intentionnellement à ce sujet.

• Types de flash-back
On peut classer les retours en arrière au cinéma selon différents types d'utilisations, types de récits, types de signification, etc.

a) Il y a les *flash-backs-puzzles*, dans lesquels on est à la recherche du mystère de quelqu'un qui, généralement, vient de mourir, et sur lequel se confrontent les témoignages. Les différents témoins qui l'évoquent amènent, par leurs récits, des scènes du passé à revivre devant nos yeux – avec toujours l'ambiguïté, propre au cinéma, sur le côté véridique de ces scènes. À ce modèle répondent de nombreux films, comme *Citizen Kane*, 1941, d'Orson Welles, *La Comtesse aux pieds nus*, 1954, de Joseph Mankiewicz, *L'Homme de marbre/Czlowieck z murmuru*, 1976, d'Andrzej Wajda, *L'Homme qui aimait les femmes*, 1977, de François Truffaut, *Lenny*, 1975, de Bob Fosse, *Heat and Dust*, 1982, de James Ivory, *Un nouveau Russe*, 2002, de Pavel Lounguine, mais aussi *Lola Montès*, de Max Ophuls.

b) Une variante précise de ce premier cas est celle où *les versions des différents témoins se contredisent et* se remettent en cause fortement; notamment quand il s'agit de retrouver la vérité sur un événement, viol, meurtre, disparition... L'exemple le plus célèbre est celui du *Rashomon*, de Kurosawa, où les trois récits d'un même fait divers (un viol, suivi d'un meurtre) se succèdent selon trois points de vue différents, laissant planer le doute sur « la » vérité finale. Sur ce même principe reposent *Les Girls*, 1957, de George Cukor, mais ici, un troisième récit vient trancher sur les deux témoignages antérieurs, en les « confondant » et en rétablissant la vérité (alors que dans *Rashomon*, aucun témoignage ne donne la vérité définitive). On peut citer encore *L'Homme qui tua Liberty Valance*, 1962, de John Ford, dans lequel un deuxième flash-back, revenant sur l'événement autour duquel tourne le film (la liquidation d'un bandit) vient rétablir la vérité cachée par le premier: ce n'est pas l'avocat joué par James Stewart comme celui-ci le croyait de bonne foi, qui a tué Liberty Valance, mais un homme caché dans l'ombre, qui avait tiré en même temps.

Elephant, 2003, de Gus van Sant, utilise d'une certaine façon l'effet *Rashomon*.

c) Un film en flash-backs peut aussi *commencer sur le dénouement fatal*, ou sur un moment proche de ce dénouement: quand le condamné à mort va être exécuté, quand le mourant ou le blessé va être mené à la table d'opération, ou que l'homme traqué va être abattu... et qu'ils se remémorent, ou racontent à un tiers, ce qui les a menés là. On crée ainsi un effet d'engrenage fatal et de *temps limité* (compte à rebours) en parvenant peu à peu jusqu'au moment par où le film a commencé. Par exemple, dans *Le Facteur sonne toujours deux fois*, 1946, de Tay Garnett, *Assurance sur la mort*, 1944, de Billy Wilder, *Le Jour se lève*, 1939, de Marcel Carné, *Violette Nozière*, 1978, de Claude Chabrol, *La Signora di tutti*, 1934, d'Ophuls, *Bird*, 1988, de Clint Eastwood. Ce procédé connaît de multiples variantes. Certains scénarios jouent astucieusement avec le temps de la narration: le temps que l'homme passe à raconter ou à se remémorer son histoire passée est pris en compte dans le déroulement de l'action « au présent », il n'est pas un « temps suspendu ». On trouve aussi des structures en deux ou trois parties du type *« un homme rejoint par son passé »*. Dans un premier temps, quelqu'un qui mène une vie paisible se révèle avoir eu un passé agité ; un flash-back plus ou moins long nous dévoile ce passé, après quoi la seconde moitié ou le troisième tiers du film développent les conséquences, dans le présent, de ce retour du passé enfui ou dissimulé (*Pendez-moi haut et court*, 1947, de Jacques Tourneur).

d) Il y a, plus nostalgiques, les *flash-backs du style « à la recherche du temps perdu »*, dont le modèle est le film de Bergman *Les Fraises sauvages/Smuktronstället*, 1958. Le héros, un vieux professeur égoïste, s'y promène en chair et en os dans le temps de sa jeunesse, qu'il observe en se cachant. Citons aussi *Le Messager/The Go-Between*, 1971, de Joseph Losey, *Spider*, 2004, de Cronenberg, *L'éternité et un jour/Mia eoniotika ke mia mera*, 1998, de Theos Angelopoulos, et de nombreux films, comme *Casablanca* de Michael Curtiz, dans lequel un bref flash-back en forme de « montage-séquence » vient rappeler une idylle ancienne, ou un drame ancien.

e) *Le flash-back trauma* correspond à un souvenir enfoui – celui en général, d'un moment traumatique, qui affleure de plus en plus précisément à la conscience d'un des héros. Ce procédé a donc souvent été employé dans les films dits « psychanalytiques » : *La Maison du Docteur Edwards*, 1945, et *Marnie* d'Alfred Hitchcock, ou *Soudain l'été dernier*, 1959, de Mankiewicz, lequel fut un grand spécialiste du flash-back (citons *All About Eve*, 1950, *Chaînes conjugales*, 1948, etc.)

Le flash-back étant un procédé d'emboîtement, il est normal que l'on trouve des flash-backs-gigognes, comme dans *Les Mille et une nuits*.

D'autres exemples remarquables d'une narration qui n'avance pas linéairement sur le fil du temps : dans *Le Parrain n°2*, 1974, de Francis Coppola, l'enfance puis les débuts de Vito Corleone, dans la première moitié du XXe siècle, sont racontés en « montage alterné » avec la reprise de la « famille » mafieuse par son fils Michael, cinq ans plus tard. Plus tard, et toujours avec Robert de Niro, *Il était une fois en Amérique*, 1984, de Sergio Leone, entrecroise trois périodes de la vie du personnage, Noodles : son enfance, son âge adulte, sa vieillesse. Le film a l'audace de se terminer dans la période médiane, alors que le héros s'est réfugié dans une fumerie d'opium, où il semble rêver à la fois alternativement son passé et son futur.

The Hours, 2003, de Stephen Daldry, entrecroise les histoires de trois femmes à trois périodes différentes de l'histoire : la vie de Virginia Woolf, celle d'une femme au foyer des années 60, celle d'une New-Yorkaise des années 90. Certaines histoires ne sont pas montrées dans l'ordre chronologique : la scène du suicide de Virginia Woolf précède plusieurs scènes de sa vie avec son mari, etc., *21 grammes*, 2004, d'Alejandro Gonzales Inarritu, suit plusieurs personnages dans des temps différents.

• Le jeu sur le temps

Depuis les années 80, et particulièrement les cinq dernières années, le temps dans les films et dans les séries télévisées, pour emprunter une formule actuelle, « s'éclate » : il se traverse couramment dans les deux sens, se subdivise en courants divers – véritables deltas de destinées –, il se tord aussi, se boucle sur lui-même en cercles concentriques ou en anneau de Mœbius, se décale et se mélange. Que ce soit dans les films à chronologie non linéaire comme *Pulp Fiction,* les variations sur les futurs potentiels comme le diptyque de Resnais *Smoking/No smoking*, dans un film fantastique comme *L'Antre de la Folie/In the mouth of madness*, 1994 de John Carpenter (où Sam Neill joue un éditeur avalé par le monde fictif d'un de ses auteurs), dans les cauchemars emboîtés de l'amusante satire *Ça tourne à Manhattan/Living in oblivion*, 1993, de Tom Dicillo, et bien sûr dans *Lost Highway*, 1995, de Lynch, où l'autoroute perdue dont parle le titre, c'est comme la bonne direction du temps, justement.

La perte du sentiment du temps réel, associée à des états seconds, joue un rôle important au cinéma, par exemple dans *Requiem for a dream*, 2000, de Daren Aronovsky, avec ses nombreuses scènes accélérées ou ralenties, justifiées par le fait que les différents personnages s'adonnent à des drogues, que celles-ci soient licites (les médicaments coupe-faim pour Sarah Goldfarb), ou illicites (l'héroïne pour son fils).

• Thème du voyage dans le temps

Il faut y ajouter ces nombreux cycles populaires de science-fiction où le thème du voyage dans le temps est le ressort explicite du scénario : la trilogie de *Retour vers le futur*, 1985, 1989, 1990, le triptyque de *Terminator*, 1984, 1990, 2003, et tous les *Timecop, Timemaster, Stargate, Demolition Man*, 1993, de Marco Brambilla (où il s'agit à vrai dire de « congélation », et non de voyage au sens propre), *Happy Accidents*, 2001, de Brad Anderson, et enfin, le remake signé par Terry Gilliam du chef-d'œuvre de Chris Marker *La Jetée, L'Armée des douze singes/Twelve Monkeys*, 1995. De son côté, le succès sur le petit écran de la série *Code Quantum* (où le héros fait des sauts dans différentes périodes, accompagné d'un compagnon invisible aux autres) a inspiré de nombreuses imitations télévisées.

Difficile de dire à quand remonte ce thème dans la littérature et l'univers de la fiction : on pourrait si on voulait – mais peut-être abusivement – y rattacher la plupart des grands textes mythiques et religieux avec leurs prophéties, et leurs héros transportés dans des ailleurs et des au-delà. L'histoire d'Ulysse dans « l'Odyssée » – retenu dans une île par l'immortelle Calypso qui lui fait oublier le temps, et regagnant le cours de la vie par une série d'épreuves, dont une visite aux Enfers – a un écho dans la légende japonaise populaire du pêcheur Urashima Taro, qui a inspiré un des *Contes de la Lune vague*, de Mizoguchi, d'après Akinari.

Sous bien des aspects, évidemment, le cinéma continue de puiser dans de vieux motifs littéraires. Il y a bien un souvenir des jeux narratifs de Sterne (« Vie de Tristram Shandy », portée à l'écran en 2005 par Michael Winterbottom sous le titre *A cock and bull story*) et de Diderot (« Jacques le Fataliste et son maître ») dans les fantaisies scénaristiques dont *La Fête à Henriette*, 1952, de Duvivier, ou, plus récemment, *Le Magnifique*, 1973, de Philippe de Broca, sont des exemples connus. Nous voulons parler de ces œuvres dans lesquelles des scénaristes ou des romanciers en peine ou en veine inventent et effacent au fur et à mesure le destin de leurs créatures, créant ainsi à la fois des futurs multiples parallèles, et reprenant le cours du temps au point qui leur plaît – tel Dieu qui s'y est repris à deux fois pour peupler le monde, noyant son premier essai sous le Déluge.

Cela constitue même une tradition dans notre cinéma français, marqué qu'il est par la double particularité de ses références littéraires et du système démiurgique du réalisateur-auteur, ce qui lui a inspiré moult « fictions mobiles », basées sur l'idée d'un meneur de jeu temporel. René Clair (de *Paris qui dort*, 1925, aux *Belles de nuit*, 1952, en passant par *C'est arrivé demain*, 1944 – même *Le Million*, 1931, nous est raconté par la fin et nous est donné comme du temps ré-enroulé qui se dévide), Sacha Guitry (*Le Roman d'un tricheur*, 1936), Edouard Molinaro (*L'Ironie du sort*, 1973, d'après le roman de Paul Guimard), plusieurs fois Julien Duvivier (*La Fête à Henriette*, 1952), plus récemment Michel Deville (*Le Paltoquet*, 1986), Claude Lelouch (*Les Uns et les autres*, 1982), Alain Resnais (*Je t'aime je t'aime*, 1958), Bertrand Blier (*Merci la vie*, 1991, *Un deux trois soleil*, 1993), ont pratiqué les sauts d'époque et joué à se montrer « maîtres du temps ».

Dans d'autres pays, on a eu notamment *Abattoir 5/Slaughterhouse 5*, 1972, de George Roy Hill, d'après Kurt Vonnegut Jr), et un certain nombre de films « proustiens », comme *Les Fraises sauvages/ Smuktronstället*, 1958, d'Ingmar Bergman.

Le thème du voyage dans le futur d'un héros venu de notre présent est souvent l'héritier actuel des satires swiftiennes (« Les Voyages de Gulliver ») ou voltairiennes (« Micromégas »), puisqu'il est prétexte à présenter des mondes qui sont soit l'inversion cocasse du nôtre (qu'ils révèlent par contraste), soit son exagération. Ainsi, dans *Demolition Man*, 1993, de Marco Brambilla, le futur où débarque, une fois décongelé, un policier venu de notre présent (Sylvester Stallone) incarne la satire d'un monde devenu plus « politiquement correct » que nature.

- **Films racontés à l'envers**

Citons aussi le principe du flash-back « en escalier » dans *Trahisons conjugales/Betrayal*, 1983, de David Jones d'après une pièce d'Harold Pinter, où à chaque séquence, on revient en arrière de la précédente, jusqu'au moment où l'histoire a commencé. Trois films récents, *Memento*, 1999, de Christopher Nolan, *Irréversible*, 2003, de Gaspar Noé, et *Cinq fois deux*, 2004, de François Ozon, ont repris cette structure (l'« effet » avant la « cause »).

Ce principe du film raconté à l'envers impose une certaine idée du destin : nous voyons ce qui a lieu à partir de ce qui aura lieu plus tard, et avons l'impression que ce qui sera est en germe dans ce qui est.

Dans *Irréversible* (fort médiocre au demeurant), on commence par une scène où le héros joué par Vincent Cassel cherche pour le tuer un homme nommé le Ténia afin de venger la mort de sa femme ; un peu plus tard, on assiste aux scènes antérieures du viol et du meurtre de l'héroïne (jouée par Monica Bellucci). Plus tard, dans l'avant-dernière scène l'héroïne, seule, fait un test de grossesse et le découvre positif, ce qui la rend heureuse. Le film se termine par une scène filmée en plongée, d'enfants qui jouent autour d'un système d'arrosage de jardins, sur une pelouse, et par un carton sur lequel il est écrit : « *Le temps détruit tout.* » Ici, comme dans beaucoup d'histoires récentes, règne le fantasme d'une sorte d'avortement horrible, infligé par le destin.

Dans *Memento*, tout a déjà eu lieu au début (aussi bien la perte pour le héros de sa femme, et le meurtre qu'il a commis en croyant tuer l'assassin de son épouse) et la suite n'« efface » pas l'irrémédiable, ne le modifie pas ; nous en apprenons à chaque fois un peu plus sur le personnage, tandis que celui-ci, par définition, n'apprend rien, ne cumule rien, d'une part parce qu'il est frappé d'une perte de la mémoire immédiate, et d'autre part, parce que l'on revient sans cesse en arrière.

Dans *Memento* on assiste donc à une double amnésie : celle qui se produit dans le réel diégétique (le héros a perdu la mémoire immédiate), et celle qui se produit dans le réel cinématographique (plus le film avance, moins le personnage se souvient – par définition – de toutes les scènes auxquelles nous l'avons vu participer antérieurement, et dont nous sommes censés nous souvenir). Lorsque l'avant devient l'après, l'histoire du film est une perte de mémoire.

Il est intéressant qu'ici se retrouvent des ressorts qu'on trouve déjà dans les contes et légendes : le héros qui perd la mémoire de la femme qu'il a aimée, ou de l'interdit qui frappe pour lui cette femme. Ce ressort intervient deux fois dans les opéras de Wagner : Siegfried, dans « Le Crépuscule des Dieux », ensorcelé par un breuvage ne se souvient plus avoir connu et aimé Brünnhilde ; Tristan, envoûté par un autre philtre dans Tristan et Isolde, oublie sa mission pour le roi Marke.

Memento repose sur l'idée que le corps du personnage est une mémoire imprimée dont son propriétaire a perdu la clef : pour ne pas laisser filer son passé, il s'est fait tatouer sur la peau une série de phrases. Le thème de la perte de mémoire se trouve dans un nombre considérable de films de l'époque : *Se souvenir des belles choses*, 2004, de Zabou Breitman, *La Mémoire dans la peau*, 2002, *Total Recall*, 1990, de Paul Verhoeven d'après Philip K. Dick, *Paycheck*, 2002, de John Woo, d'après le même écrivain, *L'homme sans passé*, 2003, d'Aki Kaurismäki, et un des meilleurs, *Eternal sunshine of the spotless mind*, 2003, de Michael Gondry.

La qualité de *Memento* est d'alimenter un double postulat au départ arbitraire (« *short memory loss* », « perte de la mémoire immédiate », par le héros ; récit en compte à rebours) avec une foule de détails concrets, pratiques. Le film imagine ce que serait la vie de quelqu'un qui vivrait cette expérience. Tout deviendrait problème pratique, avant d'être une question métaphysique.

Très astucieusement, le film fait faire au héros des gestes répétitifs et machinaux (actionner à distance le verrou d'une voiture ; actionner la télécommande d'une télévision), de ces gestes dont la répétition trouble le sentiment du temps ; des gestes que l'on peut faire en en ayant perdu le sens, et que ne commande plus qu'une partie du cerveau mise en « pilote automatique ». Les personnages de zombies ont souvent des gestes machinaux.

11. Réel diégétique et réel cinématographique

Un film superpose au moins deux niveaux de réalité : ce qu'on peut appeler le *réel diégétique* (tout bêtement ce qui arrive aux personnages, ce qu'ils font, où ils sont, ce qui se passe), et d'autre part le *réel ciné-*

matographique, c'est-à-dire les relations de temps, d'espace, etc., créées par le découpage, les angles de prise de vue, le montage. Un scénario peut jouer sur ces deux niveaux.

Le meilleur exemple de la dualité entre deux réalités, c'est la classique scène de téléphone en montage alterné : deux personnes se téléphonent à des kilomètres ou des centaines de kilomètres de distance, et le montage nous les montre alternativement ; le choix des angles de prise de vue et le découpage font que les personnages semblent croiser leur regard : le personnage n°1 regarde vers la droite, le personnage n°2 vers la gauche, leurs regards semblent donc se rencontrer.

Dans le réel diégétique, ils ne se voient pas, s'entendent seulement, alors que dans le « réel cinématographique » ils se voient, ou au contraire se « tournent le dos ».

• Lorsqu'ils ne font plus qu'un : tendances récentes

Il semble alors qu'une des tendances récentes du scénario de cinéma consiste à imaginer – souvent grâce à un postulat fantastique – que le réel cinématographique devient pour des personnages donnés leur réel diégétique.

Dans le réel cinématographique, un personnage est à la fois voyant et aveugle, puisqu'il voit les autres personnages et ne nous voit pas, nous spectateurs. Mais on peut inventer des histoires où les personnages se promènent dans l'action et sont visibles par nous tout en étant invisibles aux autres personnages (*Ghost*, 1990, de David Zucker)

Tous les films ou presque sont réalisés en tournant plusieurs fois la même scène, souvent avec des variantes. C'est précisément la situation qui échoit au protagoniste d'*Un jour sans fin* : il est comme pris dans un tournage interminable, où aucune prise n'est la même (avec humour, l'actrice Shelley Duvall comparait son expérience cauchemardesque du tournage de *The Shining* à la situation du personnage d'*Un jour sans fin*).

Les personnages de films en noir-et-blanc ne savent pas qu'ils sont en noir et blanc. Les jeunes héros de *Pleasantville*, catapultés dans un sitcom des années 60, eux, le savent, et sous leur influence les personnages de cette sitcom vont devenir en couleurs, et voir qu'ils sont en couleurs. Leur réel cinématographique devient leur réel diégétique.

Troisième exemple : un personnage de film n'est pas censé savoir qu'il est filmé de tous les côtés, de près, de loin, etc, le jour et la nuit, où qu'il soit. Le héros de *The Truman Show*, 1998, de Peter Weir d'après un scénario d'Andrew Nicoll, est réellement filmé sous tous les angles, à toutes les distances, en tous lieux et en continu, étant à son insu la vedette d'un *reality show* où on l'a fait grandir dans un monde factice construit pour lui. Le réel cinématographique est son réel diégétique.

Le personnage joué par Jeff Daniels dans *Rose pourpre du Caire/Purple Rose of Cairo*, 1985, de Woddy Allen, ne sait pas qu'il est dans un film ; mais à cause de l'intervention d'une spectatrice jouée par Mia Farrow, il l'apprend (l'idée sera reprise entre autres dans *The last action hero*, 1993, de John McTiernan).

Les personnages de films ont parfois des voix intérieures, des monologues, que selon la convention cinématographique, les autres personnages n'entendent pas, sauf s'ils sont surnaturels ou télépathes. Dans *Ce que veulent les femmes/What Women want*, 2000, de Nancy Meyers, Mel Gibson entend ce que d'habitude, le spectateur est seul à entendre : la voix intérieure d'autres personnes (ici, des femmes).

Un montage parallèle est possible depuis longtemps entre deux ou plusieurs époques (c'est le principe du film de Griffith, *Intolérance*, 1916), mais pour les personnages de *Déjà vu*, 2006, de Tony Scott, cette coexistence de deux périodes de temps séparées est leur réel diégétique, permettant à Denzel Washington de poursuivre à quatre jours de distance Jim Caviezel (un acteur, qui, déjà, dans *Fréquence interdite/Frequency*, 2000, de Gregory Hoblit, dialoguait avec son père mort à trente ans de distance, par un simple appareil à ondes courtes).

Certes, la confusion, souvent à des fins d'humour, entre réel cinématographique et réel diégétique, est un vieil effet burlesque que l'on trouve déjà dans les années 20, par exemple dans *Sherlock Junior*, 1924, de et avec Buster Keaton, et plus tard dans *Hellzapopin*, 1941, d'H.C. Potter et les cartoons de Tex Avery. La nouveauté, c'est de construire l'ensemble d'une histoire sur cette idée. Même si, ici et là, certains films continuent d'en tirer la matière d'un gag isolé. Ainsi, dans *Harry dans tous ses états/Deconstructing Harry*, 1997, de Woody Allen, un personnage « flou » est vu comme « flou » par ses proches et ses amis, et à ses propres yeux quand il regarde ses mains.

12. Récit enchâssé non iconogène : l'histoire racontée dans l'histoire montrée

Nous parlons de « récit non iconogène » (= « récit qui ne génère pas d'images »), quand un récit est fait dans un film par un personnage, qu'on ne montre que le narrateur et son auditoire, et qu'aucune autre image ne vient « illustrer » ce récit ou en prendre la suite. Ce récit non iconogène correspond souvent dans les films au « moment de vérité », ou renvoie à une scène fondatrice pour les personnages, celle qui se transmet par le langage seul.

Depuis longtemps des auteurs comme Éric Rohmer (*Conte de printemps*, 1989), Alain Resnais (*Muriel, ou le temps d'un retour,* 1963, le martyre de la jeune Algérienne), Ruiz (de nombreuses fois!), Buñuel (*Cet obscur objet du désir,* 1977), Bergman (la confession de l'infirmière dans *Persona*) et bien d'autres, l'avaient déjà brillamment illustré sur les écrans – mais la consécration populaire de cette forme, son officialisation dans le cinéma le plus large, son accession au rang de « bien commun » de l'art cinématographique, semblent bien dater de nos jours.

Dans *Smoke*, 1995, par exemple, de Wayne Wang et Paul Auster, toute la construction repose sur un conte de Noël final – l'histoire de la vieille dame seule – raconté par Harvey Keitel à William Hurt dans un restaurant, puis « visualisé » en images muettes – sans que soit tranchée la question de sa véracité.

Le récit par Nicole Kidman de son fantasme, puis d'un de ses rêves dans *Eyes Wide Shut*, 1999, de Kubrick, l'histoire du Roi Pêcheur dans Fisher King, 1990, de Terry Gilliam, le souvenir de guerre du vieil homme dans *Une histoire vraie/The straight story*, 1999, de David Lynch, et bien entendu l'histoire racontée deux fois dans *Une sale histoire*, 1977, de Jean Eustache, sont d'excellents exemples parmi cent de « récit non-iconogène ».

Il y a dans *Pulp Fiction* un grand nombre d'histoires qui n'ont d'autre existence que verbale: l'histoire de l'homme qui aurait été défenestré sur l'ordre de Marsellus Wallace, le match Butch-Winston (dont nous ne voyons pas une image), l'histoire du pilote de série télévisée dans lequel a joué Mia, l'histoire racontée par Tim Roth de l'homme qui aurait commis un hold-up sans employer d'arme, mais surtout bien sûr l'histoire de la montre de famille de Butch, contée à l'enfant par Christopher Walken. Ces histoires prennent une valeur mythique précisément parce qu'elles passent entièrement et seulement par la parole.

XVIII. Les procédés de narration

Nous arrivons ici à ce qui fascine, ou parfois repousse (mais c'est souvent la même chose), les lecteurs de manuels de scénario : l'inventaire des procédés de narration, ce que l'on appelle souvent les ficelles, les trucs, les artifices, etc. Expliquée une par une, chacune de ces ficelles peut avoir l'air d'un câble énorme, et cependant, on ne cesse, à chaque nouvelle histoire, de s'y laisser prendre si elle est bien maniée, et tressée comme il faut avec d'autres ficelles. Le ressort appartenait à l'histoire racontée, tandis que le procédé relève de la narration, c'est-à-dire de la façon spécifique de raconter l'histoire qui est celle du cinéma. Nous avons déjà parlé de cette distinction. Mis à nu, le procédé aura toujours l'air un peu sournois, dans la mesure où sa fonction est de s'effacer derrière un résultat et, pour produire son effet, d'éviter de se faire repérer. Mais il y a une poétique, et même une esthétique, du procédé de narration. Tout film ne raconte-t-il pas sa narration, autant ou plus que son histoire ? L'enfant qui redemande la même histoire, n'est-il pas déjà captivé par la narration, plus que par l'histoire ? Le lecteur ne doit pas se formaliser de trouver ici les procédés les plus modestes mis côte à côte avec les plus importants. Il ne nous semble pas que nous aurions apporté ou facilité quelque chose au lecteur en hiérarchisant cette liste. Et il n'est pas mauvais de se rappeler que pour un scénario, le détail est aussi important que les grandes idées générales.

C'est sur ce chapitre aussi que le cinéma a changé le plus, ces dernières années, de règle du jeu. Il s'agit, dans la plupart des cas, de la *surexposition des procédés narratifs* : le film se montre au spectateur comme une fabrication à partir d'un concept, et de procédés.

Un nombre important de films récents font porter en effet la charge de la narration, en partie, par différents procédés extérieurs qui ne se cachent plus, qui s'exhibent même :

– voix-off non diégétique (*Dogville*, 2003, de Lars von Trier)

– voix intérieures d'un ou de plusieurs personnages (*La Ligne rouge*, 1999, et *Le nouveau monde*, 2006, de Terrence Malick)

– titres de chapitres écrits dans l'image (*Breaking the Waves*, 1994, de Lars von Trier)

– texte d'une chanson (dans le film de Resnais *On connaît la chanson*).

Le résultat est qu'il n'est plus toujours nécessaire d'écrire des scènes pour exposer certaines situations, ni de dissimuler les informations sous l'allure de scènes dramatiques.

1. Dramatisation

• Règles de la dramatisation

La dramatisation est un traitement que l'on peut appliquer à n'importe quel événement, situation, anecdote (fictif ou réel) pour les faire fonctionner dramatiquement, en les rendant palpitants à suivre.

Il en découle deux règles:

a) Il ne suffit pas de rapporter un événement en soi particulièrement étonnant, ou un événement réel, pour avoir un drame; il faut le dramatiser. C'est pourquoi bien des films adaptés de faits divers se laissent piéger; trop confiants dans le pouvoir dramatique des événements relatés, parce qu'ils ont réellement eu lieu, ils omettent de leur donner une logique dramatique interne.

b) Convenablement dramatisé, un événement des plus anodins en soi peut se révéler passionnant à suivre.

Exercice de dramatisation

Chacun connaît intuitivement, en tant que spectateur, les principes d'une dramatisation, et même s'il ne saurait pas les maîtriser lui-même, en racontant par exemple une histoire drôle, il est aisé de les lui faire retrouver par déduction. Demandons à quelqu'un de se livrer au petit exercice consistant à dramatiser un matériau vécu naturel (le déroulement d'une de ses journées ordinaires, par exemple). Quel travail va-t-il tenter de faire sur un tel matériau, au départ non dramatique voire antidramatique?

a) *Concentration*, afin de donner plus d'unité à l'histoire, mais aussi afin de s'adapter au degré d'information assimilable par un spectateur.

b) *Émotionnalisation*: l'histoire ne sera pas racontée de façon neutre, mais de façon à créer une participation émotionnelle, qui peut passer par une identification au personnage principal, sujet de l'histoire. D'autre part, on donnera à cet événement un enjeu, quelque chose à gagner ou à perdre.

c) *Intensification*: en exagérant les sentiments et les situations vécues.

d) *Hiérarchisation*: on va éclairer des choses importantes, par rapport à des détails qui resteront comme un décor ou un agrément; tout ne sera pas raconté de la même façon, au même niveau d'importance.

Dans le même sens, le récit sera *structuré*: on le divisera en parties, on différenciera les éléments, on les mettra sur plusieurs plans. Quelqu'un qui ne sait pas raconter est quelqu'un qui ne choisit pas, qui raconte tout sur le même plan.

e) *Création d'une ligne, d'une courbe*: la narration suivra une progression, s'appuiera sur des temps forts, obéira à une certaine courbe (en principe montante).

On n'est pas obligé d'appliquer toutes ces règles de dramatisation à la fois; et parfois même, il vaut mieux ne pas toutes les mobiliser.

Si ces règles se ramènent à peu de choses, leurs modalités, leurs variétés d'approche et leurs combinaisons sont en nombre quasi-infini.

On peut également inverser ces règles délibérément et d'une manière intéressante, à savoir:

– diluer (au lieu de concentrer) une toute petite histoire, restreinte en péripéties (*Sous le sable*, 2001, de François Ozon: une femme ne se résout pas à accepter la disparition de son mari);

– désaffectiver une histoire dramatique en l'inscrivant dans un cadre de banalité et de quotidienneté, en la filmant avec distance (*L'angoisse du gardien de but au moment du penalty*, 1978, de Wim Wenders, d'après Peter Handke, où le meurtre par impulsion subite d'une femme que le héros étrangle est traité dans le même style qu'un plan où il prend l'autobus, ou un autre où il se promène dans la campagne);

– désintensifier les sentiments (*2001, L'Odyssée de l'espace*, 1968, de Kubrick, où Dave Bowman ne manifeste aucune émotion à la mort du reste de l'équipage);

– égaliser, au lieu de hiérarchiser, en mettant le dramatique sur le même plan que la continuation de la vie autour des personnages: *Profession: Reporter*, 1974, d'Antonioni y parvient admirablement;

– aplanir la courbe, rendre horizontale la ligne.

La « dédramatisation » est donc un effet... dramatique comme un autre.

Il est clair que, parmi nos films choisis plus spécialement comme sujets d'étude, *Uzak* est un bon exemple de scénario dédramatisé, avec tous les critères énoncés ci-dessus. Ce n'est que partiellement le cas pour *L'Emploi du temps*.

2. Point de vue

On peut considérer qu'une histoire cinématographique est narrée du *point de vue* d'un personnage particulier lorsque celui-ci est présent, comme participant ou témoin, à la plus grande partie des scènes qui composent le film, et qu'on ne nous en laisse pas beaucoup plus voir et savoir (pas beaucoup moins non plus) que celui-ci.

Le fait, notamment, d'être mis dans son « intimité » en assistant à des scènes où il est seul et en voyant, en entendant ce qu'il voit et entend (par exemple quand il est au téléphone), contribue à renforcer notre identification ou tout au moins notre impression de partager son point de vue.

Le scénariste doit parfois décider à l'avance *de quel point de vue son histoire va être racontée*, c'est-à-dire sur quelle forme d'identification, à quel personnage et sur quel mode de narration elle va fonctionner. Le point de vue choisi détermine non seulement les axes émotionnels du récit (selon ce point de vue, une même scène peut être dramatique, drôle ou vue froidement), mais aussi sa ligne dramatique.

Dans *Mabuse*, il n'y a pas de point de vue privilégié. Si la mise en scène, par moments, détache et souligne un point de vue, ce n'est pas tellement celui des jeunes premiers, mais ceux d'Hofmeister et de Baum, c'est-à-dire deux personnages qui ont des « hallucinations », que nous partageons.

Le point de vue dans *Le Port de l'angoisse* est sans ambiguïté celui d'Harry Morgan, qui est de toutes les scènes sans exception. Nous suivons ce qui se passe avec lui, au fur et à mesure, et dans les mêmes termes que lui. Cependant la mise en scène de Hawks, par sa discrétion et sa distance (filmant Harry en plan moyen ou large, à égalité avec les autres personnages), atténue ce que cette notion de point de vue suppose de participation émotionnelle : il est vrai que le personnage dont nous avons ici le « point de vue » est lui-même un homme réservé.

Le point de vue dominant, mais non unique, dans *L'Intendant Sansho*, c'est celui de Zushio, surtout aux deuxième et troisième actes. Le récit se concentre progressivement sur lui, après son arrachement à sa mère (qu'on ne voit plus dès lors, sauf à la fin quand Zushio la retrouve), et encore plus après le sacrifice de sa sœur.

Dans *Pauline à la plage*, l'auteur ne privilégie le point de vue d'aucun des quatre personnages principaux, Rohmer précise même que c'est là une constante dans sa série des « *Comédies et Proverbes* ». On peut constater, en effet, qu'aucun de ces personnages n'accapare totalement la vedette, n'est de toutes les scènes, et n'impose le point de vue de ses émotions propres.

Dans *La Mort aux trousses*, Roger Thornhill est de toutes les scènes, comme participant ou témoin, à trois ou quatre exceptions près, toutes significatives :
— très bref, le plan qui nous montre, dans un faux jardinier, l'un des bandits qui l'ont enlevé ;
— la scène assez longue dans un bureau du contre-espionnage, à Washington, où plusieurs personnes discutent de son sort ;
— la brève scène où Eve Kendall fait passer dans le train un mot à Vandamm (« *que dois-je faire de lui?* »), nous apprenant qu'elle trompe Thornhill avant que celui-ci ne l'apprenne ;
— un court plan du visage d'Eve à la gare de Chicago, après qu'elle ait envoyé Thonrhill au rendez-vous en plein champ où il se fera attaquer par l'avion.

Ces quatre exceptions nous permettent de savoir quelque chose avant Thornhill, pour nous apprendre : comment la bande de Vandamm a pu utiliser la maison de Townsend ; que Kaplan n'existe pas, et comment Thornhill a pu être pris pour lui ; qu'Eve est de mèche avec Vandamm ; qu'elle l'a trahi.

• Entorses délibérées à l'unité du point de vue

Dans *L'Invasion des profanateurs de sépulture*, version Siegel, trois-quatre petites scènes se déroulent en dehors de la présence de Miles, narrateur et protagoniste.

La première se situe tout au début du film, et sert à introduire Miles.

La seconde montre Teddy Belicek voyant bouger le cadavre de l'homme sans empreintes digitales. Nous le voyons bouger aussi. L'une des fonctions de cette échappée est d'établir pour le spectateur la réalité de cet événement ; sinon, le spectateur pourrait croire qu'il n'a existé que dans l'imagination terrorisée de Teddy. Il s'agit cependant d'une scène que Terry va raconter par la suite à Miles.

La troisième franchit un palier supplémentaire, et correspond à un basculement du récit. Wilma étant rentrée dans sa boutique après avoir affirmé à Miles qu'elle va mieux, nous la voyons, en dehors du regard et de la connaissance de Miles, retourner le panneau « *open* » dans la vitrine de sa boutique, et faire apparaître « *closed* ». Après quoi elle parle à un homme en qui nous reconnaissons le père de Becky Driscoll : « *Becky est chez lui.* »

Dans *Taxi Driver* se trouvent, nous l'avons vu, trois échappées au point de vue de Travis, trois scènes auxquelles il n'est pas présent : même si pour deux d'entre elles, il peut y assister de loin, sans savoir ce que les personnages se disent. Ce n'est pas un hasard s'il s'agit de trois scènes de couple (Tom/Betsy, Tom/Betsy, Iris/Sport), où se trouvent successivement chacune des deux femmes auxquelles s'intéresse le héros et chacun des deux rivaux de Travis.

Toutes les scènes de *Thelma et Louise* impliquent les deux héroïnes, que celles-ci soient présentes dans ces scènes ou qu'il s'agisse de scènes avec la police, le mari de Thelma, le jeune voleur joué par Brad Pitt, mais qui ont toujours un rapport avec elles (y compris l'intermède comique où un cycliste rasta découvre la voiture de police à l'arrêt, avec le jeune policier dans le coffre). Une scène destinée, entre autres, à nous rassurer sur le sort du policier, et à nous confirmer que les deux femmes n'ont pas condamné celui-ci à une mort lente sur une route non fréquentée.

En d'autres termes, le point de vue principal du film de Scott est celui des deux héroïnes, ensemble (le plus souvent) ou séparément. Dans ce deuxième cas, elles sont vues avec un de leurs partenaires masculins, ou au téléphone avec lui. Plus rarement et brièvement, l'une des deux est vue toute seule avec elle-même (Thelma faisant ses bagages, Louise regardant Monument Valley la nuit, avant que Thelma ne la rejoigne), mais jamais longtemps. En d'autres termes, nous nous identifions au point de vue de Thelma-et-Louise, comme à celui d'une entité à deux faces.

Presque toutes les scènes d'*Uzak* impliquent la présence de Mahmut ou d'Yusuf, ensemble ou séparés. Une exception : au début du film, lorsque le concierge de l'immeuble où habite Mahmut, la nuit, regarde partir la femme qui a couché avec lui. Mais cette scène ne nous apporte pas une information que n'aurait pas Mahmut. Elle ne nous donne pas une avance sur lui.

Dans *Un jour sans fin*, Phil Connors est de toutes les scènes, à l'exception d'une brève séquence entre Rita et Larry, où ils parlent de lui, et d'un autre bref dialogue des deux mêmes au-dessus de son « cadavre ». Ces deux scènes sont apparemment paradoxales, car elles posent la question de la réalité du 2 février indépendamment de la présence de Phil. Leur utilité est d'établir la mort physique de Phil, et donc de faire apparaître le réveil du lendemain comme une « résurrection ». On peut aussi considérer qu'elle introduisent un « repos », un « *relief* », pour le spectateur qui voit tout depuis le début en présence de Phil.

• Classification des types de point de vue

Sur la question du point de vue, rappelons la classification de Jean Pouillon, qui, dans « Temps et Roman » (Éditions Gallimard,

1946), distinguait trois types fondamentaux : la « *vision par derrière* » (celle du narrateur « omniscient », qui lit dans les têtes et rapporte les pensées des personnages), la « *vision avec* » (narration centrée sur un personnage, à la première ou à la troisième personne, qui est le seul dont les pensées sont communiquées au lecteur), et enfin la « *vision du dehors* », où toutes les actions et données du récit sont vues de l'extérieur, sans entrer dans les têtes. Cette dernière technique « behavioriste », qui ne rapporte que des comportements, est illustrée surtout dans la littérature du XXe siècle, mais elle apparaissait déjà souvent dans certains passages de roman du XIXe – voir la célèbre « scène du fiacre », dans « Madame Bovary », ou chez Hugo, ce procédé courant de narration : « *Un promeneur qui serait passé à ce moment-là sur le pont Neuf aurait vu, etc.* », où soudain les héros dont on nous a communiqué jusque-là sans vergogne toutes les pensées se trouvent objectivés, vus par un regard entièrement extérieur.

Gérard Genette, redéfinissant et représicant ces catégories, propose à son tour de distinguer : la *focalisation zéro*, dite aussi non-focalisation (le narrateur en sait plus que n'en sait aucun des personnages, il rentre à volonté dans leurs pensées), la *focalisation interne* (il ne sait et ne dit que ce que sait et pense un des personnages – focalisation interne fixe – ou ce que savent et pensent plusieurs personnages tour à tour – localisation interne variable, chère à l'auteur de science-fiction Philip K. Dick), et troisièmement la *focalisation externe*, la vision du dehors de Pouillon, dans laquelle le narrateur voit et décrit tout de l'extérieur. « *Le partage entre focalisation interne variable et non-focalisation*, précise Genette, *est parfois très difficile à établir.* »

On pourrait croire que, nonobstant l'artifice de la « voix intérieure », le cinéma, qui ne rapporte pas les pensées, utilise forcément la focalisation externe. Eh bien non : car il retrouve, à sa manière, ces trois types de focalisation, dont la définition, bien sûr, demande à être revue et corrigée pour lui. Car même présent dans toutes les scènes, même filmé en gros plan, un personnage de film nous est toujours extérieur.

3. Informations

• Un art de la sélection de l'information

Tout film raconte au moins deux histoires en parallèle : ce qui arrive à des personnages, et ce qui arrive à notre savoir sur les personnages, autrement dit tout ce que nous apprenons, soit à travers la quête d'un de ces personnages, soit à travers le film lui-même, par une série de révélations.

Raconter une histoire, c'est en même temps, inévitablement, communiquer au spectateur des informations sur le cadre spatio-temporel de l'action, sur les personnages, leur identité, leurs situations respectives, etc.

Le scénario est pour une grande part un art de gérer des informations, qu'il s'agisse des informations à donner aux spectateurs, à tel moment, et des informations censées être détenues par les personnages eux-mêmes. On sait, en effet, qu'une information en soi peu intéressante peut être rendue palpitante si l'on en fait un secret.

Le moment de l'*exposition* (voir ce terme) est en principe dans le scénario, celui où il faut donner au spectateur la plus grande quantité d'informations nouvelles.

Il s'agit ensuite de savoir à quel moment une information doit être livrée au public. Ce fut le problème central, par exemple, de l'adaptation par Hitchcock du roman de Boileau-Narcejac. « D'entre les morts » pour *Sueurs froides/Vertigo,* 1958. Dans le livre, le lecteur n'apprenait qu'à la fin que Madeleine et Judy sont une seule et même personne: mais Hitchcock décida de le faire savoir au spectateur dès le milieu du film, avant que le héros, Scottie (joué par James Stewart) ne l'apprenne lui-même. C'est là toute l'importance de l'effet de *révélation*, produit par une information que le scénariste a tenue en réserve, pour être lâchée là où elle fait son effet. Seulement – chose très importante – *il ne suffit pas de dissimuler une information, pour en faire un objet de révélation* ; il faut créer autour d'elle un contexte de demande, de tension, de curiosité – un enjeu.

Dans *Mabuse*, Hofmeister risque la mort, et la folie, à « livrer » au commissaire Lohmann une certaine information – qu'il ne lâchera qu'à la fin (le nom de Mabuse, comme chef de la bande des faux-monnayeurs). Cette information nous serait indifférente, sans ce qui se joue autour d'elle de risque, et de terreur sacrée.

• Quantité d'information à donner

On surestime souvent, selon Pascal Bonitzer, le nombre d'informations à donner. « *On s'aperçoit que beaucoup d'informations qui vous paraissent d'abord absolument essentielles, parce qu'elles précisent tel ou tel élément du personnage, sont en réalité*

284

des informations qui seront perdues pour le public » (« L'Enjeu Scénario », 73). Il en déduit que « *moins on explique mieux ça vaut* », et cite en exemple *Love Streams*, 1983, de John Cassavetes où pendant longtemps « *on ignore que* (la femme jouée par) *Gena Rowlands est la sœur* » (du héros joué par le réalisateur). « *Ce manque d'information intrigue le spectateur et l'oblige en même temps à s'accrocher pour essayer de trouver les signes qui permettraient de réduire l'équivoque.* » C'est ce que Bonitzer appelle une « *équivoque opérante* ». Seulement le maniement de ce genre d'équivoque n'est pas inoffensif. On ne peut se contenter de la laisser passivement flotter; il faut lui donner une force, un sens, un enjeu. En d'autres termes, il faut que le spectateur soit lui-même pris au jeu, qu'il fasse dans son for intérieur des *paris*.

Du point de vue de la narration cinématographique, on emploie souvent la rétention temporaire de l'information, non seulement pour des points importants de l'histoire (les liens de parenté cachés, les mystères, les révélations finales, les « reconnaissances » et les coups de théâtre), mais aussi bien pour les détails secondaires, afin de dramatiser la conduite des scènes.

• L'information implicite

Certaines informations nous sont, dans un film, données tout à fait *implicitement*: Un homme assis dans une cuisine nous fait croire implicitement qu'il est chez lui.

Souvent, le récit cinématographique s'amuse à jouer avec le spectateur, en manipulant cette information implicite.

Dans *En quatrième vitesse/Kiss me Deadly*, 1955, de Robert Aldrich, scénario de Buzz Bezzerides, le héros, un détective, entre avec beaucoup de précautions dans un appartement: le spectateur suppose alors qu'il vient le visiter en l'absence de son occupant légitime. Il s'avère ensuite que c'est son propre appartement, et que le détective prend ses précautions en cas de piège.

Au début de *Butch Cassidy et le Kid/Butch Cassidy and the Sundance Kid*, 1969, de George Roy Hill, un homme retrouve une jeune femme dans une chambre et paraît vouloir la violer sous la menace de son arme. Le spectateur en est d'autant plus intrigué et gêné que cet homme est joué par la vedette du film, Robert Redford, que l'on s'attend à voir dans un rôle sympathique. Ensuite on nous dévoile que Robert Redford et Katharine Ross sont ensemble depuis un certain temps, et que cette menace est un jeu entre eux.

Dans les deux cas, le sens dramatique de la scène naît entièrement d'une information dissimulée temporairement au spectateur, alors que les personnages, eux, savent à quoi s'en tenir.

Le Sixième sens joue constamment avec l'information implicite. Quand il voit Malcolm chez la mère du petit Cole, assis face à elle, le spectateur en déduit implicitement que la mère est au courant de la présence du pédopsychiatre, que Malcolm a sonné chez elle, s'est présenté à elle, etc. Le « twist » final reposera sur ces interprétations du spectateur.

• L'information donnée doit être limitée

En principe, il ne faut pas assommer un spectateur de nombreuses informations. Certains films contreviennent brillamment à cette règle, en donnant trop d'informations au début, en étourdissant le spectateur de détails et de voix-off pour ensuite ralentir (*Jules et Jim*, 1991, de François Truffaut, *The Usual Suspects*, 1995, de Bryan Singer, *Casino*, 1995, de Martin Scorsese)

• Sélection de l'information et point de vue: en savoir autant, moins et plus

La sélection de l'information contribue grandement à créer le point de vue du récit. En savoir environ autant (tantôt un peu plus, tantôt un peu moins) qu'un des personnages, contribue à mettre le spectateur dans le point de vue de celui-ci. Et, bizarrement, nous sommes parfois encore mieux dans son point de vue si nous avons une petite avance ou un petit retard par rapport à lui, sur un point important (par exemple la nature du danger qui le menace).

Par ailleurs, on sait que dans plusieurs films d'Hitchcock, celui-ci mais aussi *Les Enchaînés/Notorious*, ou *La Loi du silence/I confess*, c'est le méchant qui est le personnage pathétique, et ce n'est donc pas un hasard si nous partageons à ce moment-là son savoir.

Le jeu alternatif de l'avance que le spectateur a par rapport aux personnages, et du retard qu'il a à d'autres moments sur eux, fonctionne comme un ressort dramatique.

• Qui sait quoi?

Wladimir Propp, dans sa « Morphologie du conte », fait à propos des personnages de contes merveilleux, cette remarque intéressante: il arrive qu'ils sachent tous, les uns et les autres, tout ce qui s'est passé antérieurement dans le conte, sans qu'on ait établi la manière dont ils l'ont appris – comme si le savoir de l'histoire et des événements écoulés se communiquait à eux magiquement, au fur et à mesure de leurs entrées en scène respectives.

C'est d'ailleurs un problème typique de scénario, que d'informer des personnages nouvellement introduits dans l'histoire de ce que les spectateurs, eux, savent déjà en détail, sans se livrer à une récapitulation ennuyeuse. On recourt souvent, ici, à l'*ellipse* du moment où l'information est transmise.

Dans son grand cycle d'opéras *L'Anneau du Nibelung*, Wagner ne cesse de nous faire assister à des scènes de récapitulation où les personnages se racontent de nouveau les événements écoulés: mais à chaque fois, ils le font d'une manière différente, en remontant toujours plus en arrière dans le temps, donnant au spectateur un savoir plus vaste sur les enjeux de l'histoire: un savoir, mais savoir du faux; ne pas savoir en sachant qu'on ne sait pas, etc.

Dans *Taxi Driver*, nous ne connaissons qu'implicitement l'intention explicite de Travis (tuer Palantine), sur laquelle la voix intérieure de son journal n'est qu'allusive. Nous devons la déduire de son comportement. En même temps, nous voyons que le chauffeur de taxi procède d'une manière totalement inefficace, et qu'il fait tout, par son comportement, son allure vestimentaire, sa coiffure « à la Iroquois », pour attirer l'attention des gardes du corps de Palantine, et là, nous ne savons pas à quel point il est conscient de ce qu'il fait.

4. Voix-off

• Narration homo-diégétique

On parle de « voix-off homo-diégétique » lorsque le narrateur ou la narratrice sont partie prenante de l'histoire. Toutes sortes de solutions sont possibles. Par exemple, le personnage peut apparaître sur l'écran et agir avant que sa voix-off ne prenne la parole (cas dans *Un condamné à mort s'est échappé*, 1956, de Robert Bresson, *Taxi Driver*, 1976, et *Les Affranchis/Goodfellas*, 1990, de Scorsese), ou au contraire la voix-off introduire le récit avant que le corps qui l'émet n'apparaisse sur l'écran (*Le Tambour/Die Blechtrommel*, 1979, de Volker Schloendorff). Dans le second cas, la parole semble engendrer ce que nous voyons sur l'écran; dans le premier, elle l'accompagne.

• Narration hétéro-diégétique

Le Fabuleux destin d'Amélie Poulain, 2002, de Jean-Pierre Jeunet, repose sur une voix-off « hétéro-diégétique » (voix d'un narrateur ou d'une narratrice n'appartenant pas à l'histoire), en l'occurrence celle d'André Dussolier, dominant l'histoire. Le même procédé de voix-off non-diégétique, généralement masculine, s'était déjà trouvé dans *La Splendeur des Amberson/The Magnificent Ambersons*, 1942, d'Orson Welles, *Le Plaisir*, 1952, de Max Ophuls d'après Maupassant (où la voix-off se présente comme celle de l'écrivain), *Jules et Jim*, 1961, de François Truffaut, *Barry Lyndon*, 1976, de Stanley Kubrick, *Le temps de l'innocence/Age of Innocence*, 1993, de Martin Scorsese, et on le rencontre également dans *Dogville*, 2003, de Lars von Trier.

• Dans l'ombre du dit

Dans les films avec voix-off, il est intéressant d'avoir des scènes qui ne sont pas reprises – soit annoncées, soit introduites, soit commentées, soit évoquées après coup – dans la voix-off, comme si celles-ci échappaient au savoir de cette dernière. Ces scènes en deviennent fascinantes et mystérieuses.

La scène avec le client fou et jaloux qui veut tuer sa femme, scène jouée par le réalisateur lui-même, dans *Taxi Driver*, n'est ni annoncée ni évoquée par la voix de Travis. Cela lui donne un poids particulier, comme maléfique : nous parlons à ce propos de scènes qui sont situées dans l'« ombre du dit » (participe passé de « dire »). Ce qui est dit, verbalisé, projette une ombre sur ce qui n'est pas dit, verbalisé.

Dans *La Maison Tellier*, sketch central du *Plaisir*, de Max Ophuls, l'attirance entre la prostituée (Danielle Darrieux) et le menuisier (Jean Gabin), et tous les événements qui la signifient sont « en dehors » du champ de la voix narrative, hétéro-diégétique, de l'écrivain, laquelle n'évoque que les événements officiels et collectifs de la nouvelle de Maupassant.

• Narration à plusieurs voix

Les Affranchis (*Goodfellas*, 1990), de Martin Scorsese, commence avec une narration en voix-off par le héros masculin, et alors que le spectateur s'est habitué à l'idée que le film allait être raconté par ce seul personnage, la voix-off de son épouse, jouée par Lorraine Bracco, arrive après 40 minutes.

Dans *Casino*, 1994, du même réalisateur, d'emblée, les voix-off de Robert de Niro et de Joe Pesci se partagent le pouvoir de raconter. Mais déjà, dans *Nous nous sommes tant aimés*, 1976, d'Ettore Scola, film d'un grand brio dans sa narration, faisant appel aux procédés les plus divers, les trois voix-off des trois héros se répartissent le récit.

On trouve aussi une narration à plusieurs voix dans *Les Chevaux de feu*, 1964, de Serge Paradjanov, *India Song*, 1975, de Marguerite Duras, *L'Été meurtrier*, 1983, de Jean Becker (d'après Sébastien Japrisot), *La Ligne rouge/The Thin Red Line*, 1999, de Terrence Malick, et *The Virgin Suicides*, 1999, de Sofia Coppola.

• Narration lyrique

Depuis le début du cinéma parlant, on a eu des films avec une narration littéraire ou lyrique, même si le phénomène a été plus marqué dans le cinéma français, notamment du temps de la Nouvelle Vague, mais sous l'influence du *Roman d'un tricheur*, 1936, de Sacha Guitry et des *Enfants terribles*, 1949, de Jean-Pierre Melville d'après le roman de Jean Cocteau: *Le Petit Soldat*, 1961, de Jean-Luc Godard, *Les Amants*, 1958, de Louis Malle (où le personnage joué par Jeanne Moreau raconte son histoire... à la troisième personne).

Citons aussi la narration légèrement hallucinée dans *Les Moissons du ciel*, 1977, de Terrence Malick (par un personnage secondaire, la jeune sœur du héros), *Apocalypse Now*, 1979, *Toto le héros*, 1992, de Jaco van Dormael.

Plusieurs films sur la drogue adoptent une voix-off narrative prolixe d'un style lyrique, voire halluciné: citons par exemple *Trainspotting*, 1995, de Danny Boyle, adapté d'un récit d'Irvine Welsh, qui a collaboré au scénario avec John Hodge; et *Las Vegas Parano/Fear and Loathing in Las Vegas*, 1998, de Terry Gilliam d'après Hunter Thompson. *Fight Club*, 1999, de David Fincher, d'après un roman de Chuck Palahniuck, récit impliquant la folie d'un des personnages, utilise également une narration bouffonne et poétique à la fois.

Dans *American Beauty*, 1999, de Sam Mendes, la voix-off, reprenant un procédé employé par Billy Wilder dans *Boulevard du Crépuscule/Sunset Boulevard*, 1950, est celle du héros qui se présente comme déjà mort, Lester Burnham (joué par Kevin Spacey), mais dans *Casino*, cité plus haut, elle le fait seulement croire. Dans *The Barber/The Man who wasn't here*, 2002, des frères Coen, la voix-off du personnage principal, profonde, mélancolique, comme désabusée, donne le ton du film.

5. Élision, ellipse, paralipse

• Fonction des ellipses

Il est souvent nécessaire d'introduire dans un scénario des ellipses, c'est-à-dire des omissions volontaires d'un fragment de l'histoire, d'un moment ou d'un détail particulier – omissions que le spectateur peut ou non compléter mentalement. Les ellipses servent à plusieurs choses :

a) À accélérer le rythme, à l'animer. Dans une scène donnée, on n'est pas obligé d'infliger au spectateur toutes les actions qui la composent. Une scène de conflit, par exemple, peut être prise au moment où les personnages sont déjà en colère, ou bien se terminer avant qu'elle n'aboutisse. On a intérêt, pour tous les types de scène, à faire de temps en temps ainsi l'ellipse de certains moments de transition, d'entrées en matière, de développements, de conclusions, etc., qui peuvent alourdir le récit et donner une impression fastidieuse d'exhaustivité, de statisme.

b) Elles servent aussi à ménager quelques surprises au spectateur. Le cas le plus classique est celui où les personnages ont monté un plan et où on fait l'ellipse du moment où ils se l'expliquent les uns aux autres – ceci pour laisser au spectateur la surprise de le découvrir.

c) Elles interviennent parfois quand un personnage doit récapituler, à l'intention d'un autre nouveau venu, ce que le public sait déjà.

d) Enfin, il peut s'agir de *paralipses* (voir plus loin), parce que ce moment ou ce détail élidé est la pièce capitale du puzzle que représente la construction du film.

e) Par la sélection des moments choisis, les ellipses créent un monde. Chez Robert Bresson, les moments où les personnages rentrent, sortent, ouvrent ou ferment une porte, sont soulignés, par rapport aux moments où ils restent dans le même lieu. Dans d'autres films au contraire, notamment dans une grande partie de *Barry Lyndon*, les personnages sont toujours « déjà là », en place, au moment où la scène commence, et les moments de passage d'un lieu à un autre sont gommés, donnant un sentiment d'immobilité.

• Ellipses visibles et invisibles

L'élision peut être, soit visible par le spectateur (qui voit que l'on coupe dans une action en cours ou qu'on la prend déjà commencée, et cela, qu'il puisse ou non restituer ou deviner ce qu'il n'a pas vu), soit invisible en tant que telle, c'est-à-dire faite de telle manière que le spectateur n'a pas pu voir qu'on lui a dissimulé quelque chose. Le montage cinématographique, qui est une recomposition de l'espace et du temps par les moyens de la discontinuité, est bien pratique pour glisser ainsi dans le récit des ellipses invisibles.

• Ellipse sélective

Nous appelons ellipses sélectives celles qui sont étudiées pour donner un certain sentiment, une certaine atmosphère, en ne donnant des événements, des lieux, etc., qu'une partie.

Uzak, nous l'avons vu, en comporte de nombreux exemples. L'ellipse sélective le plus courante, dans les films, est celle qui concerne les actes et les obligations de la vie quotidienne.

• Paralipse

La paralipse est un cas particulier d'ellipse. Gérard Genette la définit en tant que procédé littéraire, dans son recueil « Figures III » (93, 211-12): « *Le type classique de la paralipse*, dit-il *(...)*, *c'est dans le code de la focalisation interne* (c'est-à-dire alors que le lecteur est censé avoir accès aux pensées du personnage) *l'omission de telle action ou pensée importante du héros focal, que ni le héros ni le narrateur ne peuvent ignorer, mais que le narrateur choisit de dissimuler au lecteur.* » Un cas bien connu de paralipse dans la littérature est, dans « Armance » de Stendhal, l'omission de toute allusion au « problème » du héros, impuissant sexuel; ou bien dans « Le Meurtre de Roger Ackroyd », d'Agatha Christie, le fait que le narrateur de l'énigme nous cache jusqu'à la fin qu'il est lui-même l'assassin.

Par extension, on peut parler de paralipse au cinéma, quand le récit est fait du point de vue d'un des personnages ou d'un point de vue « omniscient », et que quelque chose de capital est caché au public. *La Nuit du chasseur*, de Charles Laughton, en comporte une, importante. Au début, le père de John et de Pearl (le petit garçon et la petite fille dont le film raconte l'odyssée), arrive, blessé. Ne sachant où dissimuler une grosse somme qu'il vient de voler, et sur le point d'être rejoint par la police, il s'inquiète, quand soudain il a une idée de cachette, qu'il va confier à ses enfants. C'est là que se situe la paralipse: on élide le moment où le père dissimule l'argent, et la narration reprend l'action un peu plus tard dans le même lieu – quand le père fait jurer à ses enfants, juste avant d'être emmené par la police, de ne jamais révéler la cachette.

291

La suite du récit va se développer à partir de là, autour de la recherche de l'argent par le « Prêcheur » pervers joué par Robert Mitchum. La fuite des enfants est racontée à peu près de leur point de vue, et cependant, la cachette ne nous sera révélée qu'à la fin, en même temps qu'au Prêcheur, quand John, n'en pouvant plus de tenir son secret, le crie à Mitchum qui vient d'être arrêté: l'argent est dans le corps de la poupée de Pearl, que les enfants ont traînée avec eux tout au long de leur équipée. Ici, le spectateur peut se rendre compte qu'on lui a dissimulé quelque chose, l'élision est désignée, visible en tant que « trou », dans la continuité du récit. Dans d'autres cas, on s'arrange pour que le spectateur croie assister à la continuité temporelle ou à la totalité visible de l'événement, tout en élidant un détail important (un geste fait à tel moment, un objet ou une inscription dans tel endroit non montré du décor) dont le public ne peut encore soupçonner l'existence: c'est le cas dans *Le Crime était presque parfait*, d'Hitchcock, pour le détail de la clef remise sous le tapis de l'escalier.

6. Suspense, surprise

La différence entre suspense et surprise a été analysée par Hitchcock dans un célèbre passage de ses Entretiens avec Truffaut. « *Nous sommes en train de parler, il y a peut-être une bombe sous cette table et cette conversation est très ordinaire (...) et tout d'un coup, boum, explosion. Le public est surpris, mais, avant qu'il ne l'ait été, on lui a montré une scène absolument (...) dépourvue d'intérêt. Maintenant, examinons le suspense. La bombe est sous la table et le public le sait (...) Le public sait que la bombe explosera à une heure et il sait qu'il est une heure moins le quart – il y a une horloge dans le décor; la même conversation anodine devient tout à coup très intéressante parce que le public participe à la scène (...) Dans le premier cas, on a offert au public quinze secondes de surprise au moment de l'explosion. Dans le deuxième cas, nous lui offrons quinze minutes de suspense. La conclusion de cela est qu'il faut informer le public chaque fois qu'on le peut, sauf si la surprise est un twist, c'est-à-dire lorsque l'inattendu de la conclusion constitue le sel de l'anecdote.* » (H-T, 59).

Il y a donc une différence radicale, pour Hitchcock, entre le film de suspense, reposant sur des émotions, et l'énigme policière, qu'il appelle le « *whodunit* » (qui a fait ça? qui a tué?) lequel repose sur une curiosité tranquille, sans émotion forte.

Dans *Le Testament du Docteur Mabuse*, c'est la voix de Mabuse elle-même qui amorce le suspense de la machine infernale cachée dans la pièce au rideau, puisqu'elle annonce à Kent et Lily, mais aussi au spectateur, qu'ils n'ont plus que trois heures avant que n'explose la bombe. C'est la plaisante convention des scénarios de « serials » (parodiée dans la série *Austin Powers*) qui veut qu'au lieu de se débarrasser de leurs gêneurs le plus simplement du monde, par un coup de couteau ou de pistolet, les méchants mettent un point d'honneur à les placer dans une situation périlleuse, avec une chance pour s'en sortir dans un délai limité, et sans même rester pour vérifier si l'exécution est menée à bien...

À la fin de *Thelma et Louise*, certaines images d'hélicoptère, de voitures de police, servent à mettre au courant le spectateur de ce que les deux héroïnes ignorent encore: qu'elles sont sur le point d'être rejointes.

7. Anticipation et agenda

Raconter une histoire à un public, c'est jouer sur sa curiosité: curiosité du passé, mais aussi et surtout du futur. Le public a une propension naturelle à anticiper, plus ou moins consciemment, ce qui va se passer, et l'art du scénariste consiste en grande partie à jouer avec cette anticipation. « Jouer avec » signifie, en l'occurrence:

– susciter, alimenter et diriger l'anticipation (par des informations, des mystères, des questions, des suspenses, des dangers, des attentes, des fausses pistes):

– mais en même temps la surprendre, en faisant advenir autre chose, d'une autre façon, à un autre moment, etc., que ce qui a été donné à prévoir.

• Questions d'agenda

Il est souvent opportun, au début d'un film, de donner au spectateur une idée de l'« agenda » des personnages, agenda encore banal et concret, montrant leur ressemblance avec nous (ils ont un rendez-vous au restaurant, avec un homme ou une femme, un départ en vacances, l'attente d'un résultat scolaire, etc.)., et nous permettant de faire avec eux un début de chemin.

Comparons les ouvertures de trois films qui commencent par des enlèvements:

Dans *La Mort aux trousses*, le publiciste Thornhill est enlevé en plein New York par des bandits, à la suite d'un quiproquo. Or, nous savons qu'il avait rendez-vous le soir même avec sa mère pour aller au théâtre, et le lendemain divers rendez-vous de travail, que l'on nous fait connaître dès le début.

Dans *L'Homme de Rio*, 1964, de Philippe de Broca, un jeune bidasse n'a que quelques jours de permission à Paris: l'histoire incroyable à laquelle il est mêlé (l'enlèvement de sa fiancée) l'oblige à modifier son « agenda » et le fait se retrouver au Brésil. Il fera allusion plusieurs fois au cours de son aventure à ce qu'il risque en regagnant la caserne en retard.

Dans *Harem*, 1985, d'Arthur Joffé, en revanche, contrairement à ces deux films, la jeune américaine incarnée par Nastasia Kinski, lorsqu'elle est enlevée par un cheik, n'a aucun rendez-vous, aucun « agenda » banal et concret que nous lui connaissions: son kidnapping ne nous fait donc aucun effet.

Ceci ne vaut pas que pour les enlèvements: au début d'*À travers le miroir*, nous connaissons l'agenda de David (terminer son livre, repartir pour un autre voyage à l'étranger), de même qu'au début de *L'Emploi du temps*, celui (en tout cas celui prétendu) de Vincent. Même chose pour Le port de l'angoisse (Harry a un client à embarquer).

• Anticipation et but des personnages

Dans le début de *Pauline à la plage*, la première scène, qui est une discussion entre deux filles sur l'amour alors qu'elles viennent d'arriver en vacances, contribue à mettre en place l'anticipation du public, et à aiguiller sa curiosité sur la question des amours de vacances: les deux jeunes femmes vont-elles rencontrer des hommes et comment? La suite de l'histoire alimente, au fur et à mesure, cette anticipation: que va-t-il se passer entre Marion et Pierre qui se retrouvent? Que va-t-il se passer quand Pierre saura que Marion est avec Henri? Quand Marion saura qu'Henri l'a trompée avec Louisette? etc.

Battre le public au poteau

Aristote disait déjà qu'il faut que les faits se produisent « *contre notre attente* » ou « *contre notre idée* » *(para ten doxan)* tout en découlant les uns des autres *(di allela)*, c'est-à-dire en suivant une certaine logique.

L'anticipation peut être déjouée notamment par un suspense de diversion, un « hareng-saur » (voir ce mot).

« *Une des astuces de l'art de raconter des histoires,* raconte de son côté Paul Schrader, *c'est de toujours faire savoir à votre public que quelque chose va se passer (...) et les battre au poteau!*

Par exemple, dire au public qu'il va y avoir un incendie. Mais faire surgir l'incendie cinq minutes, cinq pages avant qu'il n'ait dû avoir lieu. » (*Cinématographe*, n° 53).

Taxi Driver, écrit par Schrader, fonctionne sur ce principe: on s'attend à ce que cela « ne marche pas », entre Travis et Betsy, mais on s'attend pas à ce que cela échoue si vite, et sur un détail aussi navrant, une gaffe aussi monumentale. Nous nous attendons à ce que Travis commette un attentat contre Palatine, mais pas à ce qu'il y renonce si vite, après s'être fait un physique si facile à repérer.

Dans *À travers le miroir*, nous nous attendons à une violente dispute entre le père et son gendre, et celle-ci tourne court.

Pulp Fiction s'amuse à créer des attentes chez le public, pour en décevoir certaines d'une manière séduisante:

— l'attente d'une « romance » entre Vincent Vega et Mia, la femme du caïd, romance qui n'a pas lieu. Mais la dangereuse femme fatale tombe « bêtement » victime d'une overdose, et Vincent la ressuscite d'une piqûre d'adrénaline dans le sein, sorte de substitut de l'acte sexuel qui n'a pas eu lieu;

— l'attente d'une confrontation Butch/Vincent: cette confrontation a lieu, mais elle est à la fois brève et dérisoire: Vincent se fait abattre en sortant des toilettes, par le fusil mitrailleur qu'il avait posé sur la table de la cuisine. Nous n'avons pas droit à un combat singulier.

Pas de « *Play-off* », en revanche, pour

— le contenu de la valise mystérieuse;

— le concours de twist, dont nous ne savons pas s'il est gagné ou non par Vincent et Mia;

— l'intervention forcément attendue de la police.

• **Faire un sort à l'anticipation**

Une autre règle, tout aussi importante, c'est qu'on ne doit pas laisser l'anticipation sans réponse, ce qui ne signifie pas que l'on doive forcément faire advenir quelque chose. Il faut tout au moins « marquer le coup », c'est-à-dire prendre en compte l'anticipation qu'on a créée, volontairement ou non, et faire le point. Si rien dans l'histoire ne vient répondre à l'anticipation, il faut marquer clairement dans l'histoire cette absence.

Eugene Vale donne l'exemple d'une blague connue: un voyageur de commerce, passant la nuit dans un petit hôtel, est réveillé la nuit par le client de l'étage supérieur qui a fait tomber par terre une de ses chaussures. Une heure passe, le voyageur n'y tient plus, et il cogne au plafond en criant: « Pour l'amour du ciel, ôtez votre seconde chaussure, que je puisse me rendormir! »

Beaucoup de films, conclut-il, sont pleins de deuxièmes chaussures qui ne tombent pas.

La scène finale d'*À travers le miroir*, qui faisait rougir de honte Bergman tant il la trouvait mal écrite, insincère et mal jouée, répond pourtant à une exigence formelle et dramatique: celle d'honorer les attentes du spectateur sur la relation père/fils. Minus n'est pas seulement un comparse, un personnage utile à l'histoire, il est un personnage avec ses propres souffrances.

La faiblesse au sens technique de cette scène est qu'elle passe uniquement par les dialogues, et qu'elle semble venir après la bataille, c'est-à-dire le point culminant de l'émotion.

Dans les dernières minutes de *Taxi Driver*, le sort du héros ainsi que des deux femmes qui sont intervenues dans la vie de Travis Bickle est réglé: la lettre du père d'Iris nous apprend que la jeune prostituée est retournée dans sa famille, à une vie honnête. L'affichage de coupures de presse et une brève scène dans le café où se retrouvent les chauffeurs de taxis nous montrent que Travis est allé à l'hôpital, est devenu une célébrité, mais qu'il continue sa vie de chauffeur de taxi. Enfin, la rencontre avec Betsy montre que cette dernière continue la même vie à la fois aisée et solitaire.

8. Implant

Le « *plant* » (terme sans équivalent français, et qu'on pourrait traduire par « implant »), c'est l'établissement dans l'action, d'un personnage, d'un détail, d'un fait, etc., qui sera plus tard utile à l'intrigue mais qui, à l'endroit où il est « implanté », peut ne présenter encore aucun intérêt particulier: un détail vestimentaire, la distance entre deux lieux, la présence d'un personnage dans une scène de groupe, le goût particulier d'un personnage pour tel type d'objet.

• **« Téléphoner les implants »**
Il est conseillé de ne pas « téléphoner » les « *plants* ». Autrement dit, on ne doit pas sentir l'effet venir et se douter que ce détail va servir plus tard à quelque chose. On recommande aussi de faire aboutir les implants, de les faire réellement servir et de ne pas les oublier, car inconsciemment, ils créent une attente à laquelle on doit répondre.
Le problème dramaturgique posé par un implant, quel qu'il soit, c'est qu'au moment où il est fait il peut n'avoir aucun intérêt dramatique en soi et parfois ne doit pas en avoir, pour ne pas « télé-

phoner » son effet futur. De sorte qu'il risque de ralentir la scène et de l'encombrer comme un poids mort. Il faut souvent le glisser en contrebande, comme un fait négligeable, perdu dans d'autres faits qui accaparent l'attention du spectateur. L'exposition du film est évidemment le moment où s'accumulent le plus de « plants ».

Pauline à la plage comporte un très bon exemple d'implant, si bien fait qu'il devient invisible. L'auteur a besoin, pour faire fonctionner son scénario, que Marion puisse avec vraisemblance gober l'histoire de Sylvain faisant l'amour avec la Marchande dans la maison d'un tiers... qui est Henri; il a besoin également que le public admette la crédulité de Marion, sans la prendre pour trop idiote. C'est pourquoi, très probablement (du moins est-ce notre hypothèse), il a créé la scène 10, qui intervient avant, et où Pauline et Sylvain se laissent inviter par Henri à venir chez lui y faire « ce qu'ils veulent », c'est-à-dire se caresser; puis il a fait survenir Marion à l'improviste, pour qu'elle découvre à leur insu Pauline et Sylvain enlacés sur un lit, dans une chambre au premier étage.

L'habileté de Rohmer est de faire que cette scène de « *plant* », contribue en même temps à préciser le caractère des personnages: l'hospitalité « diabolique » d'Henri, qui se montre bien complaisant à inviter le jeune couple chez lui, devient un trait du personnage; elle en fait un tentateur. La réaction choquée de Marion, à la découverte du jeune couple, vient enrichir également ce que nous savons d'elle d'une note supplémentaire d'affectation et de pruderie. On peut même croire que c'est le souvenir de Sylvain et Pauline s'embrassant chez lui, qui va donner à Henri l'idée de faire croire plus tard à Marion que Louisette et Sylvain forniquaient sous son toit.

De la même façon, la scène du premier marquage d'esclave au fer dans *Sansho*, est un « *plant* », en vue de la scène située dix ans plus tard où Zushio va réitérer la même horrible opération; mais en même temps, le « *plant* » fait avancer l'action, en nous révélant concrètement le danger qu'il y a à tenter de fuir du domaine, et la cruauté de l'intendant.

Dans *Un jour sans fin*, tout est potentiellement implant, puisque le moindre détail de la même journée revécue indéfiniment par Phil Connors peut amener du nouveau. Le vieux mendiant, par exemple, sur le chemin de Phil, qui les premières fois où il le croise sur le trottoir ne lui donne pas d'argent. Au début, nous ne le remarquons pas, puis, le revoyant, nous pouvons croire qu'il aura la clé du mystère; puis sa mort le soir même sert à illustrer les limites du pouvoir de Phil.

Le barman noir qui assiste à la tentative (ou faut-il dire aux tentatives, s'agissant de la journée du 2 février indéfiniment répétée) de séduction de Rita par Phil, et auquel le film consacre deux « plans de coupe », ressemble à un

« implant », le spectateur peut se dire que quelque chose de nouveau se passera avec ce personnage de barman, mais il n'en est rien.

On pense à cette remarque de Diderot, dans les « Entretiens » : « L'art dramatique ne prépare les événements que pour les enchaîner, et il ne les enchaîne, dans ses productions, que parce qu'ils le sont dans la nature. L'art imite jusqu'à la manière subtile avec laquelle la nature nous dérobe la liaison de ses effets. »

9. Fausse piste, ou hareng-saur

Le « hareng-saur », ou « hareng rouge » (en anglais : « *red herring* »), est un truc destiné à détourner l'attention et l'anticipation du spectateur, pour mieux le surprendre ensuite. Il peut s'agir d'une fausse piste volontairement ménagée, par exemple un personnage d'allure suspecte qu'on introduit pour capter l'attention et qui n'est finalement qu'un inoffensif passant, tandis qu'un autre individu à peine remarqué se dispose à intervenir.

Hitchcock a décrit, dans ses entretiens avec Truffaut, le principe de quelques-uns de ses harengs rouges, notamment pour *Psychose* : dans ce film, toute l'histoire des 40 000 dollars volés par l'héroïne, Janet Leigh, est d'abord un « hareng rouge » destiné à égarer l'attente et la prévision du spectateur (voir « *Téléphoné* »).

Le Testament du Docteur Mabuse comporte un « hareng-saur » d'un type très classique dans le film policier qui sert à désigner au spectateur un « faux suspect » de diversion : quand le domestique du professeur Baum est montré écoutant à la porte, c'est pour nous faire croire qu'il est l'auteur du coup de téléphone qui va suivre, et ainsi détourner l'attention du seul autre homme à être au courant de l'intention de Kramm d'aller trouver la police : Baum lui-même. Il nous faudra bien admettre, plus tard que le domestique n'écoutait que par curiosité personnelle…

Au début d'*Alien*, la tension que le spectateur constate entre les différents membres de l'équipage (notamment entre les deux soutiers, Brett et Parker, prompts à se plaindre et les autres) joue plus ou moins le rôle d'une fausse piste. La mutinerie, si l'on peut dire, viendra non de leur côté, mais de celui d'Ash.

10. Respiration, repos

Les scènes de respiration et de repos (« *relief* » en anglais) sont considérées comme nécessaires à une histoire bien équilibrée, afin d'éviter l'affaiblissement du rire ou de l'émotion par saturation d'effets comiques ou dramatiques. Dans les films sérieux, voire tragiques, ce sont des scènes d'humour, de détente, d'intimité ; et dans les films comiques au contraire, des scènes d'émotion, qui donnent aux personnages plus d'humanité.

Certains auteurs conseillent d'utiliser, pour ces scènes de « *relief* », les personnages secondaires ; de montrer par exemple les réactions d'un témoin, d'un garçon d'hôtel, d'un policier..., ce qui, notons-le, nous donne temporairement un peu de distance vis-à-vis des personnages principaux, une distance parfois utile. Ce procédé est beaucoup moins employé qu'autrefois.

Le « *relief* » sert également à renforcer la couleur émotionnelle principale du film, par un effet de contraste, de complémentarité.

Le Testament du Docteur Mabuse comporte deux ou trois petits détails de « *relief* » : quand Grigoriev ouvre délicatement un œuf à la coque alors que Kent et Lily sont plongés dans le drame ; ou quand Lohmann est réveillé chez lui. Même *Sansho* comporte des scènes de détente : la course frénétique des soldats qui poursuivent Zushio dans la fausse direction indiquée par le moine ; ou l'impression fraîche du petit matin lorsque Zushio, vêtu en voyageur, se glisse dans le jardin du Premier Ministre.

Même un film aussi grave qu'*À travers le miroir* contient des scènes plus légères, comme celle où Karin surprend, malicieuse, son jeune frère en train de lire une revue érotique au lieu de faire ses devoirs de vacances. La scène du repas, plus tôt, fait également une sorte de brève éclaircie. Le dîner de famille, les remarques des enfants sur le fait que leur père est un cordon bleu, les petits incidents comiques dans la représentation de théâtre (Minus oubliant une réplique), servent à nous détendre après des scènes d'exposition qui ont montré les personnages très tourmentés. En même temps, la promptitude avec laquelle la bonne ambiance s'assombrit, ou bien où à la volubilité fait place un silence embarrassé, montre encore mieux le malaise général. Les moments de détente servent à mettre en valeur la tension qui règne le reste du temps.

• Respiration et mécanique

Sont ressentis comme *mécaniques* les scénarios qui tirent sur une seule ficelle (du rire, de l'émotion, de la peur) et semblent traiter le spectateur en cobaye soumis à un bombardement de stimulations, d'effets à sens unique. Une partie du travail de scénario consiste à « humaniser », comme l'on dit, le récit par des touches qui n'ont parfois d'autre fonction que de dissimuler la mécanique ou, si l'on veut, d'habiller de chair le squelette. Et puis, chacun sait que le mélange de tons, c'est la vie même.

11. Point d'orgue

• Rôle du point d'orgue

Le point d'orgue est une manière de rester sur un détail, un gag, une ponctuation, une chute, une réplique « lourde de sens » (par exemple, de menace) pour terminer une scène importante et la boucler – en permettant à cette scène de résonner sur une note particulière (d'émotion, d'angoisse, de perplexité, d'attente, etc.) ou bien encore d'annoncer quelque chose qui va suivre.

Rappelons qu'en musique, le « point d'orgue » est un signe conventionnel, qui, posé sur une note donnée, autorise l'exécutant à en prolonger la durée normale *ad libitum* pour marquer la fin d'un mouvement, d'une section, ou bien un arrêt sur un accord. Sans point d'orgue, une scène risque de se terminer platement et sèchement.

Toute scène n'en a pas besoin cependant. Il en faut de temps en temps, pour donner le ton du film et éviter que la succession des scènes soit purement additive et accumulative. Le point d'orgue sert en quelque sorte à nous donner de temps à autre les « côtes », les coordonnées de la courbe dramatique, nous faisant sentir où l'on en est d'une montée, d'une progression. En même temps, il fonctionne comme *ponctuation*. Or, on sait qu'une différence de ponctuation peut changer complètement le sens d'une phrase.

Dans *Psychose*, de Hitchcock, citons la phrase dite par le shérif à la sœur de Marion et à son amant: « *Si Madame Bates est vivante, alors qui est enterré au cimetière de Greenlawn?* »

Ou dans *Alien*, le plan, dans le vaisseau spatial Nostromo, où le chat mascotte dresse les oreilles, juste avant la découverte de la planète mystérieuse et de son effrayant secret.

Certains films évitent systématiquement les « points d'orgue », et donnent ainsi un sentiment de la vie volontairement dédramatisé, elliptique: c'est le cas dans *Uzak*, mais aussi, bien antérieurement, dans *L'angoisse du gardien de but au moment du penalty*, 1972, de Wim Wenders, et certains films de Chantal Akerman (*Toute une nuit*, 1982).

300

- **Le « *capper* »**

De « *to cap* » (couronner), le « capper » est, dit Lewis Herman, un effet de soulignement, de ponctuation, sur une phrase, une expression ou une action – soulignement, ponctuation, créés par un bruit, une note de musique, un geste, un effet simultanés. L'exemple donné par Herman est celui du son d'horloge à coucou qui ponctue une remarque acide; il rappelle que le « capper » doit être préparé, pour lui faire produire cet effet.

L'exemple canonique de « *capper* », dans ce sens, c'est le coup de tonnerre qui, dans les mélodrames ou les films d'épouvante, vient ponctuer les révélations terribles et les serments fatals, au cours de scènes judicieusement situées durant un orage.

Plus subtilement, le « *capper* » peut être donné par une action que le personnage a commencé et qu'il interrompt, ou au contraire par un geste subit.

- **« *Buttons* »**

« *Buttons* » (boutons) serait le nom donné à ces moments forts de suspense, d'émotion, de mystère qui concluent chacun des « actes » d'une série télévisée (là où interviennent, dans certains pays, les pauses publicitaires) et sont destinés à garder le spectateur en haleine. Rappelons que le principe de ces points d'orgue et boutons existait déjà depuis longtemps dans tous les genres feuilletonesques, à épisodes (bandes dessinées, romans feuilletons, romans-photos, « serials » du cinéma muet), là où il fallait donner envie au lecteur ou au spectateur de connaître la suite.

À la télévision, le « *button* » peut ne pas correspondre à une action ou à une situation spécifique précisée dans le scénario; souvent, il est créé de toutes pièces par la réalisation (gros plan d'un visage inquiet, arrêt sur l'image, coup de zoom sur un détail, roulement menaçant de la musique).

Le cas le plus classique de « *button* » est celui qui sert à rappeler qu'un danger menace l'un des héros, ou qui le montre agressé, arrêté, etc. Autre cas: le plan-mystère (d'objet, de visage, etc.) proposant une énigme, une question, à laquelle le spectateur peut espérer que la suite de l'épisode ou de l'« acte » suivant va répondre.

12. Répétition

• Fonction de la répétition

La répétition (d'un fait, d'une information, d'un trait de caractère, etc.) est un des moyens de base de la narration.

a) d'abord en tant que *moyen de bien installer certaines informations et certaines données*, d'ambiance, de caractère, de situation etc., nécessaires à l'efficacité du récit. L'information, au cinéma, se perd et s'oublie facilement: aussi non seulement on ne doit pas accumuler trop d'informations, mais en plus il faut veiller à répéter celles qui sont indispensables. Seulement, comme en musique, la répétition doit se faire en variant: cela donne plus d'élégance et de fluidité, ainsi que de vie, au récit. Chez Hitchcock, les informations nécessaires sont souvent établies et répétées avec une insistance forcenée;

b) ensuite, en tant que *moyen de donner un sentiment d'unité*. Comme dit Eisenstein: « *L'un des procédés les plus simples pour établir la liaison entre les différentes parties est la répétition (...) L'élément répétition joue un grand rôle en musique (...) Cette possibilité de répétition concourt avant tout à la formation d'un sentiment d'unité* » (*Problèmes de composition*, *Cahiers du cinéma* n° 226-27);

c) troisièmement, pour *donner le sentiment... de ce qui change*. Répéter une scène caractéristique de la vie d'un groupe, d'un couple, permet d'accuser ce qui s'est modifié dans leurs rapports, dans leur situation.

L'exemple canonique, c'est dans *Citizen Kane*, la séquence des petits déjeuners de Kane et de sa femme. L'enchaînement bout à bout des petits-déjeuners du couple sur plusieurs années en « montage-sequence » donne une image forte et condensée de la dégradation de leur amour conjugal.

13. Gag à répétition

Le gag à répétition (« *running gag* ») est un détail amusant, verbal ou visuel, de comportement ou de décor, conçu pour être répété plusieurs fois au cours du film et pour créer par sa répétition, mais aussi par ses variations, une hilarité cyclique, et en principe croissante. Selon la bonne tradition, le « *running gag* » se doit d'être coiffé, la dernière fois où il apparaît (c'est-à-dire habituellement à la toute fin du film) par une chute, dite « *top-*

per », qui le conclut en le portant à un niveau différent et en le bouclant élégamment. Cette « chute » ultime, sans laquelle le plaisir serait incomplet, est souvent un renversement inopiné de la situation: celui qu'on a toujours giflé se révèle gifleur, l'arroseur devient arrosé, etc.

On peut donner, comme exemples de « *running gags* »: dans le film d'Hitchcock, *Une femme disparaît*, le couple des deux Anglais joueurs de cricket, qui, au milieu des pires situations en pays étranger, ne pensent qu'au match de cricket qu'ils vont voir quand ils seront rentrés. Le « *topper* » final, c'est que le match a été annulé quand ils arrivent à Londres, au bout de leurs aventures. On peut citer aussi, dans *New York-Miami/It Happened One Night*, 1934, de Frank Capra, le rideau que Claudette Colbert et Clark Gable suspendent entre eux dans leur cohabitation forcée, quand ils doivent dormir côte à côte. Ils comparent ce rideau aux murailles de Jéricho et font sur lui moult plaisanteries. Le « *topper* » de ce gag arrive à la fin, quand ils se marient et que Clark Gable célèbre leur nuit de noces en jouant de la trompette (comme à Jéricho) pour faire tomber solennellement le rideau, avant de rejoindre son épouse.

Dans *Krull*, 1983, de Peter Yates, un sorcier très maladroit, chaque fois qu'il lance une formule magique pour transformer l'ennemi en un animal quelconque, se change lui-même en cet animal.

On peut trouver des « *running gags* » sérieux: comme la pièce de monnaie que fait sauter dans sa main George Raft, l'ami de Scarface, dans le film de Howard Hawks. Le « *topper* » intervient quand Scarface vient trouver son ami, par lequel il se croit trahi, et l'abat; au moment où il reçoit le coup de feu, George Raft vient de lancer une pièce, et pour la première fois, il ne la rattrape pas. On rencontre bien d'autres « *running gags* » dans ce film célèbre, tel celui du secrétaire semi-débile qui ne comprend jamais rien quand on téléphone à son boss, et oublie toujours de noter le nom de la personne qui appelle. Au milieu du carnage final, le secrétaire reçoit un appel, décroche dans le sifflement des balles et, avant de mourir, lance illuminé à son patron: « *Ça y est, boss, cette fois-ci, j'ai retenu son nom!* »

Le Port de l'angoisse comporte des « *running gags* » surtout verbaux. Celui, par exemple, de la question mystérieuse et incongrue que pose Eddy, le vieux marin ivrogne, à toute nouvelle personne qu'il rencontre: « *Would'nt ever bit by a dead bee?* » (« *Il vous est arrivé de vous faire piquer par une abeille*

303

morte? ») D'abord, il pose cette question à Johnson, qui ne trouve rien à répondre et s'en agace; puis au groupe des résistants français, que cela fait rire — mais alors Marie, présente, réplique aussitôt du tac au tac: « *Et vous? »* Ravissement d'Eddy, qui se met à expliquer que, lorsqu'on est pauvre et qu'on vit pieds nus, on s'expose à marcher sur des abeilles mortes, dont le dard est toujours actif. La réponse de Marie a établi une complicité entre eux, c'est-à-dire entre gens qui savent ce qu'est la vie et la pauvreté.

Plus tard, Eddy veut poser la même question au capitaine Renard, mais Harry le prévient: « *Non, Eddy, pas à lui.* » Puis c'est Marie, une autre fois, qui prononce la phrase à Harry comme « mot de passe » pour parler d'Eddy à mots couverts. Le « *topper* », enfin, de ce « *running gag* » verbal, c'est quand à la fin du film, Marie s'amuse à son tour à demander à Eddy: « *Il vous est arrivé, etc.? »* et qu'Eddy lui répond machinalement: « *Et vous? »* Le dialogue est alors inversé, ce qui fait un effet bizarre au vieux marin. Il grimace et se bouche les oreilles, en disant: « *C'est comme si je me parlais à moi-même.* » Dans cette chute, l'inversion entre questionneur et questionné met à nu le mécanisme du gag (effet d'arroseur arrosé).

Un autre « *running gag* » du film, celui-là non comique, concerne les demandes de cigarettes et d'allumettes: la première fois, Marie en demande une à Harry, qu'elle ne connaît pas (prise de contact); la seconde fois qu'elle lui en demande, il lui fait signe sans mot dire de se servir (complicité déjà établie); la troisième fois, Harry se sert de cette demande pour faire comprendre à Marie, devant le capitaine Renard, qu'elle lui ouvre le tiroir où se trouve son revolver.

On trouve encore d'autres gags à répétition dans le film: Eddy qui demande toujours à Harry de l'argent pour boire, les petits mouvements de colère de Marie qui s'expriment toujours par cette petite phrase interrompue: « *Vous savez, Steve, il y a des moments où...* »; les surnoms, en clins d'œil de Steve et de « *Slim* », que se donnent Harry et Marie — et d'autres encore. Comme on le voit, les « *running gags* » verbaux dans le contexte de ce film, servent à créer et à entretenir une certaine complicité — d'une part entre les personnages (mais seulement entre les « amis » d'Harry, les autres, en étant exclus), d'autre part entre ceux qui les font et nous, les spectateurs.

Dans *On connaît la chanson*, les trois consultations médicales de Nicolas, hypocondriaque, chez trois médecins, reposent sur un comique de répétition et de variation. Chaque médecin est campé différemment: d'abord le médecin de famille paternel et « vieille France »; ensuite, le médecin familier et bonasse, avec l'accent du midi; enfin la femme médecin impérative et énergique, catégorique et dramatisante.

Évidemment, par son postulat même, *Un jour sans fin* systématise le principe du « *running gag* », étendu à tout: la douche froide dans le bed and breakfast, les gifles données à Phil par une Rita en colère contre lui, l'apparition d'un casse-pieds ressurgissant de son passé, l'assureur Ned Ryerson, etc.

XIX. Les fautes de scénario

(pour mieux les commettre)

Le problème, avec les fautes de scénario, c'est que cela se passe comme dans un jeu de pousse-pousse. Une faute arrangée là où on l'a repérée en produit souvent une autre ailleurs, d'une autre nature. Lorsque l'on rectifie par exemple une erreur de dramatisation (scène trop molle) en accentuant la réaction d'un des personnages, cela crée bien souvent un changement dans la définition de ce personnage (incohérence). Ou bien, pour établir une liaison vraisemblable entre des faits, on est amené à créer des longueurs dans le déroulement de l'histoire, c'est-à-dire que, pour combler des trous logiques, on doit créer des trous dramatiques, et ainsi de suite...

Autrement dit, tout se tient dans un scénario, mais pas dans le sens d'une solidarité de ses différents composants, plutôt dans le sens d'un « déshabiller Pierre pour habiller Paul ». Cependant, de nombreux scénarios arrivent à accorder merveilleusement les exigences séparées, et parfois même contradictoires, auxquelles doit satisfaire une bonne histoire.

Pour mieux les commettre, dit le sous-titre provocateur de ce chapitre. Mais il n'est pas facile non plus de les commettre bien, d'une façon qui ait du sens et de la force, et cela demande parfois autant d'habileté que de n'en faire aucune...

1. À quoi ça se voit?

Le « *à-quoi-ça-se-voit?* » est un défaut typique dans la conception des scénarios de débutants: le scénario indique la pensée d'un personnage, son identité, son désir, même une situation mais sans préciser la manière dont le spectateur du film (et non le lecteur) en sera avisé. Exemple: « *X se rend compte qu'il a été berné* », dit le scénario. Mais à quoi le spectateur voit-il qu'il s'en rend compte?

« *Y, frère de Z* »: mais comment le savons-nous, ne risque-t-on pas de le prendre pour son mari? Autre exemple trouvé dans un scénario de jeune réalisateur: « *X discute avec une journaliste de* Paris Match », mais rien dans la scène ne nous dit qu'elle est journaliste, et dans quel journal elle écrit.

On commet ce genre de faute en se laissant entraîner par les mots, et par la facilité du langage à tout dire.

Comment, par exemple, faire saisir au spectateur les relations de parenté entre les personnages? On ne peut se contenter d'écrire dans le scénario: « *X, frère de Z.* » Si l'on veut jouer sur le doute, l'ambiguïté, il faut vouloir ce doute, et quelle ambiguïté l'on souhaite (amant ou frère; fille ou belle-fille) pour les créer, les entretenir.

Dans certains cas, on recourt aux facilités de la *voix intérieure*: cette solution a été massivement adoptée par exemple dans l'adaptation du *Rouge et le Noir*, 1954, par Aurenche et Bost, pour Autant-Lara. Le problème de la « voix intérieure » de Julien Sorel était d'autant plus délicat que, dans le roman, le héros de Stendhal se conduit en hypocrite et que le spectateur ne doit pas prendre pour argent comptant tous ses bons sentiments. D'où, à l'écran, cette voix intérieure assez lourde, qui vient démentir constamment et si l'on peut dire, en direct de sa conscience, le comportement apparent du héros.

Le « *à-quoi-ça-se-voit?* » n'est pas forcément une faute de débutant, un scénariste plus aguerri peut se laisser entraîner à en commettre un, non pour des choses aussi élémentaires que la définition des relations de parenté, mais pour les sentiments et les aspirations des personnages. L'auteur du scénario est en effet facilement convaincu des tendances et des désirs qu'éprouvent ses héros en oubliant que le spectateur, lui, peut ne pas les voir ou les ressentir, s'ils ne sont pas traduits sur l'écran, de façon convaincante.

L'insatisfaction de Bergman devant son film *À travers le miroir* vient peut-être de ce qu'à deux reprises, les espoirs et les illuminations du père, David, sont communiquées au spectateur uniquement par ses paroles, sa « profession de foi ». Ils ne se traduisent dans aucune situation concrète, contrairement à beaucoup d'autres sentiments et états d'esprit dans le même film.

Dans *L'Emploi du temps*, le scénario publié indique qu'à la fin le jeune Julien a peur de son père, dont il a appris l'incroyable mystification... À quoi se voit cette peur sur l'écran? Les deux co-scénaristes n'ont pas voulu inventer une réaction ou un jeu de scène qui la traduirait, de sorte qu'il est impossible en voyant le film de deviner celle-ci.

À plusieurs reprises, le même scénario fait état des sentiments de certains personnages, qui ne sont pas traduits par autre chose que le visage de l'acteur. Mais ces sentiments ne vont pas de soi, et le spectateur du film peut ne pas les ressentir :

– quand Vincent le quitte, Jean-Michel est censé éprouver, selon le texte publié, « *une immense tristesse* ».

– à la fin, quand Vincent a un entretien d'embauche avec le DRH de la nouvelle société où on va lui confier un poste important, Vincent, dit le scénario, « *semble anéanti* ». Ce qui n'est pas évident à l'écran !

En même temps, curieusement, le film reste fort et troublant.

2. Bateau (sentiment d'avoir été mené en)

On pourrait appeler « sentiment d'être mené en bateau » ce sentiment particulier d'insatisfaction qu'éprouve le spectateur, lorsque celui-ci a l'impression qu'on a trop tiré sur les ficelles des procédés de narration et des « faux suspenses » pour entretenir jusqu'au bout son intérêt envers une histoire trop mince, ou trop anodine. Eugene Vale prend exemple de *Soupçons*, d'Alfred Hitchcock, où l'imagination de l'héroïne fabrique de toutes pièces, à partir de fausses pistes, de fausses interprétations : « *Beaucoup de spectateurs ressentent une certaine insatisfaction à la fin. On pourrait se demander pourquoi : le film, en effet, se termine par un happy end* (en effet, l'histoire repose sur la conviction croissante chez l'héroïne jouée par Joan Fontaine, que Cary Grant, son mari, veut la tuer, et la fin nous révèle que c'est à tort qu'elle le soupçonne). *Mais la raison*, poursuit l'auteur, *en est que dans le film, il ne s'est produit aucun changement, à la suite d'aucun conflit. Cary Grant et Joan Fontaine forment un couple heureux au début et à la fin. Cette impression est augmentée par le fait que le conflit naît d'une cause imaginaire et non réelle. Le public estime s'être laissé entraîner dans un suspense qui n'est créé par aucune cause concrète, avec aucun résultat effectif.* » On pourrait donc dire que le propre de telles histoires est de reposer principalement sur des « harengs rouges », des fausses pistes.

Le sentiment d'être mené en bateau illustre la différence entre *histoire* et *narration*. Les procédés de narration permettent en effet de créer du mouvement, du suspense, de la curiosité, de l'émotion là où en réalité il ne se passe rien. Mais si le spectateur ressent qu'il n'y a aucune histoire derrière cela, il éprouve ce type d'insatisfaction. Il veut bien accepter d'être berné, entraîné, mais avec élégance et brio, surtout quand arrive la révélation finale décevante, du genre: « c'était une illusion ou un rêve; rien ne s'est passé ». On en déduira que la narration ne peut tenir lieu tout à fait d'histoire. On a besoin obscurément que quelque chose se soit réellement passé, même si l'on marche aux ficelles et aux trucs de la narration pure.

Les films « à twist » (*Le sixième sens*), ainsi que les films où l'on découvre à la fin que le héros dormait et que « ce n'était qu'un rêve » (*La Femme au portrait*, 1944, de Fritz Lang, *Les 5000 doigts du Dr T,* 1953, de Roy Rowland) sont évidemment exposés à produire cette impression. Mais un des plus beaux contes de la littérature, *Alice au pays des merveilles*, de Lewis Carroll, repose aussi sur cette chute.

3. Bout-à-bout

Si le film apparaît comme une collection de scènes sans structure et sans progression, sans lien fort de nature logique ou organique, on a le sentiment d'un bout-à-bout. Un scénario en bout-à-bout contreviendrait donc à deux lois au moins du scénario classique: loi d'unité, loi de progression continue.

Ce reproche a été fait par plusieurs critiques américains au *Port de l'angoisse*. Même ceux qui aimaient le film relevaient qu'il était handicapé, à leur goût, par un scénario « sinueux », « trop statique ». Pour Manny Farber, dans *The New Republic*, le film n'avait pas plus de structure ou d'unité qu'un collier de perles dispersé. James Agee écrivait, dans *The Nation*: « *Le meilleur du film n'a pas d'intrigue du tout, c'est une série statique de duels amicaux, entre Bogart et Bacall.* » Tout cela n'a pas empêché le film d'être une des meilleures recettes de l'année 1944, avant d'entrer dans l'histoire du cinéma.

Les films musicaux et généralement les films reposant sur des numéros sportifs (cascades) reliés par une vague intrigue, sont souvent construits en bout-à-bout, ce qui ne les empêche pas d'avoir souvent beaucoup de charme.

Les films-chroniques de Jim Jarmusch (*Stranger than paradise*, 1984, *Broken Flowers*, 2005), d'Elia Suleiman (*Intervention divine*, 2003), et bien sûr certaines fresques de Fellini (*La Dolce Vita*, 1959, *Fellini Roma*, 1972, *Amarcord,* 1974) ainsi que certains films comiques (*Les Vacances de Monsieur Hulot*, 1958, de Jacques Tati), ressemblent délibérément à des bout-à-bout, bien qu'ils soient en réalité très composés.

Auparavant, les chefs-d'œuvre muets de Chaplin, comme *La Ruée vers l'or*, 1925, et *Les Lumières de la ville*, 1931, sont souvent en bout-à-bout, mais on peut y déceler une unité thématique.

4. Coïncidence

Une *coïncidence trop forte*, que le spectateur ou le lecteur du scénario remarque et qui peut donc passer pour une facilité ou une paresse, n'est pas toujours perçue comme une faute.

Selon certains auteurs, le public pardonne au film les coïncidences qui mettent le héros dans une situation difficile, mais jamais celles qui le tirent d'affaire. Si le héros enfermé et ligoté trouve à portée de ses mains un couteau, on sourira ou on en sera irrité. Mais si des coïncidences malheureuses s'acharnent sur lui pour le faire croire coupable, on sera malgré soi entraîné dans l'histoire. Tout se passe comme si le public était prêt à croire volontiers aux coïncidences persécutrices, mais non aux coïncidences salvatrices, sauf quand ces dernières sont ménagées avec habileté.

Par exemple, dans le mélodrame de Jacques Demy, *Une chambre en ville*, 1982, François, ouvrier métallurgiste à Nantes, loge chez une baronne excentrique qui lui loue une chambre. Un soir dans les rues, il rencontre une fille dont il tombe amoureux, Édith. Plus tard, il apprend qu'Édith est la fille de la baronne, et que la chambre où il loge fut la chambre d'Édith, petite fille : coïncidence énorme, mais acceptée par le public comme signe du destin, par ses issues malheureuses.

Pulp Fiction accumule et revendique les coïncidences extravagantes, comme celle qui fait que Butch et Marsellus sont amenés à se battre dans une boutique de prêt sur gages tenue par un pervers en quête d'hommes à séquestrer, ou celles qui fait le tandem Vincent-Jules se retrouver dans le coffee-shop où Pumpkin et Honey Bunnie commettent leur hold-up.

5. Dénouement (faiblesses de)

a) *Deus ex machina*
Un dénouement heureux qui est parachuté par l'intervention non préparée d'une puissance salvatrice (divine, royale, etc.) est

considéré comme fautif. Aristote déjà le condamnait, en énonçant que le dénouement du drame « *doit sortir du drame même* ».

« *Deus ex machina* » signifie littéralement « le dieu descendu de la machine », au sens de machinerie de théâtre, qui fait descendre sur le plateau de la scène un Jupiter quelconque dont la puissance vient dénouer un conflit insoluble qui tourne trop mal pour le héros. La tentation du « *Deus ex machina* » (sous la forme de l'armée, de la police etc., qui arrive inopinément, sans être préparée) survient quand on a mis les héros dans une situation trop difficile dont on a du mal à les tirer.

b) Queue de poisson

L'effet de « *queue de poisson* » est produit par une fin subite qui ne tire pas vraiment les conséquences de ses prémisses et qui laisse en plan beaucoup des problèmes posés.

Certains films dont la fin a connu des problèmes avec la censure, ou avec des producteurs ou des distributeurs qu'alarmait leur durée, sont parfois amenés, contre le projet initial, à se terminer en queue de poisson: on pense à la version distribuée en salle de *La Porte du paradis/Heaven's Gate*, 1980, de Michael Cimino, où après de longues prémisses, un nombre considérable d'événements vient s'accumuler à la fin par suite d'importantes coupures.

Le Port de l'angoisse présente une fin en queue de poisson, en s'arrêtant cavalièrement avant la mission dangereuse pour laquelle s'embarquent les héros, et en laissant ouverte sans la résoudre la question du sort réservé aux « méchants » capturés.

c) Le dénouement vient trop longtemps après le climax

Ce cas peut se présenter lorsque après le point culminant de l'émotion, on prend le temps de dénouer patiemment tous les fils de l'intrigue. Une telle critique avait déjà été faite à Racine pour le dénouement de son « Britannicus ». Selon des critiques, la pièce n'aurait pas dû se poursuivre si longtemps après la mort du héros. « *Pour moi*, leur répond Racine, *j'ai toujours compris que la tragédie étant l'imitation d'une action complète* (il cite ici les termes mêmes d'Aristote), *où plusieurs personnes concourent, cette action n'est point finie que l'on ne sache en quelle situation elle laisse ces mêmes personnes.* » L'auteur de « Phèdre » plaide en quelque sorte pour un « *pay-off* » (résolution, faire un sort à) de tous les éléments mis en œuvre dans l'intrigue.

Ce qu'on pourrait appeler « l'effet Britannicus » est employé ostensiblement dans *Le Petit lieutenant*, 2005, de Xavier Beauvois, puisque le lieutenant de police du titre, joué par Jalil Lespert, qui est un des deux personnages principaux avec sa supérieure Nathalie Baye, meurt aux deux tiers du film.

d) *Le dénouement demande des explications trop laborieuses*

C'est particulièrement le cas lorsque l'action impliquait un mystère épais, une énigme, un « coup de théâtre » énorme. Ce reproche a été fait au dénouement de *Psychose* de Hitchcock, dans lequel tous les mystères qui ont porté l'intrigue et nous ont fait croire à l'existence de la mère criminelle sont expliqués, rationalisés, dans le long monologue d'un psychiatre. De notre point de vue, ce « défaut » n'entache pas le moins du monde la force et la beauté du film, mais c'est un fait que certains spectateurs ressentent comme lourde l'explication finale, d'autant qu'elle est fournie par un personnage complètement nouveau qui débarque abruptement dans l'intrigue. Il est évident que Hitchcock a préféré faire passer en force et d'un seul bloc son explication finale au lieu de la diluer dans une série de scènes plus légères mais aussi plus longues, qui auraient peut-être enlisé la fin du film, après le climax, dans une coda interminable.

6. Déviation

La déviation, au cours du récit, par rapport à l'idée de départ (déviation d'un personnage central sur un autre, d'un sujet ou d'un centre d'intérêt sur un autre) peut être un défaut. Elle est, la plupart du temps, le résultat involontaire d'une accumulation de détails qui font perdre de vue l'enjeu, le thème principal, et qui peuvent faire prendre à ceux-ci un sens inverse et nouveau.

Cette déviation peut être volontaire, par exemple dans *Psychose* de Hitchcock, que Raymond Bellour a très bien analysé comme l'exemple d'un récit qui contrevient délibérément à la règle classique suivant laquelle « la fin doit répondre au commencement ». Le film commence en effet par l'histoire d'une voleuse sympathique. Mais celle-ci meurt au bout de quarante minutes pour des raisons qui n'ont rien à voir avec son vol, et le centre d'intérêt du film se déplace sur le jeune homme qui tient l'hôtel où elle a été assassinée.

La déviation et le changement d'enjeu sont aussi le postulat d'un scénario comme celui de Jean-Claude Carrière pour *L'Alliance*, 1970, de Christian de Chalonge: au début, il s'agit de la vie privée d'un couple et d'une énigme en forme de « hareng-saur » sur la vie sentimentale du héros. À la fin, il s'agit... de la fin du monde.

L'auteur-réalisateur Raul Ruiz s'est fait un principe de raconter des histoires qui ne cessent de dévier, tout en se recentrant périodiquement sur leur enjeu principal.

7. Explicatif (dialogue)

Ce défaut, auquel s'exposent tous les arts dramatiques d'« imitation » (drame, théâtre) était déjà signalé par Aristote dans sa « Poétique »: le dialogue est explicatif quand les personnages s'en servent ostensiblement pour communiquer des informations au public, plutôt que pour se parler entre eux; quand ce dialogue n'est pas « en situation », vivant, plausible, mais qu'il correspond à une commodité du dramaturge.

C'est ce défaut qui marque la différence entre des genres narratifs tels que le roman où l'on peut toujours raconter: « *X, époux de Y, projetait de tuer l'amant de sa femme* », et les genres de « *mimesis* », où l'on ne peut pas se contenter de faire dire à X: « *Moi, époux de Y, je veux tuer son amant* », et où il faut mettre en drame toutes ces choses.

Citons ainsi diverses remarques typiques de Mizoguchi à son scénariste Yoda, sur le scénario en cours d'écriture des *Contes de la lune vague*: « *Pour éviter tout dialogue commentant l'action, je crois qu'il faudrait créer une gestuelle enracinée dans le caractère profond des personnages (...) Dans la scène de la "barque sur le lac" le dialogue est toujours trop explicatif.* » Ailleurs: « *les mots "je vais te tuer" doivent être remplacés par un geste menaçant* ». Et encore: « *Faute du genre: "moi qui suis roi, comme tu le sais". "La bataille semble avoir commencé", phrase qui manque de tension. Celui qui prononce cette phrase sait que la bataille est déjà commencée.* » Mizoguchi propose de mettre à la place une scène d'incendie. Et enfin: « *Il faut que les mots et les gestes correspondent exactement aux sentiments des personnages (...) Il faut de l'émotion, non pas un commentaire.* » (*Cahiers du cinéma, Spécial Mizoguchi*, 66-68.)

8. Inconséquence

Sur un site Internet consacré aux « erreurs », un intervenant fait remarquer ce qui lui semble être une inconséquence dans *Un jour sans fin.*

« Lorsque Phil Connors se réveille encore un 2 février, il part sans parler aux personnages qui l'interpellent habituellement, pourtant lorsqu'il traverse la rue, Ned Ryerson l'interpelle depuis la même place lorsqu'il le rencontre une nouvelle fois. Il n'aurait pas dû le croiser car Phil avait au moins deux minutes d'avance par rapport aux autres 2 février. »

Cette inconséquence en fait n'en est pas une: la journée qui se répète pour Phil est, non un cadre rigide de durée, mais une séquence d'événements dont la durée peut varier.

L'idée générale, c'est que la journée est, non un cadre temporel, minuté, mais une séquence d'événements. Il n'en est pas moins vrai que ce dernier point n'est pas clairement établi par le film.

Une autre inconséquence cependant relevée par le même internaute semble résider dans la réplique du professeur de piano de Phil, qui le soir même du 2 février – journée pour elle unique, où elle lui a donné sa première leçon, tandis que pour lui c'est la centième – s'extasie qu'il joue comme un virtuose, en disant: *« c'est mon élève ».*

9. Faux implants, irrésolution

Le faux implant (« *false plant* ») est l'« établissement d'une chose non utilisée ». Il consiste à mettre en place un élément (un personnage, un mystère, un détail) qui, ensuite, n'est pas utilisé et ne trouve pas son aboutissement, alors que la manière dont il a été introduit pouvait laisser entendre qu'il aurait une certaine fonction à jouer plus tard.

Le « *false plant* » peut aussi être dans certains cas un « hareng-saur » qui ne fonctionne pas, et dans lequel on voit surtout une faute, et non un habile paravent. Ou encore le résultat d'un oubli ou d'une paresse du scénariste. Par exemple, il décrit soigneusement la topographie d'un appartement, laissant entendre que cette topographie va être mise en œuvre dans l'action qui suivra; puis, renonçant à la scène qui utilise dramatiquement cette topographie, il conserve cette description préparatoire, qui demeure sans fonction et sans intérêt propre.

Le scénario de la troisième version de *Body Snatchers*, celle réalisée par Abel Ferrara, comporte un nombre impressionnant de faux implants :

– la voix-off narrative de l'héroïne : affirmée avec insistance au début, elle disparaît rapidement, et nous voyons que beaucoup de scènes se déroulent en dehors de la présence de la jeune fille, et ne peuvent être dans son « point de vue ».

– Marti Malone, la jeune héroïne, est montrée dans une crise d'identité. Elle a perdu sa mère à sept ans, elle est à l'âge où l'on n'est plus une enfant et pas encore une femme, elle ne s'entend pas avec la seconde femme de son père, et enfin elle se trouve plongée dans un monde d'hommes, une base militaire, où elle trouve immédiatement une camarade en la personne de la fille du général, Jenn Platt, très délurée et affranchie, et dont la mère trompe l'ennui des garnisons par la cigarette et la boisson... Le spectateur suppose que toute cette mise en place va mener à quelque chose... et rien.

Des « faux implants » ostensibles et revendiqués figurent dans Pulp Fiction, comme l'allusion faite par Jules à son amie végétarienne (dont il n'est plus question à la fin du film, quand Jules décide de changer de vie). Cette femme pourrait avoir été inventée par le tueur quand il parle à Brett pour le terroriser, mais la condition de célibat ou d'abstinence de Jules n'est jamais non plus établie.

Dans *Alien 3*, de David Fincher, les détenus du bagne où Ripley se retrouve prisonnière sont décrits comme des meurtriers et des violeurs qui n'ont pas vu une femme depuis des années ; bien sûr, ils sont censé s'être repentis, et être devenus pieux et chastes, mais on s'attend à une agression sexuelle de la part d'au moins un d'entre eux. Rien de tel ne se produit. Par ailleurs, le début du film montre une sorte de « secte religieuse » née au sein du bagne. Au cours des trente premières minutes environ, ce thème religieux est soigneusement mis en place, après quoi il disparaît et ne joue aucun rôle dans ce que font et disent les personnages, et dans leurs réactions par rapport aux monstres.

10. Invraisemblance

C'est un vieux débat que celui sur le vrai et le vraisemblable, et Boileau le résumait en ces termes : « *Jamais au spectateur n'offrez rien d'incroyable/Le vrai peut quelquefois n'être pas vraisemblable.* ») (« Art Poétique », III, 47-48).

Aristote dit en effet dans sa « Poétique », qu'« *il faut préférer l'impossible qui est vraisemblable* (adunata eikota) *au possi-*

ble qui est incroyable (dunata epithana). *Car il est vraisemblable que les choses se passent contrairement à la vraisemblance* » (eikos gar kai para to eikos ginesthai).

Moralité : il ne suffit pas que quelque chose se soit réellement passé pour qu'on le fasse admettre *ipso facto* dans une histoire, si cela paraît invraisemblable (dans l'accumulation, par exemple, des coïncidences). Et les faits divers authentiques ne font pas, en soi, de bons scénarios.

On peut parler d'invraisemblances de comportement, quand les personnages font, ou ne font pas, une certaine chose. À cet égard, *ce qu'ils ne font pas* peut les rendre tout aussi invraisemblables que ce qu'ils font effectivement, notamment lorsqu'on ne comprend pas pourquoi ils ne se décident pas à faire ce qui les mettrait hors de danger (voir « *Qu'est-ce qui les empêche de... * »).

L'invraisemblable n'est pas forcément un événement spectaculaire. Le fait-divers réel dont Cantet et Robin Cantillo se sont inspirés pour écrire *L'Emploi du temps* se signalait de la même façon par une disproportion incroyable entre les faits de départ (un homme s'invente pour ses proches une fausse vie professionnelle) et le caractère épouvantable des conséquences (le massacre de sa famille).

L'histoire de Romand est vraie, mais pas « vraisemblable », ce qui pourrait faire croire, par comparaison, que l'histoire fictive de Vincent, qui en est inspirée mais où le héros ne tue pas sa famille et rentre dans le rang, le serait, parce que celle-ci ne débouche pas, contrairement aux événements réels, sur des actes dramatiques. Or, ce qui se passe dans *L'Emploi du temps*, film de fiction, est tout autant invraisemblable et pas forcément plus réaliste : on peut s'étonner que la famille de Vincent et son père, soient si compréhensifs, que Muriel ne demande pas plus d'explication à un époux qui lui a menti ; s'étonner aussi que Jean-Michel ne cherche pas à rattraper un collaborateur qui l'a lâché et lui a causé un préjudice (ou qui pourrait aller le dénoncer), et enfin que les amis escroqués par Vincent ne lui demandent pas des comptes.

Notons que cette invraisemblance ne semble pas être considérée comme gênante par le public.

Pulp Fiction revendique hautement ses invraisemblances, qui lui sont pardonnées pour cela, et sont admises comme faisant partie de la règle du jeu (échanges de coups de feu dans des immeubles habités, et qui n'attirent jamais ni voisin ni police).

11. Minceur de l'histoire

Selon Tom Stempel, la minceur de l'histoire, dans des films comme *Nimitz, retour vers l'enfer*, 1980, de Don Taylor, ou *Julia*, 1977, de Fred Zinnemann, entraîne du « remplissage » avec des scènes non essentielles à l'action: dans *Julia*, par exemple, c'est de là que vient l'étirement des scènes « psychologiques » entre Hammett (joué par Jason Robards) et Jane Fonda jouant Lilian Hellmann, scènes qui n'ajoutent rien à l'action proprement dite.

De même, dans *Tir groupé*, 1982, de Jean-Claude Missiaen, l'histoire trop mince oblige l'auteur à faire du remplissage avec des scènes amoureuses en flash-back, entre Gérard Lanvin et Véronique Jeannot. Ces scènes répétitives et statiques sont destinées en outre à étoffer le rôle de la vedette féminine qui se fait tuer au début du film. On retrouve le même problème avec le personnage joué par Sean Young dans *Sens unique/No Way Out*, 1987, de Roger Donaldson.

Certains films tirés de faits authentiques, et qui ne peuvent pas inventer trop de péripéties, souffrent parfois d'une histoire très mince, et sans rebondissements: c'est le cas de *Révélations*, 1999, de Michael Mann, un film par ailleurs très intéressant.

Elephant Man, 1981, de David Lynch, inspiré également d'un personnage historique, dissimule et exploite très habilement un scénario en vérité extrêmement mince en événements, et pour cela, le scénario utilise très subtilement le montage parallèle.

Bizarrement, la minceur de la trame est aussi un défaut propre à beaucoup de courts métrages, comme si les auteurs-réalisateurs sous-estimaient largement la quantité d'action, d'information, de matière scénaristique susceptible de tenir en dix minutes: et peut-être aussi parce qu'ils oublient qu'un court métrage peut, et parfois doit être plus rapide qu'un long métrage dans la conduite d'une scène.

Pour certains films dont le sujet est la réalité de la vie même, la minceur de l'histoire n'est pas un défaut, mais au contraire un atout, une qualité; c'est le cas dans *Le vent nous emportera*, 1999, d'Abbas Kiarostami, et *Uzak*, de Nurith Bilge Ceylan.

12. Mollesse, piétinement

Il y a impression de mollesse, de piétinement si tout est trop statique; s'il n'y a pas de progression; si les oppositions entre les personnages sont trop diffuses; si certaines situations sont traitées ou évoquées de manière à peu près identique dans deux ou plusieurs scènes, sans un apport appréciable d'une scène à l'autre, d'émotion, d'information, de surprise ou de tension. Ou enfin, si la succession des scènes n'est pas ordonnée dans le sens d'une tension, d'une dynamique, d'une progression.

Comme le dit Mizoguchi à son scénariste Yoda, sur le scénario des *Contes de la lune vague* (*Cahiers du cinéma*, 56): « *La séquence 1: un champ de bataille; la séquence 2: des paysans au travail (...) Entre ces deux séquences, il n'y a pas de rapports dramatiques. L'une et l'autre sont comme l'huile et l'eau. Il y manque la tension.* »

Moins bien réalisé et joué, *Le Port de l'angoisse pourrait être mou*. La progression du récit n'est pas nette, les oppositions sont diffuses, les scènes se répètent souvent.

On a deux fois dans le film un résistant blessé avec une femme à son chevet qui se méfie d'Harry (d'abord Beauclerc et sa femme; puis de Bursac et Hélène). La scène de duo entre Harry et Marie donne l'impression d'un va-et-vient continuel (elle va chez lui, il va chez elle, elle revient chez lui). Eddy est deux fois dans les griffes de Renard. Marie surprend trois fois Harry avec Hélène et chaque fois sans raison réelle d'être jalouse. Gérard, dit « *Frenchy* », vient perpétuellement apporter à Harry des nouvelles et des propositions. Harry refuse deux fois dans les mêmes termes sa proposition, etc.

Dans un autre contexte, et peut-être s'ils apportaient une réelle progression, ces effets d'écho et de reprises pourraient être très heureux et augmenter la tension. Ici, ils donnent plutôt une impression de nonchalance. Et nous croyons même que les auteurs, Furthman, Faulkner et Hawks, étaient très conscients de ce côté « détendu », et qu'ils ont volontairement poussé le film dans ce sens — de la même façon qu'ils ont développé les numéros musicaux d'Hoagy Carmichael, lesquels ne font en rien progresser l'action et seraient, dans un film policier, plutôt dangereux. Si *un seul* numéro musical est en général admis dans le genre, plus de deux, cela devient un problème.

Le sentiment de mollesse peut venir d'un scénario qui *laisse passer*, sans les utiliser, les possibilités de suspense et de rebondissement qu'il recèle. Exemple donné par Marc Chevrie, à propos des *Spécialistes*, 1985, de Patrice Leconte: « *Lorsqu'ils ont volé une voiture, et doivent faire le plein sans avoir les clefs du réservoir et qu'un des deux affirme au pompiste qu'il est ouvert tout en craignant le contraire (qui les trahirait), le pompiste ouvre (...) aussitôt le réservoir sans que le récit ménage le moindre suspense.* » (« L'Enjeu Scénario », 10).

13. Personnages (défauts dans l'utilisation des)

Citons quelques défauts possibles dans la définition ou dans l'utilisation des personnages :

a) *Personnages-marionnettes*, ou porte-voix, transmettant un message ou des mots d'auteurs, plutôt que doués d'une vie propre. C'est parfois le cas avec le personnage de Bill Foster dans *Chute libre* (dont le scénario se sert comme d'un trublion disant son fait au système), et celui de l'inspecteur Hal Slocumbe dans *Thelma et Louise*, lequel, malgré le talent de son interprète Harvey Keitel, apparaît trop comme le porte-parole de la justice et de la morale.

b) *Réactions inadéquates.* Ils ne réagissent pas assez, par rapport à la façon dont ils ont été définis. « *Over-reaction* » : ils réagissent avec exagération. On conseille notamment d'éviter que le personnage soit trop passif, subissant trop les événements, sauf si c'est dans ce sens qu'il est défini.

c) *Comportements mal motivés.* Dans *Alien 3*, Ripley se retrouve coincée sur une planète au milieu de condamnés qui ont créé une micro-société. Elle ne leur dit rien de son histoire passée avec les Aliens et des raisons de sa propre peur ; cette réticence à leur dire ce qu'elle sait n'a aucune cause compréhensible dans l'histoire.

Dans *L'Emploi du temps*, le scénario accumule un peu mécaniquement les ambiguïtés sur le personnage de Jean-Michel : a-t-il vraiment besoin de l'aide de Vincent ? Quand il a convaincu celui-ci de travailler pour lui, pourquoi tient-il absolument à rencontrer sa famille ? Pourquoi laisse-t-il aussi facilement partir Vincent, dont la défection lui cause un préjudice ? On comprend bien sûr que Vincent représente pour lui le fils qu'il n'a pas eu, mais on constate aussi qu'il prend un plaisir gratuit à le surprendre et à le déstabiliser.

Pourquoi le petit Cole, dans *Le sixième sens*, ne dit-il pas à Malcolm ce qu'il sait ?

d) *Personnages non conformes* à la manière dont ils ont été définis (mentalité, classe d'âge, etc.). Aristote donnait l'exemple du jeune homme qui ne parle pas en jeune homme, du vieillard qui ne parle pas en vieillard.

e) *Conversion subite* : le personnage change d'attitude, de croyance, de comportement, sans que cela ait été préparé. On a l'impression que cela provient plus du scénariste, que cette conversion tire d'une difficulté, que du personnage.

L'arbitraire de la conversion subite de Julius au bien, et à la rédemption, est tout à fait affiché et revendiqué dans *Pulp Fiction*.

f) *Trop grande passivité.*

Dans *L'Emploi du temps*, l'épouse du héros, Muriel, jouée par Karin Viard, est un peu agaçante, car son personnage adhère sans distance ni méfiance aux mensonges de son mari. Et quand elle apprend qu'il a tout inventé, elle lui garde un amour et une confiance inconditionnels. Elle est également très bonne pâte vis-à-vis de beaux-parents envahissants.

Cela dit la passivité d'un personnage, signifiée en tant que telle, est un sujet intéressant.

g) *Absence de différenciation* entre les personnages: ils se ressemblent trop, les caractères ne « réagissent pas » assez les uns par rapport aux autres, ne se définissent pas assez mutuellement, ils semblent interchangeables. Ces défauts sont rarement le résultat d'une intention directe, d'un travail spécifique sur le personnage. Ils découlent souvent d'un travail de détail sur les péripéties, les dialogues, la construction, qui oublie de se poser la question: comment cet élément nouveau (d'action, de péripétie, de dialogue) s'intègre-t-il à la définition du personnage, et comment vient-il éventuellement la renforcer ou au contraire la brouiller, l'enrichir ou au contraire l'appauvrir?

h) « *Idiot Plot* ». Un « *Idiot Plot* » (intrigue idiote) est une histoire où les personnages doivent se conduire comme des imbéciles pour permettre à l'intrigue de se dérouler. Par exemple, la jeune héroïne est assez stupide pour accepter un rendez-vous avec un individu louche dans un endroit isolé; ou les gangsters assez débiles pour croire le détective quand celui-ci leur affirme être passé de leur côté.

Selon Eugene Vale, « *souvent un scénariste est amené par les besoins de l'histoire à répartir les actions qui composent cette histoire entre différents personnages sans prendre garde au fait que chaque action révèle une caractéristique d'un personnage.* » Il en résulte parfois qu'un personnage est amené à avoir une réaction particulièrement dépourvue d'intelligence et de bon sens.

Dans *Thelma et Louise*, Thelma est montrée comme une écervelée. Des deux amies, elle est celle qui accumule le plus d'étourderies, aux conséquences souvent graves. Mais cela en même temps est ce qui la rend vivante et généreuse. L'étourderie cependant qui reste difficile à admettre est celle qui lui fait causer le vol de l'argent (on peut aussi s'étonner de ce que Louise, la pointilleuse, le lui ait confié d'une façon si désinvolte).

Dans Seven, pourquoi, se sachant suivi par un tueur évidemment psychopathe, le policier Mills ne protège-t-il pas sa femme et ne l'éloigne-t-il pas ?

Les personnages de *Body Snatchers*, d'Abel Ferrara, se conduisent souvent face au danger de manière peu intelligente. À un moment où la famille Malone est cernée par les humains clonés, le père de Marti, la jeune héroïne, dit à celle-ci et à son petit frère qu'il va chercher du secours. Il ne convient pas d'un signe de reconnaissance avec ses enfants, pour le cas où il serait fait prisonnier et cloné. Évidemment, il revient transformé en extra-terrestre.

Plus tard, Marti est sauvée in extremis du clonage et de la destruction par le jeune Tim, qui l'emmène avec son petit frère Andy. De nouveau, Tim lui dit: « *je vais chercher du secours, je reviens* », et de nouveau, il ne convient même pas avec Marti d'un signe de reconnaissance.

Dans le film, les extra-terrestres qui clonent des humains pour prendre leur place ne sont pas non plus très subtils. Le test imposé par une de ces créatures à Tim, qui se fait passer pour un « cloné », pour voir s'il va perdre son contrôle et se dénoncer ainsi comme un humain conduit par son affectivité, consiste à lui dire: « *J'ai baisé ta petite amie.* » Tim se contrôle cinq secondes et il réussit le test.

14. Qu'est-ce qui les empêche de… ?

C'est ce que l'on se demande lorsqu'on voit le héros se débattre dans une difficulté ou un désagrément dont il nous semble qu'il lui serait facile, s'il le voulait, de se libérer, et inversement quand on le voit retarder sans raison apparente la réalisation de son désir (rejoindre l'être aimé, par exemple).

Souvent aussi, on a l'impression que le malentendu entre les héros, qui fournit à l'intrigue son ressort principal, pourrait être facilement levé par un petit effort de sincérité.

Ou encore, cette question dans les films à suspense: pourquoi les héros ne vont-ils pas simplement voir la police, quand ils sont poursuivis par des méchants ou qu'ils sont la victime d'un malentendu ? Hitchcock répondait à cette critique par une boutade (« *parce que ça donne des scènes emmerdantes* »). Mais en même temps il se préoccupait d'établir soigneusement à l'intention du spectateur l'impossibilité de prévenir ou de convaincre la police.

L'Intendant Sansho, à cet égard, ne commet aucune faute. On établit tout de suite, à l'intention du spectateur, la difficulté pour les enfants vendus comme esclaves de s'échapper (scène du marquage au fer rouge) et de rejoindre leur mère (la réplique de Taro sur le trop long voyage pour rejoindre l'île de Sado).

Dans *Thelma et Louise,* qu'est-ce qui empêche les deux femmes de se rendre immédiatement à la police, après le meurtre d'Harlan? La conviction de Louise qu'on ne les croira pas, conviction qui vacille. L'inspecteur Slocumbe se montre extrêmement compréhensif pour elles. Le scénario prend soin de montrer que Louise hésite elle-même au moins une fois sur la pertinence de son choix, dans lequel elle a entraîné Thelma.

On peut donc avoir intérêt à établir et parfois à *rappeler* précisément au spectateur la contrainte qui maintient ensemble les éléments en lutte, ou au contraire, l'obstacle qui sépare ceux qui cherchent à se rejoindre.

15. Téléphoné (effet)

On parle d'effet « *téléphoné* » – en anglais, littéralement, « *telegraphed* » – pour caractériser un effet de surprise, de peur, ou de gag, qui est désamorcé parce qu'on le voit venir à l'avance. En boxe, on dit que l'on « téléphone », ou qu'on « télégraphie » ses coups, si on laisse prévoir par où on va attaquer. L'adversaire peut alors préparer sa garde.

L'art du scénario, nous l'avons dit ailleurs, consiste à jouer sur l'anticipation du public et en même temps à la déjouer. C'est le principe de faire sortir du chapeau un autre lapin, ou à un autre moment, que celui qu'on a fait attendre.

Le « *téléphonage* » est donc en principe un défaut dans le maniement, volontaire ou involontaire, de l'anticipation. Mais on peut aussi en tirer tout un style, notamment dans les films comiques. Le tandem Laurel et Hardy a créé un burlesque nouveau et suprême en téléphonant longuement les effets de gag (voir aussi dans les films de Blake Edwards).

Pour éviter de téléphoner leurs effets, certains films d'angoisse ou de terreur dans lesquels le spectateur est mis sans arrêt en position d'anticiper sont amenés à créer des diversions et des fausses pistes, autrement dit des effets *faussement téléphonés* qui égarent l'attente du spectateur tout en la cuisinant. On s'arrange par exemple pour que le spectateur s'attende à subir une révélation-choc (zoom sur une porte fermée, musique, etc.), puis on montre que ce n'était rien, un chat errant par exemple (effet auquel le premier *Alien* n'hésite pas à recourir, avec le chat mascotte du Nostromo). Rire de soulagement du spectateur, qui même ricane de la facilité du procédé... et c'est alors, quand il a baissé sa garde, que le film en profite pour l'attaquer plus durement par un choc. Ce processus en deux temps, très fréquent, implique que le scénario nous laisse croire d'abord à un effet téléphoné, pour mieux nous piéger ensuite.

Beaucoup de gens ont affirmé que le retournement final du *Sixième sens* était téléphoné, et qu'ils l'avaient deviné à l'avance (ce n'est pas notre cas). C'est le sens d'une petite scène humoristique d'*Ocean's Twelve*, 2003, de Stephen Soderbergh, dans laquelle Bruce Willis, jouant son propre rôle, est apostrophé par un homme qui lui dit: « *Quand j'ai vu "Le Sixième sens", j'avais tout deviné dès le début.* » Et Bruce Willis répond: « *Si tout le monde a deviné, pourquoi ce film a-t-il fait tant d'argent?* »

16. Trou

Il y a trou et trou. Il faut distinguer en effet les trous dans l'histoire, et ceux dans la tension dramatique.

Les *trous d'histoire* sont des erreurs, des lacunes, ou des inconséquences inexpliquées dans la continuité et la logique de l'action.

Par exemple, dans la version B du *Testament du Docteur Mabuse*, l'inspecteur Lohmann s'exclame en voyant apparaître le héros tout trempé: « *Mais c'est Kent!* » Or rien n'établit dans cette version qu'il le connaisse déjà. Dans la version A plus complète, une réplique de Lily comble ce trou, en établissant les relations entre Kent et Lohmann.

Selon Lewis Herman, les « *story holes* » (trous dans l'histoire) sont les résultats d'une « *paresse de la part du scénariste* », créant des enchaînements illogiques et lacunaires. Il cite la question typique qu'on peut se poser à la sortie de certains films: « *Qu'est-ce qui a pu arriver à ce drôle de petit bonhomme qui a vendu le lapin à Joe* », ou bien « *Mais je croyais que X était...* ». On peut citer encore dans *Le grand sommeil*, 1947, de Hawks et Faulkner d'après Chandler, cette question: « *Mais finalement, qui a tué le chauffeur?* » Le scénariste escompte, dit-il, que personne n'ira se souvenir, à la fin du film, que Johnny a perdu son revolver dans la première partie, « *alors pourquoi s'en faire s'il s'en sert à la fin?* »

Le trou de scénario (ou trou d'histoire) peut n'être pas repéré comme tel par le spectateur, tout en laissant une insatisfaction diffuse. De surcroît, c'est un procédé considéré comme inélégant de la part du scénariste.

Pour éviter les trous d'histoire, il faudrait selon Herman:
– relier les fils dispersés de l'intrigue;
– expliquer les absences des personnages (comme c'est le cas dans *Pauline*, où les absences temporaires de Marion, de Sylvain, d'Henri, nécessaires à l'intrigue, sont expliquées par avance ou après coup);
– justifier leurs entrées et leurs sorties (au lieu du « je passais par là »);
– motiver les coïncidences;
– éviter les contradictions entre les événements.

Dans *Pour cent briques t'as plus rien*, 1982, d'Edouard Molinaro, il y a une grande incohérence due à la paresse du scénario. Deux compères, joués par Daniel Auteuil et Gérard Jugnot, viennent, sous l'aspect de simples clients, faire leurs repérages dans une succursale de banque qu'ils projettent de dévaliser. Le directeur de la succursale les voit à cette occasion tous deux ensemble. Quand ils attaquent ensuite la banque, et qu'Auteuil se fait passer pour un simple client tandis que Jugnot tient la mitraillette, le directeur les voit encore tous les deux à visage découvert, et il ne fait pas une seconde le rapprochement, continuant de prendre Auteuil pour un client ordinaire! On pourrait dire que c'est là un « *idiot plot* » caractérisé, mais plus encore que cela, il y a totale incohérence.

Il faut avouer que peu de scénarios sont irréprochables sous ce rapport. *Mabuse* accumule les « trous d'histoire » avec brio, et en tire même beaucoup de sa force, mais n'imite pas cet exemple qui veut. Hitchcock rappelle avec pertinence, par ses films, et dans ses déclarations, que combler tous les trous de l'histoire revient à en créer d'autres *dans la continuité dramatique*, c'est-à-dire des temps morts d'exposition. Il donne l'exemple d'un personnage de vieille femme ornithologue que les héros des *Oiseaux*, 1963, rencontrent dans un café, au moment justement d'une attaque des oiseaux sur la ville. Si l'on avait voulu, dit-il, expliquer la présence de l'ornithologue, on aurait creusé un trou dans la tension dramatique, par d'ennuyeuses scènes explicatives.

C'est ici qu'entre en jeu l'art du scénariste, art de l'ellipse et de l'impasse aussi bien que de l'invention et de la construction. Il n'est d'ailleurs pas tout à fait impossible d'éviter à la fois les trous d'histoire et les trous dramatiques.

Les trous dans l'histoire sont souvent le résultat de coupes faites au montage pour raccourcir un film, et en améliorer le rythme. L'édition DVD de ces films, de plus en plus, rétablit ces « scènes manquantes », parfois dans le film lui-même, parfois dans ses suppléments.

Annexe

1. Description scène par scène d'*À travers le miroir*, de Bergman

Nous donnons ci-dessous une description scène par scène rédigée par nous à partir de nombreux visionnages du film, et le proposons ici comme un exemple d'exercice. S'exercer à décrire un objet, ici le scénario d'un film, est pour nous un des meilleurs entraînements qui soit.

1. KARIN, DAVID, MINUS, MARTIN *(mer et jetée, ext. jour)*
De la mer, dans une île, nous voyons sortir quatre personnes, une femme et trois hommes, qui plaisantent ensemble en riant fort et en s'envoyant de l'eau. Ils regagnent le bord, revêtent des peignoirs, et marchent vers une maison. La femme dit qu'elle veut aller chercher le lait avec son jeune frère ; un homme, son mari, dit qu'il veut y aller avec elle, car il n'a pas vu sa femme de la journée ; le jeune garçon, le frère, préférerait rester à la maison. Nous comprenons que le troisième homme est le père de la jeune femme, puisque celle-ci le désigne par « Papa ». Finalement ils se rangent à la demande de la femme : elle ira avec son frère chercher le lait, les deux autres hommes s'occuperont des filets de pêche.

2. DAVID, MARTIN *(bord de mer, ext. jour)*
Les deux jeunes partis, l'ambiance est retombée : l'homme le plus âgé, David, est frigorifié dans son peignoir ; l'autre, Martin, plaisante de façon crispée en faisant une allusion au modèle de la virilité cher à Hemingway (allusion à la qualité d'écrivain de David ?)

3. KARIN, MINUS *(maison, ext. jour)*
Karin tend à son jeune frère le pot à lait, et il se résout à la suivre de mauvaise grâce.

4. DAVID, MARTIN *(bord de mer, ext. jour)*
Par une conversation entre David et Martin, alors qu'ils relèvent les filets, nous apprenons que Martin est médecin (David lui demande de lui faire une ordonnance pour son ulcère à l'estomac), que David rentre d'un voyage en Suisse, et que Martin a envoyé à David une lettre (non reçue par David) sur Karin.

325

5. KARIN, MINUS (*chemin, ext. jour*)
« *Tu as entendu le coucou ?* », dit Karin à son frère en s'arrêtant. « *J'entends tous les sons plus forts. Ce doit être les électrochocs* », conclut-elle d'un ton léger en reprenant sa marche.
Les deux jeunes gens marchent à vive allure. Karin se fait très tentatrice vis-à-vis de son frère ; la conversation nous apprend que David est leur papa commun, que celui-ci a une nouvelle maîtresse, moins hautaine que la précédente, devant laquelle leur père se faisait petit ; qu'il est en train de finir un nouveau livre dont il espère non seulement le succès, qu'il a déjà, mais aussi le sentiment d'une réussite artistique. Karin se moque du ton sentencieux de son jeune frère, et l'embrasse avec une fébrilité et une sensualité ambiguës.

6. DAVID, MARTIN (*barque, ext. jour*)
Martin tient la rame, et parle avec David. Leur conversation nous apprend que Karin a des problèmes psychiatriques, et qu'elle pourrait être « *relativement incurable.* » Martin se présente comme son seul soutien, « *elle n'a que moi dans la vie.* » David écoute ces révélations et cette profession de foi sans rien manifester. Nous devinons aussi, à travers une question de David, que le couple Martin/Karin ne va sexuellement pas très fort.

7. KARIN, MINUS (*chemin, ext. soir*)
Revenant de la ferme, avec le pot à lait rempli, Karin et Minus marchent. Minus, profondément troublé, s'arrête, renverse le lait. Karin lui demande ce qu'il a. Il lui dit qu'il faut qu'elle arrête de tourner autour de lui, de le toucher… Il ajoute que les femmes, « *avec leur façon de bouger le ventre* », le dégoûtent. « *Si seulement papa n'était pas si taciturne !* » Karin écoute avec compassion. Puis ils repartent.

8. KARIN, MINUS, DAVID, MARTIN (*ext. maison, soir*)
Les quatre se retrouvent. Une table a été dressée à l'extérieur de la maison. L'ambiance est joyeuse. En ouvrant une bouteille, Martin se fait une petite coupure à la main. « *Je déteste ça* ». Karin s'approche pour le soigner, maternelle. Il repousse son aide. Le père a mijoté quelque chose. « *Papa, tu es un vrai cordon bleu.* » On s'installe, Martin et David d'un côté, Karin et Minus de l'autre. Minus demande si Papa reste cette fois-ci. Le père avoue qu'il va repartir bientôt pour la Yougoslavie. L'ambiance se refroidit. Karin essaie d'alléger l'ambiance. Le père avec une animation forcée, dit qu'il rapporte des cadeaux, donne des paquets aux trois autres, puis allègue quelque chose à aller chercher dans la cuisine.
Lui parti, les trois hommes regardent leurs cadeaux : visiblement achetés au dernier moment à l'aéroport, mal choisis.

9. DAVID *(int. maison, soir)*
David s'arrête dans une pièce et pleure bruyamment.

10. KARIN, MINUS, DAVID, MARTIN *(ext. maison, soir)*
Quand il revient vers le groupe, ceux-ci sont redevenus gais et animés. Ils l'emmènent en procession, les yeux bandés, vers quelque chose qu'ils ont préparé.

11. KARIN, MINUS, DAVID, MARTIN *(théâtre en plein air, soir)*
Une petite scène a été dressée. Assis, sur une chaise, les yeux bandés (« *comme un criminel* », dit-il), David est le seul spectateur dans ce théâtre en plein air. Martin joue la musique de scène sur une guitare, Minus et Karin sont les acteurs. Le titre de la pièce, annonce Minus : « L'Art-fantôme, ou le Tombeau des illusions. »
La femme jouée par Karin se présente au chevalier joué par Minus : « *Je suis le fantôme de la princesse de Castille morte en couches. Viens me rejoindre dans ma tombe, tu me suivras dans la mort* ».
Il est deux heures, le chevalier hésite à rejoindre la princesse, qui attend derrière une fenêtre, et se défile. « *Je suis un artiste, ma vie est mon œuvre. Mais personne ne verra mon sacrifice idiot. Je rentre me coucher.* » La princesse attend, puis renonce.
La pièce terminée, David applaudit avec une gaîté forcée. Les personnages repartent en procession, dans la même effervescence collective qu'au début du film.

12. DAVID, MINUS *(ext. maison, nuit)*
Dehors, David reste seul avec sa pipe, pendant que l'on entend, à l'intérieur, Karin et Martin s'installer dans leur chambre pour la nuit. Minus s'amuse seul avec son épée de théâtre à faire des figures d'escrime. Ambiance paisible.

13. KARIN, MARTIN *(int. chambre époux, nuit)*
Après des ablutions dans une cuvette, Karin s'essuie. Martin demande à Karin, qui termine sa toilette, de l'aider à se couper les ongles… Elle s'occupe de la main blessée de son mari en lui disant que ses doigts sont gentils. Il l'appelle sa petite Karin. « *Suis-je si petite ?* » Martin : « *Cela ne suffit pas que je t'aime…* » Elle change de sujet : « *Je dois faire la lessive. Papa s'est senti blessé par la pièce de Minus…* » Ils se couchent. Martin a envie de sa femme, mais elle ne veut pas. « *Tu es bon et moi méchante* », dit-elle.

14. DAVID *(chambre David, int. nuit)*
David s'allonge puis se relève, tâte anxieusement son estomac, prend une pilule et se remet à son travail de correction de son livre : « *Elle vint à lui, haletante d'ardeur.* »

15. KARIN *(int. chambre époux, nuit)*
Nous entendons un cri lugubre d'animal. Karin est réveillée. Son mari aux côtés d'elle dort profondément, elle se lève.

16. KARIN *(int. premier étage maison, nuit)*
Elle monte lentement en chemise de nuit un escalier, et entre dans une pièce vide, avec la fenêtre ouverte, qui donne sur la mer et le soleil de minuit. Nous entendons une corne de brume. Elle s'avance dans la pièce, s'agenouille, semble en proie à une transe sexuelle, une possession, puis se relève. Elle va à un mur, colle son oreille au papier peint. Nous entendons des voix chuchotantes et proches, mélangées au son triste de la corne de brume.

17. DAVID, puis KARIN, puis MINUS *(int. chambre David, nuit d'été)*
David continue à corriger le texte de ce qui semble être un roman à l'eau de rose. Karin entre pour parler avec lui. Elle dit qu'elle a été réveillée par un oiseau et lui demande de lui lire ce qu'il est en train de corriger. Il dit que ce n'est pas intéressant, et au lieu de saisir cette occasion de parler avec elle, il la prend dans ses bras et la porte sur son propre lit, *« comme quand j'étais une petite fille »*, dit Karin. Le père reprend son travail. Minus surgit, bondissant, sur le bord de la fenêtre: *« tu viens relever les filets ? »* Le père sort, laissant sur son lit Karin qu'il croit être endormie.

18. DAVID, MINUS *(ext. maison, petit matin)*
Brève discussion entre père et fils, où nous apprenons que Minus écrit des romans, des pièces, en quantité. Il demande l'avis de son père sur la pièce jouée la veille. *« C'est très bien »*, dit David. *« C'est nul »*, dit Minus, qui quitte son père en se mettant à courir, laissant David embarrassé de sa complaisance.

19. KARIN *(int. chambre David, petit matin)*
Seule dans la chambre de son père, Karin fouille dans son bureau et en extrait le journal intime de son père, qu'elle lit. Elle tombe sur ces lignes, sans doute les plus récemment écrites: *« Karin est incurable. Je ne peux pas m'empêcher d'éprouver une curiosité passionnée pour ce qui lui arrive. »*

20. KARIN, MARTIN *(chambre époux, int. petit matin)*
Il fait jour. Karin réveille Martin en lui faisant croire qu'il est tard, alors qu'il n'est que quatre heures. Elle est très active, fébrile. *« Viens te baigner »*. Elle pleure, elle lui parle du journal de David, elle avoue qu'elle a fouillé. *« Il dit que je suis incurable. »* *« J'ai dit*, corrige Martin, *qu'une rechute était possible »*. *« Ce n'était pas tout. Demande-lui »*. Martin veut l'embrasser, elle se refuse. *« Allons nous baigner*, dit-elle. *Tu n'aimerais pas avoir une femme qui te donnera des enfants ? »* *« C'est toi que j'aime »*, proteste Martin, de nou-

veau tenté par sa femme et de nouveau affecté par la non-réciprocité de son désir. « *C'est curieux, dit Karin, ce que tu dis est juste, mais ça sonne faux. Tu dors trop.* » « *Tu ne m'aimes pas* », lui dit Martin.

21. DAVID, MARTIN, MINUS *(ext. bord de mer, jour)*
Les deux hommes adultes partent en canot pour faire des courses. Ils seront rentrés pour dîner.
David a essayé de parler à Minus, mais celui-ci se cache de son père.

22. KARIN, MINUS *(verger, ext. jour)*
Il fait beau. Minus fait semblant de travailler son latin, mais en fait il feuillette un magazine de femmes nues. Karin le surprend, et, malicieuse, lui vole le magazine. Il essaie de le récupérer, ce qui donne lieu à un petit corps-à-corps de la sœur et du frère. Minus crache sur sa sœur. Elle s'excuse. Minus fait allusion au tourment du désir sexuel solitaire.
Karin commence à faire répéter son latin à Minus, mais assez vite, elle dit qu'il fait trop chaud, propose de fumer une cigarette et encourage Minus à arrêter. Le cahier de devoir de vacances reste sur la table.

23. KARIN, MINUS *(bord de mer, ext. jour)*
Assise contre son frère, fumant une cigarette, Karin fait allusion à des choses secrètes dont elle ne parle pas. « *Je vais te montrer quelque chose* », dit-elle.

24. KARIN, MINUS *(int. premier étage maison, jour)*
Elle fait entrer Minus dans la pièce du premier étage, et se met à lui parler avec un très grand sérieux: « *Je traverse les murs. Une voix me réveille chaque matin. Une voix me parle de derrière le papier peint. À côté il y a une pièce vide. Je suis passé. J'entre dans une pièce calme. Nous sommes plusieurs à attendre. Je crois que Dieu va nous apparaître. Je vais quitter Martin.* »
Minus, d'abord muet et catastrophé, lui dit qu'il ne croit pas à la réalité de ce qu'elle dit sur Dieu et les voix. Karin, d'un air méchant, lui dit: « *Je vais dormir, laisse-moi* », et elle s'allonge sur le parquet.

25. KARIN, MINUS *(int. premier étage maison, jour)*
Minus, bouleversé, sort sur le palier: « *Qu'est-ce que je vais devenir ?* »
Karin ouvre la porte, et s'adresse à lui comme s'il ne s'était rien passé. Mais comme ils redescendent dans l'escalier, elle lui fait jurer de ne rien dire à David et Martin.

26. DAVID, MARTIN *(ext. canot, jour)*
David et Martin sont dans le canot à l'arrêt. Martin apprend à David ce que Karin lui a dit. David avoue ce qu'il a écrit sur sa fille, notamment qu'il ne pou-

vait pas s'empêcher de l'observer. Martin l'accuse d'être un homme sans cœur, qui, en panne de sujet, exploite le drame familial. David rétorque en disant à Martin que lui-même doit souhaiter la mort de sa femme, parce que la situation est sans issue. Martin proteste.

David raconte une tentative de suicide qu'il a commise lors de son dernier voyage en Suisse : il voulait précipiter sa voiture dans un ravin, mais son véhicule a calé. Après cette tentative, il a éprouvé un nouveau sentiment : un amour pour sa fille, son fils, mais aussi pour Martin.

27. KARIN, MINUS *(bord de mer, ext. jour)*
Minus peint une chaise. Karin dit que la pluie arrive, puis elle part. Minus se retrouve seul, et la cherche ; elle n'est pas dans sa pièce.

28. KARIN, MINUS *(bateau échoué, ext. jour)*
Nous découvrons un bateau échoué, que nous n'avions pas encore vu. Minus y grimpe et y trouve sa sœur réfugiée dans la coque. Karin est là, elle étreint son frère avec passion.

29. KARIN, MINUS *(bateau échoué, int. jour)*
Karin et Minus sont assis côte à côte, muets, comme deux coupables, tandis que la pluie ruisselle. Elle : « *Je suis si malade, aide-moi.* » « *Je vais chercher à boire* ». Elle reste seule.

30. MINUS *(int. maison, jour)*
Minus, dans la maison, s'arrête pour s'agenouiller et prononce le nom de Dieu, comme s'il l'avait vu lui-même.

31. KARIN, MINUS *(int. bateau, jour)*
Karin et Minus restent muets. Bruit de moteur de canot.

32. DAVID, MARTIN, MINUS *(bord de mer, ext. jour)*
Minus va chercher les adultes, qui accostent, et leur dit que Karin ne va pas bien.

33. MARTIN, DAVID, KARIN, MINUS *(ext. et int. bateau échoué, jour)*
Karin demande à parler seule à seul avec son père. Martin se résigne : « *Je vais téléphoner pour l'ambulance.* » Puis il s'adresse à Minus : « *Va me chercher ma trousse.* »

34. DAVID, KARIN *(int. bateau échoué, jour)*
David et Karin ont un long entretien. « *Je veux revenir à l'hôpital. Je ne peux plus vivre entre deux mondes. Je dois choisir* », dit Karin. Puis elle fait

330

un aveu « *Je n'ai pas agi librement, une voix m'a guidée* ». « *Tu as lu mon carnet* », dit David. Karin dit oui, et elle ajoute : « *J'ai fait pire. Pauvre Minus* ». Le père ne commente pas. Il fait à son tour son aveu : « *Je te demande pardon. Je t'ai sacrifiée pour mon art, qui a plus compté que la mort de ta mère... Le même mal que ta mère... je devais finir mon roman* ». Son art lui apparaît dérisoire. Elle : « *Pauvre petit papa. Rentrons, je dois faire les valises.* »

35. KARIN, DAVID, MARTIN *(ext. maison, jour)*
Karin, David, Martin marchent vers la maison dans une procession lamentable, lente, autant que celle du début du film était enthousiaste et euphorique, mais où manque Minus. « *La lumière est forte* », dit Karin. Elle donne encore des instructions : « *Occupe-toi des cours de Minus* ». Puis elle constate : « *Nous ne pourrons pas aller aux champignons* ». David essaie de parler à Minus, qui se cache.

36. KARIN, MARTIN *(int. maison, jour)*
Les deux époux sont dans leur chambre. Karin, habillée en tenue de ville, termine sa valise. Elle demande à Martin d'aller dans la cuisine lui chercher un verre d'eau pour prendre un médicament.

37. MARTIN, DAVID, puis KARIN, puis MINUS *(premier étage maison, int. jour)*
Karin a disparu. Martin la cherche dans la maison, demande à David si elle l'a vue. Il monte au premier, nous entendons la voix de Karin : debout, dans son tailleur de ville, elle répète, comme si elle répondait à une voix que nous n'entendons pas : « *Oui, je comprends.* » Le père reste à l'entrée. Martin essaie de la ramener à la réalité.
Elle prie, demande à Martin de venir prier avec elle. Martin, bouleversé, la rejoint au milieu de la pièce. Le père reste à l'entrée, comme un voyeur. Un grand bruit se fait entendre. La porte du placard s'ouvre. Nous voyons un hélicoptère, évidemment venu chercher Karin. Comme en proie à des visions épouvantables, elle court dans la pièce, acculée contre les murs, poussant des cris d'horreur.
Elle descend l'escalier, mais son frère lui barre le chemin. Son père la maîtrise, et Martin lui fait de force une piqûre. Elle est entourée par ces trois hommes. Après la piqûre, elle se calme. Elle raconte : « *J'ai eu peur, j'ai vu Dieu, c'était une araignée, avec un visage horrible, qui marchait sur moi, essayait de pénétrer en moi* ».
Coups à la porte. David va ouvrir et parle à quelqu'un qu'on ne voit pas.
Karin met ses lunettes noires, et va à la porte. d'elle-même. Dernière procession.
L'hélicoptère a décollé.

38. DAVID, MINUS *(int. maison, soir)*
Minus et son père parlent devant une fenêtre, on voit le soleil couchant.
« *J'ai peur, Papa, la réalité a éclaté. Tout peut arriver, Papa. Je ne peux pas vivre* ». « *Si, tu peux* », dit le père. « *Je ne peux prouver Dieu, mais j'ai la certitude que l'amour est une réalité.* » « *Dieu et l'amour sont la même chose ?* » Le désespoir devient vie, dit le père, c'est comme « *être gracié de la peine de mort* ». « *Notre amour entoure Karin. Papa, je peux faire un tour ?* », dit Minus. Le père répond : « *Oui, je prépare le dîner.* » David sort. Son fils : « *Papa m'a parlé.* »

2. Liste des scènes dans *Pulp Fiction*

Cette liste des scènes est à comparer au résumé du film que nous donnons au chapitre X, et permet de faire la différence entre « réel diégétique » et « réel cinématographique », deux dimensions également importantes dans cette œuvre de Tarantino.

1. PUMPKIN, HONEY BUNNY, *figurants (coffee-shop, int. jour)*

2. JULES, VINCENT *(voiture, ext. jour)*

3. JULES, VINCENT *(int. hall et couloirs, jour)*

4. JULES, VINCENT, MARVIN, BRETT, ROGER *(int. appartement Brett, jour)*

5. MARSELLUS WALLACE, BUTCH, ENGLISH DAVE, puis VINCENT, JULES *(int. bar, jour)*

6. JODY, TRUDY, LANCE, VINCENT
(int. appartement Lance, jour)

7. VINCENT *(voiture, ext. jour)*

8. MIA, VINCENT *(int. résidence Wallace, nuit)*

9. MIA, VINCENT, personnel et clients *(int. Jack Rabitt Slim, nuit)*

10. MIA, VINCENT *(int. maison Wallace, int. nuit)*

11. VINCENT, MIA *(voiture, ext. nuit)*

12. VINCENT, MIA, LANCE, JODY *(appartement Lance, int. nuit)*

13. VINCENT, MIA *(entrée maison Wallace, int. nuit)*

14. BUTCH ENFANT, SA MÈRE, LA CAPITAINE KOONTS
(int. appartement Coolidge, jour)

15. BUTCH, ENTRAÎNEUR *(vestiaire de boxe, int. nuit)*

16. ESMARELDA *(int. taxi et ext. rue, nuit)*

17. VINCENT, MIA, MARSELLUS *(couloir, pièce fermée)*

18. BUTCH, ESMARELDA *(int. taxi, nuit ; cabine téléphonique)*

19. BUTCH, FABIENNE
(int. chambre d'hôtel, nuit)

20. BUTCH, FABIENNE
(int. chambre d'hôtel, nuit)

21. BUTCH, FABIENNE *(int. chambre d'hôtel, jour)*

22. BUTCH *(ext. rues et quartier résidentiel, jour)*

23. BUTCH, puis VINCENT
(int. appartement Butch, jour)

24. BUTCH, MARSELLUS *(ext. rues, jour)*

25. BUTCH, MARSELLUS, MAYNARD *(boutique de prêt sur gages, int. jour)*

26. BUTCH, MARSELLUS, MAYNARD, ZED, LE GIMP
(int. cave)

27. BUTCH *(ext. boutique, jour)*

28. BUTCH, FABIENNE *(ext. hôtel, jour)*

29. LE QUATRIÈME HOMME, JULES, VINCENT, MARVIN
(int. appartement Brett et Roger, jour)

30. JULES, VINCENT, MARVIN *(int. voiture, jour)*

31. JULES, VINCENT *(int. salle de bains Jimmie, jour)*

32. JIMMIE, VINCENT, JULES
(int. maison Jimmie, jour)

33. MARSELLUS, MIA, JULES
(au bout du fil), (ext. et int. maison Jimmie, villa Marsellus, ext.)

34. WOLF *(int. appartement, jour)*

35. WOLF *(ext. voiture, jour)*

36. JIMMIE, VINCENT, JULES, THE WOLF *(int. maison Jimmie, jour)*

37. VINCENT, JULES, WOLF *(int. garage, jour)*

Bibliographie sommaire

PRINCIPAUX OUVRAGES CITÉS
Le nombre d'ouvrages français consacrés au scénario, très réduit lors de la première édition de cet ouvrage, atteint aujourd'hui la centaine. Nous citons ici seulement ceux qui nous ont servi pour la première édition.

Eugene VALE, *The technique of screenplay writing. An analysis of the dramatic structure of motion pictures*, Grosset et Dunlap, Souvenir Press Ltd, London, New York, 1980

Lewis HERMAN, *A practical manual of screenwrinting for theater and television Films*. A Meridian Book, New American Library, New York, USA, 1952

Dwight V. SWAIN, *Film scriptwriting. A practical manual*, Hastings House Publishers, New York, 1976

Constance NASH et Virginia OAKEY, *The screenwriters handbook*, *Writing for the movies*, Barnes and Nobles Books, New York, 1978

Sidney FIELD, *Screenplay, The foundations of screenwriting, A step-by-step guide*, Delta Book, Dell Publishing Co, New York, 1979

Tom STEMPEL, *Screenwriting*, AS Barnes and Co, Sans Diego, The Tantivy Press, London, 1982

NUMÉROS SPÉCIAUX DE REVUES ET PÉRIODIQUES
Cinématographe n° 53, janvier 1980, « Les Scénaristes »

Problèmes audiovisuels n° 13, mai-juin 1983, « Le Paradoxe du scénariste » (Publication INA/La Documentation Française : dossier réuni par Bénédicte PUPPINCK)

Camera/Stylo septembre 1983, « Scénario »

Cahiers du Cinéma, n° 371-372, mai 1985, « L'Enjeu Scénario », Cinéma français

Recueils d'entretiens

William Froug, « The Screenwriter Looks at the Screenwriter », New York, MacMillan, 1972

Christian Salé, « Les Scénaristes au travail », Hatier-Cinq Continents, coll. Bibliothèque du Cinéma, 1981

François Truffaut, « Hitchcock-Truffaut, entretiens avec Alfred Hitchcock », Ramsay, 1983

Sur les problèmes du récit

Communications n° 8, « L'Analyse structurale du récit » (Collectif), Seuil, 1966 (réédité dans la collection Points, au Seuil)

Gérard Genette, « Figures II », Seuil, 1969

Jean-Michel Adam « Le Récit », P.U.F. coll. « Que Sais-Je ? » n° 2149, 1984

Wladimir Propp, « Morphologie du conte », Seuil, coll. Points, 1970

Raymond Bellour, « L'Analyse du film », L'Albatros, 1980

Jacques Aumoni, Alain BERGALA, Michel MARIE, Marc VERNET, « Esthétique du film », Nathan, 1983

Communications n° 38, « Énonciation et Narration » (Collectif), Seuil, 1983

Textes classiques de dramaturgie

Aristote, « La Poétique », édition bilingue grec ancien/français, les Belles-Lettres, 1954

Nicolas Boileau, « Art poétique », Classiques Larousse, 1951

Denis Diderot: « Entretiens sur le Fils Naturel », in « Œuvres », Bibliothèque de la Pléiade, Gallimard, 1951

Scénarios publiés

Il faut distinguer entre la publication du *scénario* proprement dit, c'est-à-dire du texte qui a servi à tourner le film, celle du *découpage après visionnage*,

338

qui est une description du film achevé avec transcription des actions et des dialogues, faite par un tiers d'après une étude du film à la table de montage ; et enfin la « *novelisation* », qui est l'édition, parallèle à la sortie d'un film, d'un roman s'inspirant de plus ou moins loin du scénario de ce film. Cette dernière pratique est à peu près systématique pour la plupart des grands films d'action américains. De nombreux scénarios avant tournage de grands réalisateurs ont été publiés en français. Très souvent, on y retrouve des scènes qui n'apparaissent pas dans le film terminé, ou des dialogues plus ou moins différents.

Unique au monde, semble-t-il, à son époque, le mensuel *L'Avant-Scène Cinéma* s'était voué à l'édition de *découpages de films d'après visionnage*, complétés par des photos, des documents, des études et souvent par le texte, donné parallèlement, du scénario original – ce qui fait des numéros anciens de cette revue de précieux instruments de travail (*L'Intendant Sansho*, *Pauline à la plage*, *L'Invasion des Profanateurs des sépulture*, version Siegel, *et In the Mood for Love* ont été publiés dans *L'Avant-Scène*).

Signalons aussi l'excellente *Wisconsin/Warner Bros Screenplay Series*, qui nous a permis d'étudier *Le Port de l'angoisse*, et qui se consacre, par principe, à des films du répertoire de la Warner Bros.

Quant au *Testament du Docteur Mabuse*, nous n'avons pas trouvé de texte publié de son scénario, et c'est uniquement à partir d'un visionnage systématique d'une des versions existantes qu'il a été analysé pour cet ouvrage.

Aujourd'hui, les scénarios de plusieurs films américains (dans ce cas-ci, ceux de *Taxi Driver, Thelma et Louise*, et *Pulp Fiction*) sont en consultation libre sur différents sites Internet. Il s'agit de « *shooting scripts* » pouvant comporter des scènes qui ne se trouvent pas, ou différemment, dans le film proposé au public.

La transcription des dialogues originaux seuls (en anglais), extraite des éditions DVD, est également disponible sur Internet pour certains films et peut être très utile à toute personne voulant étudier ces films. Nous y avons puisé les dialogues de *Chute libre*.

La Petite Bibliothèque des Cahiers du Cinéma a publié de nombreux scénarios sous forme de continuités dialoguées : on y trouve notamment, pour en rester aux films dont il est question dans cet ouvrage, ceux des *Comédies et Proverbes* de Rohmer (*Pauline à la plage* figure dans le tome 1), et celui de *L'Emploi du temps*.

Table

Première partie : Quatorze façons de raconter au cinéma

Deuxième partie : Le scénariste aussi a ses techniques

DU MÊME AUTEUR

Les Musiques électroacoustiques, INA-Grm/Edisud, 1976 (avec Guy Reibel) (épuisé)

Pierre Henry, Fayard-Sacem, coll. « Musiciens d'aujourd'hui », 1980,
nouvelle édition 2003

La Voix au cinéma, Cahiers du cinéma, coll. « Essais », 1982

La Musique électroacoustique, PUF, coll. « Que sais-je ? », 1982 (épuisé)

Guide des objets sonores, INA/Buchet-Chastel,
Bibliothèque de Recherche Musicale, 1983

Le Son au cinéma, Cahiers du cinéma, coll. « Essais », 1985 (épuisé)

Jacques Tati, Cahiers du cinéma, coll. « Auteurs », 1987 ;
nouvelle édition, coll. « Petite bibliothèque », 2009

La Toile trouée: la parole au cinéma, Cahiers du cinéma, coll. « Essais », 1988 (épuisé)

Les Lumières de la ville, de Charlie Chaplin, Nathan, coll. « Synopsis », 1989 (épuisé)

Le Cinéma et ses Métiers, Bordas, 1990 (épuisé)

L'Audio-vision, Armand Colin, coll. « Cinéma et Image », 1990

L'Art des sons fixés, ou la Musique concrètement,
Metamkine/Nota Bene/Sono-Concept, 1991 (épuisé)

David Lynch, Cahiers du cinéma, coll. « Auteurs », 1992, nouvelle édition 2003

Le Poème symphonique et la Musique à programme, Fayard, 1993

Le Promeneur écoutant, Plume/Sacem, 1993 (épuisé)

Musiques, Médias et Technologies, Flammarion, coll. « Dominos », 1994 (épuisé)

La Symphonie romantique, de Beethoven à Malher, Fayard, 1994

La Musique au cinéma, Fayard, 1995

Le Son, Armand Colin, 1998

La Comédie musicale, Cahiers du cinéma, 2002

Technique et création au cinéma, ESEC Édition, 2002 (épuisé)

Un art sonore, le cinéma, Cahiers du cinéma, coll. « Essais », 2003

Stanley Kubrick, l'humain ni plus ni moins, Cahiers du cinéma, coll. « Auteurs », 2005

La Ligne rouge, de Terrence Malick, éd. de la Transparence, 2005

Andreï Tarkovski, Cahiers du cinéma, coll. « Grands cinéastes », 2008

Le Complexe de Cyrano, la langue parlée dans les films français,
Cahiers du cinéma, coll. « Essais », 2008

Les Films de science-fiction, Cahiers du cinéma, coll. « Essais », 2008,
nouvelle édition 2009

Cahiers du cinéma Sarl
65 rue Montmartre
75002 Paris

www.cahiersducinema.com

Première édition française 2007
Réimpression 2010
© 2007 Cahiers du cinéma Sarl et Institut national de l'audiovisuel

ISBN 978 2 8664 2458 9
Dépôt légal mars 2007

Conception graphique de Pascale Coulon
Imprimé en France par l'Imprimerie Darantiere (Quetigny) - N° d'impression : 10-1080